AUTOMOBILE

高等职业教育“互联网+”新形态一体化系列教材

高职高专汽车类专业技术技能型人才培养教材

汽车电控系统构造与维修

主　编◎郭　微　段　伟　陈　阳

副主编◎王仕雄　王　岑　汪明磊

参　编◎盛丹丹　郑　鑫　张姝雅　刘　杨

華中科技大學出版社

http://press.hust.edu.cn

中国·武汉

内容简介

本书采用“校企双元”共同开发，按照“项目引领、任务驱动”的模式编写，包括汽车电控系统总体认识、汽油机电控燃油喷射系统结构与维修、空气供给系统结构与维修、电子控制系统结构与维修、电控点火系统结构与维修、怠速控制系统结构与检修、发动机进气控制系统结构与维修、发动机排放控制系统结构与维修、汽车底盘电控系统结构与维修等 9 个项目的内容。

本书适合高职高专汽车类专业学生作为教材或参考书，还可供从事汽车维修的工程技术人员参考。

图书在版编目(CIP)数据

汽车电控系统构造与维修/郭微，段伟，陈阳主编．—武汉：华中科技大学出版社，2023.6

ISBN 978-7-5680-9711-6

Ⅰ.①汽…　Ⅱ.①郭…　②段…　③陈…　Ⅲ.①汽车-电子系统-控制系统-构造　②汽车-电子系统-控制系统-车辆修理　Ⅳ.①U472.41

中国国家版本馆 CIP 数据核字(2023)第 117877 号

汽车电控系统构造与维修
Qiche Diankong Xitong Gouzao yu Weixiu

郭微　段伟　陈阳　主编

策划编辑：张　毅
责任编辑：张　毅
封面设计：孢　子
责任监印：朱　玢
出版发行：华中科技大学出版社(中国·武汉)　　电话：(027)81321913
　　　　　武汉市东湖新技术开发区华工科技园　　邮编：430223
录　　排：武汉正风天下文化发展有限公司
印　　刷：武汉洪林印务有限公司
开　　本：787mm×1092mm　1/16
印　　张：18.75
字　　数：480 千字
版　　次：2023 年 6 月第 1 版第 1 次印刷
定　　价：69.00 元

華中出版

前言 QIANYAN

我国作为世界汽车生产和消费大国，汽车产业的快速发展和汽车消费的持续增长，对国民经济的增长产生了巨大拉动作用。电子技术的快速发展和排放法规的不断严格，推动了汽车发动机的升级换代，各种电控新技术不断应用在汽车上，使其动力性、经济性、排放性、舒适性得到了极大提高。汽车电控系统架构从传统向软件定义汽车和硬件通用的方向发展，因此社会对汽车专业人才提出了更高的要求。

本书联合企业共同编写，是采用校企双元共同开发"项目引领、任务驱动"的理实一体化活页式教材，基于岗位工作能力要求，结合社会主义核心价值观进行教材内容设计，融入汽车维修技术规范、"1＋X"职业技能等级考核标准、全国职业院校技能大赛考核要点等元素，更加注重培养学生解决实际问题的能力、创新的能力、团结合作的能力，还融入了课程思政，引导学生树立正确的人生观、世界观和价值观。

本书的维修内容是以现在各类学校配备的大众、丰田车系设备为例进行讲解的，包含以下内容：汽油机电控燃油喷射系统、汽油机电控点火系统、怠速控制系统、发动机进气控制系统、发动机排放控制系统、汽车电控动力转向系统、汽车防抱死制动系统、汽车驱动防滑控制系统、车身稳定控制系统、汽车电控悬架系统等。参考学时为64～120学时。

本书由安徽水利水电职业技术学院郭微、段伟、陈阳担任主编，宣城职业技术学院王仕雄、合肥职业技术学院王岑、安徽水利水电职业技术学院汪明磊担任副主编，安徽水利水电职业技术学院盛丹丹、郑鑫、张姝雅、刘杨及相关企业技术人员参编。郭微编写项目1、项目7、项目9(任务9.4)，段伟编写项目9(任务9.2)，陈阳编写项目2、项目3，王仕雄编写项目8，王岑编写项目4，汪明磊编写项目9(任务9.1、任务9.5)，盛丹丹编写项目5，郑鑫编写项目6，张姝雅编写项目9(任务9.3)，企业技术人员提供案例支持，刘杨整理课程思政内容。

本书在编写过程中参阅了一些国内外出版的同类书籍，在此特向有关作者表示衷心感谢！

由于编者水平有限，书中错误、疏漏之处在所难免，敬请使用本书的师生和广大读者批评指正。

编　者

目录 MULU

项目1 汽车电控系统总体认识

国之重器——"神威 · 太湖之光"

超级计算机被誉为计算机界"皇冠上的明珠"、科技创新的"发动机",出现在党的二十大报告中。

"神威 · 太湖之光"超级计算机是由国家并行计算机工程技术研究中心研制,安装在国家超级计算无锡中心的超级计算机。

"神威 · 太湖之光"超级计算机安装了 40960 个中国自主研发的众核处理器,该众核处理器采用 64 位自主申威指令系统,峰值性能为 12.5 亿亿次/秒,持续性能为 9.3 亿亿次/秒,核心工作频率为 1.5 GHz。

党的二十大报告提出,要"面向国家重大需求","加快实现高水平科技自立自强"。如今的"神威 · 太湖之光"系统运行稳定,平均每天有超过万项的作业任务在系统上运行,应用"上能九天揽月,下能五洋捉鳖",并日渐成为增进民生福祉的神器。俨然,世界领先的超级计算机正演化为科技创新的强劲动力,发挥出巨大的作用。目前,我国的超级计算机不论在算力还是应用上,都达到了世界领先水平!

任务 1.1 汽车电控系统的基本知识

任务描述

对汽车电控系统进行检修,首先要了解汽车电控系统的基本知识。

任务目标

知识目标

(1) 了解电控系统的控制原理。

(2) 熟悉汽车电控系统的组成。

(3) 熟悉汽车电控系统的应用。

(4) 熟悉汽车电控系统的发展现状与趋势。

能力目标

(1) 能正确认识汽车电控系统的组成部件。

(2) 具有资料的查阅、信息获取和分析解决问题的能力。

素质目标

(1) 具有质量、安全、环保、规范、节约的意识。

(2) 具有爱岗敬业和团队协作的精神。

知识收集

一、汽车电控系统的组成

电子控制(简称电控)系统是指采用计算机等电子设备作为控制装置的自动控制系统。从控制原理来看,电控系统可以简化为信号输入装置(传感器)、电控单元(ECU)和执行器三部分,如图 1-1-1 所示。

图 1-1-1　电控系统的组成

1. 信号输入装置

电控系统中的信号输入装置是各种传感器。传感器是一种信号转换装置,安装在车辆的各个部位,其功用是检测系统运行状态的各种电量参数、物理量和化学量等,并将这些参量转换成计算机能够识别的电信号输入电控单元(ECU)。

2. 电控单元

电控单元(ECU)是一种综合控制电子装置。其功用是给各传感器提供参考(基准)电压,接收传感器或其他装置输入的电信号,并对所接收的信号进行存储、运算和分析处理,根据计算和分析的结果向执行元件发出指令。

ECU 由输入电路、微处理器单片机、输出电路及电源电路组成,ECU 实物与基本组成如图 1-1-2 所示。

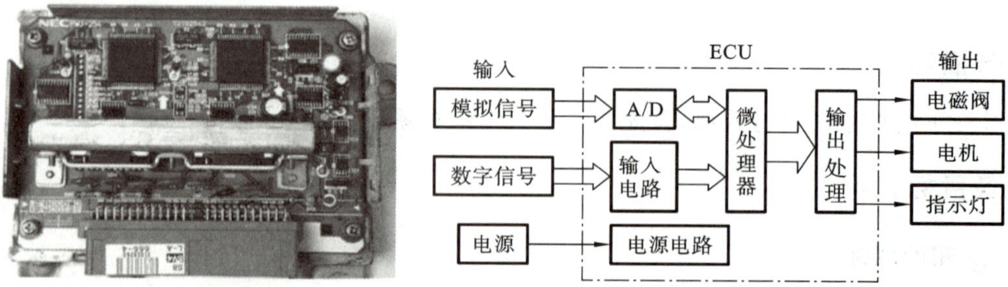

图 1-1-2　ECU 实物与基本组成

1）输入电路

传感器输入到 ECU 的信号主要有模拟信号和数字信号（包括开关信号）两种。模拟信号必须通过 A/D（模/数）转换器进行转换。为了保证汽车控制系统的需要，A/D 转换器通常采用 10 位以上，小于 4 ms 采样间隔。对于数字信号，常需要进行电位匹配、波形修正、防颤等处理。

2）微处理器

微处理器是将中央处理器（CPU）、存储器、定时器/计数器、I/O 接口电路等主要计算机部件集成在一块集成电路芯片上的微型计算机，所以也称单片机。单片机的核心部分是 CPU，它由运算器、寄存器和控制器组成，是具有译码指令和数据处理能力的电子部件，是汽车 ECU 的核心。

3）输出电路

微处理器输出 5 V 脉冲信号，且电流也在 15 mA 以下，不能直接驱动电磁阀、电动机、指示灯等，必须经过输出电路进行转换。

4）电源电路

ECU 内设稳压电源，保证不因外部电源电压波动而影响 ECU 的稳定工作，同时 ECU 的内置电池也保证在外部电源短时缺电时不丢失数据。

3. 执行器

执行器又称执行元件，是电控系统的执行机构，其功用是接收 ECU 的控制指令，完成具体的控制动作。汽车电控系统的执行器主要有各种电磁阀、继电器、泵（电动机）、自诊断显示与报警装置、仪表显示器等。例如，喷油器、点火器、怠速控制阀、巡航控制电磁阀、节气门控制电动机、废气再循环阀、进气控制阀、二次空气喷射阀、活性炭罐电磁阀、油泵继电器、风扇继电器、空调压缩机继电器。随着控制功能的增加，执行元件也在不断增加。

二、汽车电控系统的控制理论

在汽车电控系统中，虽然实现相同控制目标或达到相同控制目的所设计的传感器和执行器并无实质性区别，但是 ECU 的设计却不尽相同。根据控制方式的不同，控制系统可分为开环控制系统、闭环控制系统、自适应控制系统等。

1. 开环控制系统

控制系统中，如果输出端与输入端之间不存在反馈回路，输出量对系统的控制作用没有影响，该系统就称为开环控制系统，如图 1-1-3 所示。

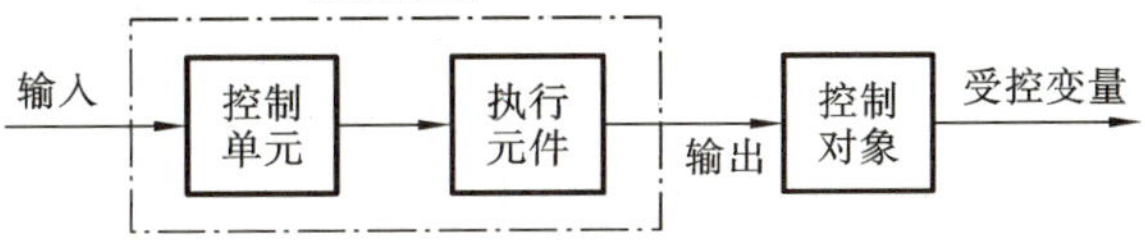

图 1-1-3　开环控制系统

开环控制系统的特点是在控制装置与控制对象之间只有正向控制作用而没有反馈控制作用，要实现精确控制，其控制系统只读存储器（ROM）中存储着经过大量实验分析和优化计算的精确数据，是发动机在各种运行工况下的理论最佳值。开环控制系统的控制精度完全取决于各控制单元的精度，因此，它主要使用在精度要求不高并且不存在内外干扰的场合。开环控制系统结构简单，且一般不存在稳定性的问题。

2. 闭环控制系统

闭环控制实质上就是反馈控制。在开环控制系统的基础上，闭环控制系统根据实际检测到的开环控制结果的反馈信号来决定增减输出控制量的大小，而此时不再根据其他输入信号进行控制，如图 1-1-4 所示。

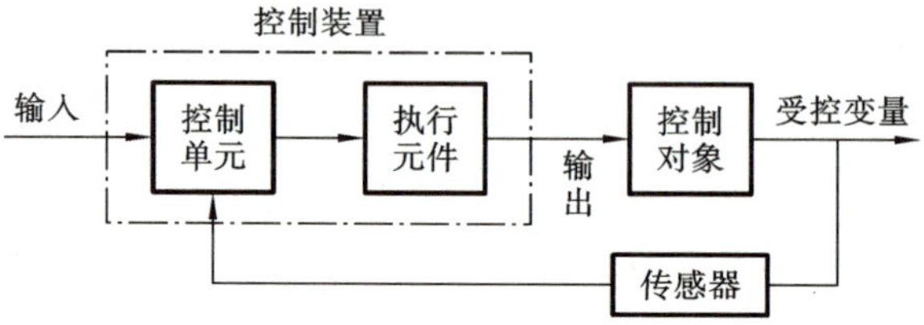

图 1-1-4　闭环控制系统

闭环控制系统的特点是在控制装置与控制对象之间，不仅存在正向作用，而且存在反馈作用，即系统的输出量对控制量有直接影响，能够自动纠正外部干扰和系统内参数变化引起的偏差，这样就可以采用精度不太高而成本较低的元件，组成一个较为精确的控制系统。

3. 自适应控制系统

在控制系统中，当系统元件老化以及参数、环境变化时，都会造成系统的动态特性发生变化。虽然大多数反馈控制系统参数值的微小变化对系统的正常工作不会产生任何影响，但如果系统参数值随着环境变化而发生较大的变化，系统就可能出现在某一种环境条件下有满意的性能，而在其他环境条件下可能有不满意的性能，甚至出现不稳定现象。

自适应控制系统就是当环境条件或结构参数产生不可预计的变化时，系统本身能够自行调整或修改系统的参数值，使系统在任何环境条件下都保持有满意的性能的控制系统，自适应控制系统是一种“自身具有适应能力”的控制系统。

三、汽车电控系统的应用简介

1. 发动机电控系统

目前，汽油发动机主要的电控系统有：燃油喷射系统、点火系统、怠速控制系统、进气控制系统、排放控制系统、失效保护系统、应急备用系统、故障自诊断系统等。柴油发动机主要的电控系统有：燃油喷射系统、怠速控制系统、进气控制系统、增压控制系统、排放控制系统、失效保护系统、应急备用系统、故障自诊断系统等。

2. 底盘电控系统

底盘电控系统主要包括：电控自动变速器（ECT）、防抱死制动系统（ABS）、驱动防滑控制系统（ASR）、车身稳定控制系统（ESP）、电控动力转向系统（EPS）、电控悬架系统（TEMS）、自适应巡航控制系统（ACC）等。

1）电控自动变速器

电控自动变速器根据发动机节气门开度和车速等行驶条件，按照换挡特性精确地控制变速比，使汽车处于最佳挡位。该装置具有提高传动效率、降低油耗、改善换挡舒适性、提高汽车行驶平稳性以及延长变速器使用寿命等优点。

2）防滑控制系统

防滑控制系统包括防抱死制动系统、驱动防滑控制系统和车身稳定控制系统。该系统可以提高制动效能，防止汽车在制动、起步、驱动和转弯时产生侧滑，是保证行车安全和防止事故发生的重要措施。

3）电控动力转向系统

电控动力转向的形式较多，目前汽车动力转向的发展趋势为四轮转向系统。它们分别显示出不同的优越性，如有的可获得最优化的转向作用力特性、最优化的转向回正特性，改善行驶的稳定性以及发挥节能和降低成本的作用；有的主要是为了提高转向能力和转向响应性；有的主要用来改善高速行驶时的稳定性。

目前电控前轮动力转向较普及，通过控制转向力，保证汽车原地或低速行驶时转向轻便，而高速行驶时又确保安全。

4）电控悬架系统

电控悬架系统能根据不同的路面状况，控制车辆高度，调整悬架的阻尼特性及弹性刚度，改善车辆行驶的稳定性、操纵性和乘坐舒适性。

5）自适应巡航控制系统

自适应巡航也称为主动巡航，自适应巡航在定速巡航功能上实现了升级。它是一种智能化的高级辅助驾驶系统，除了和定速巡航系统一样可以设定车速，还对车辆进行了升级。通过在汽车前端安装雷达持续扫描车辆前方道路，且同时采集轮速传感器测得的车轮速度来计算汽车行驶速度。当汽车与前方车辆距离达到警示距离时，自适应巡航控制单元还可以通过控制防抱死制动系统、发动机控制系统等，使汽车车轮适当制动，并使发动机功率下降，从而与前方车辆保持一定的安全距离，可提升行车的安全性，减轻驾驶员的疲劳。

3. 车身电子安全系统

车身电子安全系统包括车身系统内的各种电子设备，主要有自适应前照灯系统、汽车夜视系统、安全气囊系统、碰撞预警系统、轮胎压力监测系统等，大大提高了驾驶人员和乘客乘坐的舒适性和安全性。

1）前照灯控制系统

前照灯控制系统可在前照灯照明范围内，随着方向盘的转动而转动，并能在会车时自动启闭和防眩。

2）安全气囊系统

安全气囊系统是一种被动安全系统，车辆相撞时，ECU 控制气体发生器，在短时间内产生的大量气体，瞬间充满气囊。气囊的作用是在驾驶员与方向盘之间、前座乘员与仪表板间形成一个缓冲软垫，避免硬性撞击而受伤。此装置一定要与安全带配合使用，否则效果大为降低。

3）安全带控制系统

安全带控制系统在汽车发生任何撞击的情况下，可瞬间束紧安全带。有的汽车上只有当计算机确认驾驶员和乘客安全带使用正确无误时，发动机才能被启动。

4）雷达防撞系统

雷达防撞系统有多种形式，例如汽车自动紧急制动系统、汽车前碰撞预警系统、汽车后碰撞预警系统、泊车辅助系统、行人预警系统等。有的在汽车行驶中，当两车的距离小于安全距离或车辆前方有行人时，即自动报警。若继续行驶，则会在两车即将相撞的瞬间，系统自动控制汽车制动器，将汽车停住。

5）汽车夜视系统

汽车夜视系统采用红外线技术，由红外摄像头和挡风玻璃上的灯光显示系统两部分组成。驾驶员可以像白天一样通过灯光显示系统看到道路的行驶条件。当两辆车相遇时，可以大大减少对车前驾驶员的视力刺激，也可以提高驾驶员在雾中辨别的能力。

除上述装置外，已经开发出各种各样的安全装置，如自动门窗装置、车门自动闭锁装置、防盗装置、车钥匙忘拔报警装置和语音开门（无钥匙）装置等。

4. 信息系统

随着电子化的发展，汽车信息系统越来越庞大，远远超出如车速、里程、冷却液温度、油压等相关范围，逐渐向全面反映车辆工况和行驶动态等功能发展。项目繁多的信息装置正在源源不断地进入汽车领域。

1）信息显示与报警系统

信息显示与报警系统可将发动机的工况和其他信息参数，通过计算机处理后，输出对驾驶员更有用的信息，并用数字显示、线条显示或声光报警。显示的信息除冷却液温度、油压、车速、发动机转速等常见的内容外，还有瞬时耗油量、平均耗油量、平均车速、行驶里程、车外温度等。根据驾驶员的需要，可随时调出显示这些信息。显视和报警的信息主要有：燃油温度、冷却液温度、油压、充电量、排气温度、制动液量、手制动、车门未关严等。当出现不正常现象或自诊断系统测出有故障时，立即由声光报警。

2）语言信息系统

过去一般信息显示都是靠驾驶员查看仪表，用视觉感知，这样容易造成遗漏。现在出现了语言信息系统，包括语音报警和语音控制两类。

语音报警是在汽车出现不正常情况，如冷却液温度、水位、油位不正常，制动液不足和蓄电池充电量偏低等情况时，计算机经过逻辑判断，输出信息至扬声器，发出模拟人的声音向驾驶员报警，如“水位不正常”、“请加油”等，多数还同时用灯光报警。

语音控制是用驾驶员的声音来指挥和控制汽车的某个部件、设备进行动作。

3）车用导航与定位系统

车用导航与定位系统可在城市或公路网范围内，定向选择最佳行驶路线，并能在屏幕上显示地图，表示汽车行驶中的位置，以及到达目的地的方向和距离。这实质上是汽车行驶向智能化发展的方向，再进一步就可成为无人驾驶汽车。

4）通信系统

这方面真正使用最多的是汽车电话。目前汽车通信系统的水平在不断地提高，除车与车、车与飞机等交通工具之间的通信外，还可以通过卫星与国际电话网互联，实现行驶过程中的国际电话通信，进行网络信息交换、图像传输等。

四、汽车电控系统的发展现状与趋势

汽车电控系统的不断增加和扩展，使车辆的安全性、环保性、舒适性、经济性等都有了很大提高和进步，并还在不断完善。同时，汽车上的电控系统、传感器也不断倍增，自动驾驶、无人驾驶和手势控制等各种新技术不断融入汽车领域，并在不断扩展和增加，推动着汽车朝网络化、集成化、智能化方向不断深入和迈进。

1. 网络化

随着汽车电控系统在汽车上的控制和管理范围不断加强和扩展，其功能和系统也在不断复杂化，电控系统之间的数据共享和通信显得尤为重要。数据的快速交换、高可靠性及低成本是对汽车电子网络系统的要求。利用控制器局域网（CAN）总线技术将汽车中各种ECU、智能传感器、智能仪表等连接起来，从而构成汽车内部局域网，并通过协议进行相互通信，实现各系统间的信息等资源的共享。在系统中，各子处理机独立运行，控制改善汽车某一方面的性能，同时也为其他电子装置提供数据服务。

2. 集成化

汽车电控系统是机电一体化的集成系统，包括传感器、执行器、ECU。单一的机电一体化系统已经满足不了汽车技术发展的需要，系统和系统之间的一体化集成，集成控制系统通过 CAN 总线进行网络通信，通过传感器和系统之间的信息共享，控制器对各子系统进行协调和优化，使车辆的整体系统性能水平达到最佳，保证车辆行驶的安全性，改进汽车的操纵性，优化汽车的稳定性，提高舒适性、燃油经济性等。

集成域控制依功能划分，将汽车电控系统分为动力域、底盘域、座舱域、自动驾驶域和车身域五个集成域。

域控制器（DCU）可将多个 ECU 减少至少数几个域控制器，利于降低成本。域控制器具备算力可拓展、整车远程升级更灵活的性能，多种传感器的感知数据处理可以实现与域控制器计算平台的数据融合，车辆能够及时做出更安全的决策。

当前最典型的两个集成领域在底盘一体化集成和动力传动系统集成。将发动机管理系统和自动变速器控制系统，集成为动力传动系统的综合控制；通过中央底盘控制器，将制动、悬架、转向、动力传动等控制系统通过 CAN 总线进行连接，域控制器通过复杂的控制运算，将车辆行驶性能控制到最佳水平，形成一体化底盘控制系统。

3. 智能化

智能化感知技术、单片机技术、网络技术广泛应用于汽车，推动汽车朝着更加主动智能化趋势的方向快速发展，以达到“人、车、环境”的智能协调。现如今，很多智能化系统和预警系统应用在汽车上，如高级智能辅助驾驶功能、城市领航功能、空中升级功能、安全提醒功能、远程车辆维修及紧急救援功能、个性化定制等功能，推动汽车朝着更加智能、绿色、安全、高效的方向高速前行。

任务自测

一、填空题

1. 汽车电控系统的应用主要有________、________、________及________等。

2. 传感器输入到 ECU 的信号主要有________和________两种。

3. ________是采集信息并向 ECU 输送信息的装置，执行元件受________控制，其作用是________。

4. 汽车电控系统的执行器主要有________、________、________、自诊断显示与报警装置、仪表显示器等。

5. 汽车电控系统按控制方式分为________、________两种基本类型。

6. 汽车电控系统 ECU 中的存储器分为________与________两种。

二、判断题

1. 汽车电控系统中的信号输入装置是各种传感器。 (　　)

2. 闭环控制系统的控制方式比开环控制系统要简单。 (　　)

3. 开环控制的控制结果是否达到预期的目标对其控制的过程没有影响。 (　　)

4. 随着控制功能的增加，执行元件将会适当减少。 (　　)

5. 存储器中只读存储器 ROM 是用来存储固定信息的。 (　　)

任务 1.2　汽车发动机电控系统的认知

任务描述

对汽车发动机电控系统进行检修，首先要了解汽车发动机电控系统的基本知识。

任务目标

知识目标

(1) 熟悉汽车发动机电控系统的组成。

(2) 理解汽车发动机电控系统的控制功能。

(3) 熟悉汽车电控系统的发展现状与趋势。

能力目标

(1) 能正确认识汽车发动机电控系统的组成部件。

(2) 具有资料的查阅、信息获取和分析解决问题的能力。

素质目标

(1) 具有质量、安全、环保、规范、节约的意识。

(2) 具有爱岗敬业和团队协作的精神。

发动机电控系统组成与功能

知识收集

一、汽车发动机电控系统的组成

汽车发动机电控系统的功用是采集发动机的工况信号，根据采集的信号计算确定最佳喷油量、最佳喷油时刻以及最佳点火时刻等，从而提高发动机的动力性能、燃油经济性能和排放性能。

汽车发动机电控系统由信号输入装置（传感器）、电控单元（ECU）和执行器（执行元件）三部分组成。如图 1-2-1 所示为大众某车型发动机电控系统的组成。

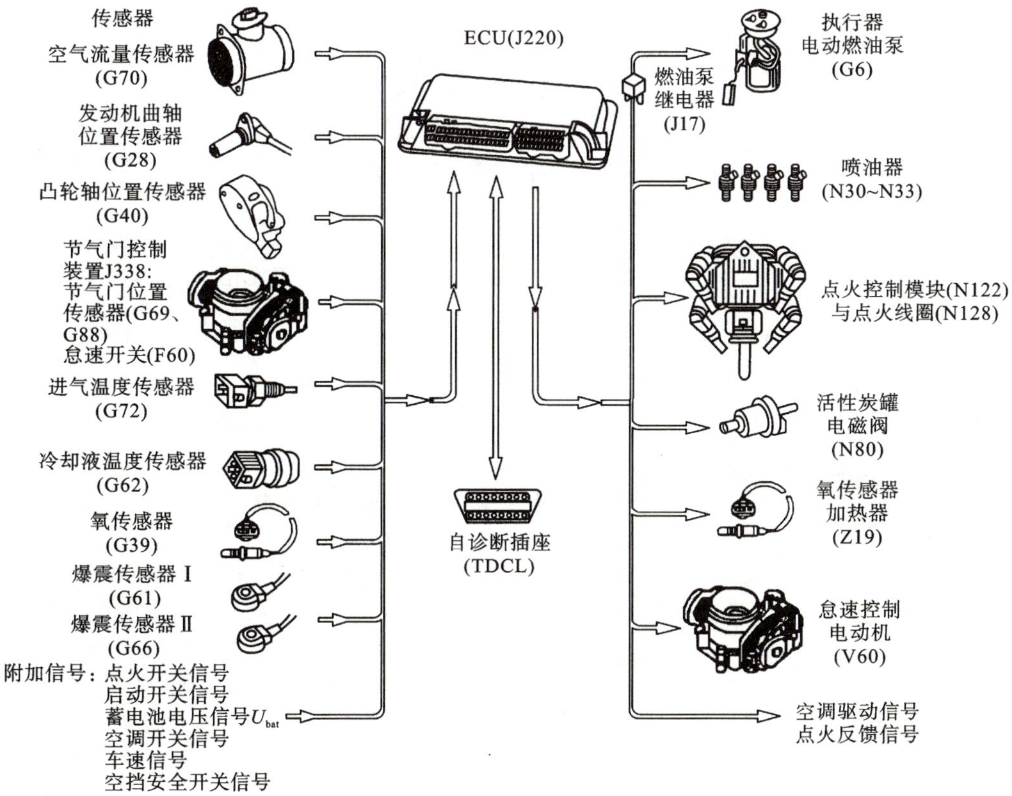

图 1-2-1 汽车发动机电控系统的组成

1. 传感器

传感器是将需要被测的各种非电量信息，通过一定的算法或规律变换成便于使用、输出和处理的信号装置或器件。汽车发动机电控系统常用传感器的名称及作用如表 1-2-1 所示。

表 1-2-1　汽车发动机电控系统常用传感器的名称及作用

序号	名称	英文缩写	作用	位置
1	空气流量传感器	AFS	检测进入气缸中的空气流量，将其转化为电信号输送给 ECU，计算进气量，从而确定喷油量。该传感器信号是电控点火和喷油的主控参数	节气门前空气滤清器之后
2	进气歧管压力传感器	MAPS	检测进气歧管压力，再根据其他相关量推算出进气气缸中的空气量，是一种间接测量发动机进气量的传感器。该传感器信号是电控点火和喷油的主控参数	节气门后方的进气歧管上
3	曲轴位置传感器	CKPS	检测发动机转速、曲轴转角、曲轴位置信号，将其转化为电信号输送给 ECU，从而控制点火时刻和喷油时刻。该传感器信号是电控点火和喷油的主要参数	曲轴前端和后端
4	凸轮轴位置传感器	CMPS	判定凸轮轴位置(1 缸压缩上止点位置)，检测 1 缸活塞到达上止点或运行到某一特定位置的信号。该传感器信号是发动机点火的主控参数	凸轮轴前端和后端
5	节气门位置传感器	TPS	检测节气门开度位置大小以及转角变化率，将其转化为电信号输送给 ECU，从而判断发动机的运行工况。该传感器信号是发动机控制的重要参数	节气门体上
6	油门踏板位置传感器	APP	检测油门踏板位置，将油门踏板的位置变化和转角速率变化转化为电信号输送给 ECU，从而控制节气门的开度	油门踏板
7	进气温度传感器	THA	检测进气空气温度，将其转化为电信号输送给 ECU，主要用于对喷油时间和点火时刻进行修正。该传感器信号是电控点火和喷油的修正参数	可在节气门前或节气门后；可在空气流量计内或空气滤清器后的进气歧管上，检测进气压力方式的，还与进气歧管压力传感器安装在一起
8	冷却液温度传感器	THW	检测发动机冷却液温度，将其转化为电信号输送给 ECU，用于点火时刻和喷油量的修正；同时向发动机冷却液温度表提供信号，向驾驶员显示冷却液温度信息	气缸体、气缸盖的水套内

续表

序号	名 称	英文缩写	作 用	位 置
9	车速传感器	VSS	检测汽车行驶速度，提供车速信号，用于巡航控制、限速断油控制	自动变速器输出轴旁边或仪表板背面
10	氧传感器	EGO	检测排气中氧气的含量，将其转化为电信号输送给 ECU，对混合气空燃比实现闭环控制，修正燃油喷油量	排气管上
11	爆震传感器	KNK	检测和判定汽油机是否发生爆震现象，以及爆震发生的剧烈程度，并将其转化为电信号输送给 ECU，从而对点火提前角实现闭环反馈控制，将点火时刻控制在最佳状态	气缸体上
12	空调开关	A/C	检测空调启动信号	控制面板上
13	启动开关	STA	检测启动信号	转向盘附近
14	挡位开关	P/N	检测挡位信号	自动变速器上
15	空挡安全开关	NSW	检测自动变速器的挡位选择开关是否处于空挡位置	自动变速器上

随着汽车发动机不断升级换代，电控系统的功能也不断增加，各种信号检测装置和信号开关将越来越多地应用在发动机电控系统中。

2. 传感器的信号类型

汽车发动机传感器的电信号可分为四种：直流信号、交流信号、脉宽调制信号、频率调制信号。

1）直流信号（模拟信号）

直流信号是指在任何周期内，电压和电流方向不随时间变化而变化的信号。直流信号可以分为恒压直流和非恒压直流信号两种，图 1-2-2 所示为非恒压直流信号波形。汽车上产生直流信号的传感器有进气压力传感器、冷却液温度传感器、进气温度传感器、节气门位置传感器等。

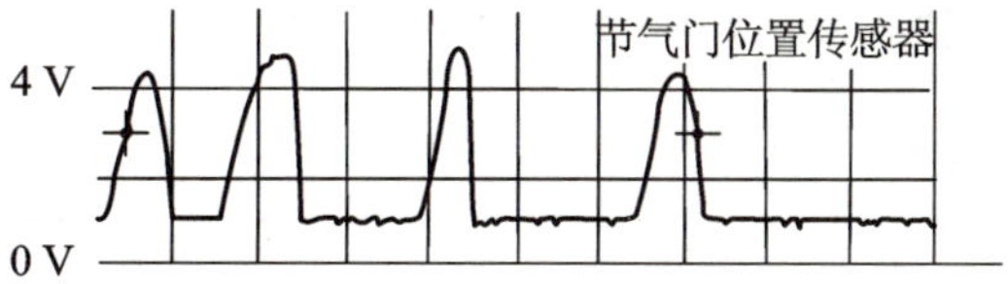

图 1-2-2 非恒压直流信号波形

2）交流信号

交流信号是指在任何周期内，电压和电流方向、大小随时间变化而变化的信号，图 1-2-3 所示为交流信号波形。汽车上产生交流信号的传感器有磁电式传感器、爆震传感器等。

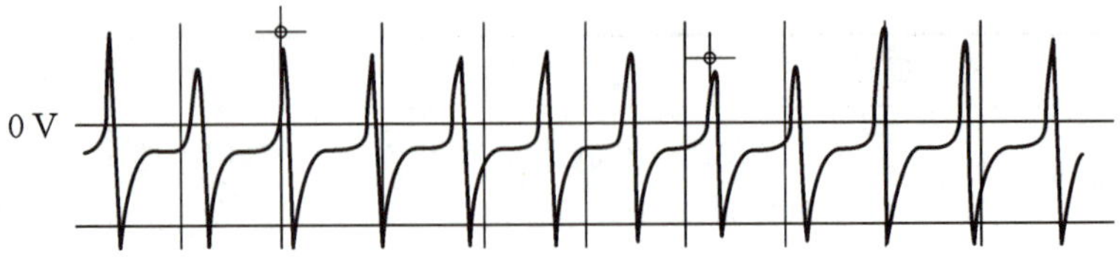

图 1-2-3　交流信号波形

3）脉宽调制信号（PWM）

脉冲宽度调制又称脉宽调制，指经过脉冲宽度调制的信号，图 1-2-4 所示为脉宽信号波形。脉冲宽度是在一个周期内元件持续的工作时间。

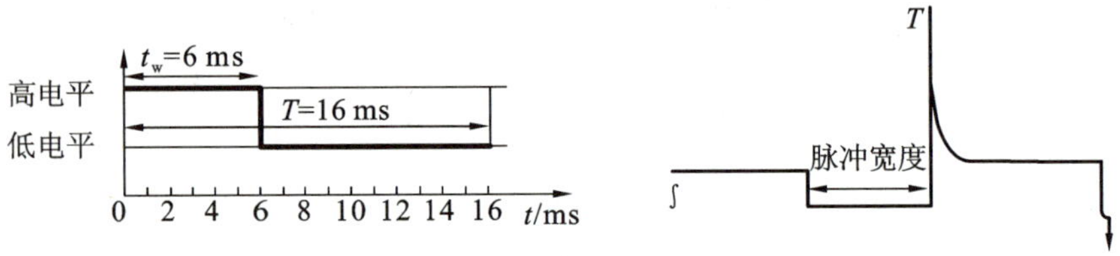

图 1-2-4　脉宽信号波形

4）频率调制信号

频率调制信号指信号波形幅度恒定而改变频率的信号，图 1-2-5 所示为频率调制信号波形。汽车上产生频率调制信号的传感器有数字式空气流量传感器、数字式进气压力传感器、光电式和霍尔式车速传感器、光电式和霍尔式曲轴位置传感器等。

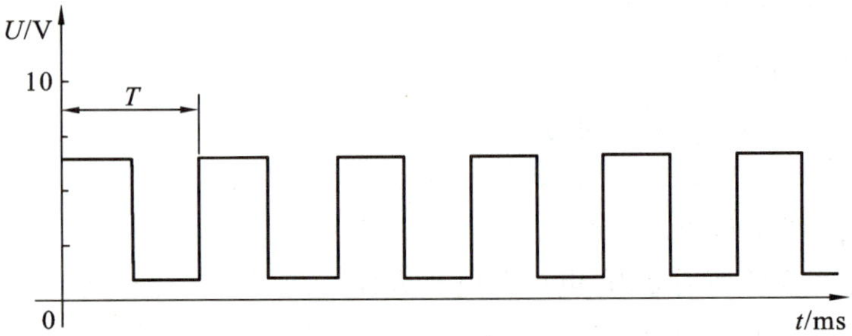

图 1-2-5　频率调制信号波形

3. 执行器

发动机电控系统主要执行器（执行元件）的名称和功能如表 1-2-2 所示。

表 1-2-2　发动机电控系统主要执行元件的名称和功能

序号	元件名称	主要功能
1	燃油泵	供给燃油喷射系统规定压力的燃油
2	喷油器	根据 ECU 的喷油脉冲信号，精确计量燃油喷射量，将燃油以一定压力喷出并雾化
3	点火控制器	控制点火线圈内初级电路通电或断电

续表

序号	元件名称	主要功能
4	怠速控制阀	根据需要控制怠速进气量
5	节气门控制电动机	在电子节气门中根据信号控制节气门的开度
6	废气再循环阀	控制废气循环量，降低排放中的氮氧化合物
7	二次空气喷射阀	控制二次喷射进气量
8	活性炭罐电磁阀	控制回油箱内的燃油蒸汽
9	凸轮轴正时控制阀	控制进排气凸轮轴正时控制器的工作状态
10	增压压力控制电磁阀	控制增压系统的增压压力

二、汽车发动机电控系统的控制功能

汽车发动机电控系统的控制功能主要有燃油喷射控制、点火控制、怠速控制、排放控制、进气控制、增压控制、巡航控制、警告提示、自诊断控制、失效保护控制、应急备用控制等。

1. 燃油喷射控制——电控燃油喷射系统

在电控燃油喷射系统中，喷油量控制是最基本也是最重要的控制内容，ECU 主要根据进气量确定基本的喷油量，再根据其他传感器（如冷却液温度传感器、节气门位置传感器等）信号对喷油量进行修正，使发动机在各种运行工况下均能获得最佳浓度的混合气，从而提高发动机的动力性、经济性和排放性。除喷油量控制外，电控燃油喷射系统还包括喷油正时控制、断油控制和燃油泵控制及溢油控制。

2. 点火控制——电控点火系统

电控点火系统最基本的功能是点火提前角控制。该系统根据各相关传感器信号，判断发动机的运行工况和运行条件，选择最理想的点火提前角，点燃混合气，从而改善发动机的燃烧过程，以实现提高发动机动力性、经济性和降低排放污染的目的。此外，电控点火系统还具有通电时间控制和爆震控制的功能。

3. 怠速控制——怠速控制系统

怠速控制系统是发动机辅助控制系统，其功能是在发动机怠速工况下，根据发动机冷却液温度、空调压缩机是否工作、变速器是否挂入挡位、方向盘是否转动等，通过怠速控制装置对发动机的进气量进行控制，使发动机随时以最佳怠速转速运转。

4. 排放控制——排放控制系统

排放控制系统的功能是对发动机排放控制装置的工作实行电子控制。排放控制主要包括废气再循环控制、燃油蒸发排放控制、三元催化转化控制、二次空气喷射控制等。

5. 进气控制——进气控制系统

进气控制系统的功能是根据发动机转速和负荷的变化对发动机的进气进行控制，以提高发动机的充气效率，从而改善发动机的动力性。

6. 增压控制——增压控制系统

增压控制系统的功能是对发动机进气增压装置的工作进行控制。在装有废气涡轮增压装置的汽车上，ECU根据检测到的进气歧管压力，对增压装置进行控制，从而控制增压装置对进气增压的强度。

7. 自诊断控制——自诊断与报警系统

在发动机控制系统中，ECU都具有自诊断系统，对控制系统各部分的工况进行监测。当ECU检测到来自传感器或输送给执行元件的故障信号时，立即点亮仪表盘上的故障指示灯，以提示驾驶员发动机有故障；同时，系统将故障信息以设定的数码（故障码）形式储存在存储器中，以便帮助维修人员确定故障类型和范围。对车辆进行维修时，维修人员可通过特定的操作程序（有些需借助专用设备）调取故障码。故障排除后，必须通过特定的操作程序清除故障码，以免与新的故障信息混杂，给故障诊断带来困难。

任务自测

一、填空题

1. 根据有无反馈，发动机电控系统分为________和________两种。

2. 汽车发动机传感器的电信号可分为________、________、________和________四种。

3. ________是发动机电控系统的控制核心。

4. 燃油喷射控制包括________、________、________及________。

5. 排放控制的功能主要包括________、________、________、________等。

6. 氧传感器安装在________上，用来检测排气中氧气的含量。

二、选择题

1. 输出信号用于闭环控制的传感器是（　　）。

A. 空气流量传感器　　B. 氧传感器

C. 爆震传感器　　D. 氧传感器和爆震传感器

2. 间接测量进气量的传感器是（　　）。

A. 空气流量传感器　　B. 进气歧管压力传感器

C. 节气门位置传感器　　D. 氧传感器

3. 用以检测活塞上止点位置信号的传感器是（　　）。

A. 曲轴转速与位置传感器　　B. 凸轮轴位置传感器

C. 节气门位置传感器　　D. 进气歧管压力传感器

4. 用以检测发动机负荷信号的传感器是（　　）。

A. 曲轴转速与位置传感器　　B. 空气流量传感器

C. 节气门位置传感器　　D. 进气歧管压力传感器

5. 便于驾驶员和维修人员发现和排除故障的辅助控制系统是（　　）。

A. 进气控制系统　　B. 怠速控制系统

C. 排放控制系统　　D. 自诊断系统

三、判断题

1. 在电控燃油喷射系统中，喷油量控制是最基本也是最重要的控制内容。 ( )
2. 点火控制系统还具有通电时间和爆震控制功能。 ( )
3. 发动机集中控制系统将多种控制功能集中到一个 ECU 上。 ( )
4. 发动机集中控制系统中，同一传感器信号可应用于不同子控制系统中。 ( )
5. 发动机集中控制系统中，各子控制系统所需要的信息是不相同的。 ( )
6. 发动机在任何工况下均采用闭环控制。 ( )

项目2 汽油机电控燃油喷射系统结构与维修

大国工匠秦世俊

2020年，第十四届航空航天月桂奖揭晓，秦世俊被授予大国工匠奖。他曾先后获得“全国劳动模范”“全国五一劳动奖章”“中华技能大奖”等60多项荣誉。

他19岁怀揣梦想，进入哈尔滨飞机工业集团。中专出身的他以勤补拙，每天早出晚归，钻研数控技术。仅用4年时间，秦世俊便成为公司最年轻的数控铣工高级技师。他常对自己说的一句话是：精品与废品的距离只有0.01 mm，成功与失败的差别仅在能否全情投入。在一次生产某机型零件关键件时，秦世俊实现了零件精度面粗糙程度达到 $Ra0.18$ 的标准，一举攻克了困扰行业多年的难题，加工效率显著提升，实现了历史性的突破。

秦世俊像一面旗帜，他不仅在岗位上尽职尽责，更用人格魅力影响着身边人。

从一名普通岗位的工人到站在大国工匠领奖台的获奖者，秦世俊走过了20年。踏踏实实走好人生每一步，他展现了新时代产业工人的风采，先进制造业的工匠精神在他身上得以体现。

任务2.1 汽油机电控燃油喷射系统的认知

任务描述

一辆大众桑塔纳2000GSi时代超人轿车，发动机不启动，经检查电瓶没有亏电，启动机也正常工作。检查后需对燃油喷射系统进行检修。

任务目标

知识目标

(1) 了解电控燃油喷射系统的作用。
(2) 熟悉电控燃油喷射系统的分类和组成。
(3) 了解电控燃油喷射系统的控制功能。

能力目标

(1) 具有维修资料的查阅、信息获取和分析解决问题的能力。
(2) 能在实车判断该车型采用哪种电控燃油喷射系统。

素质目标

(1) 具有质量、安全、环保、规范、节约的意识。
(2) 具有严谨的工作态度和精益求精的工匠精神。
(3) 具有爱岗敬业和团队协作的精神。
(4) 热爱劳动、尊重他人劳动,履行道德准则和行为规范。

知识收集

电控燃油喷射(EFI)系统是利用系统中的传感器,将监测到的发动机运行状态参数(如空气流量、发动机转速、进气压力、进气温度、冷却液温度、排气中的氧含量等)转换成电信号,输入到发动机的 ECU。ECU 根据这些信号,计算出喷油时刻和喷油时长,并接通喷油器电路,使喷油器喷油,实现对喷油器的喷油时刻、喷油量进行精确控制。此外,电控燃油喷射系统通过计算机中的控制程序,还能实现启动加浓、暖机加浓、加速加浓、全负荷加浓、减速断油、自动怠速控制等功能,满足发动机特殊工况对混合气的要求,使发动机获得较好的燃油经济性和排放性,提高汽车的使用性能。

一、电控燃油喷射系统的分类

1. 按照喷射的部位不同分类

按照喷射的部位不同,电控燃油喷射系统可分为缸内喷射和缸外喷射两类。

1) 缸内喷射

缸内喷射是通过喷油器将燃油直接喷射到气缸内的喷射方式。喷油器直接安装在发动机的气缸盖上,以较高的燃油压力(3～4 MPa)将燃油直接喷入气缸,如图 2-1-1(a)所示。这种喷射方式燃油利用率高,燃烧效果优于缸外喷射,发动机的输出功率比缸外喷射的大,但其本身必须能够承受燃气产生的高温、高压,且受到发动机结构制约,随着技术的进步,这种喷射方式应用得越来越多。

2) 缸外喷射

缸外喷射是通过安装在进气歧管内或进气门附近的喷油器,将燃油喷射在进气管中,然后与空气混合形成可燃混合气后再进入气缸的喷射方式,所以该喷射方式又称进气管喷射,如图 2-1-1(b)所示。与缸内喷射相比,喷油器不受缸内的高温、高压的直接影响,喷油压力

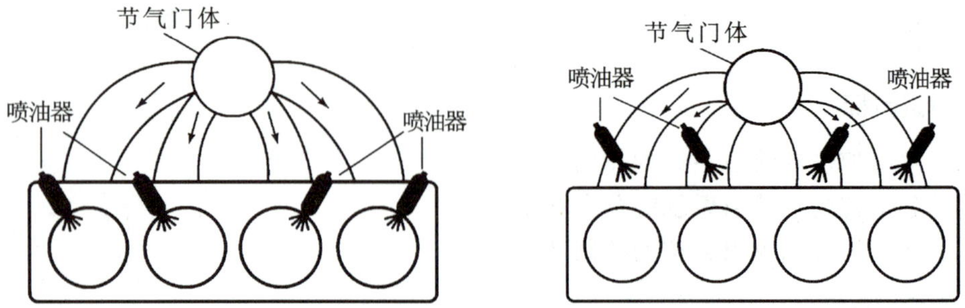

（a）缸内喷射　　（b）缸外喷射

图 2-1-1　缸内喷射与缸外喷射

不高(0.2～0.4 MPa)，且结构简单，成本较低，是目前普遍采用的喷射方式。

2. 按照喷油器的数目分类

按照喷油器的数目，电控燃油喷射系统可分为单点喷射和多点喷射两类。

1）单点喷射

单点喷射(SPI)是在进气管的节气门上或稳压箱内安装一只或两只喷油器的喷射方式。喷油器向进气歧管中喷油形成燃油混合气，进气行程时燃油混合气被吸入气缸内，如图 2-1-2(a)所示。单点喷射的优点是喷油器少，结构简单，成本低，故障率低，工作可靠，维修方便，但是存在各缸燃料分配不均和供油滞后等缺点，现在基本被多点喷射所取代。

2）多点喷射

多点喷射(MPI)是在发动机每个气缸进气门前的进气歧管上或是在每个气缸内部均安装一只喷油器的喷射方式。喷油器实时将燃油喷射在节气门附近的进气歧管内或气缸内，与空气形成混合气，如图 2-1-2(b)所示。这种喷射系统能较好地保证各缸混合气的均匀性，而且在设计进气管时可以充分利用空气惯性的增压效应实现高功率化设计。由于其性能优良，故应用非常广泛。

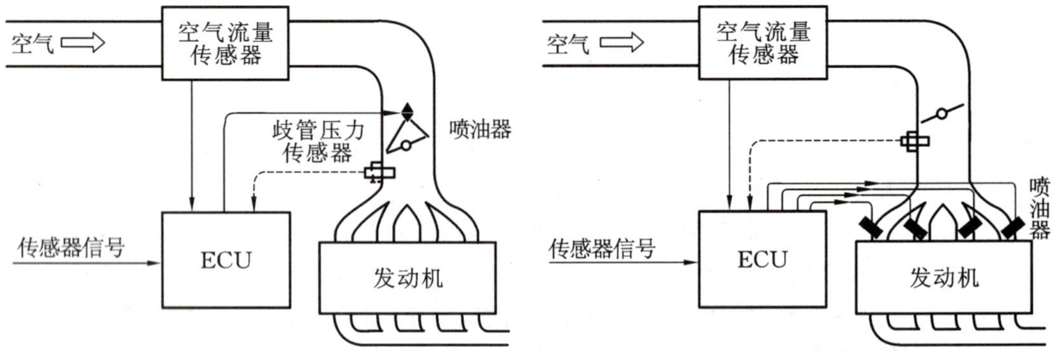

（a）单点喷射　　（b）多点喷射

图 2-1-2　单点喷射与多点喷射

3. 按照喷射时序分类

对于多点喷射方式，可根据喷油器之间的喷油时序不同分为同时喷射、分组喷射和顺序喷射。

1）同时喷射

同时喷射是指发动机在运转期间，各缸喷油器同时开启或同时关闭，由 ECU 的同一个喷油指令控制所有喷油器同时工作，其结构及控制原理如图 2-1-3 所示。

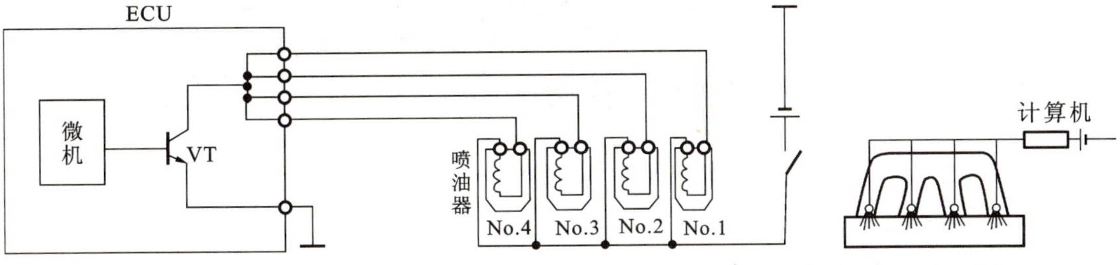

（a）　（b）

图 2-1-3　同时喷射

由于所有的喷油器并联连接，ECU 根据曲轴位置传感器送来的基准信号，发出喷油器控制信号，控制功率三极管导通和截止，从而控制各喷油器电磁线圈同时接通和切断，使各缸喷油器同时喷油、同时断油。通常曲轴每转一周，各缸喷油器同时喷射一次，由于发动机工作一个循环喷射两次，因此也称这种喷射方式为同时双次喷射。

2）分组喷射

分组喷射是指将喷油器分成几组交替喷射，ECU 发出几路喷油指令，每路指令控制一组喷油器轮流交替喷射，发动机每个工作循环各喷油器均喷射一次或两次，其结构及控制原理如图 2-1-4 所示。

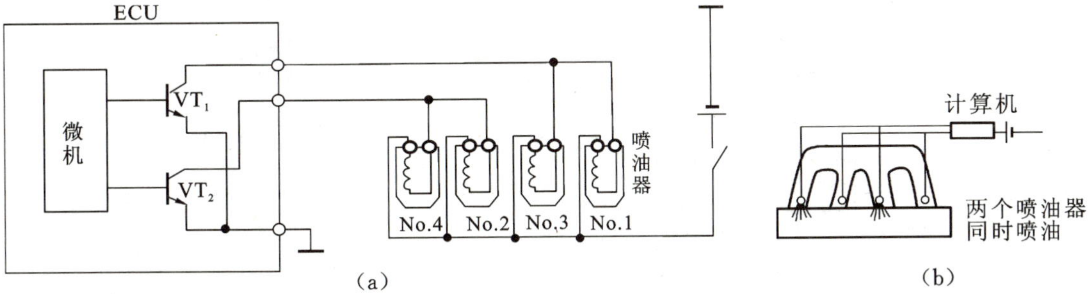

（a）　（b）

图 2-1-4　分组喷射

3）顺序喷射

顺序喷射也称独立喷射，是指喷油器按照发动机各缸进气行程的顺序轮流喷射。ECU 根据曲轴位置传感器提供的信号，辨别各缸的进气行程，实时发出各缸的喷油脉冲（喷油正时信号），以实现顺序喷射的功能，其结构及控制原理如图 2-1-5 所示。

顺序喷射可以在最佳时间喷油，对混合气的形成非常有利，因此它对提高燃油经济性降低尾气的排放等有一定好处。系统要求对等待喷射的气缸进行识别，同时要求喷油器驱动回路与气缸数相同，因此得到了普及，这种喷射方式也适用于缸内喷射。

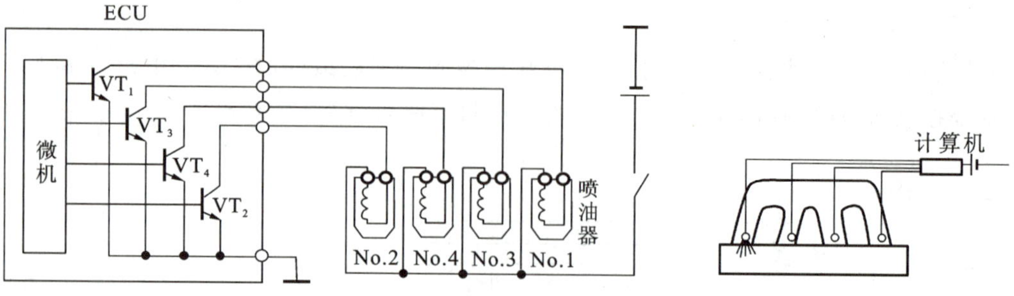

（a）　　　　（b）

图 2-1-5　顺序喷射

4. 按进气量的检测方式分类

按进气量的检测方式不同，电控燃油喷射系统可分为 D 型（速度密度控制型）和 L 型（质量流量控制型）。

1）D 型（速度密度控制型）

D 型（速度密度控制型）电控燃油喷射系统不直接检测吸入发动机的空气量，而是通过检测进气歧管压力（真空度）和发动机转速，推算出吸入的空气量，如图 2-1-6 所示。

"D"是德文"压力"的第一个字母，因此速度密度控制型又被称为 D 型。它是最早在进气管道上安装压力感应式空气流量计的喷射系统，被美国的通用、福特和克莱斯勒，日本的丰田、本田和铃木等汽车生产商应用在汽车发动机上。由于 D 型电控燃油喷射系统受进气管内空气压力波动的影响，进气量的测量精度不高，响应性较慢。但是其进气阻力小，充气效率高。

2）L 型（质量流量控制型）

L 型（质量流量控制型）电控燃油喷射系统由空气流量传感器直接测量进入进气歧管的空气量，其测量精度高于 D 型，可以更精确地控制空燃比，如图 2-1-7 所示。

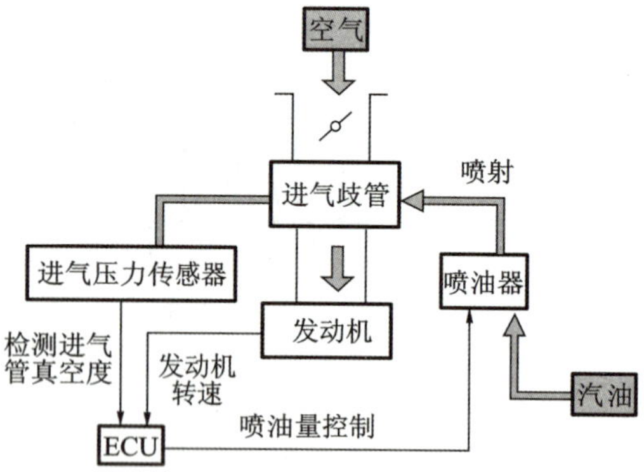

图 2-1-6　D 型电控燃油喷射系统结构

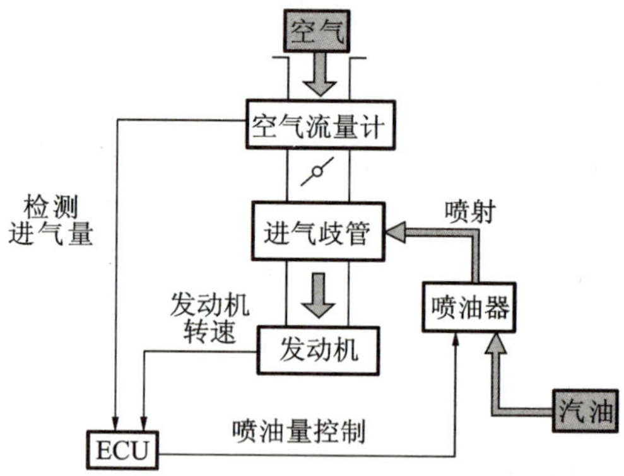

图 2-1-7　L 型电控燃油喷射系统结构

"L"是德文"空气"的第一个字母，因此质量流量控制型又被称为 L 型。根据测量进气量所使用的空气流量传感器不同，L 型可分为体积流量型和质量流量型两种。体积流量型因使用叶片式（或翼片式）、卡门涡旋式空气流量传感器测量空气的体积而得名；质量流量型因使用热线式和热膜式空气流量传感器测量空气的质量而得名，这种测量方法因进气阻力小、精度高而被大量使用。

二、电控燃油喷射系统的组成

电控燃油喷射系统
组成与功能

电控燃油喷射系统按结构由电控单元(ECU)、传感器和执行器组成，按系统工作原理由燃油供给系统、空气供给系统和电子控制系统组成，如图 2-1-8 所示。

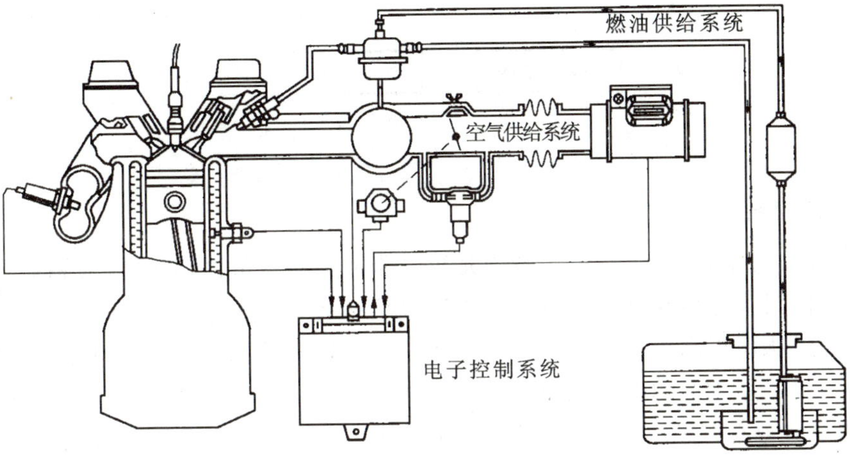

图 2-1-8　电控燃油喷射系统组成

1. 燃油供给系统

燃油供给系统的功能是向发动机各气缸提供混合气燃烧所需的燃油量。它由油箱、燃油泵、进油管、燃油滤清器、燃油压力调节器、喷油器和回油管组成，如图 2-1-9 所示。燃油从燃油泵中泵出，具有一定压力的燃油经过燃油滤清器除去杂质和水分后，流至燃油分配管，再经各供油歧管送至各缸喷油器。喷油器根据 ECU 的喷油指令，开启喷油阀，将适量的燃油喷于进气门前，待进气行程时，再将可燃混合气吸入气缸中。装在燃油分配管上的燃油压力调节器用于调节系统的油压，目的在于保持喷油器内油压与进气歧管内的压力差恒定，一般控制在高于进气歧管压力 300 kPa 左右。

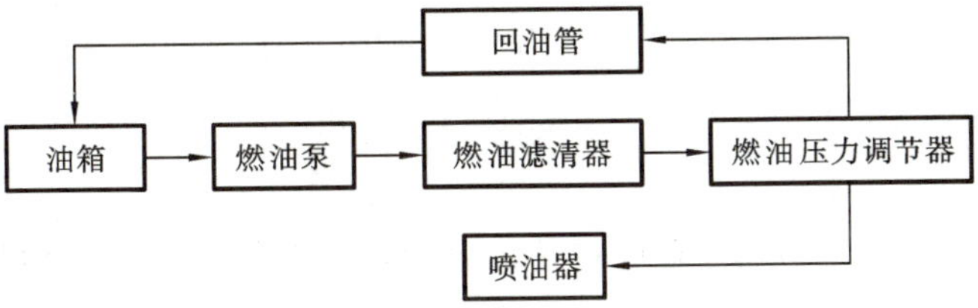

图 2-1-9　燃油供给系统的组成

2. 空气供给系统

空气供给系统的功能是为发动机可燃混合气的形成提供必需的空气，并测量出进入气缸的空气量。该系统主要由空气滤清器、空气流量传感器(在 L 型系统中使用，在 D 型中使用进气歧管压力传感器)、节气门体、进气总管、进气歧管和怠速控制阀等组成，如图 2-1-10 所示。

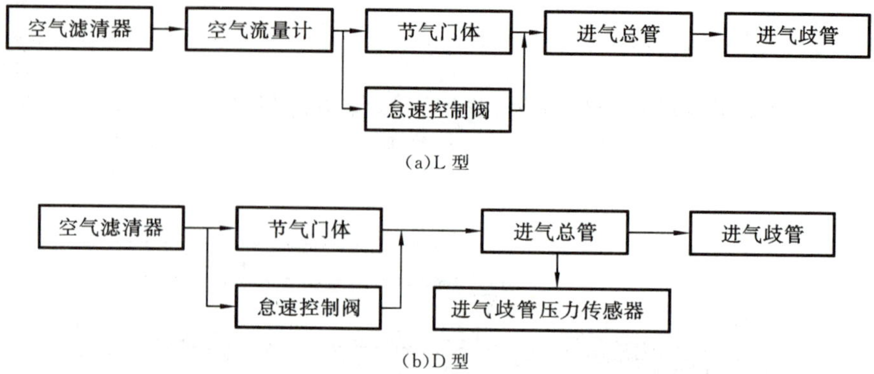

图 2-1-10 空气供给系统的组成

3. 电子控制系统

电控燃油喷射系统中，电子控制系统充当着非常重要的角色，它通过传感器采集发动机的工况参数，根据各种传感器的信号，由 ECU 进行综合分析处理，确定最佳喷油时刻以及最佳点火时刻等，从而提高发动机的动力性、燃油经济性和排放性能。在电控燃油喷射系统中，喷油量控制是最基本的也是最重要的控制内容。确定最佳喷油量时，ECU 根据空气流量传感器或进气歧管压力传感器，以及发动机转速传感器的信号确定空气流量，再根据空燃比要求及进气量信号就可以确定每个循环的基本供油量，然后根据冷却液温度传感器、进气温度传感器、爆震传感器、节气门开度传感器、氧传感器等传感器测量的各种工作参数进行喷油量的修正，最后确定某一工况下的最佳喷油量，如图 2-1-11 所示。

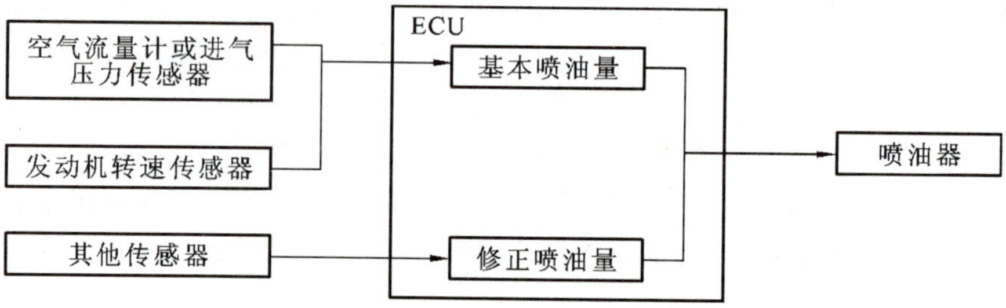

图 2-1-11 电子控制系统的组成

三、电控燃油喷射系统的控制功能

在电控燃油喷射系统中，ECU 接收各种传感器输出的发动机工况信号，根据 ECU 内部预先编制的控制程序和存储的试验数据，通过数学计算和逻辑判断确定适应发动机工况的喷油时间、喷油脉宽等参数，并将这些数据转换为电信号控制各种执行元件动作，完成喷油器的喷油量控制、喷油正时和断油的控制，从而使发动机保持在最佳的运行状态。

1. 喷油正时控制

喷油正时就是喷油器开始喷油的时刻。

1）同时喷射控制

发动机工作时，ECU 根据曲轴位置传感器和凸轮轴位置传感器输入的基准信号发出喷油指令，控制功率晶体管导通与截止，再由功率晶体管控制喷油器电磁线圈电流接通与切断，使各缸喷油器同时喷油和停止喷油，曲轴每转动一周或两周，各缸喷油器同时喷油一次。由于各缸同时喷油，因此喷油正时与发动机进气→压缩→做功→排气工作循环无关，如图 2-1-12 所示。

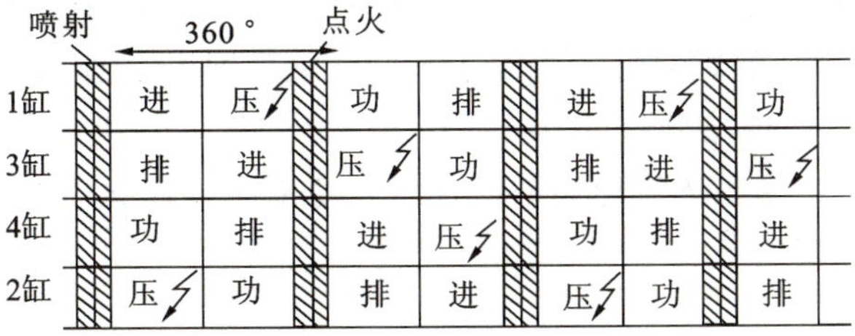

图 2-1-12　四缸发动机同时喷射控制喷油正时关系

同时喷射的特点是：控制电路和控制程序简单，且通用性能好；但是各缸喷油时刻不是最佳，雾化质量低，仅在早期的电控燃油喷射系统中使用，现代汽车已经很少采用。

2）分组喷射控制

发动机工作时，ECU 控制各组喷油器轮流喷射。发动机每转一圈，只有一组喷油器喷油，每组喷油器喷油时连续喷射 1～2 次，喷油正时关系如图 2-1-13 所示。分组喷射虽然不是最佳的喷油方式，但是由正时关系图可见，1、4 两缸的喷油时刻较佳，其混合气雾化质量比同时喷射大大改善。

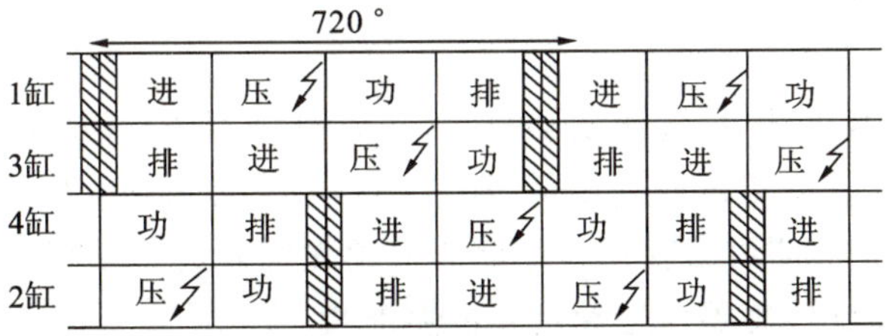

图 2-1-13　四缸发动机分组喷射控制喷油正时关系

3）顺序喷射控制

在顺序喷射系统中，发动机工作一个循环（曲轴转两圈 720°），各缸喷油器轮流喷油一次，且像点火系统跳火一样，按照特定的顺序依次进行喷射，喷油正时关系如图 2-1-14 所示。实现顺序喷射的一个关键问题是需要知道活塞即将到达排气上止点的是哪个气缸。为此，在顺序喷射系统中，ECU 需要一个气缸判别信号（简称判缸信号）。ECU 根据曲轴位置（转角）信号和判缸信号，确定出是哪个气缸的活塞运行至排气上止点前某一角度，四缸发动机一般在上止点前 60°左右时，就发出喷油控制指令，接通该缸喷油器电磁线圈电流，使喷油器开始喷油。

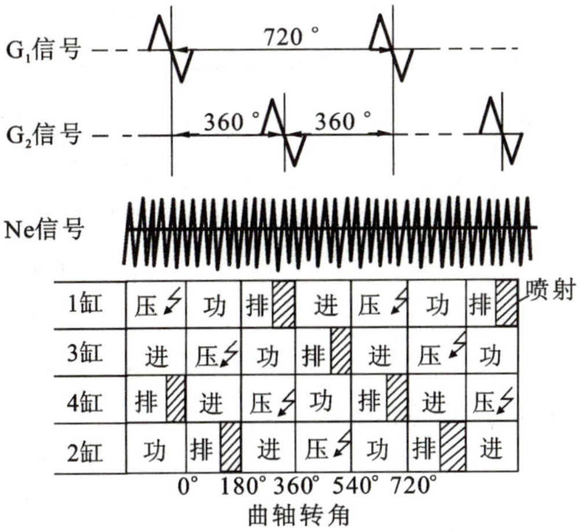

图 2-1-14　四缸发动机顺序喷射控制喷油正时关系

顺序喷射的优点是：喷油时刻均可设计在最佳时刻，燃油雾化质量好，有利于提高燃油经济性和降低废气（HC、CO、NO_x）的排放量。尽管采用顺序喷射方式的控制电路和控制软件比较复杂，但是对日益发展的现代汽车电子技术来说，实现顺序喷射控制是一件十分容易的事情，因此现代汽车普遍采用。

在多点顺序喷射系统中，喷油顺序与点火顺序同步，点火时刻在压缩上止点前开始，喷油时刻在排气上止点前开始，各缸喷油器分别由计算机进行控制，驱动回路数与气缸数相等。发动机转动时，ECU 便按照喷油器 1—3—4—2（四缸发动机）或 1—5—3—6—2—4（六缸发动机）的顺序控制功率晶体管导通与截止。当功率晶体管导通时，喷油器电磁线圈电路接通，喷油器阀门开启喷油。

2. 喷油量控制

电磁喷油器的喷油量取决于电磁阀打开的时间（喷油器喷射持续时间），也就是取决于 ECU 提供的喷油脉冲信号的宽度（简称喷油脉宽）。喷油量的控制即喷油脉宽的控制，目的是使发动机可燃混合气的空燃比符合要求，使发动机具有良好的经济性和动力性，排放量大为降低。

喷油量的控制实际上是由 ECU 根据发动机运转工况及影响因素，输出控制信号进行控制的。ECU 通过进气歧管压力传感器信号（D 型）或空气流量传感器信号（L 型）计量进气量，并根据计算出的进气量与目标空燃比相比较，即可确定每次燃烧所必需的燃油质量。

喷油量的控制根据发动机的工况不同可以分为发动机启动时的喷油量控制和发动机启动后的喷油量控制。

1）启动时的喷油量控制

发动机启动时转速很低，且转速波动较大，在这种情况下，无论是空气流量传感器还是进气歧管压力传感器，其检测精度都偏低，输出的信号误差较大，不能精确计量进气量。因此发动机启动时，ECU 按照可编程只读存储器中预先编制的启动程序和预定空燃比控制喷油，然后根据冷却液温度传感器信号确定基本喷油量。

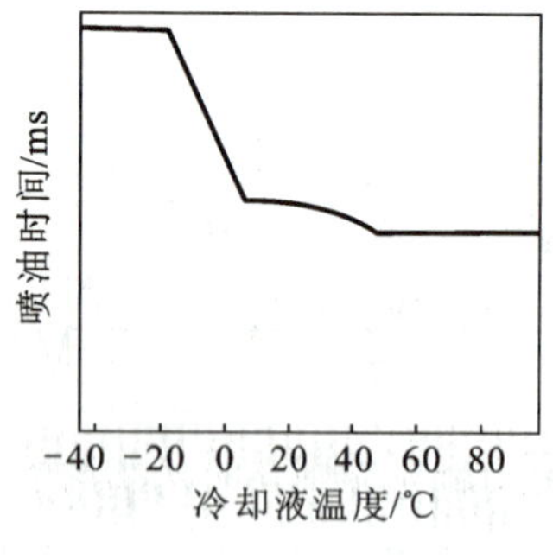

图 2-1-15　冷却液温度与启动时基本喷油时间

启动时，ECU 首先根据点火开关、曲轴位置传感器和节气门位置传感器提供的信号，判定发动机是否处于启动工况，以便决定是否按启动程序控制喷油，然后根据冷却液温度传感器信号确定基本喷油量，最后用进气温度和蓄电池电压等参数进行修正，得到启动时的喷油量。冷却液温度与喷油量的关系如图 2-1-15 所示，温度越低，喷油量越大；温度越高，喷油量越少。

2）启动后的喷油量控制

发动机启动后进入正常运转工况下，为了提高控制精度，喷油器的总喷油量由基本喷油量、喷油修正量和喷油增量三部分组成，如下所示：

总喷油量＝基本喷油量＋喷油修正量＋喷油增量

基本喷油量由进气量传感器（空气流量传感器或进气歧管压力传感器）和发动机转速传感器（曲轴位置传感器）的信号计算确定；喷油修正量由与进气量有关的进气温度、大气压力、氧传感器信号和蓄电池电压信号计算确定;喷油增量由反映发动机工况的点火开关信号、冷却液温度和节气门位置等传感器信号计算确定。

(1) 基本喷油量。基本喷油量是在标准大气状态(温度为 20 ℃,压力为 101 kPa)下,根据发动机每个工作循环的进气量、发动机转速 n 和设定的空燃比(即目标空燃比)确定。

(2) 喷油修正量。当发动机实际运行条件改变时,应对基本喷油量进行适当的修正,以保证发动机正常运行,通常考虑进气温度、大气压力和蓄电池电压三个方面的影响。修正量的大小用修正系数表示:

修正系数=修正后的喷油量/基本喷油量

① 进气温度修正。进气温度会影响到进气的密度,从而影响进气量。当进气温度升高时,空气密度增大,同样体积进气量的气体,质量会随着温度的升高而降低,若不对喷油量进行修正,则混合气会变浓。

对于采用进气歧管压力传感器和体积流量(叶片式、卡门旋涡式)传感器进行进气量检测的喷射系统,由于检测的是空气的体积流量,因此需要 ECU 根据进气温度传感器的信号,对喷油量进行修正,使发动机在各种运行条件下,都能获得最佳的喷油量。

修正的方法为:当进气温度高于 20 ℃时,ECU 将确定修正系数小于 1,适当减少喷油量(缩短喷油时间)进行修正;反之,当进气温度低于 20 ℃时,ECU 将确定修正系数大于 1,适当增加喷油量(延长喷油时间)进行修正。

② 大气压力修正。大气压力也会影响到进气的密度,从而影响进气量。当汽车行驶到高原地区时,海拔高度增加,大气压力降低,使空气密度降低,对于同样体积的空气流量,其质量就会降低。为避免混合气过浓以及油耗过高,应根据大气压力对喷油器的喷油时间进行修正。

修正的方法为:当大气压力低于 101 kPa 时,ECU 将减小修正系数、使喷油量减少(缩短喷油时间)进行修正,避免混合气过浓和油耗过高;反之,当大气压力高于 101 kPa 时,ECU 将适当增加喷油量(延长喷油时间)进行修正。

③ 蓄电池电压修正。由于喷油器针阀的机械惯性、电磁线圈的磁滞特性以及磁路效率的影响,在喷油脉冲加到喷油器电磁线圈后,针阀并不是随着电脉冲同步升起并上升到最大值,而是有一段滞后时间。通常把从脉冲开始出现到针阀呈现最大升程所需的时间称为开阀时间 T_o;同样,从脉冲消失到针阀落座关闭也需要一定的时间,该段时间称为关闭时间 T_c,开阀时间与关阀时间之差(T_o-T_c)称为无效喷射时间,在这段时间内喷油器并不喷油。其中开阀时间受蓄电池电压的影响较大,而关阀时间受蓄电池电压的影响较小。当蓄电池电压变化时,会影响到喷油器开启时刻,从而造成喷油量的误差,所以,ECU 也会根据蓄电池电压对喷油量进行修正。通常采用修正通电时间的方法来消除蓄电池电压变化对喷油量的影响。

修正的方法为:以蓄电池电压 14 V 为基准,当蓄电池输入 ECU 的电压低于 14 V 时,ECU 将增大喷油脉冲的占空比,即增大修正系数,使喷油器的喷油时间增长;反之,当蓄电池电压升高时,ECU 将减小占空比,即减小修正系数,使喷油时间缩短。

④ 空燃比反馈控制修正。试验证明:当混合气的空燃比控制在理论空燃比(14.7∶1)附近时,三元催化转化器转化效率最高。如果仅仅利用空气流量传感器和发动机转速传感器计算求得充气量,那么很难将空燃比控制在理论空燃比(14.7∶1)附近。

为了达到排气净化的目的,电控发动机都安装了三元催化转化器和氧传感器,借助于安装在排气管上的氧传感器反馈空燃比信号,对喷油量进行反馈优化控制,将空燃比精确控制在理论空燃比(14.7∶1)附近,使三元催化转化器发挥最高的转换效率。为保证发动机具有良好的工作性能,空燃比并不是在发动机的所有工况下都进行反馈控制。在下述情况下,ECU对空燃比不进行反馈控制:①发动机启动工况;②发动机启动后暖机工况;③发动机大负荷工况;④加速工况;⑤减速工况;⑥氧传感器温度低于正常工作温度;⑦氧传感器输入ECU的信号电压持续10 s以上时间保持不变。

⑤ 暖机过程喷油增量。暖机过程喷油增量是指暖机过程中根据冷却液温度确定的喷油增量。在冷车启动结束后的暖机过程中,发动机温度较低,燃油雾化较差,部分燃油凝结在进气管和气缸壁上,会使混合气变稀,燃烧不稳定。因此在暖机过程中必须增加喷油量,其燃油增量的比例取决于冷却液温度传感器。

⑥ 大负荷工况喷油增量。当发动机在大负荷工况下运行时,为获得良好动力性,需要供给浓混合气。ECU根据进气歧管压力传感器或空气流量传感器信号以及节气门位置传感器信号判断发动机负荷状况,大负荷时适当增加喷油量,供给浓于理论空燃比的混合气,满足输出最大功率的要求。

⑦ 加速增量。当汽车加速时,为了保证发动机能够输出足够的扭矩,改善加速性能,必须增大喷油量。在发动机运转过程中,ECU将根据节气门位置传感器信号和进气量传感器信号的变化速率,判定发动机是否处于加速工况。汽车加速时,节气门突然开大,节气门位置传感器信号的变化速率增大,与此同时,空气流量突然增大,进气歧管压力突然增大,进气量传感器信号突然升高,ECU接收到这些信号后,立即发出增大喷油量的控制指令,使混合气加浓。燃油增量比例大小与加浓时间取决于加速时发动机冷却液的温度。冷却液温度越低,燃油增量比例越大,加浓持续时间越长。

3. 断油控制

断油控制是ECU在某些特殊工况下,暂时中断燃油喷射,以满足发动机运行时的特殊需求。

1) 发动机超速断油

每台发动机的转速都有一个额定值,一般为6000～7000 r/min。当发动机的转速超过额定转速80～100 r/min时,ECU控制喷油器停止喷油,限制转速进一步上升,避免发动机超速运行而损坏机件。当发动机转速下降至低于额定转速80～100 r/min时,ECU控制喷油器恢复喷油。

2) 发动机减速断油

发动机在高速下运转急减速时,节气门完全关闭,为了避免混合气过浓以及燃油经济性、排放性能变差,ECU发出信号使喷油器停止喷油。发动机转速降至预定转速之下或节气门重新打开时,喷油器再投入工作。

3) 汽车超速行驶断油

某些汽车在运行速度超过限定值时,喷油器停止喷油,由ECU根据节气门位置、发动机转速、冷却液温度、空调开关、制动开关及车速信号实现断油。

4) 清除溢流控制

装备电控燃油喷射发动机的汽车,当发动机多次启动未成功,淤积在缸内的浓混合气就会浸湿火花塞,使其不能跳火而导致发动机不能启动。清除溢流控制就是将发动机油门踏板踩到底，接通启动开关启动发动机时，ECU 自动控制喷油器中断喷油，以便排除气缸内的燃油蒸气，使火花塞干燥，从而能够跳火。

电控系统清除溢流的条件是：①点火开关处于启动位置；②节气门全开；③发动机转速低于 500 r/min。

只有当三个条件都满足时，电控系统才能进入清除溢流状态。由此可见，在启动电控燃油喷射发动机时，不必踩下油门踏板直接接通启动开关即可；否则电控系统可能进入清除溢流状态而使发动机无法启动。

4. 预供油控制

当打开点火开关为“ON”位置时，发动机 ECU 控制燃油泵电路接通几秒，燃油泵预先输出部分燃油，为启动做准备，如几秒后发动机 ECU 接收不到启动发动机些信号，则断开燃油泵电路，燃油泵停止预供油的动作，所以当打开点火开关在“ON”位置没有启动时，可以听见燃油泵工作(“嗡嗡”响)的声音，几秒后停止。

任务自测

一、填空题

1. 电控燃油喷射系统的功能是对________、________、________及________进行控制。
2. 燃油停供控制主要包括________控制、________控制。
3. 电控燃油喷射系统由________系统、________系统、________系统组成。
4. 电控燃油喷射系统按喷射方式不同可分为________、________两种方式。
5. 发动机启动后，在达到正常工作温度之前，ECU 根据________对喷油时间进行修正。

二、判断题

1. 喷油量控制是电控燃油喷射系统最主要的控制功能。 ( )
2. 发动机启动时的喷油量控制和发动机启动后的喷油量控制的控制模式完全相同。 ( )
3. 发动机启动后的各工况下，ECU 只确定基本喷油时间，不需要对其修正。 ( )
4. 发动机启动或加速时的异步喷油量一般是可变的。 ( )
5. 多点喷射是在节气门上方安装一个中央喷射装置。 ( )
6. 顺序喷射按发动机各缸的工作顺序喷油。 ( )

任务 2.2 燃油泵的结构与维修

任务描述

一辆大众迈腾 1.8TSI 轿车，发动机不启动，电瓶没有亏电，启动机也正常工作。检查后判断故障在燃油泵电路，需对燃油泵相关电路进行检修。

任务目标

知识目标

（1）了解燃油泵、燃油压力调节器的功用。

（2）熟悉燃油供给系统的结构组成与工作原理。

（3）掌握常见燃油泵的组成结构、工作原理及控制电路。

（4）熟悉燃油压力调节器的结构。

能力目标

（1）具有维修资料的查阅、信息获取和分析解决问题的能力。

（2）能在实车上找到燃油泵、燃油压力调节器的位置。

（3）能运用维修手册、检测和诊断设备对燃油系统压力、燃油泵进行检测和诊断。

（4）会排除故障使系统恢复正常。

素质目标

（1）具有质量、安全、环保、规范、节约的意识。

（2）具有严谨的工作态度和精益求精的工匠精神。

（3）具有爱岗敬业和团队协作的精神。

（4）热爱劳动、尊重他人劳动，履行道德准则和行为规范。

知识收集

一、燃油供给系统概述

1. 燃油供给系统的作用和组成

燃油供给系统组成

燃油供给系统的作用是将燃油从燃油箱中泵出，经过滤清、调压后提供给喷油器，然后再由喷油器按照 ECU 的喷油指令喷出，供给发动机燃烧。燃油供给系统一般由油箱、燃油泵、燃油滤清器、燃油分配管、燃油压力调节器、喷油器等零部件组成，如图 2-2-1 所示。

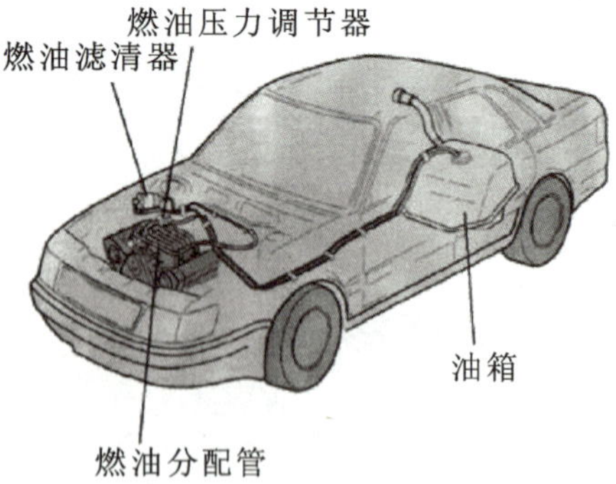

图 2-2-1　燃油供给系统在汽车上的布置

为保证车辆的正常使用，该系统一般要满足以下五方面的要求：

（1）储存一定量的燃油，保证汽车能持续行驶一定距离（一般要求 500 km 以上）；

（2）在发动机启动后，为发动机提供一定压力的燃油；

（3）对油箱中的燃油过滤后将清洁的燃油提供给发动机；

（4）当发动机的工况改变时，发动机的燃油需求量也会改变，燃油泵输出的多余燃油要返回油箱；

(5) 保证油箱压力在合理范围内，并防止油箱中的燃油挥发到空气中而污染空气。

如果该系统发生阻塞、泄漏、压力失常(过高或过低)等故障，必然引起发动机燃油供给的失常，从而造成发动机出现诸如动力不足、加速不良、排气冒黑烟、燃油消耗过大、不能启动等故障现象。此时，往往需要对燃油供给系统进行测试、诊断和维修。

2. 燃油供给系统的工作原理

油箱中的燃油经燃油泵加压后被泵出，经燃油滤清器过滤后再提供给各缸的喷油器，如图 2-2-2 所示。为了消除管路中燃油压力的波动，有些系统中装有压力缓冲器(单独安装在管路上或与燃油泵一体设置于燃油出口处)。为了确保喷油器两端的压力差维持恒定，从而确保喷油器的喷油量不受燃油压力和进气管内压力的影响，即确保喷油量仅受喷油时间的控制，系统中装有燃油压力调节器。某些较为先进的现代汽车发动机采用了缸内喷射技术，即将燃油直接喷入燃烧室的内部，此时，系统中往往还需要高压油泵，将燃油泵提供的低压燃油变为高压燃油后再提供给喷油器。

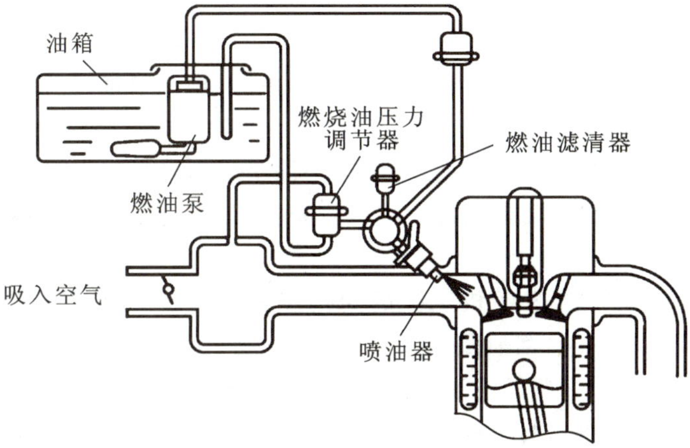

图 2-2-2　燃油供给系统的工作原理

二、燃油泵

燃油泵是电控燃油喷射发动机的基本部件之一。它一般由小型直流电动机驱动，其作用是把燃油从油箱中吸出、加压后输送到管路中，与燃油压力调节器配合建立合适的系统压力。

1. 燃油泵的结构与工作原理

目前大多数电控燃油喷射系统均采用油箱内置型燃油泵。无论是油箱内置式燃油泵还是油箱外置式燃油泵，其结构基本相同，都是由油泵、电动机、滤网、安全阀、止回阀和外壳等组成，如图 2-2-3 所示。

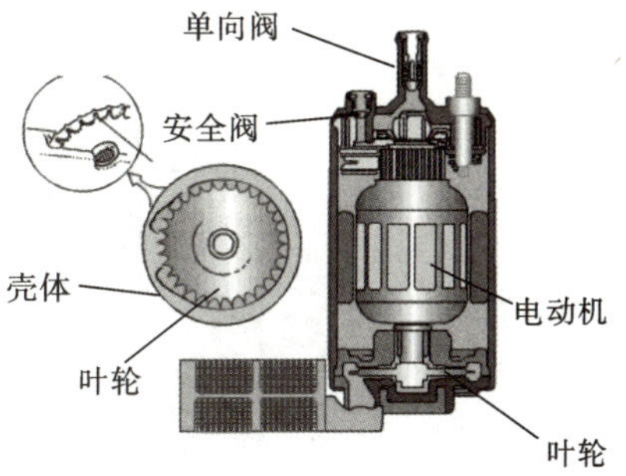

图 2-2-3　内置式涡轮燃油泵

所有形式的燃油泵出油口都设有止回阀，进油腔和出油腔之间都设有安全阀。止回阀用于防止燃油倒流，可使发动机熄火时油路保持一定的残余压力，以减少空气阻力，确保下次发动机能够顺利启动；安全阀则用于限制系统的最高油压，当油压达到一定值(一般为 0.4～

0.5 MPa)时，限压阀打开进行泄压，以防止油路发生阻塞等意外情况时管路压力过高、油泵负荷过大而烧坏油泵。燃油泵入口处一般都装有滤网，用于对燃油进行初步过滤，避免一些较大的杂质进入燃油系统，造成早期磨损和堵塞。滤网最好定期清洗，若滤网太脏会使燃油系统压力降低，喷油器供油量不足，导致汽车高速行驶或急加速时动力不足、加速困难。此外，如果燃油在滤网处堵塞，说明油箱中的沉积物或水分过多，最好拆下整个油箱进行彻底清洗。

电动机通电带动泵体旋转，将燃油从进油口吸入，流经燃油泵内部，再从出油口压出，通过油管送至燃油滤清器。在泵油过程中，燃油不断穿过油泵和电动机，油泵本身及电机中的线圈、炭刷、轴承等部位都靠燃油来润滑和冷却，因此，绝对禁止在无油的情况下运转燃油泵（尤其是反向运转），以免烧坏。燃油泵的电动机部分包括固定在外壳上的永久磁铁和产生电磁力矩的电枢，以及安装在外壳上的电刷装置。电刷与电枢上的换向器相接触，其引线连接到外壳的接柱上，将控制燃油泵的电压引到电枢绕组上。燃油泵的外壳两端卷边铆紧，使各部件组装成一个不可拆卸的总成。

2. 燃油泵控制电路

燃油泵的控制包括以下功能：

(1) 运转功能。当点火开关打开而不启动发动机时，燃油泵能预先运转 3～5 s，向油管中预充压力燃油，保证顺利启动。

(2) 启动运转功能。在发动机启动过程中，燃油泵能同时运转，保证启动供油。

(3) 恒速运转功能。在发动机正常运转过程中，燃油泵能始终恒速运转，保证正常的泵油压力和泵油量。

(4) 变速运转功能。根据发动机工况的变化控制燃油泵高、低速运转变换。发动机高速、大负荷工况下耗油较多时，燃油泵以高速运转；发动机在低速、中小负荷工况工作时，燃油泵以低速运转，以减少不必要的燃油泵磨损和电能消耗。

(5) 自动停转保护功能。发动机熄火后，即使点火开关仍处于接通状态，燃油泵也能自动停转。这一功能可防止汽车因碰撞等事故造成油管破裂时的燃油大量外溢，而避免因点火开关处于接通而引起火灾。

燃油泵控制电路的上述功能不一定全反映在某一车型上，各车型控制电路所能实现的控制功能不尽相同，下面介绍利用发动机 ECU 直接控制燃油泵控制电路。

如图 2-2-4 所示，发动机工作时，发动机 ECU 原则上根据燃油消耗量、需要的回油量和供油装置的温度等，通过内部的控制回路 IC，控制功率晶体管 VT 进行高频率（约 20 kHz）

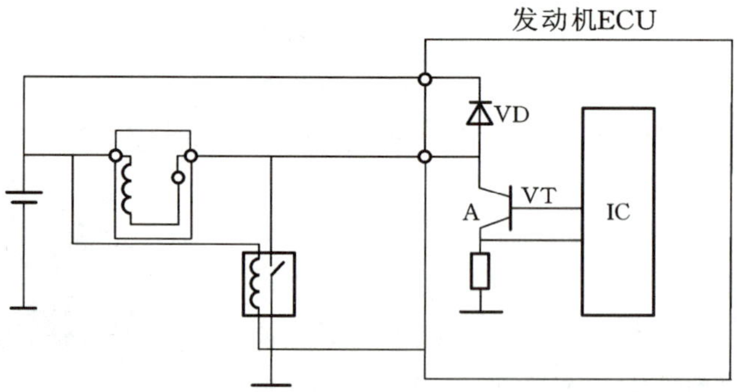

图 2-2-4　燃油泵控制电路

的导通和截止，控制 A 点的平均降压值（分压值），使燃油泵保持在所需的工作电压。燃油泵工作电压和发动机负荷成正比变化。发动机 ECU 在进行实际控制时，燃油泵的工作电压主要随发动机转速和喷油脉宽的变化而变化。图中的二极管 VD 为反馈二极管，在功率晶体管 VT 工作中截止的瞬间，反馈电流经过二极管构成回路，此时不仅可以平缓工作电流，也可以节省电功率。

随着发动机功率的增大，燃油泵的泵油量也必然增大，因而导致燃油泵消耗的电功率和燃油泵的噪声都比较大。利用发动机 ECU 直接控制燃油泵的工作电压（驱动电压），进而控制燃油泵的转速，可以减少 40%电能消耗，燃油泵运转噪声也降低很多。

图 2-2-5 所示为大众某车型燃油泵的控制电路。燃油泵继电器 J17 的 2/30 端子是来自蓄电池的常电，当 J17 衔铁闭合，常电经过 J17 的 3/87 端子，经过保险丝 S5，给燃油泵的 4 号端子供电，燃油泵继电器 J17 线圈接地端（5/85 端子）受发动机 ECU 的 4 号端子控制，如图 2-2-5（a）所示。当 ECU J220 让燃油泵继电器 J17 的线圈接地，则继电器开关闭合，来自 30 的电经过燃油泵继电器 J17，再经过保险丝 S5，给燃油泵供电，如图 2-2-5（b）所示。

图 2-2-5

迈腾 B7 燃油泵 ECU J538 的控制电路如图 2-2-6 所示。其燃油泵 ECU J538 安装在燃油泵电动机 G6 附近，它接收发动机 ECU J623 的控制信号，接收车载电网 ECU J519 的预工作信号，J538 通过脉宽调制信号 PWM 来控制燃油泵，为燃油泵提供正电和接地，此外还向仪表 J285 提供油位显示信号。

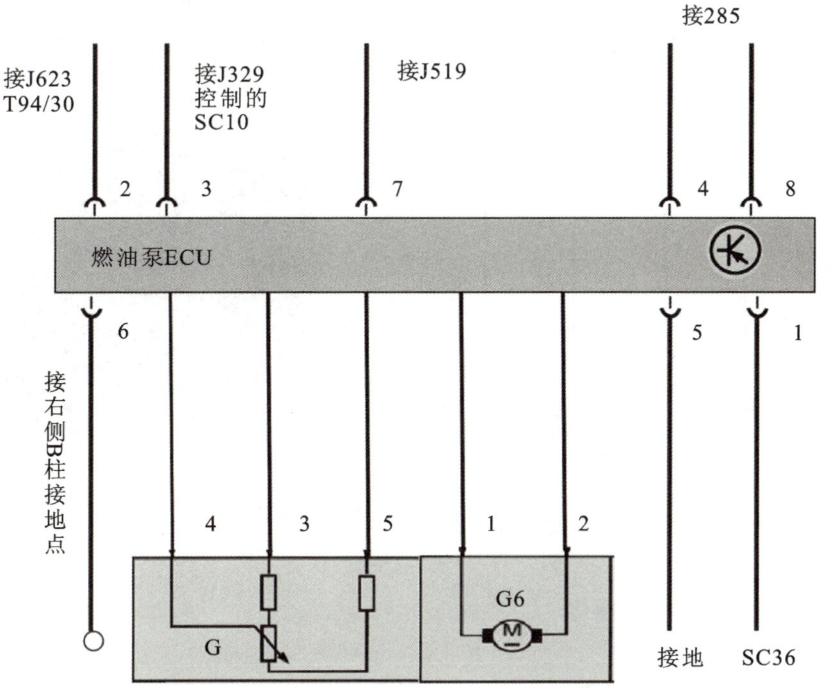

图 2-2-6 B7 燃油泵 ECU 的控制电路

当车辆解锁后，打开主驾室车门，车载电网 ECU J519 收到车门打开的信号后向 J538（T10P/7 端子）发出使油泵预工作的信号，J538 控制燃油泵工作几秒钟，燃油系统首先建立低压油压，便于发动机启动。发动机启动后，发动机 ECU J623 一直向 J538（T10P/2 端子）

发送使燃油泵运转的信号，则 J538 控制燃油泵持续运转。

各个端子的功能分别是：J538 的 T10P/5 端子和 T10P/6 端子是接地端，J538 的 T10P/3 端子（来自保险丝 SC10）和 T10P/1 端子（来自保险丝 SC36）是 12 V 供电端，J538 的 T10P/4 端子和 T10P/8 端子把油位信息传递给仪表板，J538 的 T10P/7 端子和 T10P/2 端子接收供油信号，控制燃油泵预供油和正常供油。

大众迈腾 B8 和 B7 的燃油泵控制电路有所区别。迈腾 B8 采用双喷射系统，其中低压燃油泵 ECU J538 的电路图、连接实物图以及信号波形图如图 2-2-7 所示。燃油泵 ECU J538 的 T5ax/3（电源端）通过保险丝 SB10 供电，经由燃油泵 ECU J538 的 T5ax/4 端子（搭铁端）搭铁形成回路。燃油泵电动机 G6 通过燃油泵 ECU J538 的 T5ax/1 端子（电动机电源正极）供给正极信号，经由燃油泵 ECU J538 的 T5ax/2 端子（电动机电源负极）搭铁形成回路。发动机 ECU J623 的 T91/9 端子通过燃油泵 ECU J538 的 T5ax/2 端子向燃油泵控制 ECU 传递燃油泵控制工作信号，该信号是一个占空比信号，如图 2-2-7(c)所示。

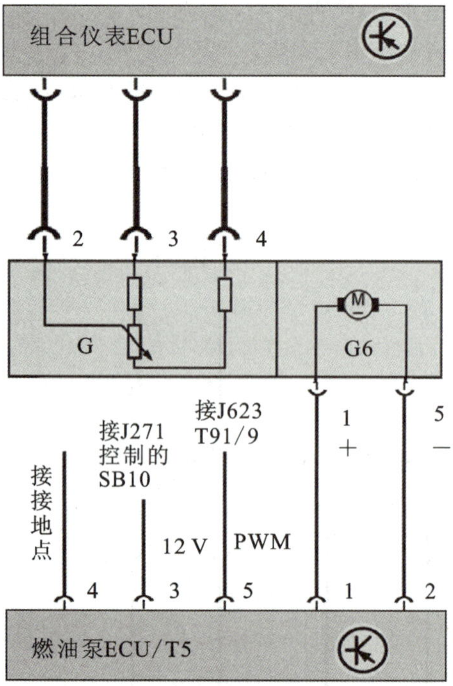

(a) B8燃油泵ECU电路图

(b) B8燃油泵ECU连接实物图

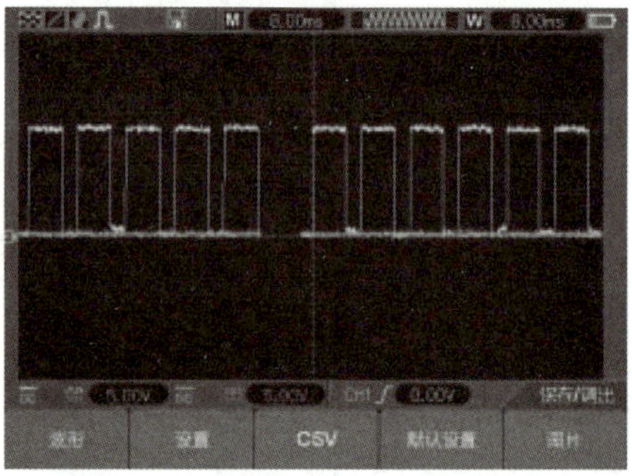

(c) B8燃油泵ECU信号波形图

图 2-2-7　B8 燃油泵 ECU 电路图、连接实物图和信号波形图

三、燃油压力调节器

1. 燃油压力调节器的作用

作为决定发动机性能的参数，喷油器的喷油量取决于喷油器的喷孔截面、喷油时间和喷油压差（即燃油分配管内的油压与进气歧管内的气体压力之差）。在电控燃油喷射系统中，ECU 通过控制喷油器的喷油时间来实现对喷油量的控制。要保证燃油喷射量的精确控制，在喷油器的结构尺寸一定时，必须保持恒定的喷油压差，才能使喷油器喷出的燃油量唯一地

取决于喷油器的开启时间。

但是由于进气歧管内的气体压力是随发动机转速和负荷的变化而变化的,要保持恒定的喷油压差,必须根据进气歧管内压力的变化来调节燃油压力。即进气歧管内的压力增高时,燃油压力也相应增高;反之,则降低。

因此需要设置燃油压力调节器(又称回油阀),其作用是根据进气歧管压力的变化来调节系统油压(即燃油分配管内油压),使两者的压力差保持恒定,一般为 250～300 kPa。

2. 燃油压力调节器的结构与工作原理

燃油压力调节器位于燃油分配管的一端或与汽油泵一体安装于油箱内,也有的燃油压力调节器安装在燃油滤清器上,如图 2-2-8 所示。它主要由膜片、弹簧和回油阀等组成,其结构如图 2-2-9 所示。安装燃油压力调节器的燃油滤清器实物及在车上的安装位置如图 2-2-10 所示。

发动机工作时,由于燃油泵泵送的油量远大于喷射所需的油量,故在油压作用下膜片移向弹簧室一侧,回油阀门打开,部分燃油流回油箱,燃油分配管内保持一定的油压,此时膜片上、下压力处于平衡状态。

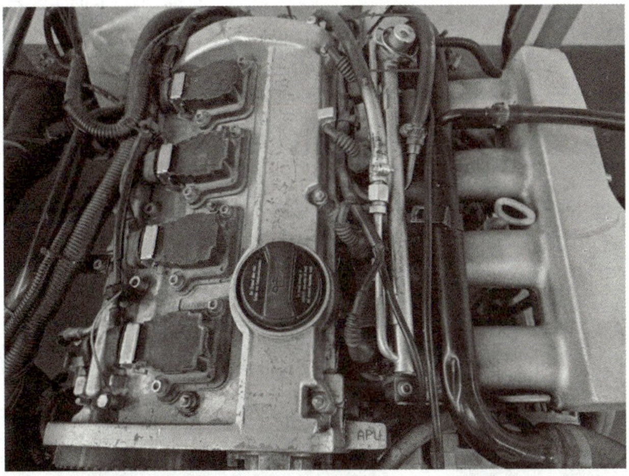

图 2-2-8 燃油压力调节器的安装位置

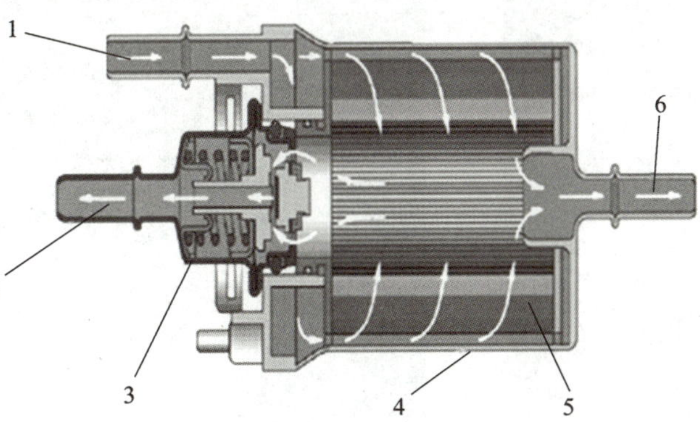

图 2-2-9 燃油压力调节器的结构

1—燃油从油箱流入;2—燃油回流到油箱;3—燃油压力调节器;4—燃油滤清器;5—燃油滤清器内腔;6—燃油流到燃油分配管

2-2-10　燃油滤清器的安装位置

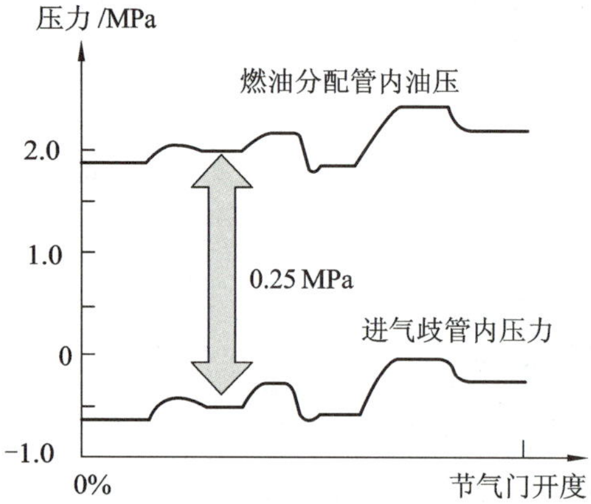

图 2-2-11　燃油分配管内油压与进气歧管压力的关系

当进气歧管内气体压力下降(真空度增大)时,膜片向上移动,使回油阀门开度增大,回油量增加,从而使燃油分配管内油压下降,保持与变化了的歧管压力差值恒定;反之,当进气歧管内的压力升高(真空度降低)时,膜片带动回油阀门向下移动,回油阀开度减小,回油量减少,使燃油分配管内油压升高。燃油分配管内油压与进气歧管压力的关系变化如下图 2-2-11 所示。

3. 燃油供给系统燃油压力的检测

通过检测燃油系统压力,可诊断燃油系统是否有故障,进而根据检测结果确定故障性质和部位。在卸除燃油系统的压力后,安装汽车专用燃油压力表(量程为 1 MPa),如图 2-2-12(a)所示。燃油压力表一般安装于汽油滤清器的出油口或燃油分配管的进油口处,带测压口的车辆可将燃油压力表直接连接,宝来 1.6 L 发动机配置的汽油泵在怠速时其压力数值如图 2-2-12(b)所示。

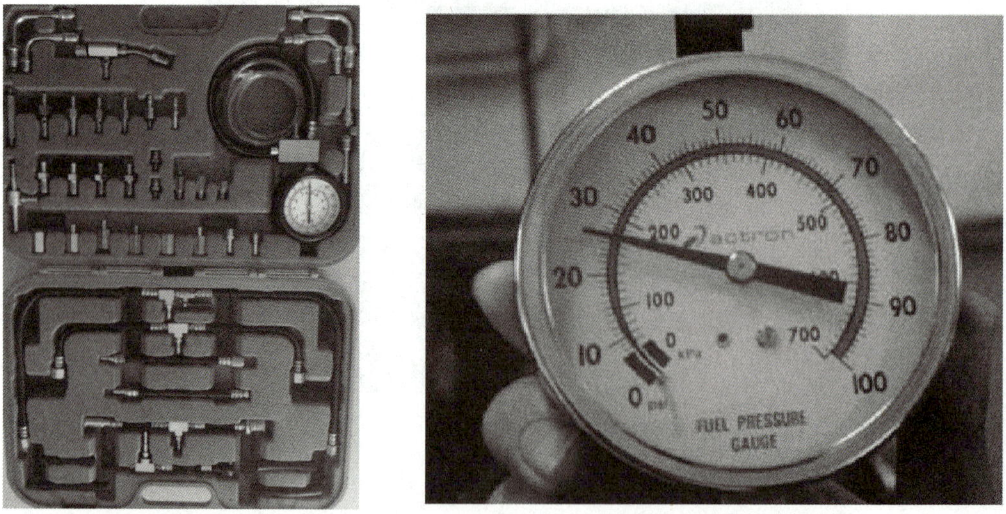

(a) 燃油压力表工具箱　　(b) 燃油工作压力数值

图 2-2-12　燃油压力表

1）静态油压

测试目的是判断燃油泵、燃油压力调节器、燃油管路的性能。拔下燃油泵继电器，用导线将燃油泵继电器供电端子短接；打开点火开关（不启动发动机），使燃油泵运转，此时的燃油压力应符合技术要求，一般应在 300 kPa 左右摆动（燃油压力调节器的工作使得燃油压力表指针摆动）。

静态油压偏高大多是由于回油管变形或燃油压力调节器损坏造成的。先仔细检查回油管，变形的油管会阻碍燃油的流动；若回油管完好，应更换燃油压力调节器。静态油压偏低大多是由于燃油泵进油滤网脏堵、燃油泵内部磨损、燃油泵限压阀损坏、汽油滤清器脏堵、燃油压力调节器调压弹簧过软或喷油器喷孔卡滞常喷油造成的，可更换汽油滤清器试一下，若油压没有恢复正常，则继续下述检测步骤，找出故障确切位置。

2）怠速工作压力

测试目的是判断燃油压力调节器的性能。启动发动机怠速运转时燃油压力表的读数即为燃油供给系统的怠速工作压力，一般为 250 kPa 或符合车型技术规定。怠速工作油压偏高大多是由于燃油压力调节器真空管错装、漏装或漏气造成的，此时应先检视真空管安装是否正确、是否存在漏气部位，必要时予以更换。拔下燃油压力调节器真空管时油压应上升至 300 kPa，其正常差值为 28～70 kPa。否则应更换燃油压力调节器。

3）急加速时燃油系统压力

测试目的是判断燃油压力调节器的性能。加速时油压应迅速由怠速工作时的 250 kPa 上升至 300 kPa，或符合车型技术规定。若急加速时的油压无变化，则可能是真空管插在了有单向阀的真空储气罐上，应予以恢复。若急加速时的油压与怠速工作油压差值小于50 kPa，说明节气门全开时进气系统存在真空节流（如节气门无法开至最大角度），应予以检修。

4）油泵最大供油压力

测试目的是判断燃油泵及燃油滤清器的性能。在发动机怠速运转中，用包有软布的钳子将回油软管夹住，此时燃油压力表的读数即为油泵最大供油压力，其值应符合车型技术要求，一般为怠速工作油压的 2～3 倍，即 500～750 kPa。偏高是由于油泵限压阀卡滞造成的，应更换燃油泵。偏低是由于燃油滤清器堵塞、油泵进油滤网脏堵、燃油泵内部磨损、油泵限压阀关闭不严或调压弹簧过软造成的。应先更换燃油滤清器后重新检测，若油压仍然偏低，则从油箱中拆出燃油泵检查。

5）保持压力

测试目的是判断燃油系统是否发生泄漏及泄漏的部位。松开油管夹钳，恢复静态油压，取下油泵继电器跨接线使油泵停止运转，并等待 10 min，此时燃油压力表的读数即为燃油供给系统的保持压力，应符合车型技术规定。

任务实施

一、燃油泵故障的原因分析

故障现象如“任务描述”所述，发动机不启动，一般故障出现在发动机电控系统、发动机燃油供给系统和点火系统。当燃油泵出现故障时，可能会出现发动机无法启动、发动机运转无力等故障现象。若判断故障在燃油泵电路，则需要对燃油泵相关电路进行检修。

可能的原因有燃油泵自身故障、燃油泵与发动机 ECU 之间电路故障，以及 ECU 自身故障。

二、故障检测流程

排除燃油供给系统的故障，要遵循一定的故障检测流程，如图 2-2-13 所示。

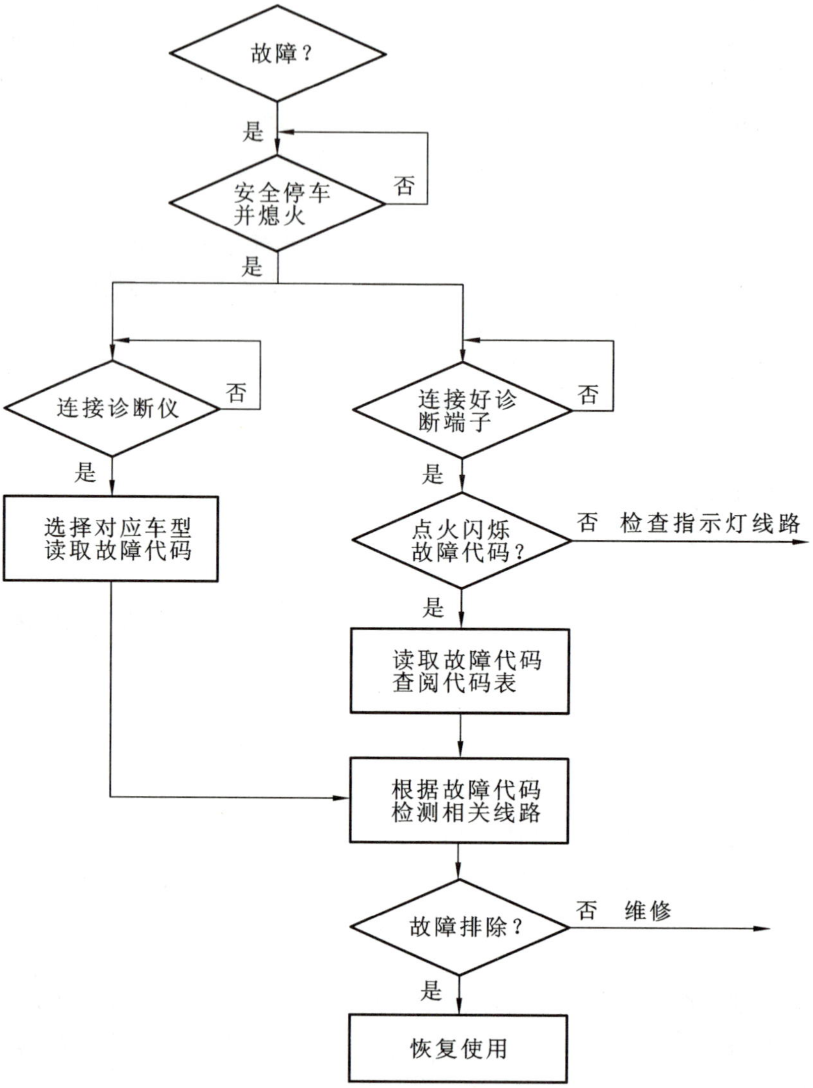

图 2-2-13　燃油供给系统的故障检测流程

三、燃油泵的检修

当检测到系统燃油压力为零或较低时，需要检修燃油泵，检修步骤如下。

(1) 如果燃油泵没有启动，应关闭点火开关，拔下燃油泵继电器，使用导线将燃油泵继电器座的 3/87 端子与蓄电池正极端子连接，观察燃油泵是否工作。

(2) 如果燃油泵工作，应检查燃油泵继电器，如图 2-2-14 所示。2/30 端子是常火，3/87

端子通往燃油泵。二者短接后燃油泵工作，说明继电器不工作，故障在继电器，可能是触点烧蚀。故障也可能在 4/86 端子，由 ECU 4 端子控制的线圈接地端。

(3) 检查燃油泵继电器。检查前应确保蓄电池电压正常，燃油泵继电器保险丝正常。用测试线短接继电器的 2 和 4 端子，接通点火开关，燃油泵继电器必须有动作声，否则检查燃油泵继电器线路，如果线路正常，则更换燃油泵继电器。

ECU 4 端子控制继电器线圈的搭铁回路，它接至继电器的 5/85 端子。2 端子是搭铁线，直接和车身连接。二者短接后继电器工作，说明线路和继电器正常，是发动机 ECU 没有控制继电器工作。

(4) 如果燃油泵继电器良好，燃油泵仍然不工作，打开行李厢饰板，从密封凸缘拔下三个端子的导线插头，如图 2-2-15 所示。启动发动机，用万用表测量导线上 1 和 3 端子之间的电压。电压的额定值约为蓄电池的电压(12 V 左右)。如果电压额定值没有达到，则根据电路图查找并消除电路中的断路故障；如果达到了额定值，则检查密封凸缘和燃油泵之间的导线是否有断路故障。如果没有发现断路情况，说明燃油泵有故障，应更换燃油泵。

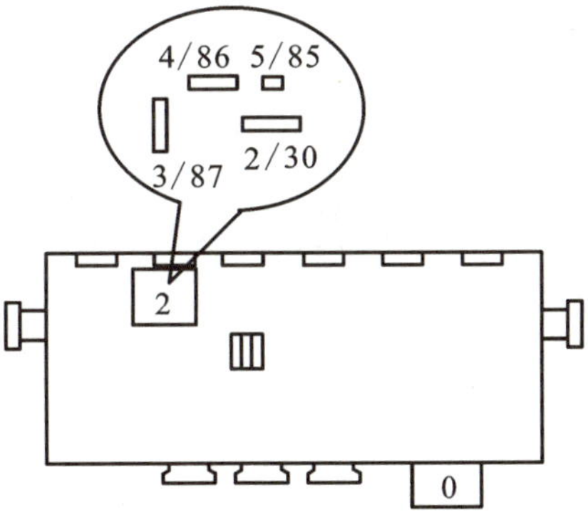

图 2-2-14 燃油泵继电器连接图

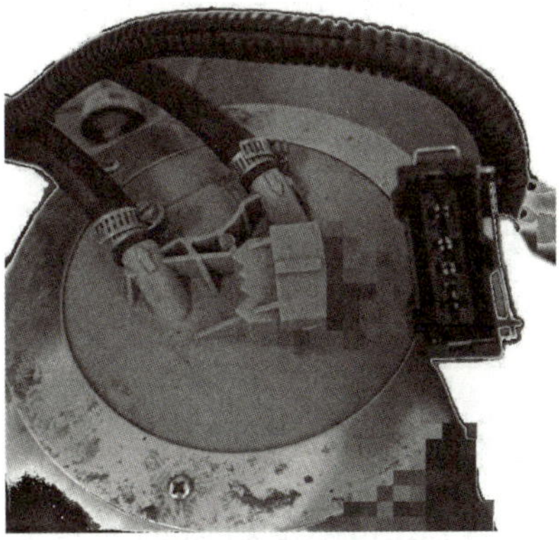

图 2-2-15 三个端子的导线插头

任务自测

一、填空题

1. 燃油供给系统的功用是________。

2. 各种发动机的燃油供给系统基本相同，都是由________、________、________、________及油管等组成。

3. 燃油泵按安装位置不同分为________、________。

4. 外置式燃油泵安装在________外部的输油管路中。

5. 在燃油泵的就车检查中，将点火开关转至________位置，但不要启动发动机。

二、选择题

1. 燃油压力调节器的作用是使输油管内燃油(　　)相对大气压力或进气管压力保持一定压力差。

A. 压力　　B. 流量　　C. 流速　　D. 压力差

2. 将燃油泵置于油箱内部的目的是(　　)。

A. 便于控制　B. 降低噪声　C. 防止气阻　D. 以上都可以

3. 启动发动机前,如果点火开关位于"ON"位置,燃油泵(　　)。

A. 持续运转　B. 不运转　C. 运转 10 s 后停止　D. 运转 2 s 后停止

4. 下面哪一项(　　)正确描述了电控发动机中燃油压力调节器的功能?

A. 燃油压力调节器将燃油供给压力保持在一个控制水平上

B. 燃油压力调节器将燃油供给压力与大气压力之差保持在一个恒定水平上

C. 燃油压力调节器将燃油供给压力与进气歧管压力之差保持在一个恒定水平上

D. 燃油压力调节器将每一喷油器的燃油供给压力保持在一个恒定水平上

5. 下面哪一项正确描述了燃油泵的结构?(　　)

A. 燃油泵由泵壳体、直流电动机、叶轮、安全阀和单向阀组成

B. 燃油泵由泵壳体、交流电动机、叶轮、安全阀和单向阀组成

C. 燃油泵由泵壳体、直流电动机、叶轮、PCV 阀和 EGR 阀组成

D. 燃油泵由燃油轨、叶轮、安全阀和单向阀组成

6. 大众迈腾 B7 EA888 发动机低压燃油压力范围为(　　)。

A. 0. 5～50 bar　B. 5～100 bar　C. 5～10 bar　D. 30～50 bar

任务 2.3　喷油器的结构与维修

任务描述

一辆大众迈腾 1.8TSI 轿车突然出现发动机怠速抖动厉害,并且行驶中加速无力的现象,该车配备电控多点顺序燃油喷射系统。检查后判断故障在喷油器及其电路,需对喷油器及其电路进行检修。

任务目标

知识目标

(1) 了解喷油器的作用和类型。

(2) 熟悉喷油器的结构与控制电路。

能力目标

(1) 具有维修资料的查阅、信息获取和分析解决问题的能力。

(2) 能根据喷油器的故障现象进行故障部位和原因的分析。

(3) 能检测及诊断喷油器。

(4) 会排除故障使系统恢复正常。

素质目标

(1) 具有质量、安全、环保、规范、节约的意识。

(2) 具有严谨的工作态度和精益求精的工匠精神。

(3) 具有爱岗敬业和团队协作的精神。

(4) 热爱劳动、尊重他人劳动,履行道德准则和行为规范。

知识收集

喷油器是电控燃油喷射系统中一个最终的执行元件,在 ECU 的控制下,将汽油呈雾状喷入进气歧管内(缸外喷射)或燃烧室内(缸内喷射)。

电控燃油喷射系统采用电磁式喷油器,按总体结构不同,可分为轴针式、球阀式和片阀式,目前常用的是轴针式喷油器;按照喷油器电磁线圈的电阻值不同,分为高阻(13~18 Ω)喷油器和低阻(2~3 Ω)喷油器;按喷油器的控制方式不同,分为电压驱动式和电流驱动式。

一、喷油器的结构和工作原理

1. 喷油器的工作原理

电控燃油喷射系统的喷油器安装在各进气歧管或进气道附近的缸盖上,并用燃油分配管固定,如图 2-3-1 所示。

以轴针式喷油器为例,它由滤网、线束连接器、电磁线圈、回位弹簧、衔铁和针阀(一般制成一体)、外壳等组成,如图 2-3-2 所示。喷油器内部的电磁线圈经线束与 ECU 连接,喷油器头部的针阀与衔铁连接为一体。它的一端为进油口,与燃油分配管连接;另一端为喷油口,插入进气歧管中,两端分别用 O 形密封圈密封。

喷油器结构与工作原理

图 2-3-1 喷油器的安装位置

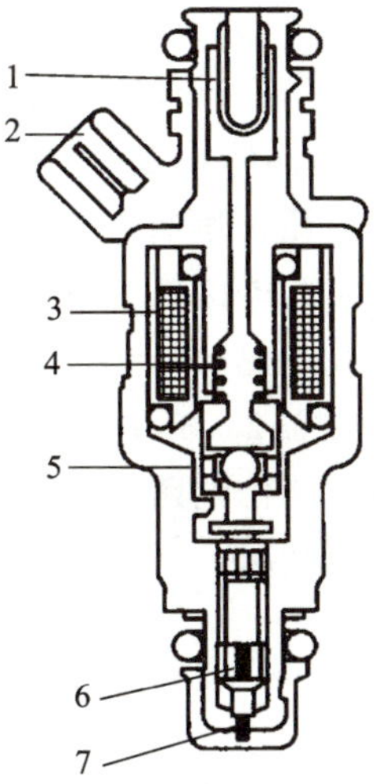

图 2-3-2 喷油器的结构

1—滤网;2—线束连接器;3—电磁线圈;4—回位弹簧;5—衔铁;6—针阀;7—轴针

当电磁线圈不通电时,针阀被回位弹簧压在喷油口处的密封锥座上,喷口被密封,无燃油喷出。电磁线圈通电时,产生磁场吸力使衔铁移动,衔铁带动针阀从其座面上升约 0.1 mm,压力燃油便通过精密环形间隙喷出,在喷油器头部前端被粉碎雾化,并通过旋流作用在进气和压缩冲程中形成易于点燃的均匀空气燃油混合气。喷油器打开的时间一般为几毫秒到几十毫秒。

球阀式和片阀式喷油器，其结构和工作过程与轴针式喷油器的基本一致，主要区别在于阀体结构不同。

2. 喷油器的驱动方式

喷油器按电磁线圈的控制方式不同，可分为电压驱动式和电流驱动式两种，如图 2-3-3 所示。电流驱动式只适用于低阻值喷油器，电压驱动式对高阻值喷油器和低阻值喷油器均可使用。

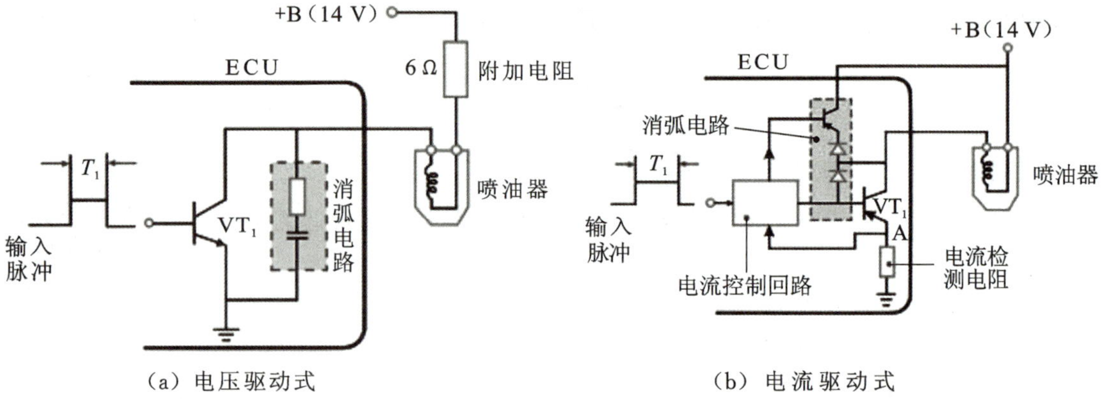

图 2-3-3　喷油器的驱动方式

电压驱动是指 ECU 驱动喷油器喷油电脉冲的电压是恒定的，如图 2-3-3(a)所示。在采用电流驱动方式的喷油器控制电路中，无须附加电阻，低阻喷油器直接与蓄电池连接，通过 ECU 中的晶体管 VT_1 对流过喷油器线圈的电流进行控制。电流驱动通过控制喷油器的工作电流来控制喷油器工作，即喷油器的驱动脉冲信号开始时用一个较大的电流，使电磁线圈产生较大的电磁吸力，以迅速打开喷口，随后用较小的电流保持喷口的开启状态，从而防止电磁线圈过热，因此驱动效果好，如图 2-3-3(b)所示。例如，某喷油器开启电流为8 A，而维持电流只需 2～3 A。这样就可以使用大电流 8 A 快速打开喷迪器喷油。喷油器打开后，电流控制回路使电路中的电流变为 3 A，维持喷油器处在打开的位置，起到了避免其电流过大而烧毁的情况。

二、喷油器的控制电路

各车型喷油器的控制电路基本相同，如图 2-3-4 所示。一般都是通过点火开关和主继电器（或熔丝）给喷油器供电，ECU 控制喷油器搭铁。只是不同发动机喷油器数量、喷射方式、分组方式不同，ECU 控制端子数量不同。

各种传感器信号输入 ECU 后，ECU 根据数学计算和逻辑判断结果，发出脉冲信号指令控制喷油器喷油。当脉冲信号的高电平加到驱动晶体管 VT 的基极时，VT 导通，喷油器的电磁线圈电流接通，产生电磁吸力将针阀吸开，喷油器开始喷油；当脉冲信号的低电平加到驱动晶体管 VT 的基极时，VT 截止，喷油器的电磁线圈电流切断，在复位弹簧弹力作用下针阀关闭，喷油器停止喷油。由此可见，ECU 是通过控制喷油器的搭铁回路来实现对喷油

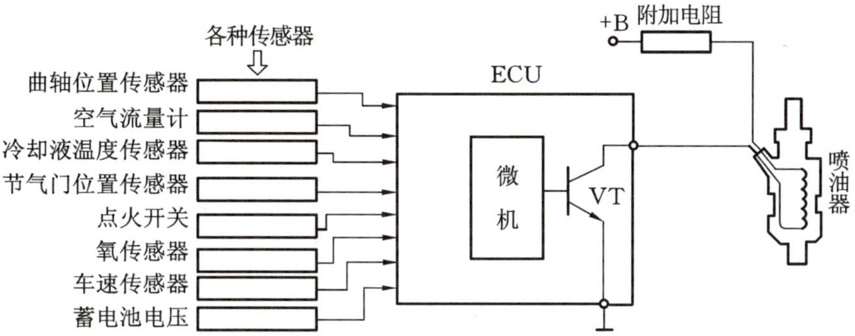

图 2-3-4 喷油器的控制电路

器的控制。

图 2-3-5 所示为大众 AIR 发动机喷油器的控制电路，由燃油泵继电器控制电源端，由 ECU 根据传感器的信号控制喷油器的接地端。

图 2-3-5

任务实施

一、喷油器故障原因分析

1. 喷油器故障原因分析

故障现象如“任务描述”所述，发动机怠速抖动且加速无力，一般多为发动机某一个气缸没有正常工作，而造成某一个气缸不正常工作的原因多为点火系统故障或者喷油器及其电路故障。检查后判断故障在喷油器及其电路，需对喷油器及其电路进行检修。可能的原因有喷油器自身故障、喷油器与发动机 ECU 之间电路故障，以及发动机 ECU 自身故障。

2. 迈腾 B8 发动机喷油器控制电路

迈腾 B8 发动机采用缸内高压直喷控制系统，为了实现各种充气模式下的燃油喷射，必须对具有复杂流动过程的高压喷油器进行控制。为此，发动机 ECU J623 的 CPU 输出一个数字信号，发动机 ECU 内部专用的组件根据此信号产生一个高压喷油器控制信号驱动喷油器工作。

图 2-3-6 所示为 B8 发动机高压喷油器的控制线电路，高压喷油器 N30/N31/N32/N33 采用双源控制，即发动机 ECU 通过一个端子给喷油器提供高压信号，通过另外一个端子给喷油器提供接地控制信号，两个信号同时作用决定了喷油器的喷油正时和喷油脉宽。可以看出，1 缸喷油器 N30 的 T2aq/1 端子直接与发动 ECU J623 的 T105/64 端子相连，并通过喷油器 N30 的 T2aq/2 端子回到发动机 ECU J623 的 T105/85 端子，构成回路，其他三缸和 1 缸的控制原理相同。

为了精确控制高压喷油器，发动机 ECU 内部 A/D 变换器模块的专用升压电路会将 12 V 转换成 50～90 V 的控制电压，通过该电压来驱动喷油器，使刚刚接通的喷油器电磁线圈内的电流急剧增大，迅速使喷油器内的针阀打开达到最大升程；之后，喷油器将利用系统的电压(12 V)，采用 PWM 信号实施较小的电流控制，使针阀维持最大开度状态。喷油器端子的波形图如图 2-3-7 所示。

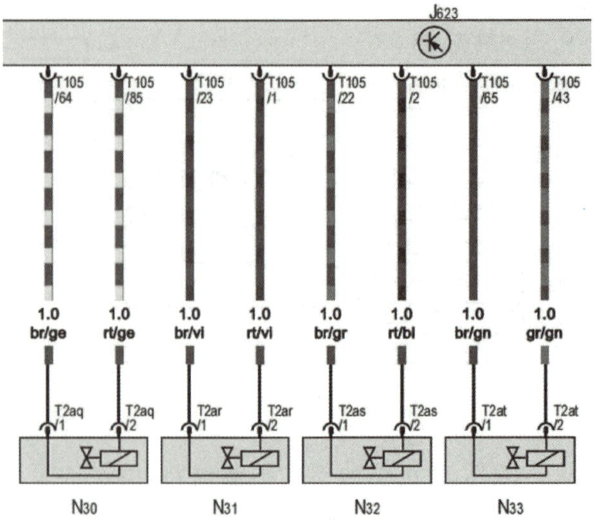

图 2-3-6　B8 发动机高压喷油器的控制电路

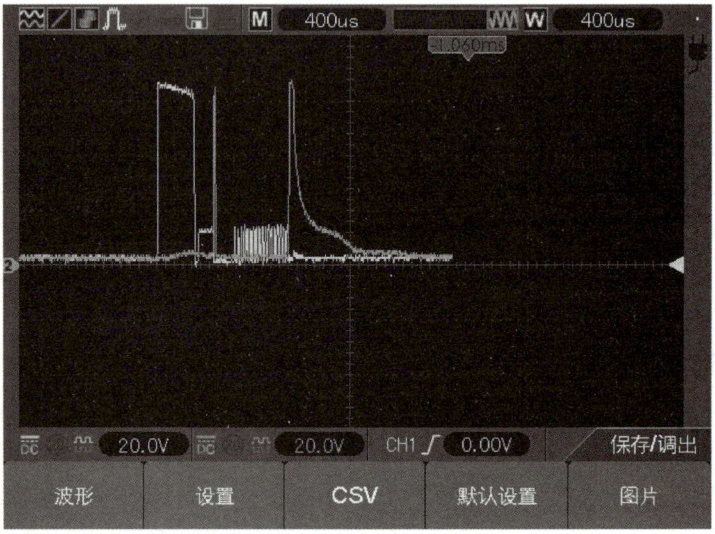

图 2-3-7　B8 发动机高压喷油器端子波形图

黄色—T2aq/1 信号；蓝色—T2aq/2 信号

二、故障检测流程

1. 读取发动机故障码和相关数据流

将故障诊断仪连接到诊断座，打开点火开关后仪表显示无异常，启动车辆后，发动机抖动，而且抖动与发动机转速同步。打开故障诊断仪，读取发动机故障码，报故障码“1 缸喷油器 N30 电路电气故障”。

2. 喷油器端子测量

启动发动机，用示波器测量 1 缸喷油器 T2aq/1、T2aq/2 端子对地的信号波形，实测波形如图 2-3-8 所示。

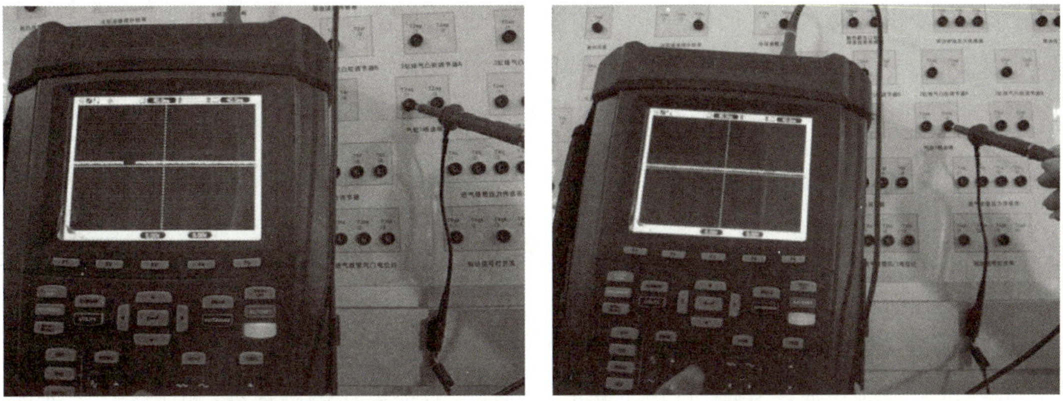

(a) T2aq/1端子对地波形　　(b) T2aq/2端子对地波形

图 2-3-8　1 缸喷油器端子对地波形

可以发现，波形始终为 0 V 直线，说明发动机运行过程中，在测喷油器两个端子对地波形异常。

继续测量发动机 ECU J623，T105/64 与 T105/85 端子对地电压，T105/64 对地电压为 6.96 V，T105/85 端子对地电压为 0 V，如图 2-3-9 所示。

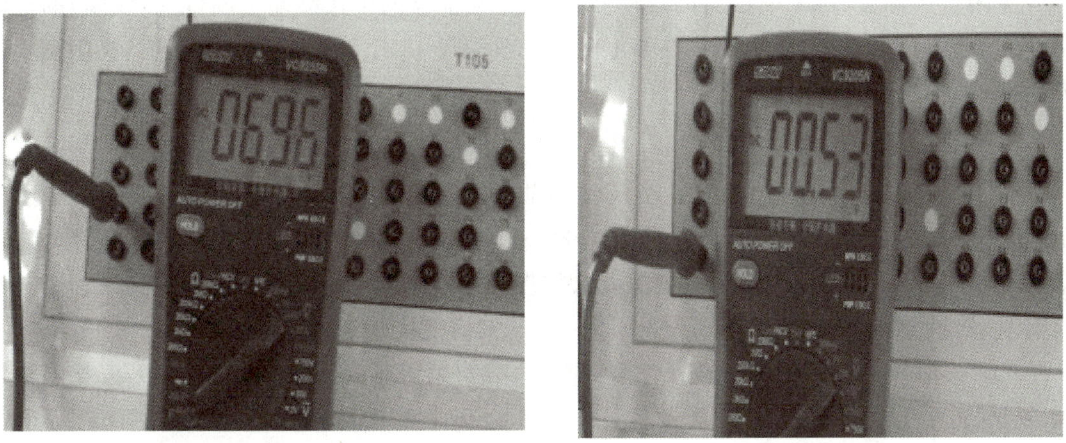

(a) T105/64端子对地电压　　(b) T105/85端子对地电压

图 2-3-9　发动 ECU J623 对应端子对地电压

怀疑 T2aq/1 端子与 T105/64 端子之间线路断路。

3. 故障验证

关闭点火开关，必要时断开蓄电池负极，拔下发动机 ECU 连接器和喷油器连接器，用万用表测发动机 ECU T105/64 端子与喷油器 T2aq/1 端子之间，TI05/85 端子与 T2aq/2 端子之间的电阻，在正常情况下均应小于 0.5 Ω。

实测结果为：发动机 ECU T105/64 端子与喷油器 T2aq/1 端子之间电阻为无穷大，异常；TI05/85 端子与 T2aq/2 端子之间的电阻小于 0.5 Ω，正常。

检修电路后，系统恢复正常。

4. 故障排除

由于发动机 ECU J623 的 T105/64 端子与 1 缸喷油器 N30 的 T2aq/1 端子之间线路断路，导致 J623 不能驱动 N30，喷油器不喷油，发动机缺缸而抖动。确认 T105/64 端子与 T2aq/1 端子间断路，按维修手册要求更换相关线路。

三、喷油器的检查

当发动机怠速抖动或发动机出现动力不足、排放超标等故障现象时，需要对喷油器进行检查。

1. 喷油器的工作状况

发动机启动或怠速运转时，可用手触摸或触杆式听诊器接触喷油器，测听各缸喷油器工作的声音，发动机运转时应能听到有节奏的“嗒嗒”声，发动机加速时节奏加快。若各缸喷油器工作声音清脆均匀，则说明各喷油器工作正常。若某缸喷油器工作声音很小，则可能是针阀卡滞，应做进一步的检查。若听不见某缸喷油器的工作声音，则说明该缸喷油器不工作，应检查喷油器及其控制线路。

2. 喷油器电阻的测量

关闭点火开关，拔下喷油器的导线插头，测量喷油器两个接线端子间(电磁线圈)的电阻值。在温度为 20 ℃时，低阻型喷油器电阻值一般为 3～5 Ω。在温度为 20 ℃时，高阻型喷油器电阻值一般为 13～16 Ω。

3. 喷油质量的检查

(1) 针阀密封性检查。拔下燃油压力调节器上的真空管、喷油器的插头及霍尔传感器的插头，从进气歧管上拆下燃油分配管连带四个喷油器，将四个喷油器头部放入量杯内。用 V.A.G1552 进入 03 功能“元件测试功能”，使燃油泵运转，目测每个喷油器的滴漏。燃油泵运转时，燃油器在 1 min 内允许滴油 1～2 滴，否则应更换喷油器。

(2) 喷油量检查。再次进入元件测试功能，必须关闭点火开关 2 s 后再打开。把喷油器的两个触点与电源正极和搭铁连接 30 s，测量喷油器在量杯内的喷油速率，规定值为 70～80 mL。如果不符合要求，则检查燃油压力或喷油器。

(3) 雾化质量检查。雾化质量检查如图 2-3-10 所示。测试喷射速率的同时，可检查喷射形状，所有喷射形状应相同。

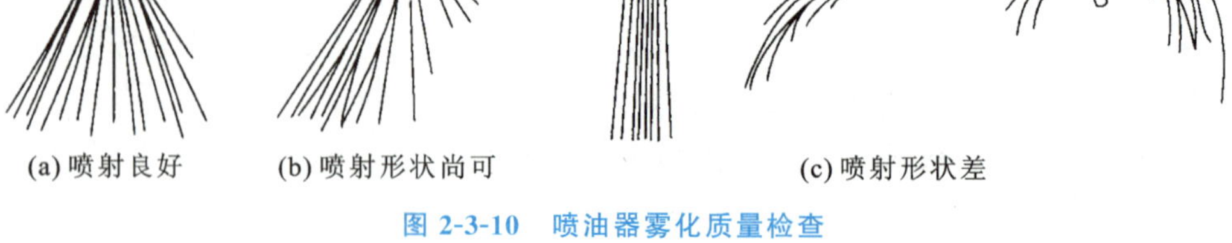

(a) 喷射良好　(b) 喷射形状尚可　(c) 喷射形状差

图 2-3-10　喷油器雾化质量检查

任务自测

一、填空题

1. 对于喷油器一般要进行________、________、________三方面检查。
2. 当喷油器的结构和喷油压差一定时，喷油量的多少就取决于________。
3. 喷油器针阀的升程一般为________ mm。
4. 喷油器按线圈的电阻值不同，可分为________和________。
5. 喷油器的驱动方式分为________和________。

二、判断题

1. 利用诊断仪执行元件功能测试，选择高压喷油器，应能听见高压喷油器“嗒嗒”的声音，同时用手触摸该阀有振动。 (   )
2. 拔下高压喷油器连接器，用万用表检测高压喷油器的电阻，应为 120 Ω。 (   )
3. 直喷发动机中，喷油器将燃油直接喷入进气管内。 (   )
4. 在发动机高速时突然关闭节气门，将切断喷油。 (   )

三、单选题

1. 对喷油量起决定性作用的是（   ）。

A. 空气流量传感器　　B. 水温传感器
C. 氧传感器　　D. 节气门位置传感器

2. 大众缸内直喷高压喷嘴工作打开电压为（   ）。

A. 65 V 左右　　B. 12 V　　C. 30 V　　D. 20 V

3. 用万用表电阻挡测量高压喷油器电磁线圈电阻时，电阻应为（   ）。

A. 2～3 Ω　　B. 10～20 Ω　　C. 40～60 Ω　　D. 80～100 Ω

4. 用万用表测量喷油器两接线柱，低阻抗型为 2-3 Ω，高阻抗型为（   ）。

A. 13～18 Ω　　B. 25～35 Ω　　C. 35～45 Ω　　D. 45～55 Ω

任务 2.4　汽油机 TSI 燃油直喷技术的认知

任务描述

一辆大众迈腾 1.8TSI 轿车突然出现打不着火的现象，且电瓶没有亏电，启动机也正常工作。检查后需对燃油喷射系统进行检修。客户想了解 TSI 技术，现在请结合所学的知识，给客户介绍一下该车型燃油喷射系统的特点。

任务目标

知识目标

（1）了解 FSI 的概念。

(2) 熟悉 TSI 的结构组成与工作原理。

能力目标

(1) 能在实车上找出 TSI 燃油直喷系统的各部分的组成部件。

(2) 具有维修资料的查阅、信息获取和分析解决问题的能力。

(3) 能熟练说出 TSI 燃油直喷系统的工作过程。

素质目标

(1) 具有质量、安全、环保、规范、节约的意识。

(2) 具有严谨的工作态度和精益求精的工匠精神。

(3) 具有爱岗敬业和团队协作的精神。

(4) 热爱劳动、尊重他人劳动,履行道德准则和行为规范。

知识收集

TSI 是 twins charger(双增压)和 fuel stratified injection(燃油分层喷射)的缩写,T 指双增压,S 指分层,I 指喷射。简单来说,TSI 是带涡轮增压的 FSI,比 FSI 更先进。

一、FSI 技术简介

1. FSI 技术的概念

为了解决汽油机(特别是车用汽油机)的燃油消耗率高和排污率大的问题,各国都在寻找高压缩比、稀燃和快速燃烧的方案。但是高压缩比受到汽油辛烷值和爆震的限制,稀燃受到部分负荷时着火和燃烧稳定性的制约。从柴油机燃油喷射、副燃烧室首先着火(作为火源),人们在副燃烧室混合气浓度高以及组织气流运动促进燃烧等思路的启发下,开发了 FSI 技术。

FSI 技术按照可燃混合气形成的控制方式可分为油束控制燃烧、壁面控制燃烧、气流控制燃烧。

1) 油束控制燃烧

这种方式,喷油器安装在燃烧室的中央,火花塞安装在喷油器附近,油束控制对空气的利用率靠油束的贯穿深度保证,而后者则受喷油器的喷油压力控制。这种方式可以在低负荷的分层燃烧实现良好的燃油经济性,而当发动机处于中高负荷工况时,ECU 调节高压油泵压力,使油束贯穿深度增大,从而实现均质加浓燃烧。

2) 壁面控制燃烧

这种方式,喷油器和火花塞相隔较远,喷油器把燃油喷入活塞凹坑中,然后依靠进气流的惯性将油气混合送往火花塞。为了避免喷油器的温度过高,一般安置在进气门侧,活塞凹坑开口对向进气门侧,油气混合后直接流向火花塞。这种类型形成混合气的时间较长,易于形成较大区域的可燃混合气。

3) 气流控制燃烧

这种方式,利用轮廓特殊的活塞表面形状形成的缸内气流和油束相互作用,不是把油雾朝活塞的凹坑喷射,而是朝火花塞喷,特殊形状的进气道与喷油器成一定的夹角,给混合气在气缸内一定的回旋力，气缸内形成的气流使油气不是直接喷向火花塞，而是在气缸内形成涡流围绕火花塞旋转。这样就使大部分工况都能实行恰当的混合气充分分层和均质化。

2. 常见发动机 FSI 技术的特点

FSI 技术目前主要分为三大阵营：日本三菱的 GDI 发动机、丰田的 D-4 发动机、大众的 FSI 发动机。虽然都是达到同样的分层燃烧的目的，但是实现方法有所不同。日本三菱的 GDI 是最早的缸内直喷汽油发动机，其实无论是 GDI 还是 FSI，或者其他的缸内直喷稀燃发动机，它们的设计理念就是想借鉴柴油发动机节油的先天优势，来实现对汽油机的优化，所以它们在结构上有一定的相似点。

1）三菱 GDI 发动机

GDI 发动机采用的是油束控制燃烧方式，喷油嘴布置在气缸顶部离火花塞和进气门都很近的地方，在发动机进气行程中，它也会喷油，但是喷油量非常少，活塞向下运动到底部再向上进行压缩时，气缸内的空气已经得到完全混合，这就如同缸外喷射的道理。但这时的混合气是不能被点燃的，因为浓度比较低，预先达到这种浓度，只是为第二次喷油点燃缸内气体，并为充分燃烧做准备。当活塞即将到达上止点，喷油嘴开始第二次喷油，因为喷出的燃油是漏斗形，越是靠近喷油嘴的地方，浓度就越高，而火花塞离喷油嘴很近，显然，此时在火花塞附近的燃油浓度是很高的，比其他部位的混合气要高，从而实现了不同区域出现不同浓度的混合气，也就是所谓分层。火花塞附近的混合气较浓，很容易被点燃，这部分点燃的气体会继续引燃剩余的混合气，从而达到分层点火燃烧的目的。

2）丰田 D-4 发动机

D-4 发动机采用的是壁面控制燃烧方式，在压缩行程末期燃油喷入深碗形活塞顶的燃烧室，与挤气涡流混合成层化，进行分层燃烧。

3）大众 FSI 发动机

FSI 发动机把喷油嘴安放在进气门附近，同样是两次喷油，但喷油方向是对准活塞，而且在活塞上有个 U 形槽，燃油喷射出来后，会随着凹槽转变方向，目的地也是火花塞附近。因此也实现了在火花塞附近形成较浓的混合气，达到燃油分层的目的。活塞上的 U 形槽有助于产生更多的缸内涡流，使混合更充分。但如果转速过高，这种涡流反而会影响进排气效率，降低燃烧效率。如果转速低，燃烧充分，节油效果会非常好。大众 FSI 发动机只要能做到对喷油的精确控制，高低转速都能兼顾，不会有瓶颈的制约。

3. FSI 技术的优点

采用 FSI 技术的发动机，能在火花塞点火之前把汽油直接喷射到燃烧室，同时在 ECU 的精确控制下，使混合气体分层燃烧（既可保证火花塞稳定点火，又不至于造成过多 NO_x 生成和冒烟现象的发生）。这种技术可以让靠近火花塞处的混合气相对较浓，远离火花塞的混合气相对较稀，从而更有效地实现“稀薄”点火和分层燃烧。

1）提高燃烧效率

由于进气加热使汽油挥发，密度减小，会降低进气效率，采用 FSI 技术的发动机进气不用加热，提高了进气效率，在部分负荷时也没有因为要用节气门进行调节发动机的功率而减小了进气气阻。采用 FSI 技术的汽油机的空燃比可以调节到比用化学计算法得出 14.7：1 更稀薄的状态，从而能够将内燃机的燃料效率提高 20%。其局限性主要是因为空气过量而

使 NO_x 排放增加。

2）提高燃油经济性

采用 FSI 技术后，燃油以细微滴状的薄雾方式进入气缸，而不是以蒸汽的方式进入气缸。这也就意味着当燃油雾滴吸收热量变为可燃蒸汽时，实际上对发动机的气缸起到了冷却作用。这种冷却作用降低了发动机对辛烷值的要求，所以其压缩比可以有所增加。正如柴油一样，采用较高的压缩比可以提高燃料的效率。采用 FSI 技术的另一优点是能够加快油气混合气体的燃烧速度，这使得 FSI 发动机和传统喷射发动机相比，更有利于废气再循环。让发动机燃烧非常稀薄的油气混合气体也就意味着其每个燃烧冲程燃烧的燃料量更少，因而产生的功率也就更小。当汽车在高速或高负荷下行驶时就会出现动力不足的情况，因此要配备一个电子系统，用于检测来自发动机各种运转情况和探测驾驶员希望在高负载或高车速下操纵汽车，喷射脉冲就会提前在进气冲程进行更多的燃油喷射，以确保提供高负荷时所需要的大功率，而在正常情况下，诸如城市市区的低负载驾驶工况，燃油在压缩冲程延迟喷射，这时喷油系统提供极稀薄的油气混合物分层，从而提高了发动机的燃油经济性。

3）对发动机排放的影响

FSI 技术对发动机的排放具有很重要的影响。一方面，当较少的燃料在一个富氧的环境中燃烧时，HC 和 CO 的产生量会大大减少。另一方面，NO_x 的产生却会有所上升。为了避免这个问题的发生，则可以利用适当的废气再循环（EGR）来抑制 NO_x 产生，FSI 发动机一般采用了 30%的 EGR 比率，并配置了 NO_x 存储式催化净化反应器，通过这些措施可以使 FSI 发动机的尾气排放得到很好的控制。

FSI 技术也要面临进气口燃油喷射所没有的困难。例如，在要求的工作范围内如何对分层燃烧进行有效的控制；确定怎样的喷油控制策略来保证较好的负荷切换，以适应于 FSI 技术的喷油器设计，解决小负荷时 HC 排放过高，大负荷时 NO_x 排放过高并有碳烟形成，及由于汽油自润滑性差导致的燃油喷射系统和缸壁磨损等，这些是 FSI 技术开发中常遇到的困难。此外，原有的三元催化转化器不适用于 FSI 技术，需要开发专用的稀燃 NO_x 催化转化器。

二、TSI 发动机的结构与工作原理

带涡轮增压的汽油直喷发动机（TSI）一方面取消了分层模式和氮氧化物传感器，另一方面则致力于较高功率和转速所带来的驾驶乐趣以及牵引力和经济性，采用均质燃烧模式。

图 2-4-1　大众 FSI 发动机

下面以大众 TSI 发动机（见图 2-4-1）为例讲解 TSI 系统的结构。如图 2-4-2 所示，TSI 系统与进气管喷射的区别主要在供油系统，TSI 供油系统主要由燃油泵（低压泵）、燃油泵 ECU、高压燃油泵（高压泵）、燃油分配管及喷油器组成。油箱内的低压泵为高压泵提供一个稳定的油压，通常有 4～7 bar（1 bar＝100 kPa），油压相对较低，称为低压系统。高压泵为系统提供一个35～160 bar（取决于负荷和转速）的高压油，通过高压油道将燃油送入燃油分配管，分配管再将燃油分配给高压喷油阀，

油压较高，称为高压系统。

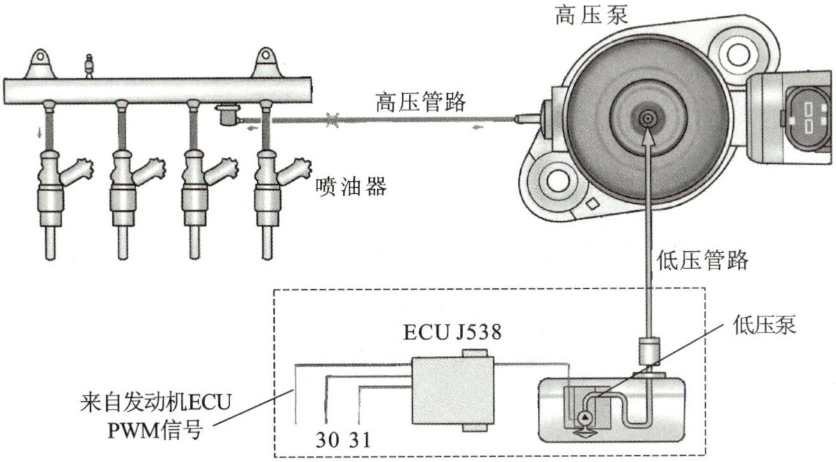

图 2-4-2　TSI 供油系统结构

1. 低压系统

燃油泵 ECU 安装在低压泵上面（见图 2-4-3），通过脉宽调频信号（PWM）来控制燃油泵，使低压燃油系统的油压达到 0.5～5 bar。在冷热启动时使低压系统的压力达到 6.5 bar。PWM 信号由发动机 ECU 传给燃油泵 ECU，低压泵的供油量实际上就是低压泵电压的函数。

低压泵装在油箱内，使用的是传统的电动泵。油泵采取无回油的整体式结构，集成有低压泵、燃油压力调节器和油位传感器等。低压泵是由油压控制器供电的，正常情况下能产生 4.0～5.5 bar 的油压，输送到高压泵。检查低压泵的方法比较简单，只需要通过触摸油箱是否能感觉到震动，就能基本判断油泵是否在工作。使用大众车系专用的 V.A.G.1318 检测仪，如果低压油压能达到正常值 5.4 bar，就说明低压泵工作是正常的。

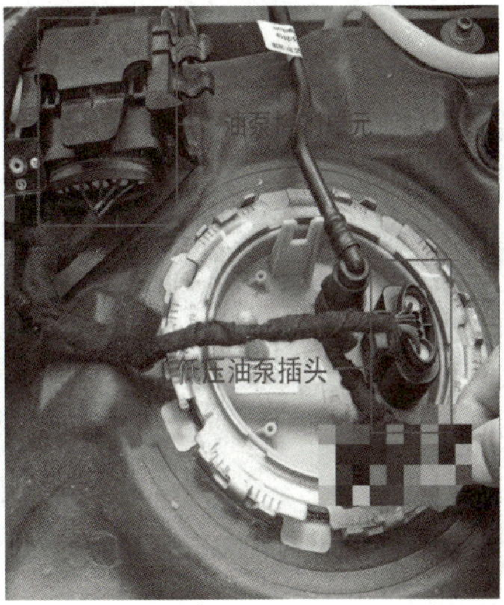

图 2-4-3　低压泵 ECU 安装位置

2. 高压系统

高压系统的压力根据发动机负荷和转速在 40～150 bar（以 1.8TSI 发动机为例）之间调整，系统由高压泵、燃油压力调节阀、燃油压力限压阀、高压油管、油轨、燃油压力传感器及高压喷嘴等组成，如图 2-4-4 所示。高压泵位于发动机本体的右侧，由发动机排气凸轮轴尾部的凸轮盘驱动，随转速的升高能产生 40～150 bar 的油压。在排气凸轮轴的驱动下，高压泵活塞作往复运动而泵油。高压泵活塞的中部是空心的，当泵室中的油压大于高压油轨中的油压时，排油阀打开将燃油压向高压油轨，再由油轨将高压油分送至各缸内的直喷喷油器。

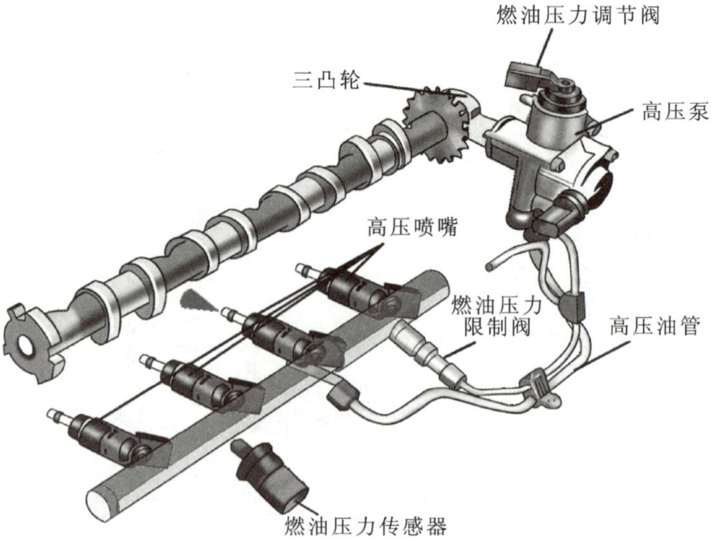

图 2-4-4　高压系统

1）高压泵

高压泵的安装位置如图 2-4-5 所示。高压泵由凸轮轴上的凸轮驱动，根据凸轮上的凸起数目，有两凸轮、三凸轮和四凸轮几种类型。其结构如图 2-4-6 所示，圆柱挺杆与凸轮轴连接，驱动柱塞；高压油管连接高压系统，为油泵出油口；回油管连接油泵的低压系统，在吸油行程进油，在回油行程回油；燃油压力调节阀由发动机 ECU 控制，根据发动机的工况实时的调整供油量。

汽油机高压泵工作过程

图 2-4-5　高压泵安装位置

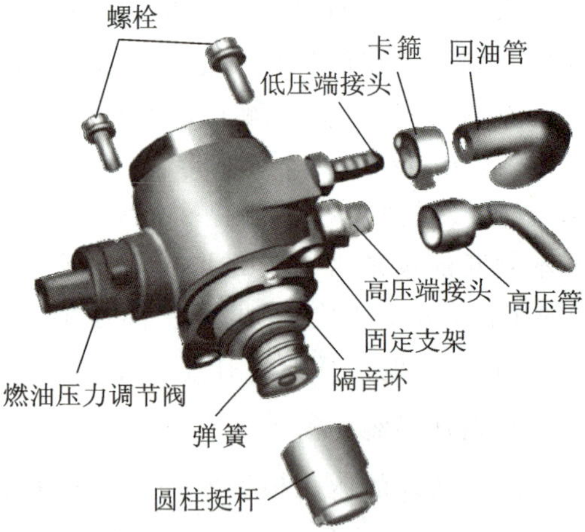

图 2-4-6　高压泵结构

高压泵的泵油过程如图 2-4-7 所示。泵活塞被凸轮轴通过圆柱挺杆驱动，高压泵产生最高约 150 bar 压力。燃油压力调节阀 N276 起调节油轨中油压的作用，根据发动机需要调节到 40～150 bar。当传感器 G247 检测到的油压值与设定油压有差别时，由发动机 ECU 发出脉冲宽度的调制信号，也就是采用“占空式”的方式来驱动燃油压力调节阀，从而调节油轨中的压力。该调节与油轨中的喷油量和油泵输油量无关，这能确保油轨中始终有足够的燃油压力。

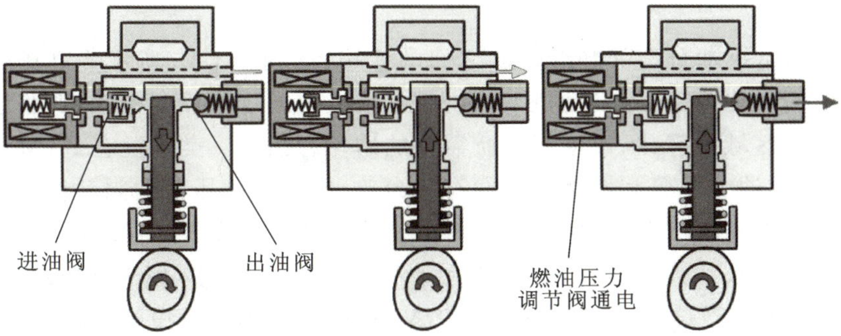

图 2-4-7 高压泵泵油过程

（1）进油行程：燃油压力调节阀 N276 在整个进油行程中由发动机 ECU 控制。由此产生的电磁场，克服弹簧力将阀门打开。泵塞向下运动，导致在泵腔里的压力下降。结果燃油从低压端流入泵腔。

（2）回油行程：为匹配实际消耗的燃油供给量，当泵塞开始向上行程时进油阀仍保持打开状态。泵塞迫使多余的燃油回流到低压端。通过集成在泵上的压力阻尼器和燃油供给管路上的限流器来平衡多余脉冲。

（3）输油行程：从已计算的输油行程开始，燃油压力调节阀就不再送油了。泵内升高的压力和阀门滚针弹簧的力会关闭进油阀。泵塞的向上运动在泵腔里产生高压。如果泵腔内侧压力高于燃油分配器的压力，排油阀打开，燃油被泵入燃油分配管。

燃油压力调节阀 N276 在不同型号的 TSI 发动机中工作状态不同。在 1.8TSI 发动机中，N276 通电关闭进油阀，若 N276 失效系统内则无高压。在 1.4TSI 发动机中，N276 通电打开进油阀，如果燃油压力调节阀失效，会导致燃油压力会一直上升，直到达到 140 bar 时限压阀打开。发动机 ECU 根据高压的情况匹配喷嘴打开时间，同时发动机转速限定在 3000 r/min 所示。

1.8TSI 发动机燃油压力调节阀 N276 两端子的波形如图 2-4-8 所示。

2）燃油压力传感器 G247

如图 2-4-9 所示，该传感器位于进气歧管的底部，在飞轮侧用螺栓固定在燃油轨道上。它测量高压燃油系统的燃油压力，并把包含这一信息的信号传递到发动机 ECU。

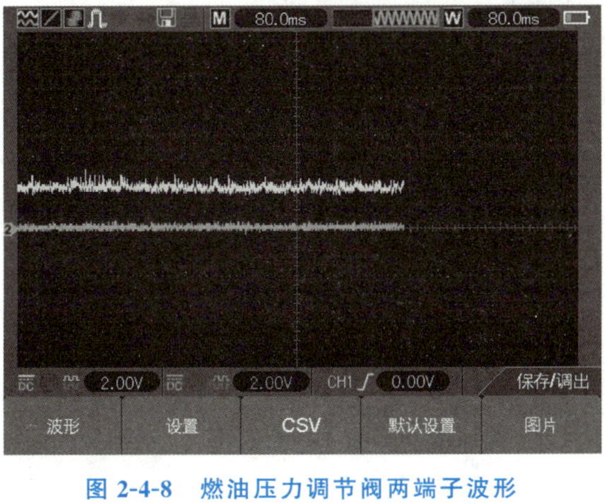

图 2-4-8 燃油压力调节阀两端子波形

图 2-4-9 燃油压力传感器安装位置

3）高压喷油阀

高压喷油阀是燃油分配管和燃烧室之间的连接体，图 2-4-10 所示为高压喷油阀的结构。高压喷油阀的任务是：受发动机 ECU 控制，按一定的规律喷射燃油，并将这些燃油在燃烧室中的一定区域中雾化，以便形成所需要的均匀燃油——空气混合气（分层充气或均质充气）。由于燃油分配管和燃烧室之间有压力差，因此在高压喷油阀动作时燃油就被直接送入燃烧室。发动机 ECU 内集成有两个升压电容器，这两个电容器产生 50～90 V 的启动电压。为使得喷油器快速喷油，减少无效喷油时间，发动机 ECU 瞬间产生出驱动的反应，ECU 开始供给高达 90 V 的电压和 10 A 的激励大电流，迫使喷油器快速打开后，再供给 30 V 的电压和 3～4 A 的电流，使喷油器保持在完全开启的状态。

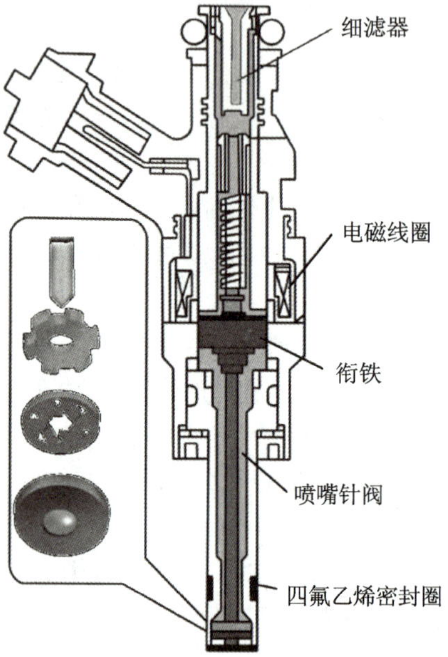

燃油直接喷射过程

图 2-4-10　高压喷油阀结构

拆下喷油阀后必须更换四氟乙烯密封圈。

某 TSI 发动机喷油器控制电路如图 2-4-11 所示，喷油器的波形如图 2-4-12 所示。

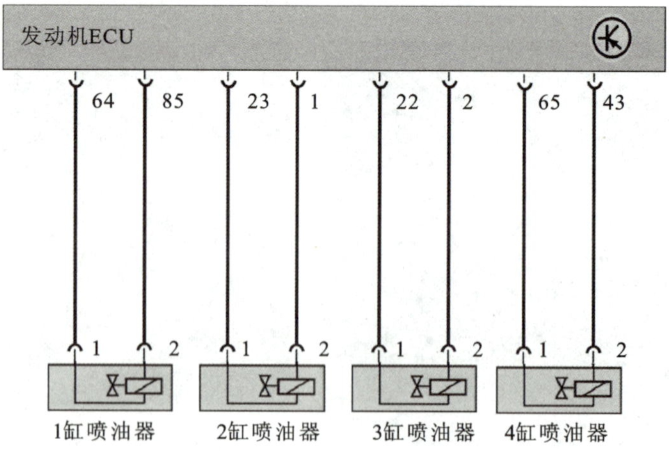

图 2-4-11　喷油器控制电路

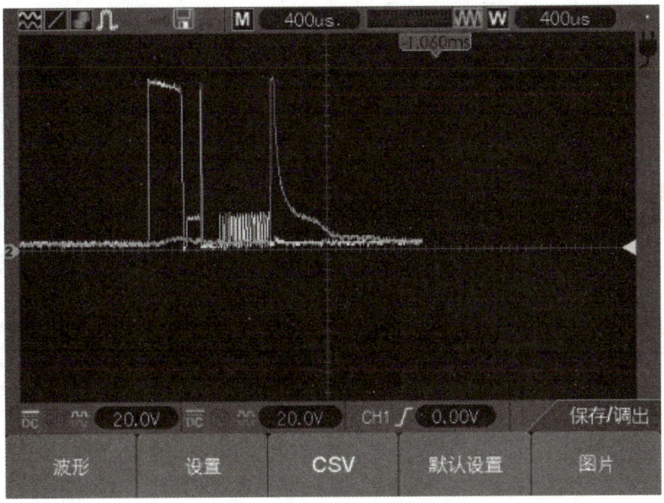

图 2-4-12　喷油器波形

任务自测

一、填空题

1. 燃油压力传感器 G247 测量________。
2. 高压燃油泵的泵油过程分为________、________和________三个过程。
3. FSI 技术目前主要分为________、________和________三大阵营。
4. FSI 是指________，TSI 是指________。
5. TSI 供油系统主要由________、________、________、________和________组成。

项目3 空气供给系统结构与维修

第 43 届世界技能大赛汽车喷漆冠军杨金龙

出生于 1994 年的杨金龙，是杭州技师学院的优秀毕业生。上学的时候，他就对喷漆技术达到了痴迷的程度，常常为了攻克一个难题在实训车间待到凌晨。在校期间，杨金龙曾获得浙江省职业院校汽车运用与维修汽车涂装一等奖、全国职业院校汽车运用与维修汽车涂装二等奖等成绩。

2014 年，母校邀请杨金龙回学校参加世界技能大赛国内选拔赛，之后他进入汽车喷漆项目国家集训队。他坚持每天 18 个小时的高强度训练，曾经两个月的时间未出校园一步。在训练关键期，训练基地室内温度接近 50 ℃，他每天大汗淋漓地钻研技术，一遍又一遍。众所周知，汽修专业工作服一旦被浸湿会影响训练效果，因此他每天要换多套工作服。

2015 年，他代表祖国参加在巴西圣保罗举行的第 43 届世界技能大赛。他凭借一流的技能技术和强大的心理素质，一路“过五关斩六将”，从 20 个国家的 20 名选手中脱颖而出，一举夺得汽车喷漆项目金牌！

任务 3.1 空气流量传感器的结构与维修

任务描述

一辆大众迈腾 1.8TSI 轿车，在行驶中出现发动机突然熄火，多次尝试启动发动机都无法启动的现象。接车检查后，判断故障在空气流量传感器，需对空气流量传感器进行检修。

任务目标

知识目标

(1) 了解空气供给系统的功能。

(2) 熟悉空气供给系统的结构组成与分类。

(3) 了解空气流量传感器的作用和类型。

(4) 掌握热膜式空气流量传感器的结构、工作原理与信号特性。

能力目标

(1) 具有维修资料的查阅、信息获取和分析解决问题的能力。

(2) 能在实车判断该车型采用的是哪种空气供给系统。

(3) 能在实车上找到空气供给系统各个部件的安装位置。

(4) 能检测及诊断空气流量传感器。

(5) 会排除故障使系统恢复正常。

素质目标

(1) 具有质量、安全、环保、规范、节约的意识。

(2) 具有严谨的工作态度和精益求精的工匠精神。

(3) 具有爱岗敬业和团队协作的精神。

(4) 热爱劳动、尊重他人劳动，履行道德准则和行为规范。

知识收集

一、空气供给系统概述

1. 空气供给系统的功能

空气供给系统的功用是向汽油机提供与发动机负荷相适应的、清洁的空气，同时对流入发动机气缸的空气质量进行直接或间接计量，使它们在系统中与喷油器喷出的汽油形成空燃比符合要求的可燃混合气。

2. 空气供给系统的分类

按照发动机进气量检测方式的不同，空气供给系统可以分为以下几种类型。

发动机进气量检测方式

1) D型空气供给系统

“D”是德语“压力”的第一个字母。D型空气供给系统利用进气歧管压力传感器检测进气歧管内的绝对压力，ECU根据进气歧管内的绝对压力和发动机转速推算出发动机的进气量，再根据进气量和发动机转速确定基本喷油量。

2) L型空气供给系统

“L”是德语“空气”的第一个字母。L型空气供给系统利用空气流量传感器直接测量发动机的进气量，ECU不必进行推算，即可根据空气流量传感器信号计算与该空气量相应的喷油量。由于消除了推算进气量的误差影响，其测量的准确程度高于D型，故对混合气浓度的控制更精确。

3. 空气供给系统的组成

电控汽油喷射发动机空气供给系统主要组成元件包括空气滤清器、节气门体、进气总管和进气歧管。进气温度传感器、节气门位置传感器、进气歧管压力传感器（D型）或空气流量传感器（L型）及怠速控制系统的怠速控制阀也安装在进气系统中，在部分电控燃油喷射发动机进气系统中，还装有其他系统的元件。奥迪空气供给系统的结构如图3-1-1所示。

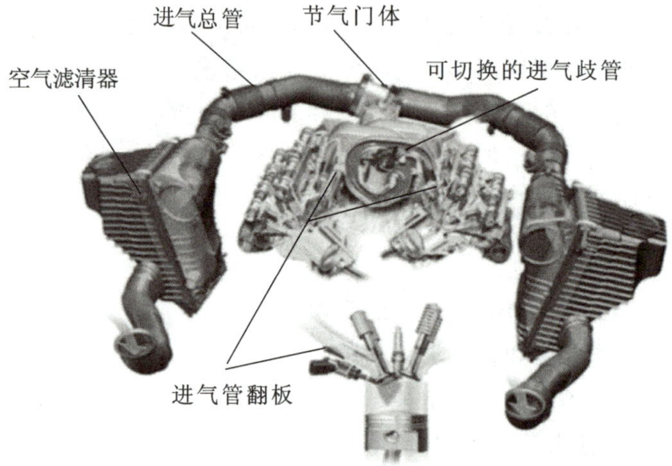

图3-1-1　奥迪空气供给系统的结构

二、空气流量传感器

空气流量传感器又称为空气流量计，安装在滤清器和节气门体之间的进气道上，如图3-1-2所示，其功用是检测发动机进气量的大小，并将进气量信息变换成电信号输入ECU。进气量信号是ECU计算喷油时间和点火时间的主要依据。按照结构形式和测量原理不同可分为以下四种：叶片式空气流量传感器、卡门涡旋式空气流量传感器、热线式空气流量传感

空气流量传感器工作原理

图3-1-2　空气流量传感器安装的位置

器和热膜式空气流量传感器。其中热线式和热膜式空气流量传感器是对空气的质量流量进行检测，属于质量流量型；叶片式和卡门涡旋式空气流量传感器是对空气的体积流量进行检测，属于体积流量型。由于热膜式空气流量传感器应用较多，这里介绍热膜式空气流量传感器。

1. 热膜式空气流量传感器的结构

热膜式空气流量传感器是热线式的改进产品，其结构、工作原理与热线式的基本相同，只是将热线改为热膜，如图 3-1-3 所示。热膜采用平面形铂金属膜电阻，故称为热膜电阻。在传感器内部的进气通道上设有一个矩形护套（取样管），热膜电阻设在护套中。为了防止污染物沉积到热膜电阻上影响检测精度，在护套的空气入口一侧设有空气过滤层，用以过滤空气中的污染物。

热膜式空气流量传感器中，热膜电阻的阻值较大，电流较小，使用寿命较长；另外，热膜电阻不直接承受空气流动产生的作用力，提高了发热体的强度，增加了可靠性。但由于发热元件表面制作有一层绝缘保护膜，存在辐射热传导作用，因此响应特性稍差。因为大多数的沉淀物主要沉积于传感器的边缘，主要的传热部件安装在位于气流下游的陶瓷基片上，又因为铂金属膜的面积比热丝的表面积大得多，且覆盖有一层绝缘保护膜。所以，不会因污染物影响其检测精度，也就没有必要在控制电路中设计自洁电路。

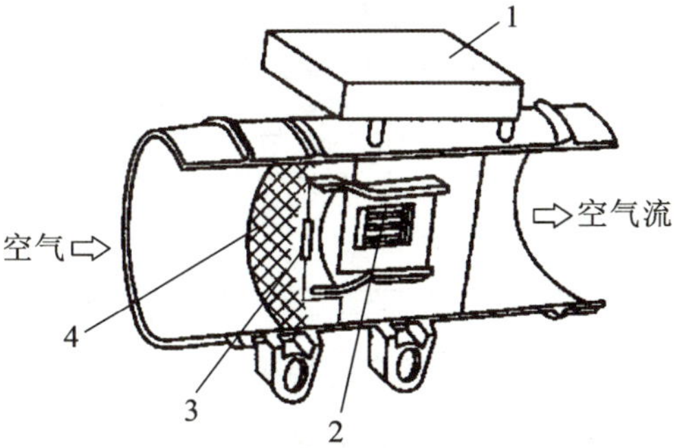

图 3-1-3　热膜式空气流量传感器

1—控制电路；2—热膜；
3—进气温度传感器；4—防护网

2. 热膜式空气流量传感器的电路图

大众 AJR 发动机热膜式空气流量传感器的电路图及接线端子如图 3-1-4 所示。其中，端子 2 为由油泵继电器控制的 12 V 电源，端子 4 为由发动机 ECU 提供的 5 V 电源，端子 3 为接地，端子 5 为信号。

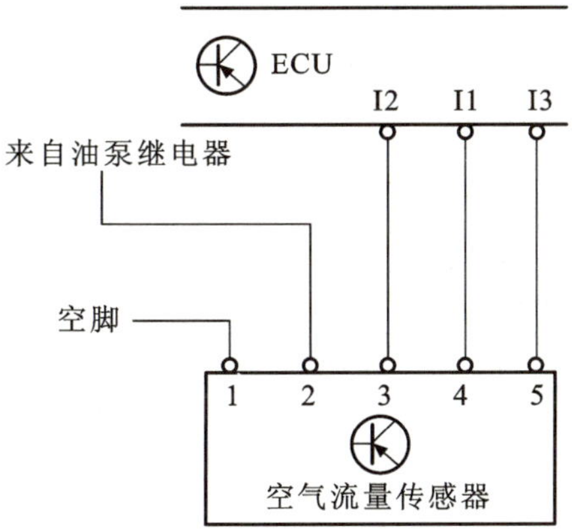

（a）电路图

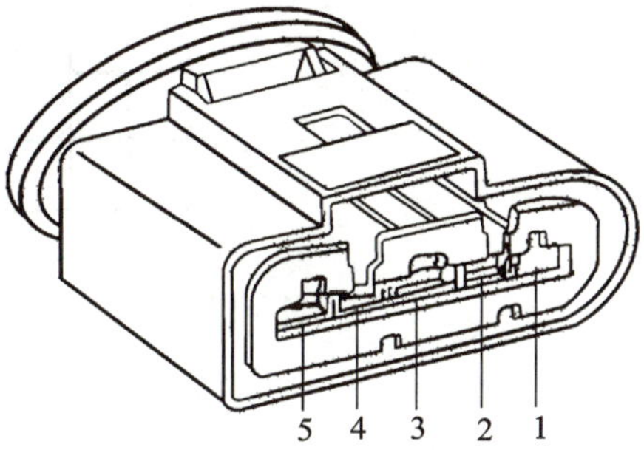

（b）接线端子

图 3-1-4　热膜式空气流量传感器的电路图及接线端子

大众 AJR 发动机热膜式空气流量传感器各端子检测标准值如表 3-1-1 所示。

表 3-1-1 热膜式空气流量传感器各端子检测标准值

测量线路	检测状态	测量端子	标准值
电源线	断开插接器，点火开关置于 1 挡，发动机不启动	传感器插接器线束侧端子 4 与端子 3 之间电压	5 V 左右
	启动并运行发动机	传感器插接器线束侧端子 2 与端子 3 之间电压	12 V 左右
信号线	运行发动机，改变节气门开度大小，控制进气流量	传感器端子 5 与线束侧端子 3 之间电压	发动机怠速时约为 1.4 V 左右，空气流量加大，节气门全开时超过 4 V
搭铁线	点火开关关闭，断开插接器	传感器插接器线束侧端子 3 与 ECU 端子 12 之间电阻	小于 0.5 Ω

3. 热膜式空气流量传感器波形分析

如图 3-1-5 所示，启动发动机，并使其怠速运转，怠速稳定后，检查怠速输出信号电压。做加速和减速试验，将发动机从怠速加速到节气门全开，持续 2 s；再减速回到怠速状况，持续约 2 s；再急加速至节气门全开，然后再回到怠速。空气流量传感器信号电压随进气流量的增加而增大，传感器信号电压应随进气流量变化快速做出反应，如果在车辆急加速时传感器信号电压波形上升缓慢，在汽车急减速时，信号电压波形下降缓慢，则说明进气流量传感器脏污。

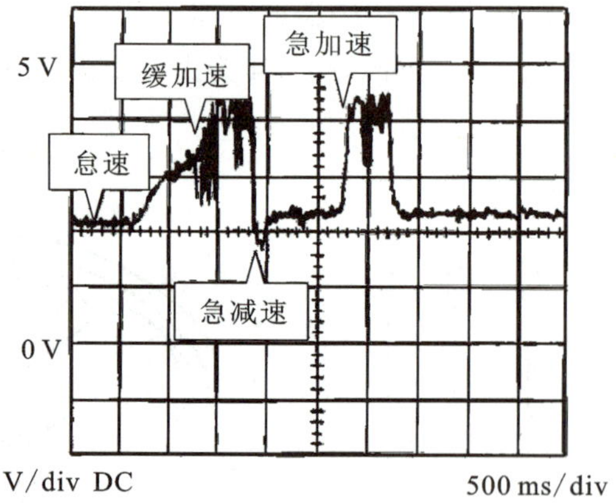

图 3-1-5 热膜式空气流量传感器输出波形

通常热线(热膜)式进气流量传感器输出信号电压范围是从怠速时超过 0.2 V 变至节气门全开时超过 4 V，当急减速时信号输出电压应比怠速时的电压稍低。不同的车型输出电压将有很大的差异，应以厂家维修资料为准。

热丝(膜)式空气流量传感器没有任何机械运动部件,故能快速地对空气流量的变化做出反应,其波形看上去在不断地波动。在加速时的波形中所看到的杂波,实际是由在低进气真空之下各缸进气口上的空气气流脉动引起的,ECU 中的处理电路读入后会清除这些信号。

任务实施

一、空气流量传感器信号不良的故障原因分析

故障现象如"任务描述"所述,若判断故障在空气流量传感器,则需要对空气流量传感器进行检修。

空气流量传感器信号不良的原因主要有传感器损坏,传感器线路断路、短路或者虚接,ECU 故障等。当传感器信号出现故障,一般情况下 ECU 检测到故障,会以故障码的形式存储起来,同时发动机无法启动或者怠速不稳、点火推迟、尾气排放恶劣等。

迈腾 1.8TSI 发动机空气质量计 G70 安装在空气滤清器后方,其电路图如图 3-1-6 所示。该传感器 T5f/1 端子为空气流量信号,T5f/2 端子为搭铁,T5f/3 端子为 12 V 电源。

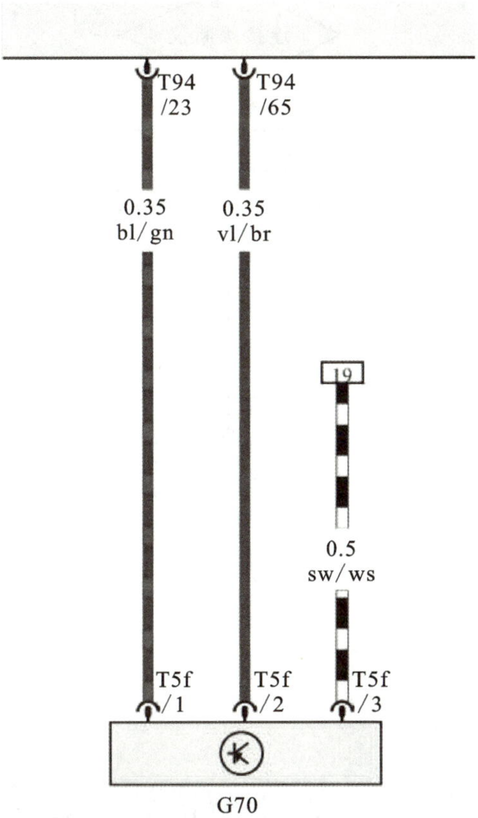

图 3-1-6 空气流量传感器电路图

二、故障检测流程

排除空气流量传感器的故障,要遵循一定的故障检测流程,如图 3-1-7 所示。

三、空气流量传感器的检修

1. 检测电源电压

关闭点火开关,断开空气流量传感器连接器,将点火开关置于"ON"位置,将万用表旋转开关置于直流电压挡,用万用表检测空气流量传感器插头 T5f/3 端子与搭铁之间电压,检测电源线的电压应为电源电压,显示范围应该为 9～14 V。

2. 检测信号

关闭点火开关,重新连接空气流量传感器连接器。启动发动机,检测空气流量传感器 T5f/1 端子与搭铁之间电压,电压应在 0～5 V。用示波器测量信号波形如图 3-1-8 所示,输出信号为数字信号,波形幅值为 5 V,改变油门位置,则波形疏密程度改变,若不在规定范围内,则应进一步检查进气流量传感器连接线路是否接触不良或存在断路、短路故障。

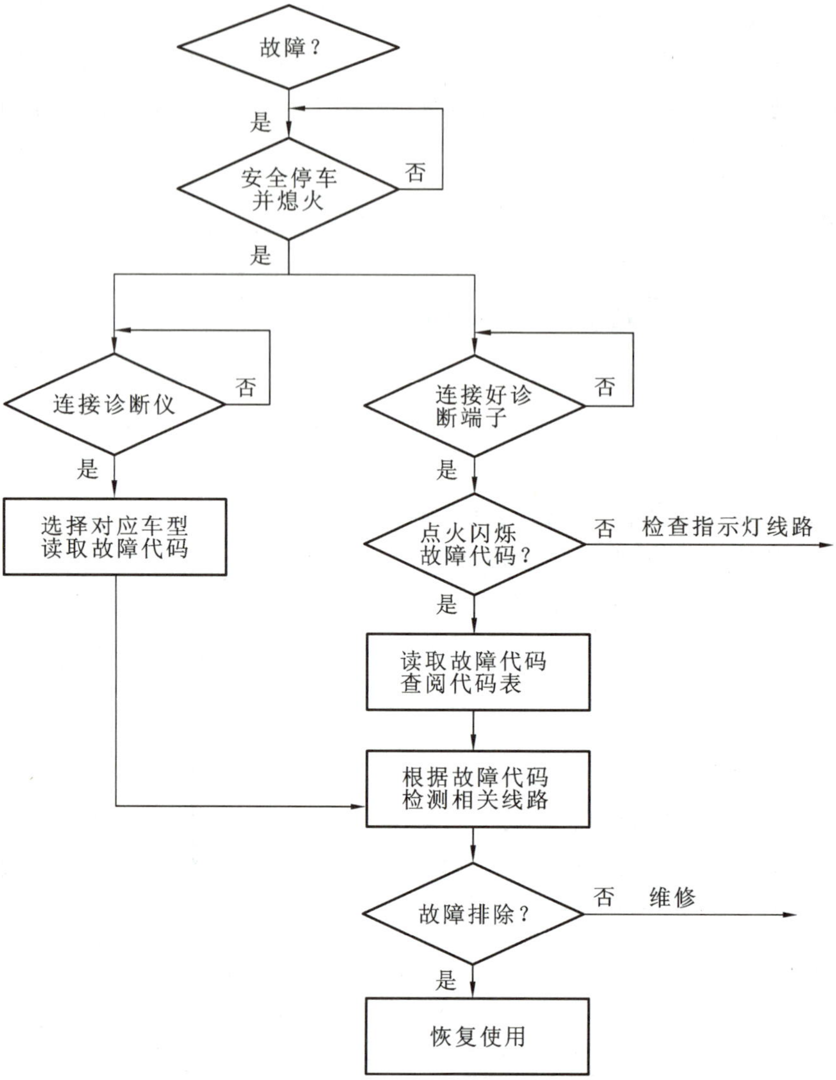

图 3-1-7　空气流量传感器的故障检测流程

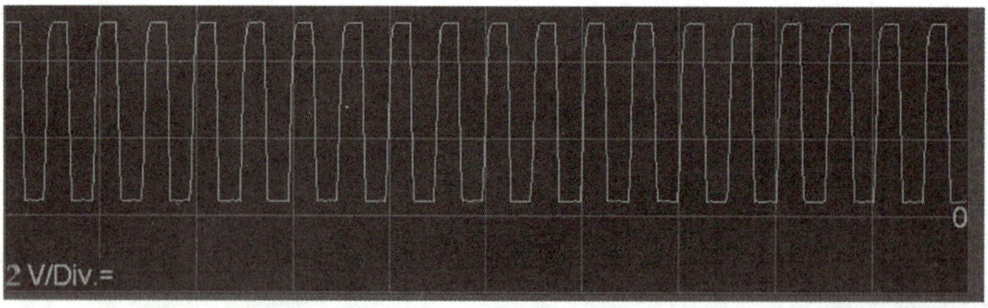

图 3-1-8　空气流量传感器的信号波形

3. 检测空气流量传感器搭铁

关闭点火开关，断开空气流量传感器连接器，检测空气流量传感器 T5f/2 端子与搭铁之间电阻，电阻值应小于 1 Ω。

4. 检测空气流量传感器线路电阻

关闭点火开关，断开空气流量传感器连接器，检测空气流量传感器与发动机 ECU 对应端子的电阻应小于 0.5 Ω。如果不导通或电阻值大于 0.5 Ω，说明传感器连接线路或插头接触不良，应进一步检查。

任务自测

一、填空题

1. 电控燃油喷射发动机装用的空气滤清器一般都是________。
2. 电控燃油喷射系统按有无空气流量传感器，可分为________型和________型。
3. 在 L 型电控燃油喷射系统中，流经怠速控制阀的空气首先经过________测量。
4. 热膜式空气流量传感器的主要元件是________。

二、判断题

1. 空气流量传感器是作为燃油喷射和点火控制的主控制信号。 (　　)
2. 空气流量传感器的作用是测量发动机的进气量，发动机 ECU 根据空气流量传感器的信号确定基本喷油量。 (　　)
3. 空气流量传感器安装在空气滤清之后、节气门之前。 (　　)
4. 热膜式空气流量传感器需要自洁电路。 (　　)

三、选择题

1. 空气流量传感器安装在(　　)，用来测量进入气缸内空气量的多少。

A. 节气门之后　　B. 空气滤清器和节气门之间　　C. 节气门体上

2. 热膜式空气流量传感器信号因故障突然变大，则发动机 ECU 会控制喷油量(　　)。

A. 增大　　B. 不变　　C. 减小

3. 属于质量流量型的空气流量传感器是(　　)。

A. 叶片式空气流量传感器

B. 热膜式空气流量传感器

C. 卡门旋涡式空气流量传感器

任务 3.2　进气歧管压力传感器的结构与维修

任务描述

一辆大众迈腾 1.8TSI 自动挡轿车，行驶中出现冒黑烟、加速无力的现象。接车检查后，判断故障在进气歧管压力传感器，需对进气歧管压力传感器进行检修。

任务目标

知识目标

(1) 了解进气歧管压力传感器的作用和类型。

(2) 掌握进气歧管压力传感器的结构、工作原理与信号特性。

能力目标

（1）具有维修资料的查阅、信息获取和分析解决问题的能力。

（2）能检测及诊断进气歧管压力传感器。

（3）会排除故障使系统恢复正常。

素质目标

（1）具有质量、安全、环保、规范、节约的意识。

（2）具有严谨的工作态度和精益求精的工匠精神。

（3）具有爱岗敬业和团队协作的精神。

（4）热爱劳动、尊重他人劳动，履行道德准则和行为规范。

知识收集

一、进气歧管压力传感器的功用

进气歧管压力传感器（MAP）用于检测进气歧管内的绝对压力，并通过相应电路将其转化为电信号，与发动机转速信号一起输送到 ECU，ECU 根据进气歧管内绝对压力和发动机转速信号计算出空气流量，作为确定喷油器基本喷油量和点火时间的主控参数之一。由此可见，进气歧管压力传感器的作用和空气流量传感器相似，是一种间接检测发动机进气量的传感器。

图 3-2-1　进气歧管压力传感器的安装位置

进气歧管压力传感器的安装位置比较灵活，只要将节气门至进气歧管之间的进气压力引入传感器的真空室内，传感器就可安放在任何位置。大多数进气歧管压力传感器直接安装在发动机的进气歧管上，少数用真空管将歧管内压力引出，将传感器安装到其他位置。如图 3-2-1 所示为大众迈腾 B8 发动机进气歧管压力传感器的安装位置。

二、进气歧管压力传感器的结构和工作原理

进气歧管压力传感器的种类很多，按结构和工作原理分为半导体压敏电阻式、电容式、真空膜盒式和表面弹性波式等，半导体压敏电阻式和真空膜盒式产生模拟信号，电容式和表面弹性波式产生数字信号。检测压力较低的进气歧管压力和大气压力时，应用广泛的是半导体压敏电阻式和电容式。

进气歧管压力传感器工作原理

大众速腾、丰田凯美瑞、本田雅阁、北京现代等轿车均采用半导体压敏电阻式进气歧管压力传感器，在这里主要介绍这一种。

1. 压阻效应

单晶硅材料受到应力作用后，其电阻率发生明显变化的现象，称为压阻效应。利用半导体硅的压阻效应和微电子技术制成的压阻效应式传感器，具有灵敏度高、动态响应好、易于微型化和集成化等优点，因此目前广泛应用。早期的压阻效应式传感器是用半导体应变片制成的粘贴型传感器，后续研制开发出了圆周边缘固定与扩散力敏感电阻一体化的扩散型压阻效应式传感器。这种传感器易于批量生产，能够方便地实现微型化、集成化和智能化，目前在发动机上采用的就是扩散型压阻效应式传感器。

2. 结构

压阻效应式进气歧管压力传感器的结构如图 3-2-2 所示，主要由硅膜片、真空室、混合集成电路、真空管接头、线束插头和壳体等组成。硅膜片是用单晶硅制成压力转换元件，硅膜片约为 3 mm 的正方形，厚度约为 160 μm，在硅膜片的中央部位采用腐蚀方法制作有一个直径为 2 mm、厚度约为 50 μm 的薄膜片。在薄硅膜片表面上，采用集成电路加工技术与台面扩散技术（扩散硼）制作四只阻值相等的应变电阻，将四只电阻连接成惠斯顿电桥，然后再与传感器内部的信号放大电路和温度补偿电路等混合集成电路连接。

硅杯一般用线性膨胀系数接近于单晶硅的铁镍铬合金制成，设置在硅膜片与传感器底座之间，用于吸收底座材质与硅膜片热膨胀系数不同而加到硅膜片上的热应力，从而提高传感器的检测精度。硅杯与壳体以及底座之间形成的腔室为真空室。壳体顶部设有排气孔，利用排气孔将该腔室抽真空后，再用锡焊密封排气孔，从而形成真空室。真空室为基准压力室，基准压力为零。在真空管入口设有滤清器，用于过滤导入空气中的尘埃或杂质，以免硅膜片受到腐蚀和脏污而导致传感器失效。

3. 工作原理

压阻效应式进气歧管压力传感器的工作原理如图 3-2-3 所示，硅膜片一面通真空室，另一面导入进气歧管压力。发动机工作时，从进气歧管进入的进气压力作用在硅膜片上，硅膜片就会产生应力变形。在应力作用下，应变电阻的电阻率就会发生变化而引起阻值变化，惠

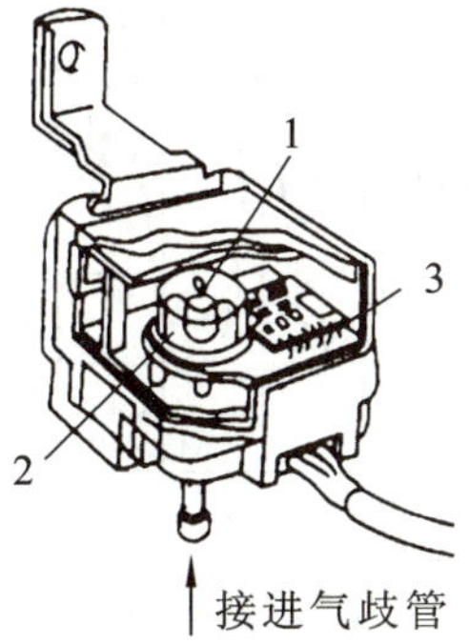

图 3-2-2 进气歧管压力传感器结构

1—硅膜片；2—真空室；3—混合集成电路

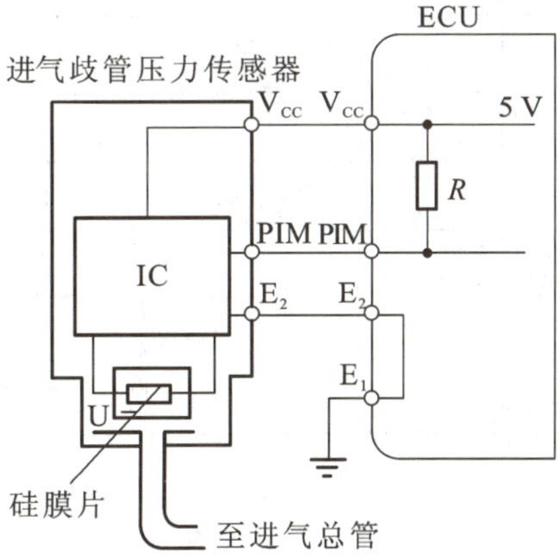

图 3-2-3 进气歧管压力传感器的工作电路

斯顿电桥上电阻值的平衡就被打破。当电桥输入端输入一定的电压或电流时，在电桥的输出端就可得到变化的电压或电流。根据电压或电流的大小，就可计算出进气歧管压力的高低。当传感器结构和输入的电源电压一定时，输出电压与作用在硅膜片上的压力成正比，即压力越高，则输出电压越高。

4. 输出特性

发动机工作时，进气歧管内部的压力随进气流量的变化而变化。当节气门开度增大(即进气流量增大)时，空气流通截面增大，气流速度降低，进气歧管压力升高，硅膜片应力增大，应变电阻阻值的变化量增大，电桥输出的电压升高，经集成电路进行比例放大后，传感器输入 ECU 的信号电压升高；反之，进气流通截面减小，气流速度升高，进气歧管压力降低，硅膜片应力减小，应变电阻阻值的变化量减小，电桥输出电压降低，经过比例放大后，传感器输入 ECU 的信号电压降低。压阻效应式进气歧管压力传感器输出信号曲线如图 3-2-4 所示。

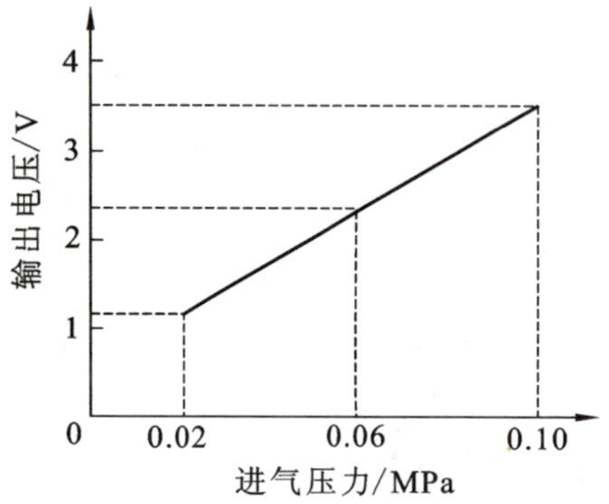

图 3-2-4　进气歧管压力传感器的输出特性

5. 波形分析

压敏电阻式进气歧管压力传感器的正常输出波形如图 3-2-5(a)所示，稳定怠速时基本不变，随着进气歧管压力的上升，传感器的输出电压越来越高。输出信号电压范围从怠速运转时大约 1. 25 V，平稳上升到气节门全开时略低于 5 V。传感器信号电压应随进气压力的变化快速做出反应。两个进气行程间真空度波动会造成信号中有杂波，但是发动机 ECU 的处理电路读入后会过滤掉杂波，不影响检测精度。进气歧管压力传感器故障时的输出波形如图 3-2-5(b)所示，加速时波形出现信号中断的现象，两图对比明显。

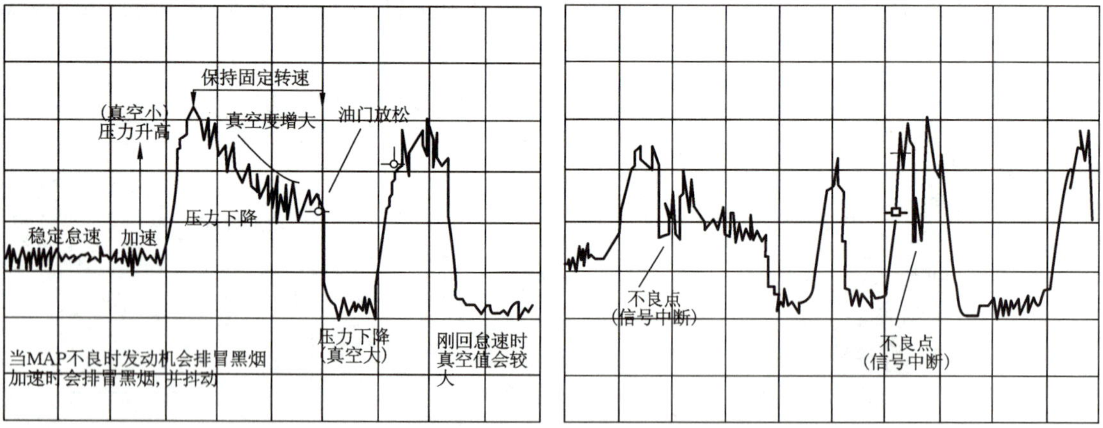

(a) 正常波形　　　　(b) 不良波形

图 3-2-5　进气歧管压力传感器加速时的正常波形和不良波形

任务实施

迈腾 1.8TSI 发动机的进气歧管压力传感器 GX9 安装在进气总管上，与发动机 ECU J623 的电路连接图如图 3-2-6 所示。该进气歧管压力传感器上，不仅有进气歧管传感器，还集成了进气温度传感器，所以既可以测进气压力，也可以测进气温度。传感器一共有 4 个端子，其中 T4/1 端子是搭铁端，T4/2 端子是进气温度信号，T4/3 端子是电源端（5 V），T4/4 端子是进气压力信号。

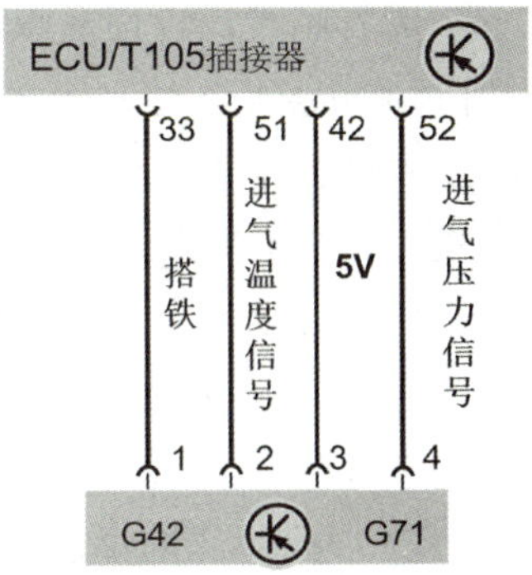

图 3-2-6 进气歧管压力传感器电路图

一、进气歧管压力传感器的故障原因分析

故障现象如“任务描述”所述，引起进气歧管压力传感器信号不良的原因主要是其检测电路工作不良，具体原因：传感器损坏，连接器连接不良，传感器线路短路、断路或虚接，发动机 ECU 工作不良。一般的表现是进气歧管压力传感器无信号或信号不准确，此时，发动机在低温下启动将出现异常。

二、进气歧管压力传感器的故障检测流程

1. 读取发动机故障码

将故障诊断仪连接到诊断座，打开点火开关，并启动发动机，发动机能正常启动，仪表无异常提示。打开故障诊断仪，读取发动机故障码，报故障码“进气管压力/空气压力信号过大”，如图 3-2-7 所示。

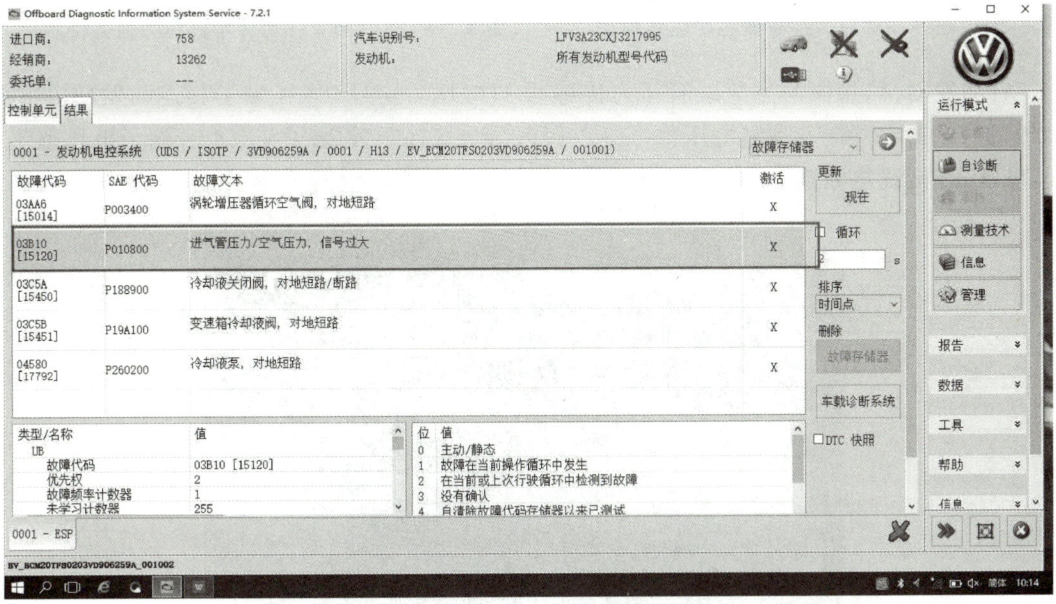

图 3-2-7 进气歧管压力传感器故障码

2. 进气歧管压力传感器-进气压力信号的检测

1）检测进气歧管压力传感器电源电压

关闭点火开关，拔下进气歧管压力传感器插头，将点火开关置于“ON”位置。将万用表旋转开关置于直流电压挡，检测传感器插头 T4/3 端子与搭铁之间的电压，电压应为 5 V 左右，如图 3-2-8 所示。

2）检测进气歧管压力传感器搭铁

关闭点火开关，拔下进气歧管压力传感器插头，用万用表检测进气歧管压力传感器插头 T4/1 端子与搭铁之间电阻，电阻值应小于 1 Ω。

3）检测进气歧管压力传感器-进气压力信号

启动发动机，检测进气歧管压力传感器-进气压力信号 T4/4 端电压，信号值在 0～5 V 之间变化。实测值如图 3-2-9 所示。

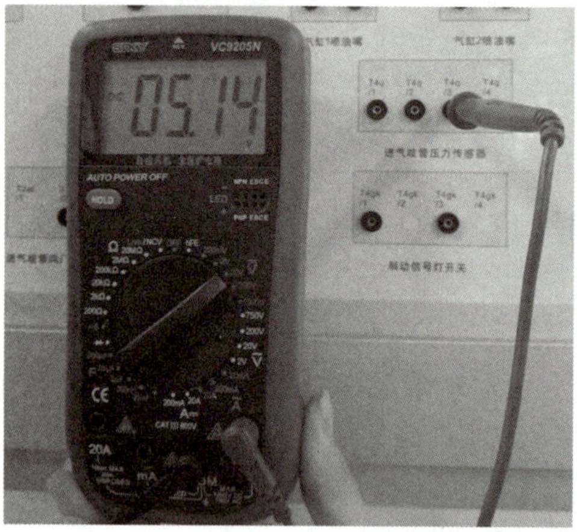

图 3-2-8　进气歧管压力传感器电源电压检测

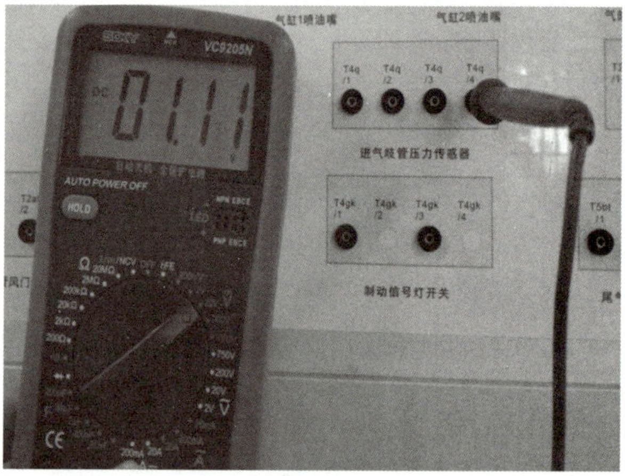

图 3-2-9　进气歧管压力传感器压力信号检测

启动发动机，检测与进气歧管压力传感器-进气压力信号 T4/4 端子相连的发动机 ECU J623 的 T105/52 端子，实测电压如图 3-2-10 所示。T105/52 端子与 T4/4 端子电压值不一致，异常，怀疑线路断路。

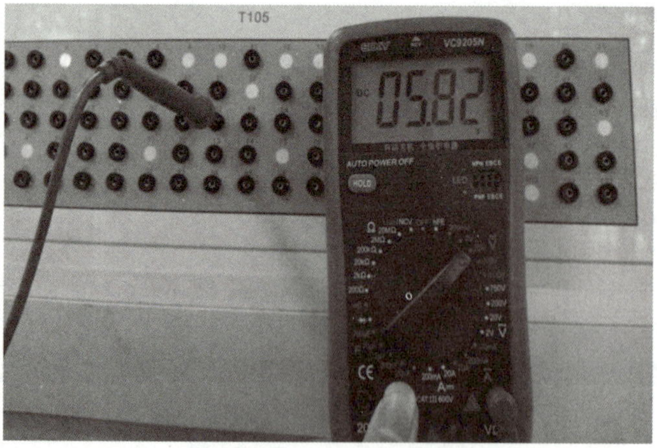

图 3-2-10　发动机 ECU 压力信号端检测

4）验证

关闭点火开关，检测 T105/52 端子与 T4/4 端子间的电阻，理论值应该小于 0.5 Ω，实测值是无穷大，如图 3-2-11 所示。

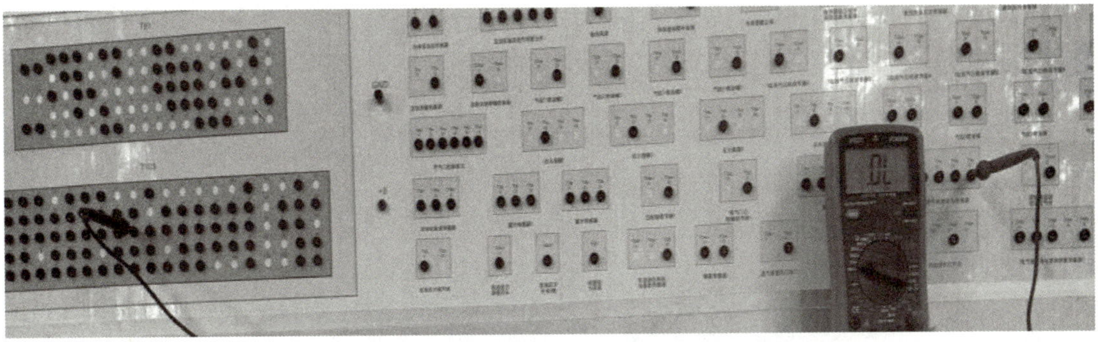

图 3-2-11 进气歧管压力传感器压力信号线路检测

5）故障排除

确认 T105/52 端子与 T4/4 端子间断路，按维修手册要求更换相关线路。

三、压敏电阻式进气歧管压力传感器的检修

压敏电阻式进气歧管压力传感器的工作电路如图 3-2-3 所示，ECU 通过 V_{CC} 端子给传感器提供 5 V 参考电压，传感器信号经 PIM 端子输送给 ECU，E_2 为搭铁端子。

取下传感器插头，打开点火开关，测量插头上 V_{CC} 端子与 E_2 端子之间的电压，应为 4.5～5 V。若无电压，应该检查 ECU 上相应端子的电压；若有电压正常，则 ECU 至传感器之间线路故障，若无电压，则 ECU 故障。

插回插头，拆下传感器的软管，打开点火开关，测量 ECU 连接器上的 PIM 端子与 E_2 端子间电压，应符合其输出特性。

任务自测

一、填空题

1. 进气歧管压力传感器种类很多，按结构和工作原理分为________、________、真空膜盒式和表面弹性波式等。

2. 进气歧管压力传感器的作用是________。

二、判断题

1. 进气歧管压力传感器有别于空气流量传感器的空气检测方式。 （ ）

2. 在大众迈腾 1.8TSI 汽车上，进气温度-歧管压力传感器做成了一体。 （ ）

3. 进气歧管压力传感器直接将进气量信号传递给 ECU。 （ ）

4. 进气歧管压力传感器的安装位置比较灵活，只要将节气门至进气歧管之间的进气压力引入传感器的真空室内，传感器就可安放在任何位置。 （ ）

5. ECU 检测到进气歧管压力变化较转速变化的时间滞后。 （ ）

任务3.3 进气温度传感器的结构与维修

任务描述

一辆大众迈腾1.8TSI轿车，发动机启动后散热风扇常转。检查后判断故障在进气温度传感器及其电路，需对进气温度传感器及其电路进行检修。

任务目标

知识目标

(1) 了解进气温度传感器的作用与工作特性。

(2) 熟悉进气温度传感器的结构与工作原理。

能力目标

(1) 具有维修资料的查阅、信息获取和分析解决问题的能力。

(2) 能根据进气温度传感器故障现象进行故障部位和原因的分析。

(3) 能检测及诊断进气温度传感器。

(4) 会排除故障使系统恢复正常。

素质目标

(1) 具有质量、安全、环保、规范、节约的意识。

(2) 具有严谨的工作态度和精益求精的工匠精神。

(3) 具有爱岗敬业和团队协作的精神。

(4) 热爱劳动、尊重他人劳动，履行道德准则和行为规范。

知识收集

在采用进气歧管压力传感器间接检测进气流量的D型进气检测系统和采用体积流量型空气流量传感器的L型进气检测系统中，都要考虑空气密度对实际进气量的影响，而空气密度随进气温度和压力的变化而变化，发动机进气温度不同，进气密度就不同，进气量也不同。故发动机安装进气温度传感器来检测进气温度，以计算进气量。

图3-3-1 进气温度传感器的安装位置

一、进气温度传感器的作用

在D型进气检测系统中，进气温度传感器常安装在空气滤清器壳体内或是空气滤清器后部的进气管上，如图 3-3-1 所示。在 L 型进气检测系统中，进气温度传感器常与空气流量传感器集成在一起或安装在空气滤清器后面的进气管上。

进气温度传感器将进气温度信号转化为 ECU 能够识别的电信号，ECU 根据进气温度信号对喷油量进行修正，获得在该负荷下的最佳控制空气比，提高发动机的动力性和经济性。当进气温度低时，ECU 控制增加喷油量；反之，ECU 将控制减少喷油量。

进气温度信号是多种控制功能的修正信号，包括燃油脉宽、点火正时、怠速控制和尾气排放等，若进气温度传感器信号中断，将导致发动机热启动困难，燃油脉宽增加，尾气排放恶化。

二、进气温度传感器的结构与工作原理

1. 进气温度传感器的结构

进气温度传感器按结构不同，可分为热敏电阻式、热敏铁氧体式、双金属片式、石蜡式等四种。汽车上应用最广泛的是热敏电阻式进气温度传感器，具有灵敏度高、响应特性好、结构简单、成本低廉等优点。进气温度传感器的实物如图 3-3-2(a)所示。

热敏电阻式进气温度传感器的结构如图 3-3-2(b)所示，主要由绝缘套、塑料外壳、防水插座和热敏电阻等组成。热敏电阻用陶瓷半导体材料与其他金属氧化物按适当比例混合后高温烧结而制成的温度系数很大的电阻体。热敏电阻式温度传感器的核心部件是负温度系数的热敏电阻，在工作范围内，其电阻值随温度升高而减小。

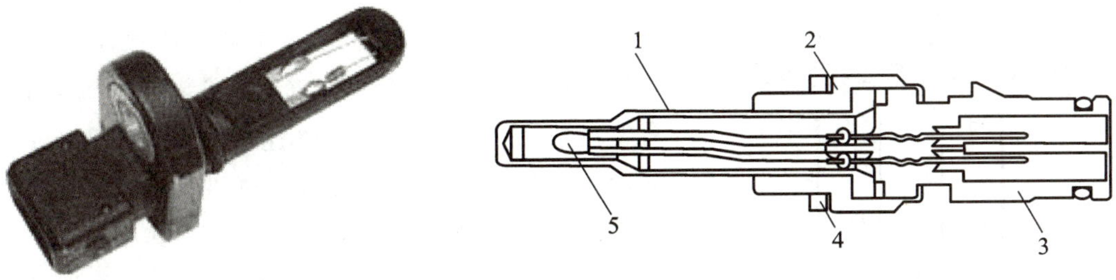

(a) 进气温度传感器实物　　(b) 进气温度传感器的结构

图 3-3-2　进气温度传感器

1—绝缘套；2—塑料外壳；3—防水插座；4—铜垫圈；5—热敏电阻

2. 进气温度传感器的工作特性

汽车电控系统普遍采用了负温度系数热敏电阻式进气温度传感器。进气温度传感器内部的负温度系数热敏电阻的阻值随着进气温度的变化而改变。外界温度越高，电阻值越小，负温度系数热敏电阻的阻值大小与进气温度的高低成反比，成非线性关系，如图 3-3-3 所示。

3. 进气温度传感器的工作原理

进气温度传感器工作电路如图 3-3-4 所示。传感器的两个电极用导线与 ECU 插座连

接，在 ECU 内部中有一个标准电阻 R，与传感器热敏电阻串联，并由 ECU 提供一个稳定的标准电压（5 V）。传感器的端子 E 通过 ECU 搭铁。当热敏电阻随进气温度变化时，ECU 通过 THA 端子测得电压，ECU 根据此分压值判断进气温度的大小。

当被测对象的温度升高时，传感器阻值减小，热敏电阻上的分压值降低；反之，传感器阻值增大，热敏电阻上的分压值升高。

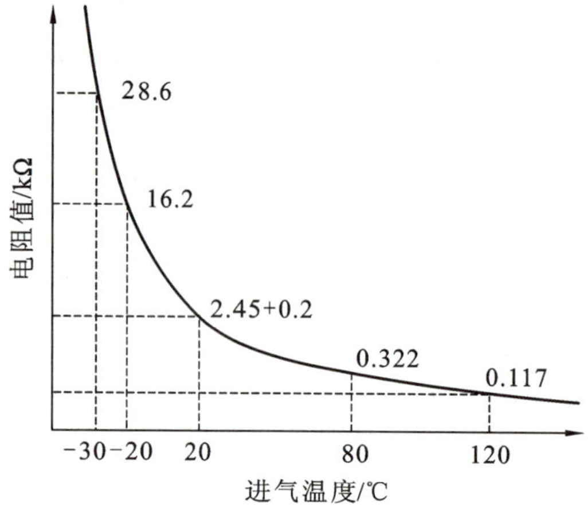

图 3-3-3　进气温度传感器的工作特性

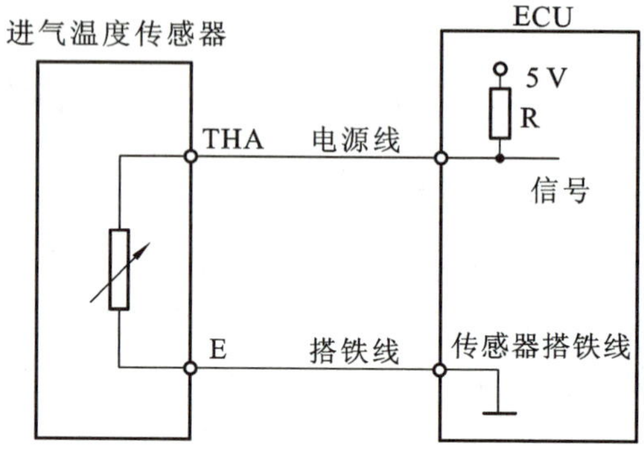

图 3-3-4　热敏电阻温度传感器工作电路

任务实施

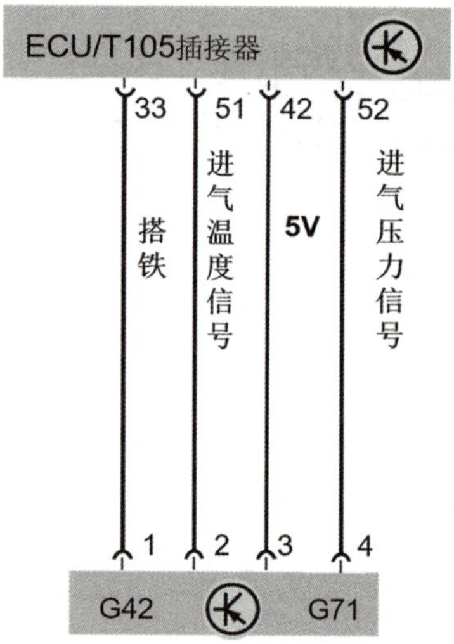

图 3-3-5　进气温度传感器电路图

迈腾 1.8TSI 发动机的进气温度传感器集成在进气歧管压力传感器 GX9 中，GX9 安装在进气总管上，与发动机 ECU J623 的电路连接图如图 3-3-5 所示。该进气歧管压力传感器既可以测进气压力，也可以测进气温度。传感器一共有 4 个端子，其中 T4/1 端子是搭铁端，T4/2 端子是进气温度信号，T4/3 端子是电源端（5 V），T4/4 端子是进气压力信号。

一、进气温度传感器信号不良的故障原因分析

故障现象如“任务描述”所述，引起进气温度信号不良的原因主要是进气温度检测电路工作不良，具体原因：进气温度传感器损坏，连接器连接不良，进气温度传感器线路短路、断路或虚接，发动机 ECU 工作不良。如果进气温度检测电路工作不良，发动机就不能精确检测进气温度，进而不能精确检测进气量，引起混合气空燃比偏差，但是由于进气温度对喷油量的修正很少，发动机故障症状较为轻微。

二、进气歧管压力传感器-进气温度信号的故障检测流程

1. 读取发动机故障码

将故障诊断仪连接到诊断座，打开点火开关，并启动发动机，发动机能正常启动，仪表无异常提示。打开故障诊断仪，读取发动机故障码，报故障码“进气温度传感器1，信号过大”，如图3-3-6所示。

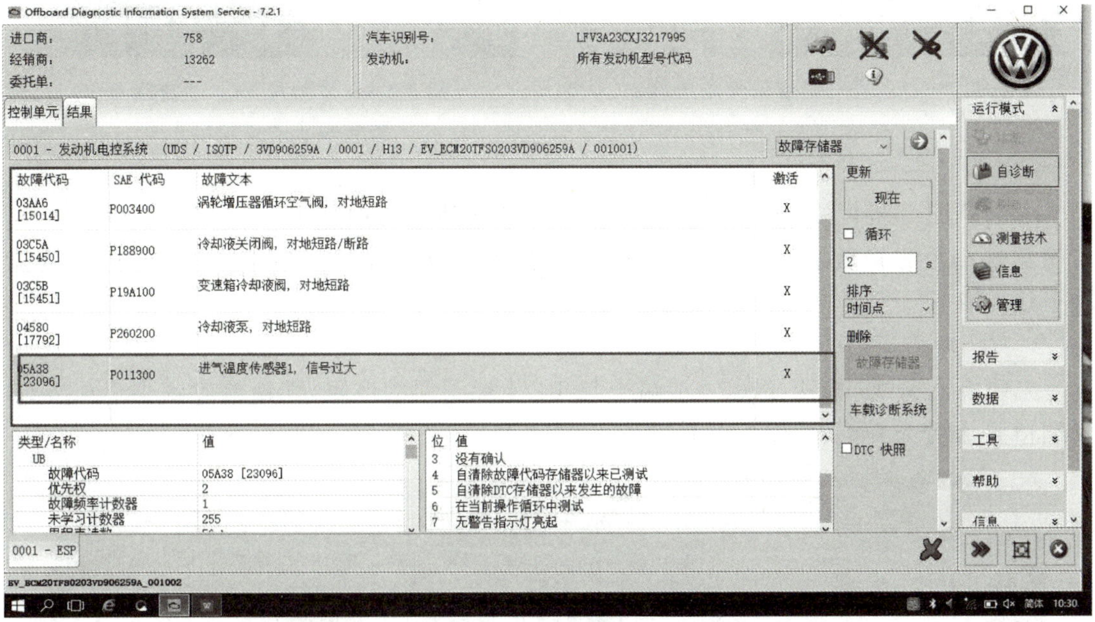

图3-3-6 进气歧管压力传感器-进气温度信号故障码

2. 进气歧管压力传感器-进气温度信号的检测

1）检测传感器电源电压

关闭点火开关，拔下进气歧管压力传感器插头，将点火开关置于“ON”位置。将万用表旋转开关置于直流电压挡，检测传感器插头T4/3号端子与搭铁之间的电压为5 V左右。

2）检测传感器搭铁

关闭点火开关，拔下进气歧管压力传感器插头，用万用表检测进气歧管压力传感器插头T4/1端子与搭铁之间电阻，电阻值小于1 Ω。

3）检测进气歧管压力传感器-进气温度信号

启动发动机，检测进气歧管压力传感器-进气温度信号T4/2端子电压，信号值理论应该在0～5 V之间变化，进气温度传感器正常时怠速实测值如图3-3-7所示。

启动发动机，检测与进气歧管压力传感器-进气温度信号T4/2端子相连的发动机ECU J623的T105/51端子，实测电压如图3-3-8所示。

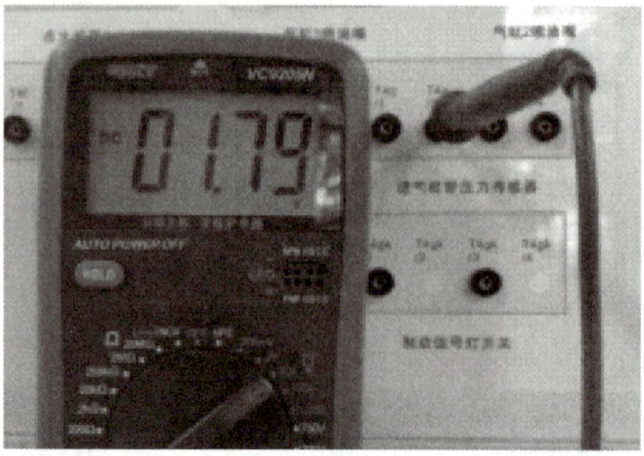

图 3-3-7　进气温度信号电压检测

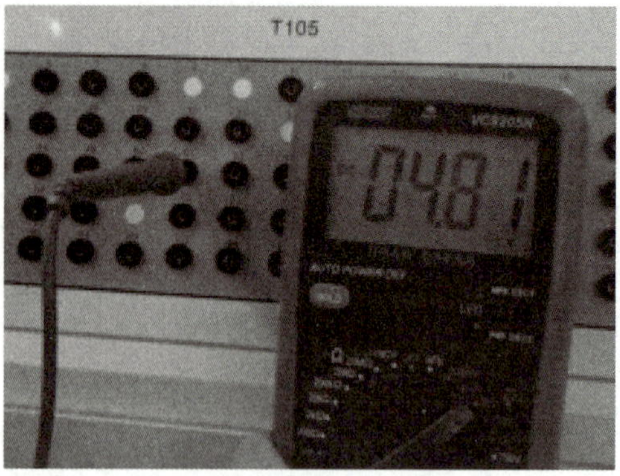

图 3-3-8　发动机 ECU 对应温度信号端子的实测电压

由电路图分析可知，若信号线断路，则 ECU 端信号与内部电路电压一致即为 5 V，传感器端信号与接地端一致，接近 0 V，电压值不一致，所以怀疑 T105/51 端子与 T4/2 端子线路断路。

4）验证

关闭点火开关，检测 T105/51 端子与 T4/4 端子间的电阻，理论值应该小于 0.5 Ω，实测值是无穷大，如图 3-3-9 所示。

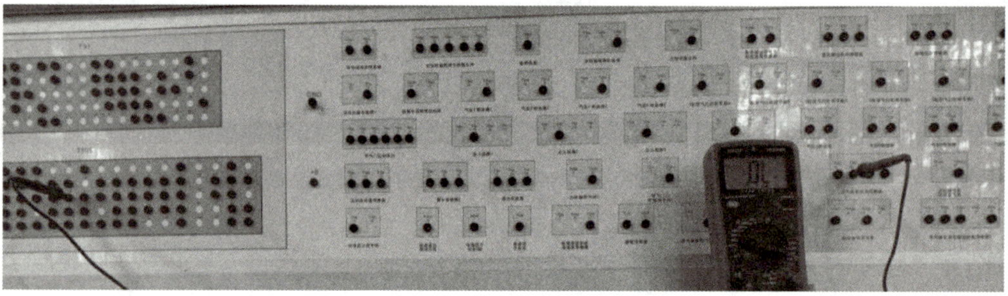

图 3-3-9　发动机 ECU 和进气温度信号端子间导线的实测电阻

5）故障排除

确认 T105/51 端子与 T4/2 端子间断路，按维修手册要求更换相关线路。

三、进气温度传感器的检修

1. 电阻检测

进气温度传感器单件检查时，将点火开关置于“OFF”位置，拆下进气温度传感器导线连接器，并将传感器拆下。用红外线灯、电热吹风或热水加热进气温度传感器，并用万用表电阻挡测量在不同温度下两端子间的电阻值。将测得的电阻值与标准数值进行比较，如果与标准值不符，则应更换进温度传感器。

2. 进气温度传感器电路检测

(1) 测电源电压，拆下进气温度传感器线束插头，打开点火开关，测量进气温度传感器的电源电压，应为 5 V。

（2）测量信号输入，将点火开关置于“ON”位置，用万用表的电压挡测 THA 与 E 间的电压，该电压值应在 0.5～3.4 V（20 ℃）范围内。若不在规定范围内，则应进一步检查进气温度传感器连接线路是否接触不良或存在断路、短路故障。

（3）检查进气温度传感器连接线束电阻。用数字式万用表的电阻挡测量传感器插头与 E 插接器端子间电阻，即传感器信号端、地线端分别与对应的 ECU 的两端子电阻。如果不导通或电阻值大于 0.5 Ω，说明传感器连接线路或插头接触不良，应进一步检查。

任务自测

一、填空题

1. 进气温度传感器随着进气温度的增高，其热敏电阻的阻值变________。

2. 在 L 型进气检测方式中，进气温度传感器常与________集成在一起或安装在________。

3. 进气温度传感器插接器一般有两根接线，一根是________，另一根是________。

二、判断题

1. 进气温度传感器的传感元件一般是正温度系数的热敏电阻，随温度变化，电阻变化。（　　）

2. 进气温度传感器一定是安装在节气门后的进气歧管内。（　　）

3. 在对进气温度修正中，当进气温度高于 20 ℃时，空气密度减小，适当增加喷油时间，以防止混合气偏稀。（　　）

任务 3.4　节气门位置传感器的结构与维修

任务描述

一辆江淮轿车，启动后加速无力，发动机最高转速只有 2000 r/min。检查后判断故障在节气门位置传感器及其电路，需对节气门位置传感器及其电路进行检修。

任务目标

知识目标

（1）了解节气门位置传感器的作用。

（2）熟悉节气门位置传感器的结构、工作原理与信号特性。

能力目标

（1）具有维修资料的查阅、信息获取和分析解决问题的能力。

（2）能根据节气门位置传感器故障现象进行故障部位和原因的分析。

(3) 能检测及诊断节气门位置传感器。

(4) 会排除故障使系统恢复正常。

素质目标

(1) 具有质量、安全、环保、规范、节约的意识。

(2) 具有严谨的工作态度和精益求精的工匠精神。

(3) 具有爱岗敬业和团队协作的精神。

(4) 热爱劳动、尊重他人劳动,履行道德准则和行为规范。

知识收集

一、节气门位置传感器的作用

节气门位置传感器(TPS)安装在节气门体轴上,用来检测节气门的开度(负荷)大小,判定发动机怠速、部分负荷、全负荷工况,实现不同的控制模式;反映节气门变化快慢(加速、减速),实现加速加油和减速减油或断油控制。

二、节气门位置传感器的结构与工作原理

节气门体安装在进气管中,用来控制发动机正常工况下的进气量。它主要由节气门、节气门位置传感器、怠速空气道等组成。

传统方式是由驾驶员操纵油门踏板上的拉索来控制进气量。当油门踏板踩下时,节气门开度增大,进气量也随之增大。与此同时,空气流量传感器控制的空气量也随之增大,喷油量也相应增多,混合气总量变大。图 3-4-1 所示为节气门体和节气门位置传感器。

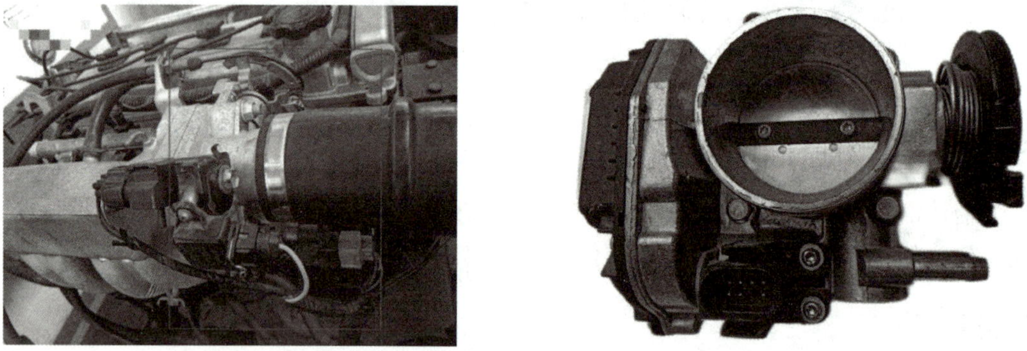

(a) (b)

图 3-4-1 节气门体和节气门位置传感器

节气门位置传感器产生模拟信号,按结构和工作原理不同,分为电位计和霍尔式;按输出信号特点不同,分为开关式、线性式和综合式;按信号输出线路数量不同,分为单信号式和双信号式。现在应用最广泛的是线性节气门位置传感器。

线性节气门位置传感器的结构如图 3-4-2 所示,主要由可变电阻滑动触点、节气门轴、怠

速触点和壳体组成。制作在传感器底板上的可变电阻为镀膜电阻，可变电阻的滑臂随节气门轴一同转动，滑臂与输出端子 VTA 连接。滑动触点、怠速触点是两个与节气门轴同轴的触点。滑动触点可在可变电阻器上滑动，由于电阻的变化将节气门开度转变为电压信号输送给发动机 ECU，ECU 由此可以获得表示节气门由全闭到全开的所有开启角度的、连续变化的电压信号，以及节气门开度的变化速率，从而更精确地判定发动机的运行工况。怠速触点专门用于确定节气门完全关闭时的位置，提供准确的怠速信号。设置怠速触点，不但可以精确确定怠速工况，而且可以用怠速时的电压值对反映节气门开度的电压值进行修正，以提高控制精度。

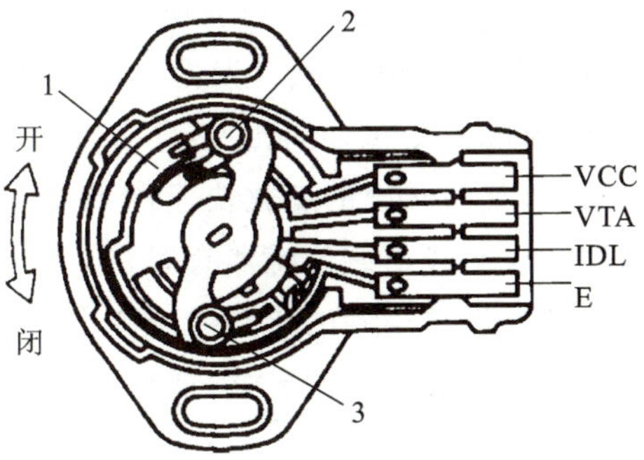

图 3-4-2　节气门位置传感器结构

1—电阻体；2—滑动触点(节气门开度)；3—滑动触点(节气门全闭)

三、节气门位置传感器的输出特性

节气门位置传感器的信号电压与节气门开度呈线性关系，节气门位置信号随节气门开度的增大而增大，如图 3-4-3 所示。

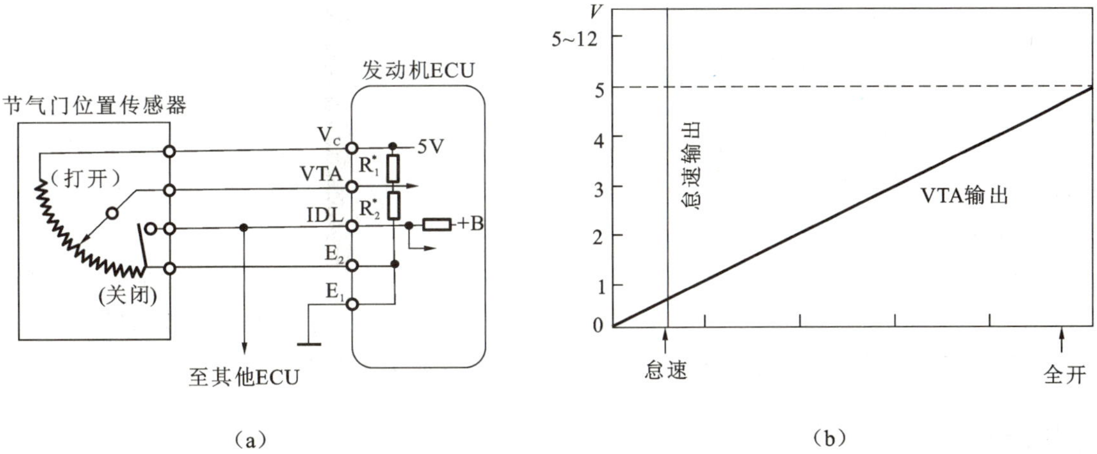

图 3-4-3　节气门位置传感器输出特性

当节气门关闭或开度小于 1.2°时，怠速触点闭合，其输出端 IDL 输出低电平 0 V，当节气门开度大于 1. 2°时，怠速触点断开，输出端 IDL 输出高电平 5 V。当节气门开度变化时，可变电阻的滑臂随节气门轴转动，滑臂上的触点在电阻上滑动，传感器的输出端子 VTA 与 E_2 之间的信号电压随之发生变化，节气门开度越大，输出电压越高。

四、节气门位置传感器信号的波形分析

打开点火开关，缓慢转动节气门从全闭位置到全开位置，并重新返回至节气门全闭位

置，输出信号波形如图 3-4-4 所示。

通常传感器的电压应从怠速时低于 1 V 到节气门全开时低于 5 V。有些节气门位置传感器输出信号变化方向相反，即节气门开度不断增大，输出信号不断减小。传感器输出信号电压随节气门开度的变化快速做出反应。波形上不应该有任何断裂、对地尖峰或者较大跌落，否则说明线路或传感器有短路、断路或虚接故障。应特别注意在前 1/4 节气门开度中的波形，这是最常用到的传感器碳膜电位计上的部分。传感器的前 1/8 至 1/3 的碳膜通常首先磨损，使得波形出现异常，如图 3-4-5 所示。

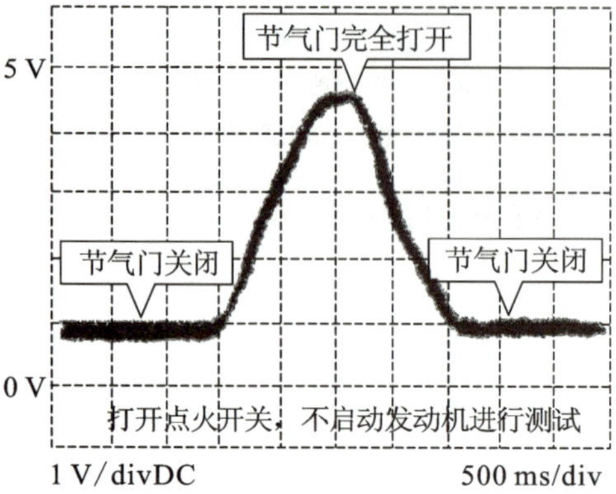

图 3-4-4 节气门位置传感器输出信号波形

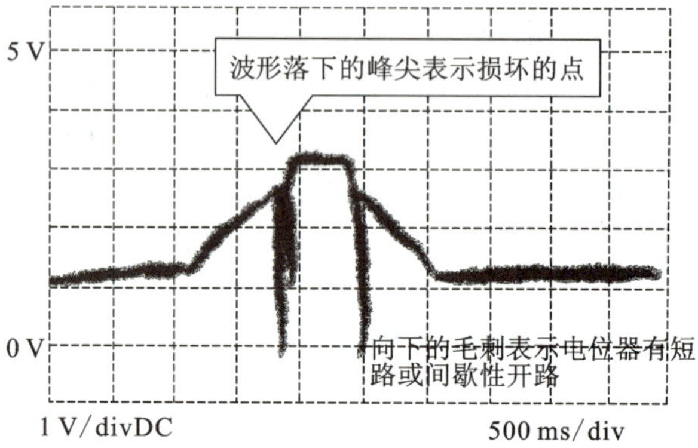

图 3-4-5 典型故障波形

五、节气门位置传感器信号不良对发动机性能影响

当节气门位置信号不良，而发动机 ECU 检测不到该故障时，发动机 ECU 不存储故障码，不采用替代值。此时发动机的故障症状较为严重。一般发动机会出现启动不良、怠速不稳、发动机响应差、动力不足、排放超标、换挡困难等现象。

当节气门位置信号超出规定范围，或与其他信号不一致时，即与进气压力信号（或进气流量信号）和发动机转速信号不一致，发动机 ECU 检测到节气门位置信号不良故障，存储故障码，若节气门位置不正常会引起进气量的偏差导致发动机转速失常。

任务实施

一、节气门位置传感器信号不良的原因分析

引起节气门位置信号不良的原因主要是节气门位置传感器电路工作不良和节气门位置不正常两个方面。具体原因：节气门位置传感器损坏；连接器连接不良，节气门位置传感器线路短路、断路或虚接；发动机 ECU 工作故障。

如果节气门位置传感器电路工作不良，发动机就不能精确检测节气门开度大小，对发动机运行工况的识别就会造成误差，点火和喷油不能满足发动机的实际工作需要。

二、节气门位置传感器的检修

1. 检查传感器电阻

当用万用表电阻挡检测电阻时，断开点火开关，拔下发动机 ECU 和传感器线束插头，用万用表电阻挡检测信号输出端子 VTA 与搭铁端子 E_2、V_C 与 E_2 之间的阻值应符合该车型厂家维修资料。

2. 检查传感器线束

用万用表电阻挡检测对应端子之间的导线电阻值应小于 0.5 Ω，如果阻值偏大或∞，说明线束与端子接触不良或断路。分别检测传感器处在初始状态、节气门全开时的电阻值以及电源端子与搭铁端子之间的电阻值，都应符合该车型厂家维修资料。

3. 检查电源电压和输出电压

将拔下的发动机 ECU 和传感器线束插头连接，接通点火开关，用万用表直流电压挡检测传感器的电源电压应为 5 V。当节气门关闭时，检测输出信号电压值；节气门开度逐渐增大时，信号电压应随之升高；当节气门全开时，检测信号电压值。所有不同开度下的电压值符合该车型厂家维修资料，如检测结果不符合上述数值，则传感器已经损坏或失灵，应更换。

任务自测

一、填空题

1. 节气门体主要由________和________等组成。
2. 节气门位置传感器可分为________、________和________三种。
3. 流入进气室的空气量取决于________、________。
4. 节气门位置传感器按原理分为________、________两种形式。
5. 节气门位置传感器是用来检测________。

二、判断题

1. 当节气门内腔有积垢后，可用砂纸将其清除。 （ ）
2. 节气门位置传感器装在节气门体上，跟随节气门轴同步转动。 （ ）
3. 电位计式节气门位置传感器输出的电压信号中，节气门全关时电压值应为 5 V。 （ ）
4. 节气门位置传感器是不需要调整的。 （ ）

任务 3.5 电子节气门系统的结构与维修

任务描述

一辆迈腾 2.0TSI 轿车，采用电子节气门系统，行驶中出现发动机 EPC 灯亮、加速无力且换挡冲击大的故障现象。检查后需对电子节气门系统进行检修。

任务目标

知识目标

(1) 了解电子节气门系统的功能。

(2) 熟悉电子节气门系统的组成和工作原理。

能力目标

(1) 具有维修资料的查阅、信息获取和分析解决问题的能力。

(2) 能根据电子节气门体故障现象进行故障部位和原因的分析。

(3) 能检测及诊断电子节气门体。

(4) 会排除故障使系统恢复正常。

素质目标

(1) 具有质量、安全、环保、规范、节约的意识。

(2) 具有严谨的工作态度和精益求精的工匠精神。

(3) 具有爱岗敬业和团队协作的精神。

(4) 热爱劳动、尊重他人劳动，履行道德准则和行为规范。

知识收集

一、电子节气门系统的功能

电子节气门系统是当今汽车发动机上主流的一种控制系统，对提高汽车的控制性能、减少油耗及排放、实现基于转矩需求的发动机精确控制具重要意义。电子节气门系统主要是根据油门踏板位置传感器信号、节气门位置传感器信号、车速传感器信号、驾驶模式信号和挡位信号等，通过节气门驱动电动机精确控制节气门的开度变化，从而实现节气门开度的优化控制。其控制功能包括如下。

1. 非线性控制

驾驶员通过油门踏板直接控制节气门开度时，由于驾驶员的反应速度和机械操纵装置的误差等因素，很难保证发动机转速或功率的变化满足汽车的驾驶性能和乘坐舒适性等要求。而电子节气门系统可实现所有工况下节气门开度的优化控制，如加速、减速等工况下，使节气门开度更精确，节气门开度变化更圆滑，从而改善汽车驾驶性能和乘坐舒适性。

2. 怠速控制

装有电子节气门系统的发动机，不需要再装用怠速控制阀，由节气门驱动电动机即可完成怠速控制阀的功能。

3. 减小换挡冲击控制

电子节气门系统一般与自动变速器电控系统工作同步，可以降低自动变速器换挡时产生的冲击。

4. 驱动防滑控制

节气门控制可作为驱动防滑控制系统的一部分，电子节气门系统根据防抱死制动系统、驱动防滑控制系统的输出指令信号，调节节气门开度，改变发动机的输出动力，以满足稳定性控制的需要。

5. 巡航控制

装有电子节气门系统后，巡航控制系统的执行元件由节气门驱动电动机代替，完成巡航控制功能。

二、电子节气门系统的组成

汽车电子节气门的结构基本相同，下面以大众车系的电子节气门系统为例介绍其构成。电子节气门系统主要包括油门踏板模块、节气门控制模块、EPC灯等，其组成如图3-5-1所示。

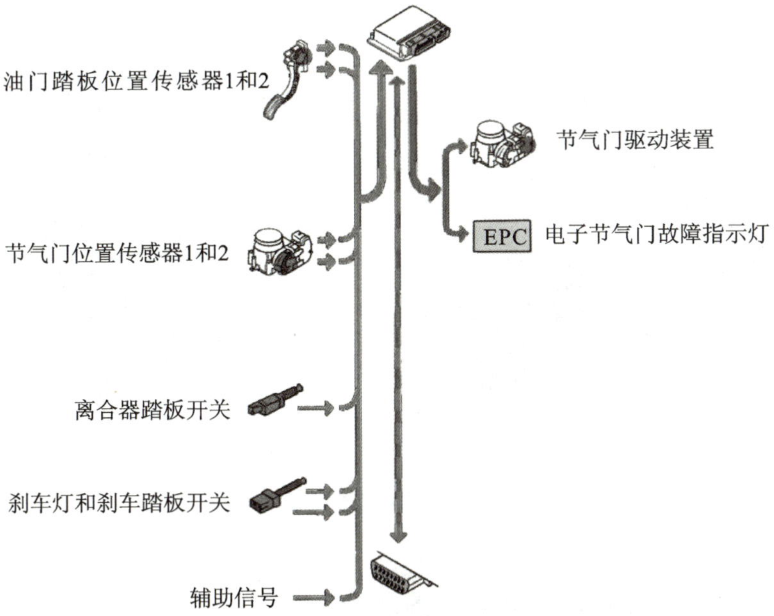

图3-5-1 电子节气门系统组成

1. 油门踏板模块

油门踏板模块包括油门踏板和两个油门踏板位置传感器，可以将驾驶员操作油门踏板的信号转化成电信号传递给发动机ECU，如图3-5-2所示。两个油门踏板位置传感器通过两个滑动触点式电位计安装在油门踏板的转轴上，随着油门踏板的运动，滑动触点在滑线电阻上滑动，电阻的变化使其分担的电动势发生相应的变化，从而把踏板的踩踏量转变为一个与之相对照的电压信号，传递给发动机ECU。图3-5-3所示为新型油门踏板位置传感器。

油门踏板位置传感器检测踩下油门踏板踩踏量大小和变化速率，并将电压信号输入ECU。图3-5-4所示为油门踏板位置传感器G79、G185控制电路。使用两个传感器的目的主要是为了在最大程度上保证安全性，这种现象在设计上被称为冗余系统，正常状态下只需

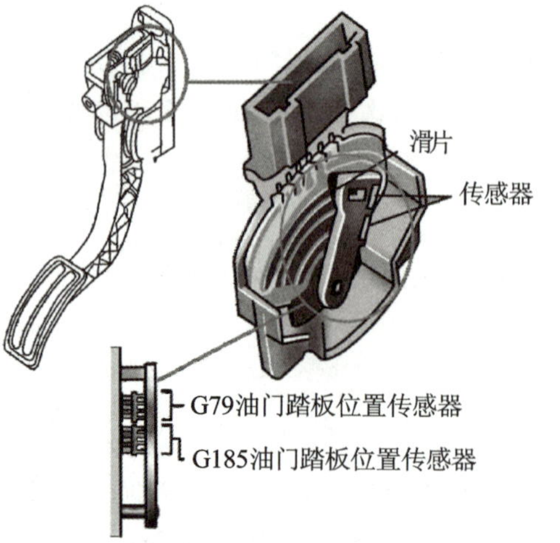

（a）

（b）

图 3-5-2　油门踏板位置传感器结构与实物

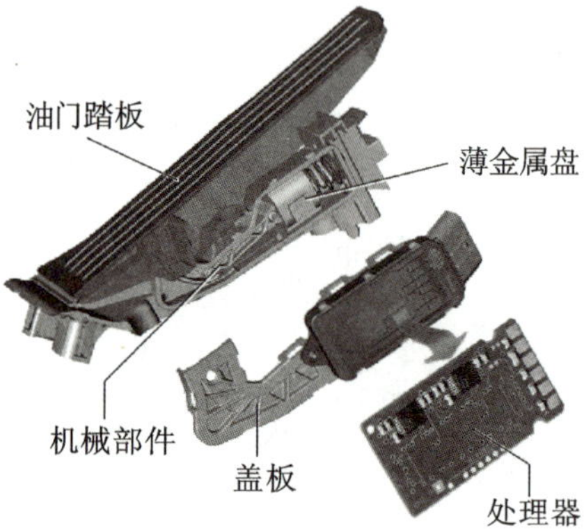

（a）

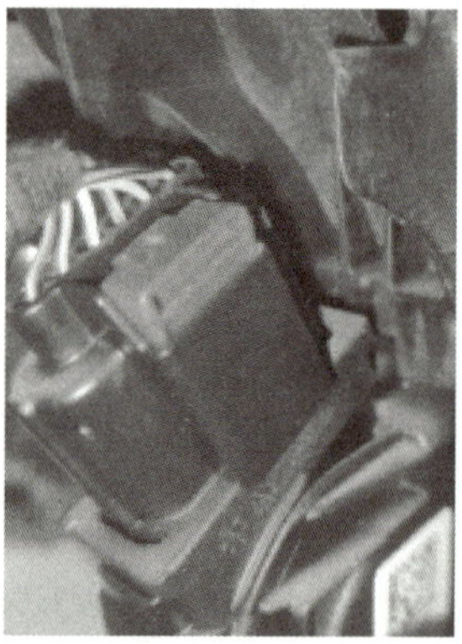

（b）

图 3-5-3　新型油门踏板位置传感器结构与实物

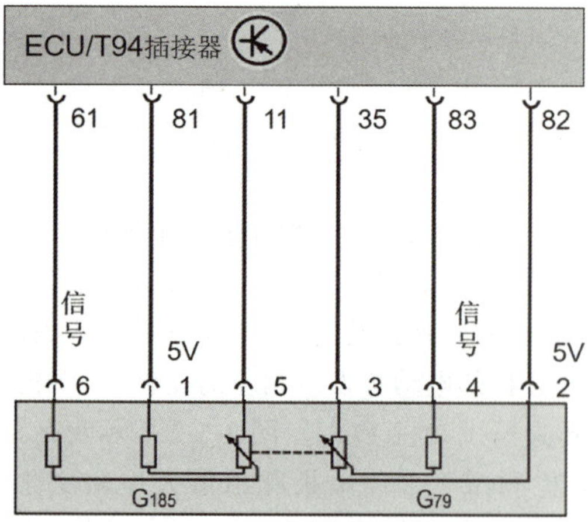

图 3-5-4　油门踏板位置传感器控制电路

要一个传感器的信号，但是如果有一个传感器出现故障，则另外一个可以保证系统正常工作。两个传感器均提供 5 V 供电电压，有相互独立的供电、信号和搭铁电路。在 G185 的电路中串入了一个电阻，使两个传感器的特性不同，对安全性和测试功能是必需的。

图 3-5-5 所示为两个油门踏板位置传感器波形图，由波形图可以看出，4 线信号线输出 0～3.9 V，6 线信号线输出 0.38～1.9 V，两个传感器输出信号大小正常工作时满足约 2 倍关系。

图 3-5-6 所示为新型油门踏板位置传感器波形图，由于内部结构不是滑动触点电位计，输出信号为数字脉冲信号，由波形图可以看出，4 线（黄色波形）与 6 线（蓝色波形）输出信号高低电平仍然分别为约 2 倍的关系。

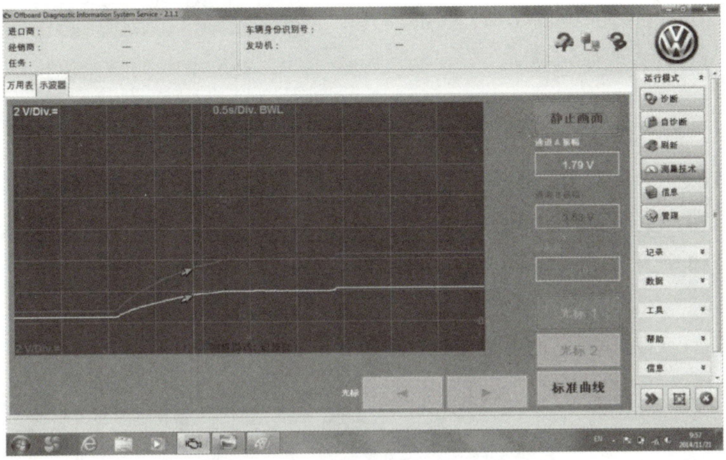

图 3-5-5　油门踏板位置传感器波形图

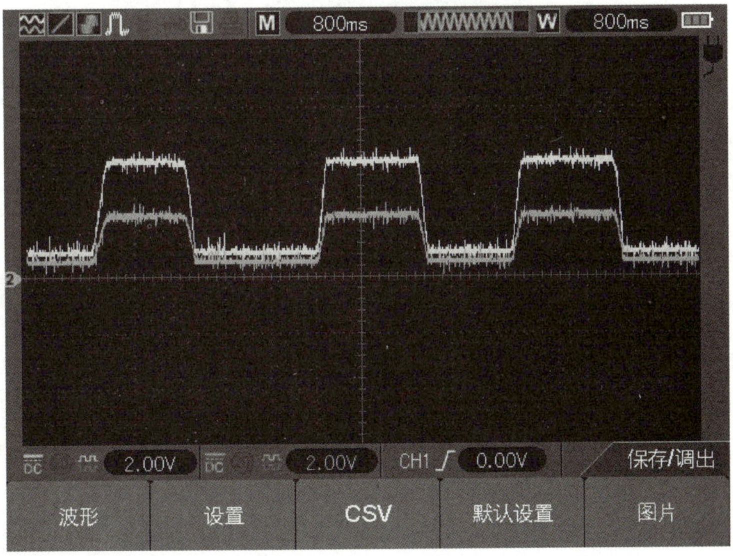

图 3-5-6　新型油门踏板位置传感器波形图

2. 节气门控制模块

节气门控制模块由节气门体、节气门、节气门驱动装置和节气门位置传感器组成，如图

3-5-7(a)所示。节气门控制模块安装在进气总管与进气歧管总成之间,如图 3-5-7(b)所示。

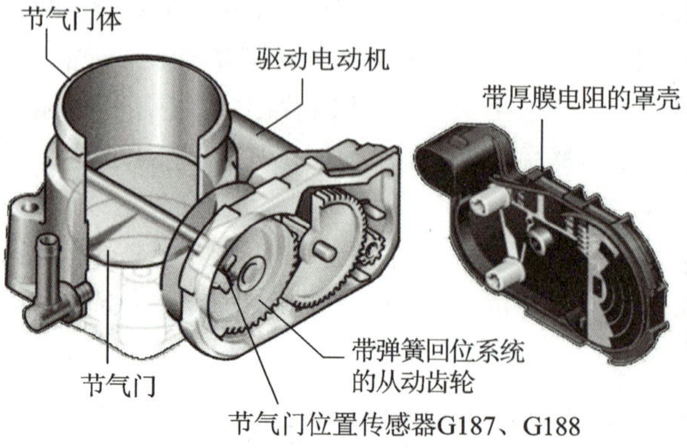

(a) 节气门控制模块

(b) 节气门控制模块实物及安装位置

图 3-5-7 节气门控制模块

发动机 ECU 通过调节节气门的角度来控制进气管的截面积,从而控制发动机进气量。如图 3-5-8 所示,节气门开度由步进电动机 G186 驱动,它通过一个小齿轮驱动节气门使节气门在怠速位置和全开位置之间无级定位。

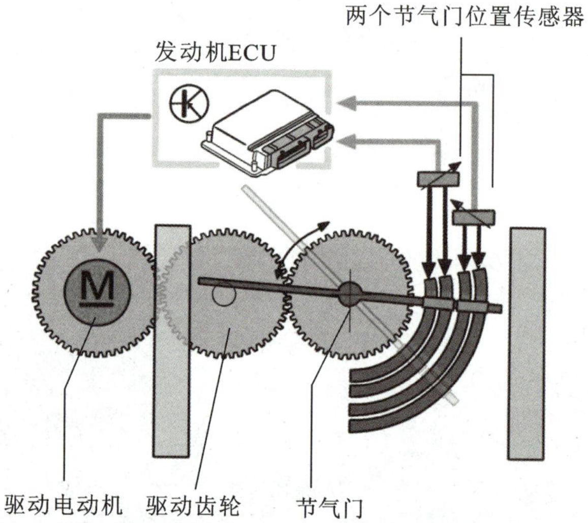

图 3-5-8 节气门控制模块控制原理

节气门驱动电动机一般为直流电动机,经过两级齿轮减速来控制节气门开度。发动机 ECU 通过调节脉宽调制信号的占空比来控制直流电动机转角的大小,电动机方向则是由与节气门相连的复位弹簧控制。电动机输出扭矩与脉宽调制信号的占空比成正比。当占空比一定,电动机输出扭矩与回位弹簧阻力矩保持平衡时,节气门开度不变;当占空比增大时,电动机输出扭矩克服回位弹簧阻力矩,节气门开度增大;反之,电动机输出扭矩和节气门开度随之减小。

发动机 ECU 通过罩壳内两个传感器 G187 和 G188 来反馈节气门的位置信号,来判断对 G186 控制是否正确。使用两个传感器同样是为了提高其可靠性。通常两个节气门位置传感器所输出的信号线性是相反的,这样便于发动机 ECU 对传感器的确认和传感器的动作测试，便于自检故障。

节气门位置传感器是一个具有线性输出的角度传感器，由两个圆弧形的滑触电阻和两个滑触臂组成。滑触臂的转轴跟节气门轴连接在同一个轴线上，如图 3-5-7 所示。滑触电阻的两端加上 5 V 的工作电压，当节气门转动时，滑触臂跟着转动，同时在滑触电阻上移动，并且将触点的电位 U_P 作为输出电压引出。所以它实际上是一个转角电位计，电位计输出与节气门位置成比例的电压信号。

图 3-5-9 所示为节气门位置传感器控制电路，其中 1 线为 G188 信号电压，4 线为 G188 信号电压，2 线为两个传感器的 5 V 供电端，3 线和 5 线为电动电源线。

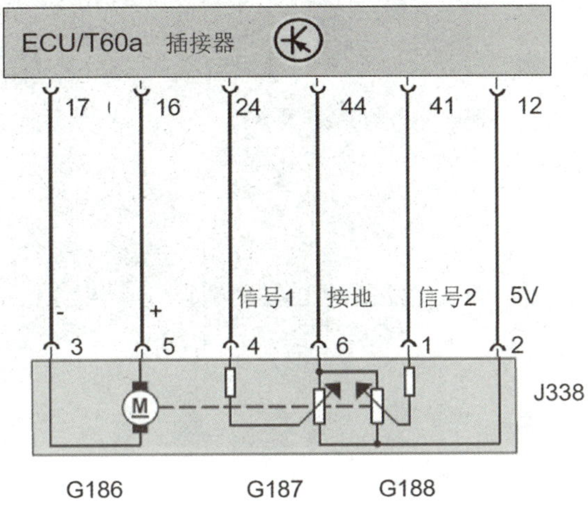

图 3-5-9 节气门位置传感器控制电路

图 3-5-10 所示为两个节气门位置传感器在怠速到全开过程的波形变化，信号 1(黄色)和信号 2(蓝色)相反，信号值相加约为 5 V。

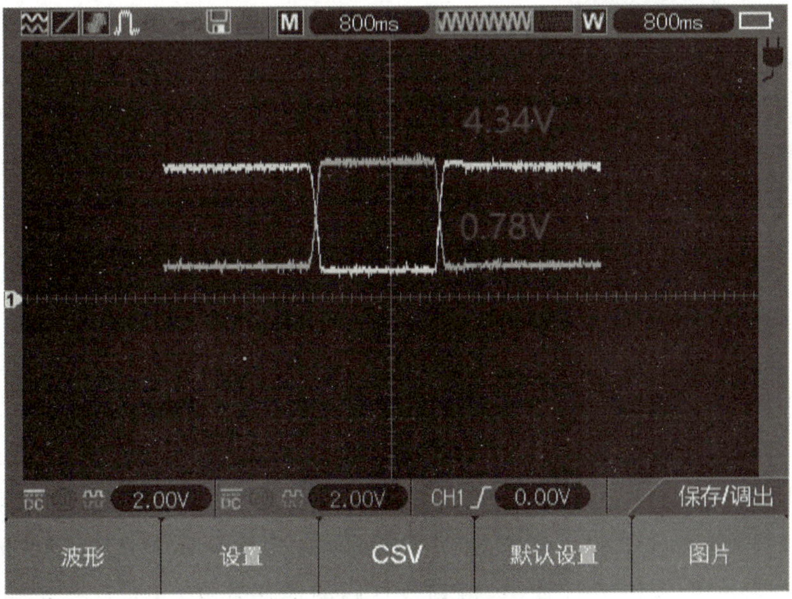

图 3-5-10 节气门位置传感器波形

图 3-5-11 所示为节气门电动机两条控制线波形图。蓝色为 5 号控制线波形，占空比信号，黄色为 1 号控制线波形。

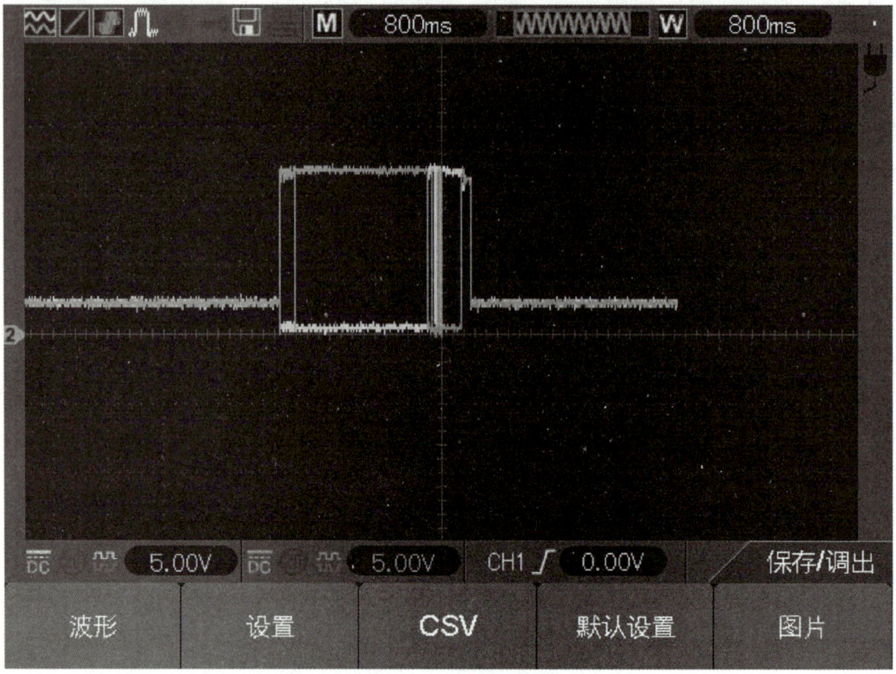

图 3-5-11　节气门电动机波形

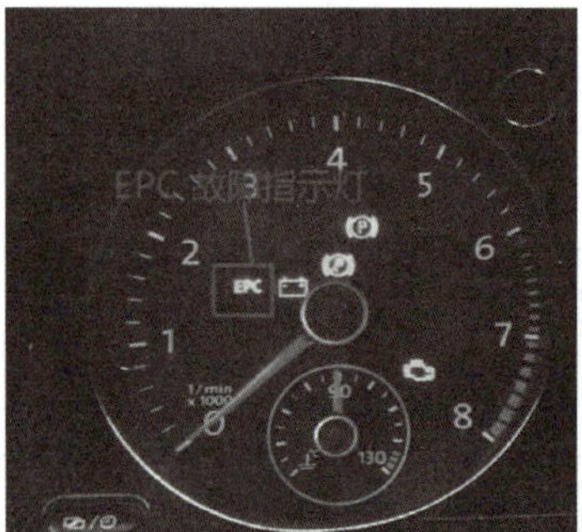

图 3-5-12　电子节气门故障指示灯

3. 电子节气门故障指示灯（EPC 灯）

仪表盘中黄色的“EPC”为电子节气门故障指示灯，如图 3-5-12 所示。EPC（electronic power control）的意思是发动机功率电子调节，该指示灯用于监控汽油发动机的电子功率控制系统。在接通点火开关后，该灯亮 3 s，进行自检。如果故障存储器内没有故障记录或者在这段时间内没有识别出故障，该灯就熄灭了。系统出现故障时，发动机 ECU 会接通 EPC 灯常亮，故障存储器内也会记录下故障。

三、电子节气门系统的工作原理

驾驶员操作油门踏板，油门踏板位置传感器产生相应的电压信号输入发动机 ECU，ECU 根据分析判断出驾驶员意图，并计算出对发动机扭矩的基本需求，得到相应的节气门转角的基本期望值，然后再通过其他工况信息以及各种传感器信号如发动机转速、挡位、节气门位置、空调负载等了解其他功率需求，由此计算出整车所需求的全部扭矩。通过对节气门转角期望值进行补偿，得到节气门的最佳开度，并把相应的电压信号发送到节气门控制模块，控制驱动电动机使节气门达到最佳的开度位置。节气门位置传感器则把节气门的开度信号反馈给 ECU，形成闭环的位置控制。电子节气门系统的工作原理如图 3-5-13 所示。

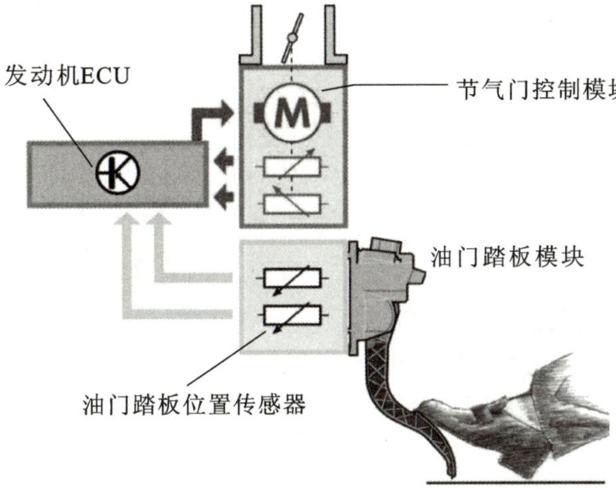

图 3-5-13 电子节气门系统的工作原理

任务实施

一、电子节气门系统的常见故障原因分析

故障现象如"任务描述"所述，引起此故障的因素有多个，可能有节气门位置传感器故障、节气门驱动电动机故障、油门踏板位置传感器故障等，需要对可能的故障部位进行检查，确定故障后，进行维修或部件更换。

发动机 EPC 灯点亮且发动机动力不足，主要原因可能是节气门位置传感器及线路故障、油门踏板位置传感器及线路故障，以及发动机 ECU 局部故障等。

二、电子节气门控制电路分析与测量

1. 迈腾 2.0TSI 电子节气门控制模块电路分析

2019 款迈腾 2.0TSI 采用电子节气门系统。其中油门踏板模块 GX2 包括两个油门位置传感器 G185 和 G79，控制电路如图 3-5-14 所示。此模块共有 6 个引脚，其中 T6/1 和 T6/2 分别是两个传感器的是电源端（5 V），T6/5 和 T6/3 分别是两个传感器的搭铁端，T6/6 和 T6/4 分别是两个传感器的信号端。随着油门踏板位置的改变，两个传感器的信号电压也同步改变，一个传感器的信号电压增大，另一个则同步增大，满足 2 倍的关系。

节气门控制模块 GX3 控制电路如图 3-5-15 所示，其中 T6/1 端子为 G188 信号电压，T6/4 端子为 G187 信号电压，T6/2 端子为两个传感器的供电端（5 V），T6/6 端子为两个传感器的搭铁端，T6/3 端子和 T6/5 端子为电动机电源线。两个节气门位置传感器所输出的信号相反，且相加约为 5 V。

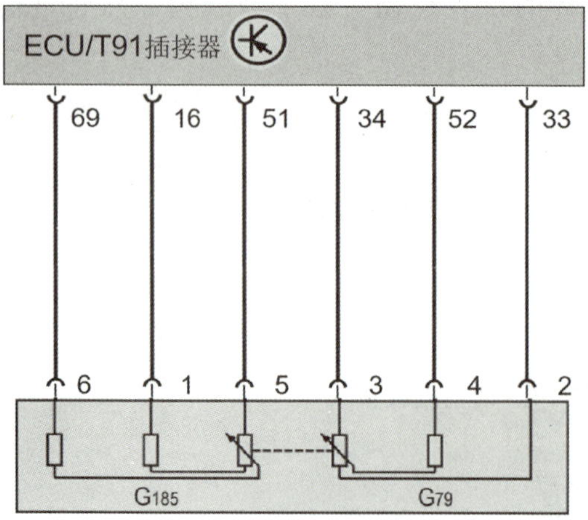

图 3-5-14 油门踏板模块 GX2 控制电路

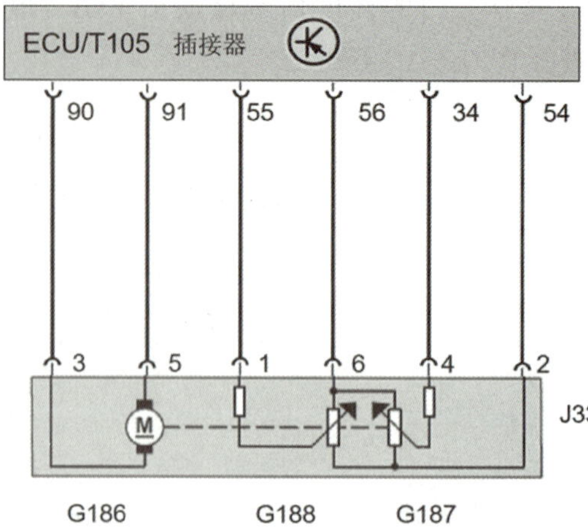

图 3-5-15 节气门控制模块 GX3 控制电路

2. 节气门控制模块电气测量

1）节气门位置传感器电源和搭铁端电压

关闭点火开关，拔下 ECU 插头，将点火开关置于“ON”位置。将万用表旋转开关置于直流电压挡，检测传感器插头 T6/2 电源端子、T6/2 搭铁端子的对地电压，分别应为 5 V 和 0 V 左右，如图 3-5-16 所示。

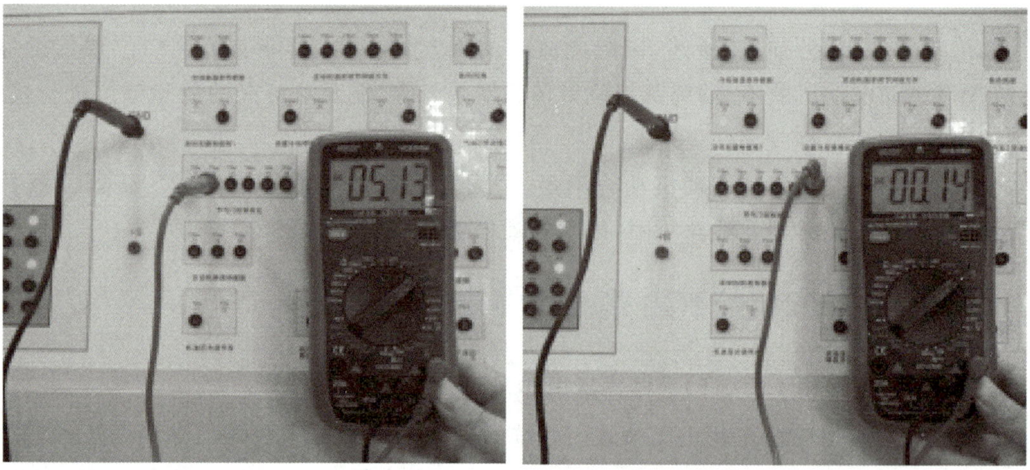

图 3-5-16 节气门控制模块 GX3 的供电和搭铁端子检测

2）节气门电动机电源电压

关闭点火开关，拔下 ECU 插头，将点火开关置于“ON”位置。将万用表旋转开关置于直流电压挡，检测传感器插头 T6/3 端子与搭铁之间的电压，检测传感器插头 T6/5 端子与搭铁之间的电压，两者应相同，为 2 V 左右，如图 3-5-17 所示。

将点火开关置于“IG”位置，油门踩到底，T6/3 端子和 T6/5 端子的对地电压会有压差。如图 3-5-18 所示，此时电动机工作。

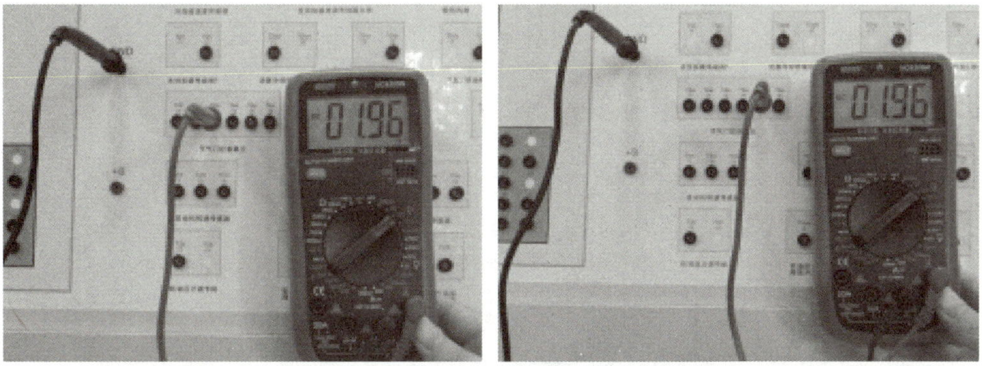

图 3-5-17　节气门控制模块 GX3 的电动机端子检测(非工作状态)

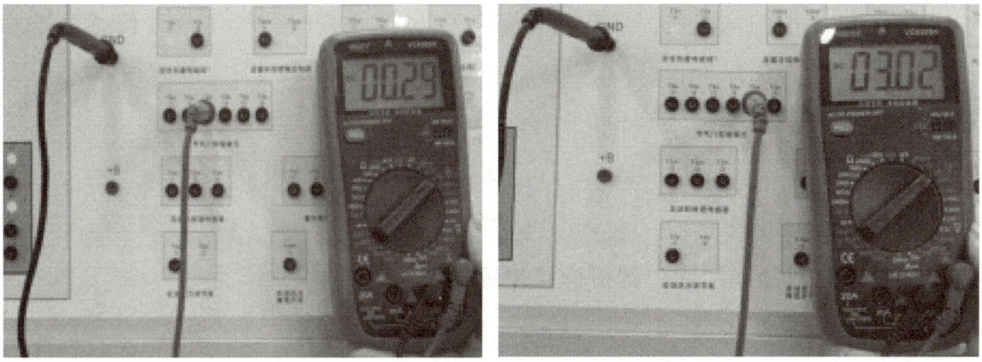

图 3-5-18　节气门控制模块 GX3 的电动机端子检测(工作状态)

3) 节气门位置传感器信号电压

启动发动机,在怠速和节气门全开两个位置下,用万用表检测节气门位置传感器 1(G188)T6/1 端子的电压变化,如图 3-5-19 所示。

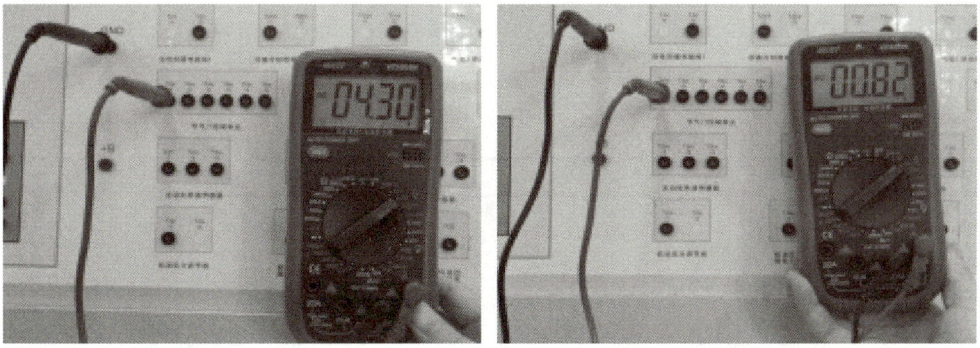

图 3-5-19　节气门位置传感器 G188 的信号端子检测

在怠速和节气门全开两个位置下,用万用表检测节气门位置传感器 2(G187)T6/4 端子的电压变化,如图 3-5-20 所示。

以上测量数据中,怠速时节气门位置传感器 1(G188)T6/1 端子电压与节气门位置传感

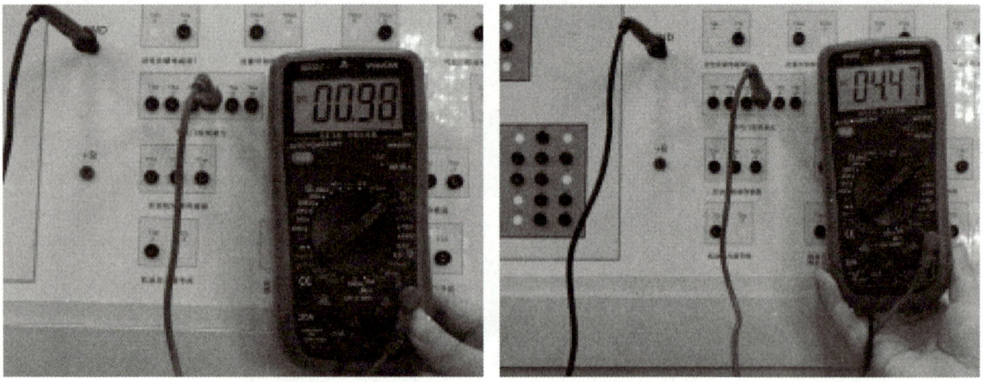

图 3-5-20　节气门位置传感器 G187 的信号端子检测

器 2(G187)T6/4 端子的电压相加之和约为 5 V,节气门全开时节气门位置传感器 1(G188)T6/1 端子电压与节气门位置传感器 2(G187)T6/4 端子的电压相加之和约为 5 V,以上为传感器正常的测量数据。

三、油门踏板位置传感器的故障检测流程

1. 读取发动机故障码和油门踏板位置传感器数据流

1) 读取发动机故障码

将故障诊断仪连接到诊断座,打开点火开关并启动发动机,发动机能正常启动。仪表上 EPC 灯点亮。打开故障诊断仪,踩下油门踏板,读取发动机故障码,报故障码“油门踏板位置传感器,信号过小”,如图 3-5-21 所示。

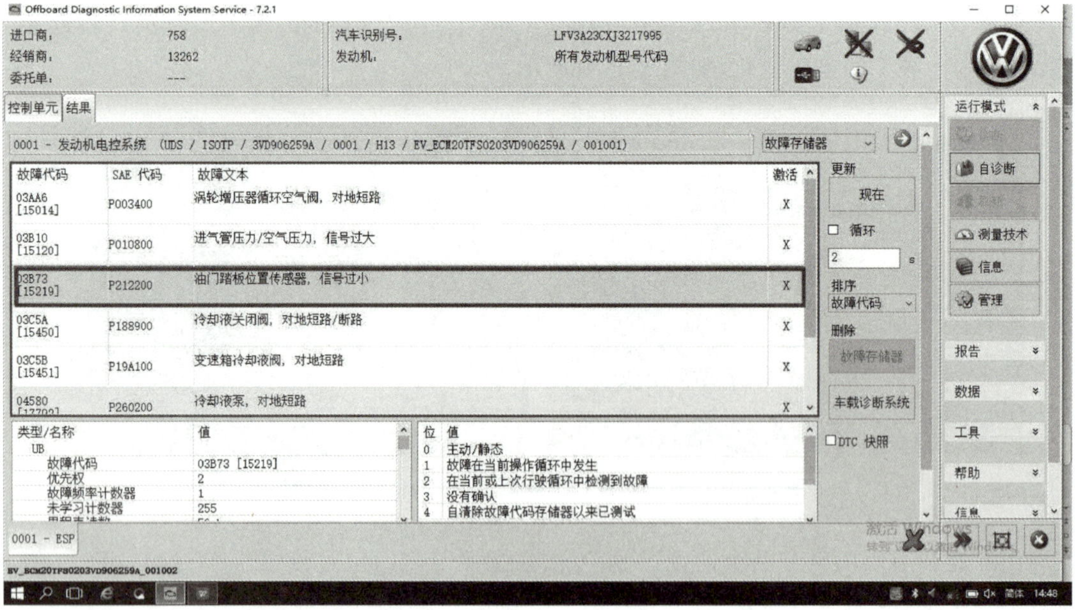

图 3-5-21　油门踏板模块故障码

2）读取数据流

将故障诊断仪连接到诊断座，打开点火开关，打开诊断仪，测量数据流，踩下油门踏板，G79 变化范围理论应为 12%～97%，G185 变化范围理论应为 4%～49%。

实际 G79 变化范围是 0%，异常；G185 变化范围为 4%～49%，无异常。

2. 检测油门踏板位置传感器

1）检测电源电压

断开油门踏板位置传感器连接器，将点火开关置于"ON"位置。将万用表旋转开关置于直流电压挡，检测电源线的电压应为 5 V，实测值如图 3-5-22 所示。T6/1 和 T6/2 是电源端子，T6/3 和 T6/5 是搭铁端子，数据无异常。

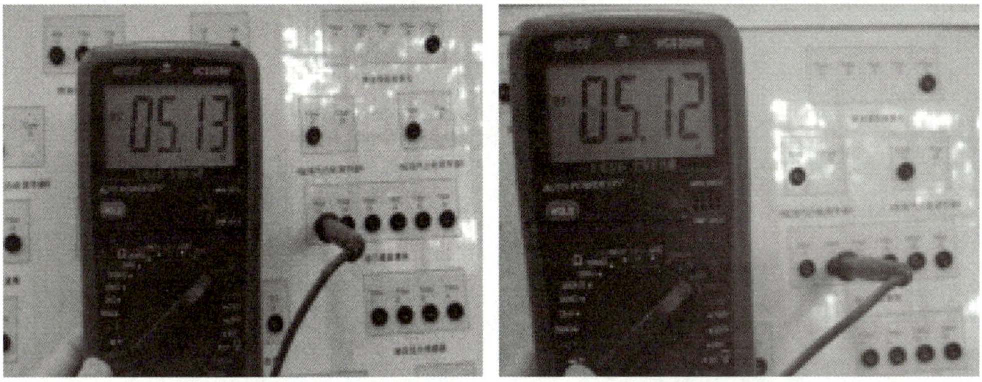

图 3-5-22　油门踏板模块电源端子检测

2）检测油门踏板位置传感器输出信号

连接油门踏板位置传感器连接器，点火开关置于"ON"位置，踩下油门踏板，检测信号线端子电压应在 0～5 V 之间。T6/4 是信号 1 端子，电压为 0.49～2.1 V，如图 3-5-23 所示。T6/6 是信号 2 端子，电压为 0.85～4.1 V，如图 3-5-24 所示。实测数据无异常。

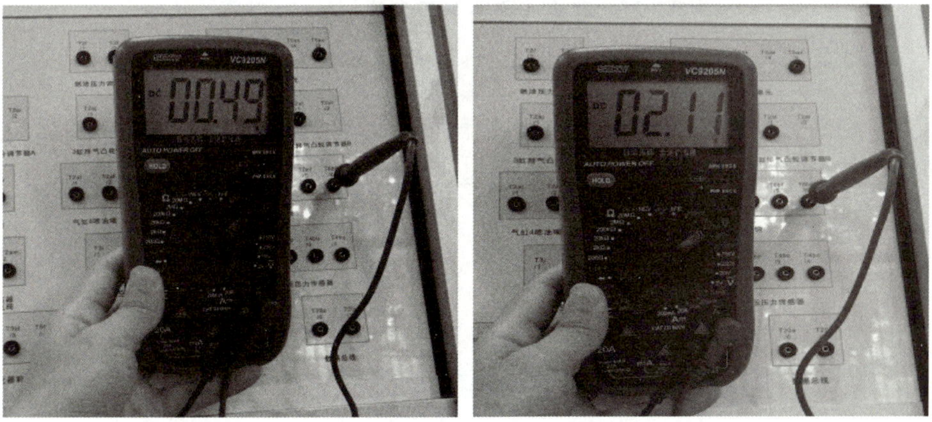

图 3-5-23　油门踏板位置传感器 G79 的信号端子检测

3）检测发动机 ECU J623 的端子

油门踏板位置传感器的 T6/4 和 T6/6 端子，分别与 J623 的 T91/52 和 T91/69 端子相

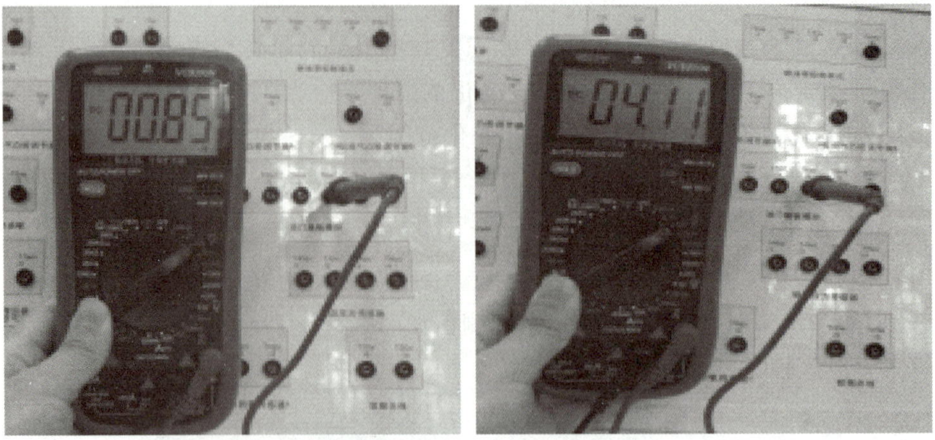

图 3-5-24 油门踏板位置传感器 G185 的信号端子检测

连。检测 J623 的 T91/52 端子的电压 0.12 V，如图 3-5-25 所示，与 T6/4 端子的数据不一样，数据异常。怀疑线路断路。

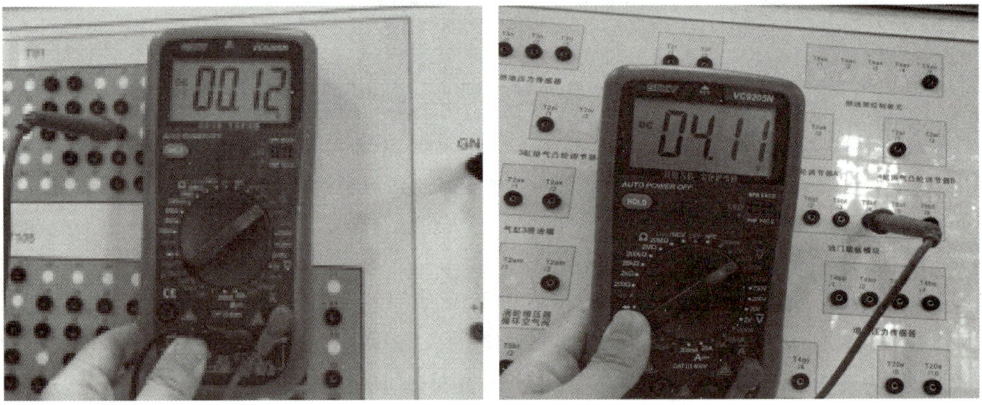

图 3-5-25 发动机 ECU J623 对应信号端子检测

4）验证

点火开关断开，断开油门踏板位置传感器连接器，检测油门踏板位置传感器与发动机 ECU 对应端子的电阻应小于 0. 5 Ω，实测值是无穷大。

5）故障排除

确认油门踏板位置传感器端子 T6/4 与 J623 的 T91/52 端子间断路，按维修手册要求更换相关线路。

四、节气门控制模块的故障检测流程

1. 读取发动机故障码

打开点火开关，启动发动机，发动机能正常启动。踩下油门踏板，加速无力，且发动机转速最高到 1500 r/min，EPC 灯点亮。连接并打开故障诊断仪，读取发动机故障码，报故障码

“节气门驱动器的角度传感器 2,信号过小”,如图 3-5-26 所示。

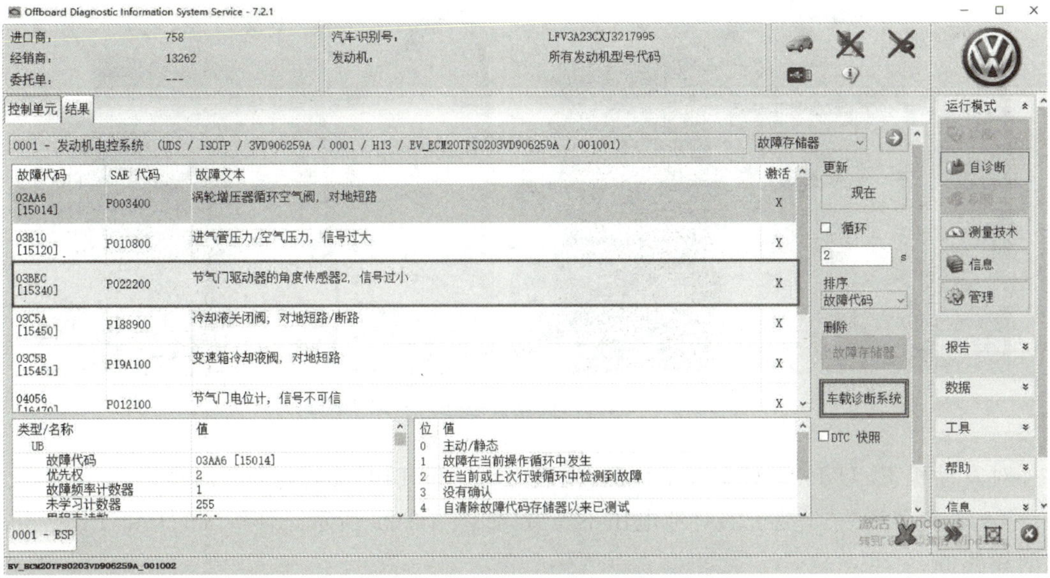

图 3-5-26　节气门控制模块 GX3 故障码

2. 节气门控制模块线路检测

1) 节气门传感器电源电压检测

关闭点火开关,拔下节气门控制模块插头,将点火开关置于“ON”位置。将万用表旋转开关置于直流电压挡,检测传感器插头 T6/2 号电源端子对地电压为 5 V 左右,无异常。

关闭点火开关,拔下节气门位置传感器插头,用万用表检测节气门位置传感器插头端子 6 号脚与搭铁之间电阻,电阻值小于 1 Ω,无异常。

2) 节气门电动机电源电压检测

将点火开关置于“IG”位置,油门踩到底,T6/3 端子和 T6/5 端子的对地电压有 3 V 左右电压差,此时电动机工作,如图 3-5-27 所示,无异常。

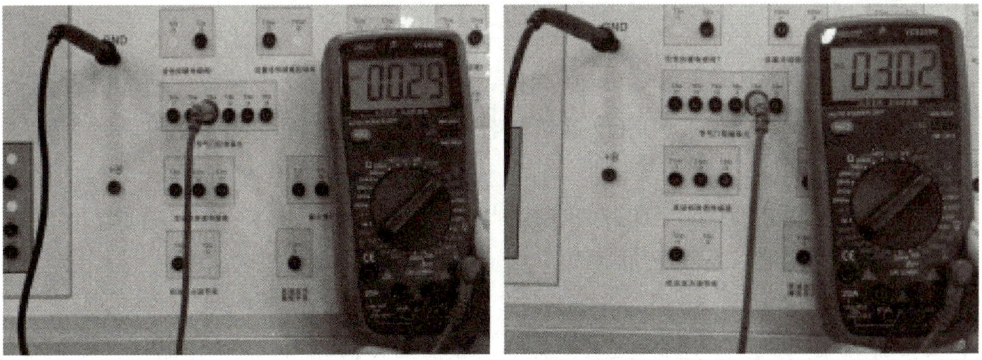
图 3-5-27　节气门控制模块 GX3 的电动机端子检测

3) 节气门传感器信号电压检测

启动发动机,怠速时节气门位置传感器 G188 信号端 T6/1 电压约为 4.3 V,G187 信号端 T6/4 电压约为 0.98 V，无异常，如图 3-5-28 所示。

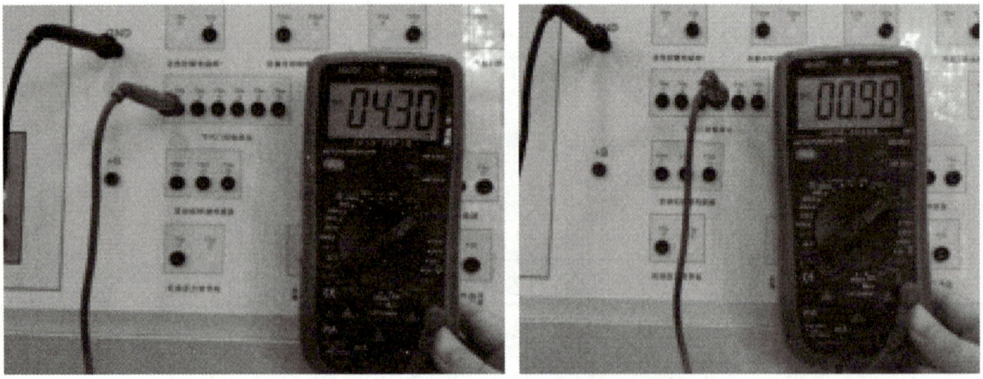

图 3-5-28　节气门位置传感器信号端子检测

对发动机 ECU J623 对应端子检测，发现 T6/4 和 T105/34 端子的对地电压一致，无异常。T6/1 和 T105/55 端子的对地电压不一致，如图 3-5-29 所示。怀疑 T6/1 和 T105/55 之间的线路断。

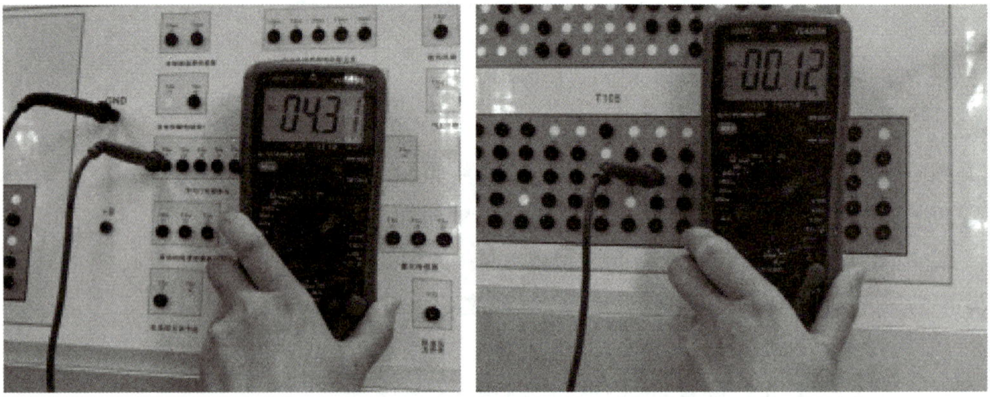

图 3-5-29　节气门位置传感器信号检测对比

3. 验证

关闭点火开关，必要时断开蓄电池负极，拔下节气门位置传感器插头，用万用表测发动机 ECU T105/55 端子与节气门位置传感器 T6/1 端子之间的电阻，在正常情况下均应小于 0.5 Ω。

实测结果为发动机 ECU T105/45 端子与节气门位置传感器 T6/1 端子之间电阻为无穷大，异常。检修电路后，系统恢复正常。

4. 故障排除

由于发动机 ECU J623 的 T105/55 端子与节气门位置传感器 T6/1 端子之间线路断路，导致发动机加速无力。确认 T105/55 端子与 T6/1 端子间断路，按维修手册要求更换相关线路。

拓展①：当节气门控制模块 GX3 的电动机的 T6/3 端子和发动机 ECU J623 的 T105/

90 之间的线路断路时，此时测量两个端子的对地电压，如图 3-5-30 所示。数据不一致，异常。

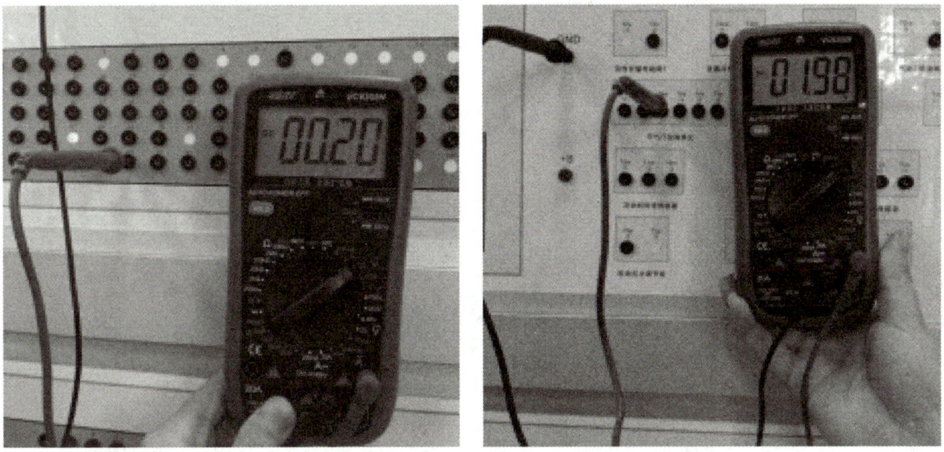

图 3-5-30　电动机电源线路断路的检测数据对比

该故障的现象表现为：打开点火开关，启动发动机，发动机能正常启动。踩下油门踏板，加速无力，且发动机转速最高到 2000 r/min，EPC 灯点亮。连接并打开故障诊断仪，读取发动机故障码，报故障码“节气门控制，功能失效”，如图 3-5-31 所示。

拓展②：当节气门控制模块 GX3 的电动机的 T6/2 端子（电源端）和发动机 ECU J623 的 T105/54 之间的线路断，此时测量两个端子的对地电压，如图 3-5-32 所示。数据不一致，异常。此时，传感器无法正常工作，其两个信号端子的数据也异常，如图 3-5-33 所示。

其故障现象为：打开点火开关，启动发动机，发动机能正常启动。踩下油门踏板，加速无力，且发动机转速最高到 1500 r/min，EPC 灯点亮。连接并打开故障诊断仪，读取发动机故障码，报故障码“节气门电位计，信号不可信”，如图 3-5-34 所示。

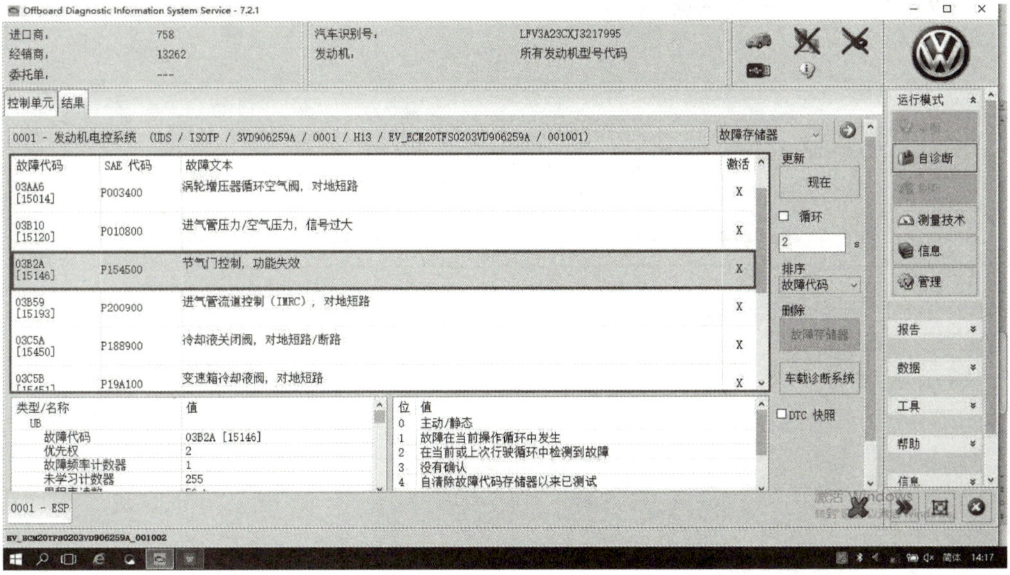

图 3-5-31　节气门控制模块 GX3 故障码

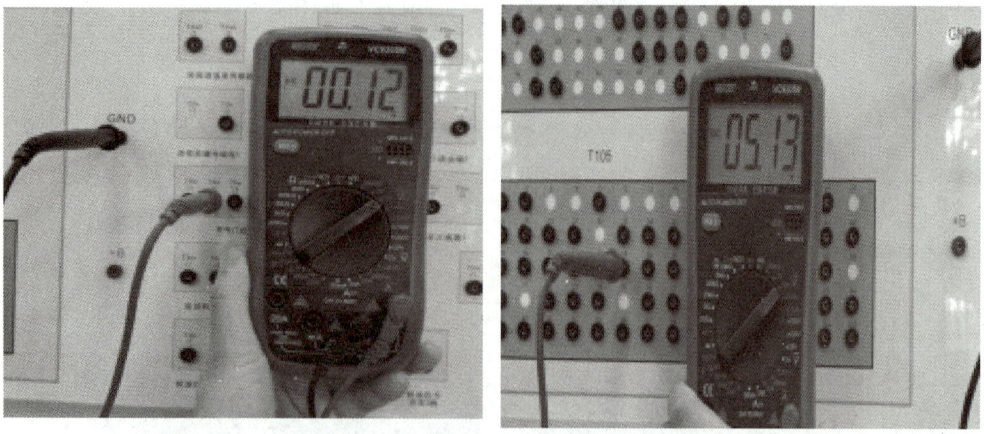

图 3-5-32　电源线路断路的检测数据对比

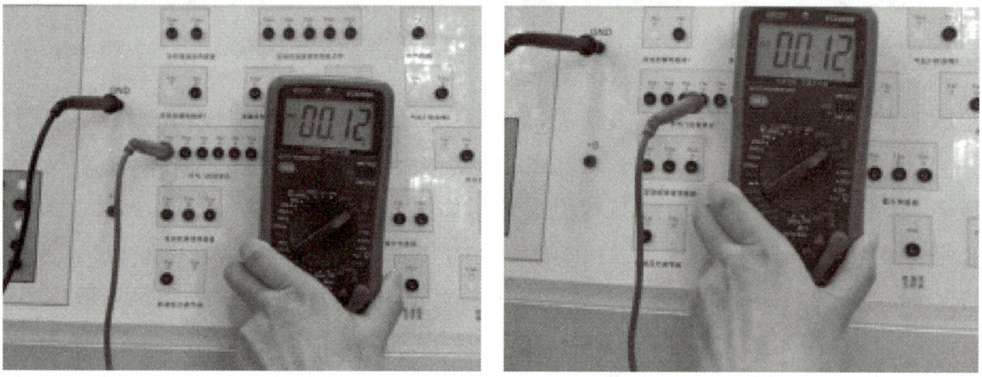

图 3-5-33　信号端子检测数据

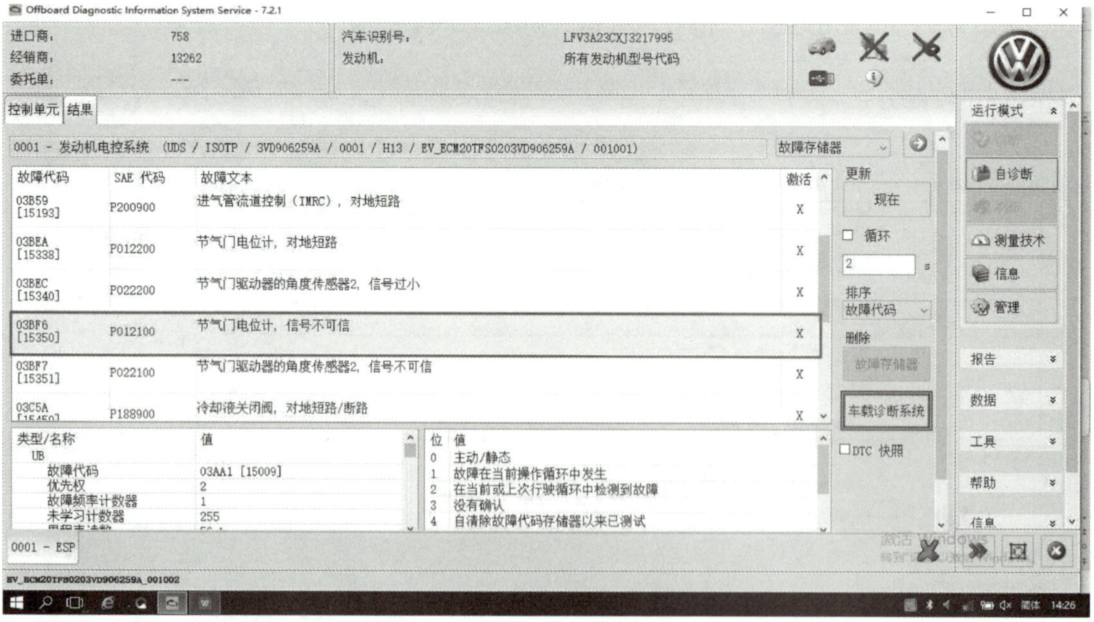

图 3-5-34　节气门控制模块 GX3 故障码

五、电子节气门的清洗和匹配

1. 节气门的清洗

发动机电子节气门在工作时由于油品质量、驾驶习惯、行驶环境等不同，通常车辆行驶15000 km左右，感觉发动机油耗上升时应清洗节气门。

车辆行驶时出现EPC灯点亮，发动机冷车启动怠速抖动，油耗比平时增加，用故障诊断仪检测发现怠速时节气门开度超过5°时，需要进行节气门清洗。引起这个故障的主要原因是电子节气门怠速调节为节气门直动式调节，当节气门内壁沉积积炭时，影响了发动机的进气量，怠速时由于气门开度比较小，进气量少同时气流的流速也比较低，所以在怠速时表现得比较明显。如果只存在少量积炭，发动机ECU为保证怠速的稳定性，自动地调整节气门开度，并记录调整后的数值。通过这种自学习的功能，发动机可以在少量积炭时保障发动机的怠速稳定性，但是随着积炭的增加，超出ECU的调节范围之后就会出现上述所描述的故障，必须清理节气门以其恢复发动机的性能。同时由于清洗后改变了节气门的位置，因此要对电子节气门进行匹配。

电子节气门的清洗按照以下步骤进行：

(1) 打开引擎盖，拆下曲轴箱废气收集管和空气滤清器组件，注意用力和角度，不要损伤气管，取下空气滤芯组件。

(2) 断开蓄电池，拆下节气门体的连接线束(注意电缆卡扣)，清理节气门附近的脏污，松开节气门体固定螺栓，取下螺栓，拆下节气门体，用干净的布盖在进气歧管入口，防止异物掉入，如图3-5-35所示。

图3-5-35 拆下节气门

(3) 选用罐装的带喷嘴的化油器清洗剂或专用的节气门清洗剂，化油器清洗剂会影响节气门轴的润滑剂，建议清洗后在节气门轴上涂覆润滑油。清洗剂具有腐蚀性，操作时带护目镜。用清洗剂冲洗，等污水慢慢流出，可以辅助用柔软的布擦拭内壁，不可用坚硬的工具刮擦,内壁一旦出现划痕,整个节气门体需要更换,清洗前后对比如图 3-5-36 所示。

(a) 节气门清洗前

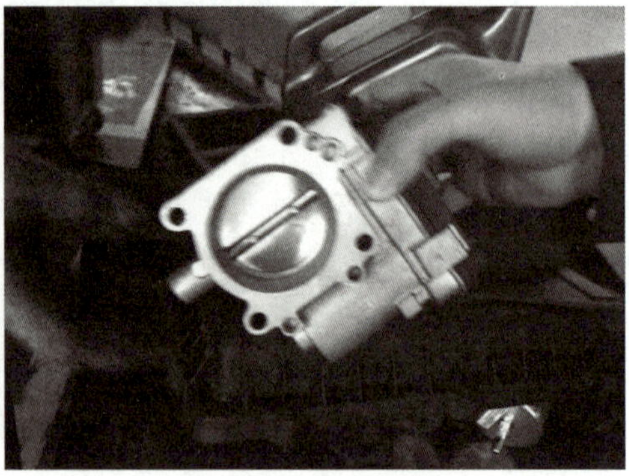

(b) 节气门清洗后

图 3-5-36　清洗节气门

(4) 安装节气门。取下进气歧管上的布盖,安装节气门,将紧固螺钉以 1.5～2.5 N·m(不同车型有异,参照维修手册)的安装力矩拧紧。

2. 节气门的匹配

在节气门出现积炭后,发动机 ECU 通过自学习功能,已经改变了节气门的怠速位置。节气门清洗后,需要对发动机 ECU 恢复初始位置,有的车型能通过自学习复位,不需要匹配,车辆行驶一段时间后即可恢复正常。有的车辆在清洗后要求进行匹配,下面以大众 POLO 为例介绍电子节气门的匹配过程。

(1) 连接计算机诊断仪,读取发动机水温信号。启动发动机,使水温达到 85 ℃(车型不同时水温要求稍有不同),将发动机熄火,点火开关置于"ON"位置,开始匹配过程,注意整个过程中不允许踩油门踏板。

(2) 进入计算机诊断仪界面,选择"01 发动机电器",选择"02 故障查询",选择"05 清除故障码"。

(3) 返回到"发动机电器"主页面,选择"10 匹配调整",在"通道号码"格中输入"00"先选择"读取原数值",再选择"测试新数值"计算机提示测试成功后,选择"保存匹配数据"回到"发动机电器"主页面。

(4) 在"发动机电器"主页面,选择"04 基本设定"在组号中输入"060"(大众系列不同车型,此项不同),点"GO"继续。检测仪显示"自适应运行中",完成后,显示自适应成功。

(5) 启动发动机水温达到 85 ℃以上时,检测节气门的开度,如果开度大于 5°,说明没有清理干净,如果节气门开度小于 2°,说明节气门已经损坏。检测怠速转速是否稳定,转速是否正常。

任务自测

一、填空题

1. 油门踏板模块包括________和________,可以将驾驶员操作油门踏板的信号转化成电信号输送给发动机 ECU。

2. 油门踏板位置传感器使用两个传感器的主要目的是________。

3. 节气门控制模块由节气门体、节气门、________和________组成。

4. EPC 灯中文全称为________。

二、判断题

1. 电子节气门在清洗后必须要做匹配。 ( )

2. 节气门位置传感器的作用是测量发动机的进气量。 ( )

3. 大众 EA888 发动机电子节气门设置两个信号是为了精确监控节气门状态。 ( )

4. 节气门驱动电动机接受来自发动机 ECU 的信号,控制来自发动机 ECU 的信号,带动节气门达到或保持相应的开度。 ( )

三、选择题

1. 发动机电子节气门控制当中,驱动电动机的控制信号属于( )。

A. 线性信号　　B. 占空比信号　　C. 开关信号

2. 发动机电子节气门出现脏污现象,发动机 ECU 会控制节气门打开角度( )。

A. 增大　　B. 不变　　C. 减小

3. 大众 EA888 发动机电子节气门共有( )个针脚。

A. 4　　B. 5　　C. 6

4. 大众 EA888 发动机电子节气门位置传感器的两个信号是( )关系。

A. 成倍增长　　B. 相等　　C. 互补

5. 发动机启动后,如果故障存储器内没有电子节气门系统记录,EPC 灯应该( )。

A. 长亮　　B. 立即熄灭　　C. 闪烁　　D. 6 s 后熄灭

6. 踩油门踏板,两个油门位置传感器的信号电压变化规律是( )。

A. 一个减小,一个增大　B. 不能确定　　C. 都增大　　D. 都减小

项目4 电子控制系统结构与维修

人工智能应用之无人驾驶

《深圳经济特区智能网联汽车管理条例》(简称《条例》)于2022年于8月1日起实施。根据《条例》,深圳将允许完全自动驾驶的智能网联汽车在限定区域内合法上路。该类汽车可以不具有人工驾驶模式和相应装置,可以不配备驾驶人。此外,《条例》还对自动驾驶层级进行了明确的划分,并规定了不同情况下的责任主体。

从主驾有安全员"值守"的自动驾驶汽车,到全无人的自动驾驶汽车,自动驾驶系统的算法能力和工程能力实现了阶段性突破。

任务4.1 电控系统的认知

任务描述

一辆大众迈腾1.8T轿车,车辆行驶中发动机故障指示灯点亮。检查后判断故障在发动机电控系统,需要对电控系统进行检修。

任务目标

知识目标

(1) 了解电控系统的控制方式。

(2) 熟悉电控系统的基本组成与工作原理。

能力目标

(1) 具有维修资料的查阅、信息获取和分析解决问题的能力。

(2) 能说出电控系统的特点和组成。

(3) 能熟练地在台架上找出各部件的安装位置和作用。

素质目标

(1) 具有质量、安全、环保、规范、节约的意识。

(2) 具有严谨的工作态度和精益求精的工匠精神。

(3) 具有爱岗敬业和团队协作的精神。

(4) 热爱劳动、尊重他人劳动,履行道德准则和行为规范。

知识收集

在汽油机电控燃油喷射系统中,电控系统充当着非常重要的角色,它通过传感器采集发动机的工况参数,根据各种传感器的信号,由ECU进行综合分析处理,确定最佳喷油时刻以及最佳点火时刻等,从而提高发动机的动力性、燃油经济性和排放性能。此外,电控燃油喷射系统通过ECU中的控制程序,还能实现启动加浓、暖机加浓、加速加浓、全负荷加浓、减速断油、自动怠速控制等功能,满足发动机特殊工况对混合气的要求,使发动机获得较好的燃油经济性和排放性,提高汽车的使用性能。

一、电控系统的组成

电控系统一般由传感器及开关、电控单元(ECU)和执行器三部分组成,不同型号的发动机传感器开关部分、执行器部分种类有所不同。

1. 传感器

传感器的主要功用是收集电控系统所需要的反映发动机运行状态的各参数信息,将这些化学量或物理量等信息转化成电信号,并传给ECU。传感器及开关部分包括空气流量传感器、进气歧管绝对压力传感器、节气门位置传感器、曲轴位置传感器和凸轮轴位置传感器、冷却液温度传感器、进气温度传感器、氧传感器、爆震传感器、开关等。曲轴位置传感器和凸轮轴位置传感器、冷却液温度传感器、爆震传感器将在后面的任务中介绍。与进气相关的传感器已在项目3中介绍。

2. 执行器

执行器的功用是根据ECU的指令完成具体操作动作。发动机电控系统的执行器主要有燃油泵、喷油器、点火控制器、节气门电动机、怠速控制阀、进气控制调节电磁阀、活性炭罐电磁阀、增压压力调节电磁阀及开关等。

3. 电控单元(ECU)

电控单元(ECU)分析处理传感器采集得到的各种信号并向执行器发出控制指令。电控单元(ECU)俗称电脑,是发动机控制系统的核心部件,外观如图4-1-1所示。

1) 功能

ECU的功能随车型而异,但都必须有如下基本功能:①给传感器提供参考(基准)电压(2 V、5 V、9 V、12 V);②存储、计算、分析处理信息;③运算分析;④输出执行命令;⑤自我修正功能(自适应功能)。

图 4-1-1　ECU 外观

发动机电控系统中，ECU 不仅用来控制燃油喷射系统，同时还应具有点火提前角控制、怠速控制、排放控制、进气控制、增压控制、自诊断、失效保护和备用控制系统等多种控制功能。

2）ECU 的硬件

ECU 的硬件主要由输入回路、A/D 转换器、微型计算机和输出回路四部分组成。它们一起制作在一个金属盒内，固定在车内不易受到碰撞的部位，如仪表台下面或座椅下面等，具体安装位置依车型而异。图 4-1-2 所示为大众迈腾发动机 ECU 的安装位置，ECU 的内部结构如图 4-1-3 所示。

图 4-1-2　ECU 的安装位置

图 4-1-3　发动机 ECU 的内部结构

3）ECU 的软件

ECU 的软件包括控制程序和数据两部分。控制程序的任务是整个系统初始化、实现系统的工作时序、控制模式的设定，包括常用工况及其他各工况模式下喷油信号和点火信号输出程序。

为实现发动机各种工况及运行条件下最佳的综合性能，电控系统必须以最佳的相应控制参数（如最佳喷油脉宽和最佳点火提前角）控制发动机在最佳运行状况下运转，这些控制参数的最佳数据预先全部存储在微型计算机只读存储器中（ROM）。

随机存储器（RAM）又称为读写存储器，既能从存储器读出已存入的数据，也能向存储器写入新的数据。如果切断电源，储存在随机存储器中的数据就会丢失，所以仅适宜储存暂时保留的控制过程中的处理数据。在汽油机电控系统中，RAM 用来储存各种传感器输入的数据、有关维护周期或车辆监测系统检测发现的故障信息等。

4）ECU 的工作过程

发动机工作过程中，各个传感器产生的数字信号通过输入回路及 I/O 接口直接进入计算机，模拟信号经 A /D 转换器转换成数字信号后，经 I/O 接口进入计算机，输入信号经 CPU 与计算机存储器中储存的信息进行分析、比较和计算后，作出判断并发出输出指令信号，经驱动电路，输出回路控制执行器动作。

二、电控系统的工作过程

发动机电控系统通过传感器将发动机的运行工况信息（如进气量、节气门位置、曲轴位置及转速、冷却液温度、进气温度、排气成分等）和车辆运行状况信息（如车速等）转换成为相应的电信号，并输送给 ECU，ECU 按设定的程序对这些电信号进行分析、比较、计算、判断等实时处理后，得出最佳控制方案并向各有关执行元件发出控制指令，以控制最佳的空燃比和点火时刻，使得发动机在各种工况下都处于最佳工作状态。同时，ECU 还要进行怠速自动控制、点火提前角控制、排放控制及故障自诊断等。

发动机电控系统是整车电控系统的一部分，并不是独立的系统，控制器局域网（CAN）总线技术的应用加强了它们的联系，汽车上的每一个传感器输入的信息通过网络完成共享。例如，节气门位置传感器的信号不仅由发动机 ECU“使用”，而且还会通过 CAN 总线用于自动变速器的换挡、电控悬架的调节等。

由于汽车上的电控装置越来越多，车上的线束变得非常粗大。为减少导线的数量，CAN 总线技术在此期间有了很大的发展。CAN 总线将各种汽车电子装置连接成为一个网络，在这个网络中，各控制装置独立运行，完成各自的控制功能，同时还可以通过通信为其他控制装置提供数据服务。

任务实施

一、发动机 ECU 工作异常的原因分析

发动机 ECU 故障有内部损坏、外部接口或线路接触不良等故障。

1. 发动机 ECU 内部电源电路故障

ECU 内部电源电路故障会导致 ECU 不工作，大部分传感器因无法供电而失去检测功能，发动机不能启动或直接熄火。

2. 发动机 ECU 常火线故障

常火线若断路、短路或接触不良，使 ECU 供电不足或不供电，该故障会导致 ECU 无法工作，发动机不启动或熄火，同时会丢失部分储存数据和信息。此时故障诊断仪无法进入该系统诊断。

3. 发动机 ECU 搭铁电路故障

发动机 ECU 搭铁电路断路或接触不良，该故障会导致 ECU 内部电路无法构成回路，ECU 无法工作，发动机无法启动。

传感器搭铁电路断路、短路或接触不良，该故障会导致执行器搭铁不良，执行器工作异

常，发动机无法启动或熄火。

执行器搭铁电路断路、短路或接触不良，该故障会导致执行器搭铁不良，执行器工作异常，发动机无法启动或熄火。

4. 发动机 ECU 损坏

发动机 ECU 损坏会导致发动机无法启动或熄火。

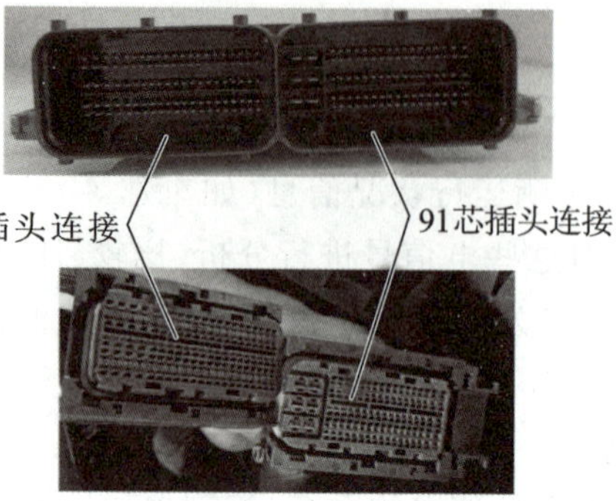

图 4-1-4　发动机 ECU 插头连接实物

二、发动机 ECU 的检修

迈腾 1.8T、2.0T 发动机 ECU 如图 4-1-4 所示，ECU 外部电路有两个线束接口，一个 91 端子插接器，一个 105 端子插接器。

迈腾1.4T发动机 ECU 外部电路有两个线束接口，一个 60 端子插接器，一个 94 端子插接器。对 ECU 的检修，首先检测 ECU 的供电线路与搭铁线路，若外部端子出现损坏或 ECU 内部故障，则更换 ECU。

任务自测

一、判断题

1. 电控燃油喷射发动机在任何工况下均采用的是闭环控制。　（　　）
2. 发动机 ECU 可以直接接收由传感器输送的模拟信号。　（　　）
3. 电控燃油喷射装置由传感器、ECU 和执行机构组成。　（　　）
4. 数字信号不能直接输入 ECU，必须由 A/D 转换器将其转换成模拟信号再输入。　（　　）

二、选择题

1. ECU 的功能主要有（　　）。

A. 给传感器提供参考（基准）电压　　B. 存储、计算、分析处理信息
C. 输出与输出　　D. 运算分析

2. 微型计算机的作用是根据发动机运行工况的需要，把各种传感器输送来的信号用（　　）中的处理程序和数据进行运算处理，并把处理结果送到（　　）。

A. 中央处理器，A/D 转换器　　B. 内存，A/D 转换器
C. 内存，输出通路　　D. 中央处理器，输出通路

3. ECU 一般至少有（　　）条接地线，以确保 ECU 总是有良好的接地。

A. 1　　B. 2　　C. 3　　D. 4

4. 发动机电控燃油喷射系统实现闭环反馈的主要元件是（　　）。

A. 氧传感器　　B. ECU　　C. 喷油器　　D. 空气流量传感器

任务4.2 冷却液温度传感器的结构与维修

任务描述

一辆迈腾1.8T轿车，发动机启动后散热风扇常转。检查后判断故障在冷却液温度传感器及其电路，需对冷却液温度传感器及其电路进行检修。

任务目标

知识目标

(1) 了解冷却液温度传感器的作用与工作特性。

(2) 熟悉冷却液温度传感器的结构与工作原理。

能力目标

(1) 能根据冷却液温度传感器故障现象进行故障部位和原因的分析。

(2) 能检测及诊断冷却液温度传感器。

(3) 会排除故障使系统恢复正常。

素质目标

(1) 具有质量、安全、环保、规范、节约的意识。

(2) 具有严谨的工作态度和精益求精的工匠精神。

(3) 具有爱岗敬业和团队协作的精神。

(4) 热爱劳动、尊重他人劳动，履行道德准则和行为规范。

知识收集

一、冷却液温度传感器的作用

冷却液温度传感器(ECT)又称为水温传感器，属负温度系数型热敏电阻式温度传感器。冷却液温度传感器的功能是检测发动机冷却液的温度，转换成电信号后传送给ECU。ECU根据发动机的温度信号修正喷油时间和点火时间，从而使发动机的工况处于最佳状态。

为了准确地检测发动机的温度变化，冷却液温度传感器一般安装在发动机缸盖的出水孔处，使用密封垫片或密封胶圈防止冷却液的渗漏，其感测端直接浸入冷却液中，安装位置如图4-2-1所示。

图4-2-1 冷却液温度传感器的安装位置

二、冷却液温度传感器的结构和工作原理

1. 冷却液温度传感器的结构

冷却液温度传感器按结构与物理性能，分为热敏电阻式、金属热电阻式、线绕电阻式、半导体晶体管式等。汽车上应用最广泛的是热敏电阻式冷却液温度传感器，具有灵敏度高、响应特性好、结构简单、成本低廉等优点。热敏电阻式冷却液温度传感器的结构如图 4-2-2 所示。

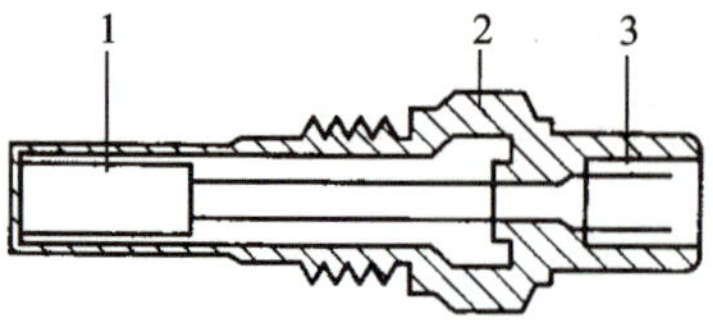

图 4-2-2 冷却液温度传感器的结构

1—热敏电阻；2—外壳；3—电气接头

热敏电阻是冷却液温度传感器的主要部件，汽车用热敏电阻是在陶瓷半导体材料中掺入适量金属氧化物，并在 1000 ℃以上的高温条件下烧结而成，控制掺入氧化物的比例和烧结温度，即可得到不同特性的热敏电阻，从而满足使用要求。热敏电阻的外形通常制作成珍珠形、圆盘形、垫圈形、梳状芯片形、厚膜形等，放置在传感器的金属管壳内。

冷却液温度传感器内部的半导体热敏电阻，具有负的温度电阻系数。水温越低，电阻越大；反之，电阻越小。ECU 根据这一特性便可测得发动机冷却液温度，进行喷油量修正，当冷车启动和暖机阶段供给较浓的混合气时，冷却液温度升高后供给较稀的混合气。

2. 冷却液温度传感器的工作原理

冷却液温度传感器主要使用的是热敏电阻（与进气温度传感器相似），不论哪种形式的热敏电阻，都要满足以下几个条件才能符合汽车发动机控制的需要：

（1）在一定的温度范围内，一般取－40～140 ℃，其电阻值要有足够大的变化量，以适应发动机 ECU 的识别。

（2）在工作范围内，其灵敏度要符合一定的标准，一般不得大于 15 s，以利于发动机温度数据的及时更新。

（3）不论热敏电阻的阻值如何变化，其在工作范围内的最小阻值要远远大于连接导线的电阻，以适应于远距离传输信号和 ECU 自诊断的实施。

（4）在工作范围内，热敏电阻的阻值与温度要有一一对应的关系，防止出现信号的混乱。

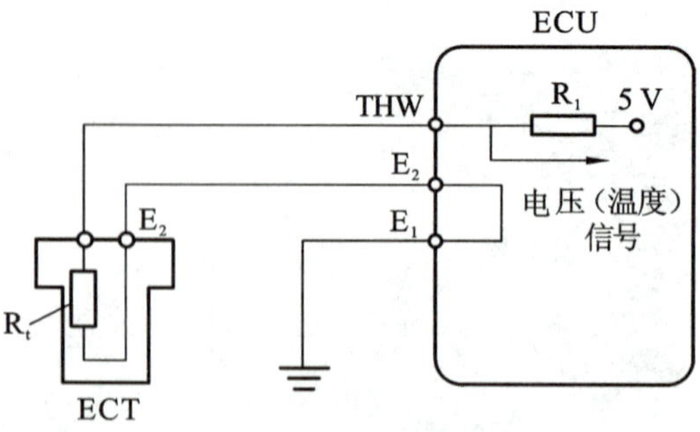

图 4-2-3 冷却液温度传感器与 ECU 的连接电路

冷却液温度传感器与发动机 ECU 的连接电路图 4-2-3 所示，点火开关打开后，发动机 ECU 通过 THW 端子，ECU 内部的上拉电阻 R_1 向冷却液温度传感器输入 5 V 的参考电压，通过 E_2 端子的搭铁形成完整的检测电路。其等效电路为热敏电阻 R_t 和 THW 内部的电阻 R_1 串联，当 R_t 的阻值由于温度的变化而发生变化时，由串联电阻的分压原理，其检测点的电压会相应的升高或降低，但一直处于 0～5 V 的范围内。

冷却液温度传感器的结构与工作原理和进气温度传感器的基本相同。同时,同一车型装用的冷却液温度传感器与进气温度传感器的特性一般也完全相同,其检测方法也相同。

三、冷却液温度传感器不同故障对发动机的影响

1. 冷却液温度传感器高电阻引发的故障

高电阻,即在任何状态下,传感器都保持很高的电阻。通常该故障的出现是由于以下三种情况:

(1) 冷却液温度传感器内部断路,电阻值为无穷大。

(2) 冷却液温度传感器接插件掉落或与 ECU 相连线束中间断开,电阻值为无穷大。冷却液温度传感器由于内部老化,电阻值为一稳定的大电阻或只在大电阻区域内变化。

(3) 冷却液温度传感器高电阻状态,通过电路分析,THW 端子为 5 V,因此发动机 ECU 根据 5 V 的输入信号判断发动机是冷机状态,而且其温度为 −40 ℃,对于没有失效保护功能的发动机 ECU,它发出的都是低温供油信号,会不停地加大供油量。启动时,由于 ECU 得到的水温信号是一个冷车信号,所以加大喷油量,火花塞常被燃油浸湿,通俗说法是“淹缸”使发动机难以启动,启动后,又一直供给浓混合气,发动机因富油而怠速偏高。

2. 冷却液温度传感器低电阻引发的故障

低电阻,即在任何状态下,传感器都保持很低的电阻。通常该故障的出现也表现为三种情况:

(1) 冷却液温度传感器内部短路,电阻值为 0 Ω。

(2) 冷却液温度传感器由于内部老化,电阻值为一稳定的小电阻或只在小电阻区域内变化。

(3) 冷却液温度传感器的电源线因磨破而搭铁,电阻值为 0 Ω。

冷却液温度传感器低电阻状态,通过电路分析,THW 端子电压为 0 V,因此发动机 ECU 根据 0 V 的输入信号判断发动机是高温状态,而且其温度为 140 ℃,对于没有失效保护功能的发动机 ECU,它发出的都是正常的供油信号,没有温度补偿。因而启动时,由于发动机 ECU 得到的水温信号是一个热机(高温)信号,所以不发出加大喷油量的指令,由于冷车启动时混合气过稀,发动机往往难以启动。启动后,往往也伴随着冷车怠速较低,发动机出现不同程度的抖动甚至熄火。

任务实施

一、冷却液温度传感器信号不良的原因分析

故障现象如“任务描述”所述,引起冷却液温度传感器信号不良的原因:冷却液温度传感器损坏,连接器连接不良,冷却液温度传感器线路短路、断路或虚接,发动机 ECU 工作不良。一般的表现是冷却液温度传感器无信号或者信号不准确,此时,发动机在低温下无法启动或在启动后内有快怠速或熄火。

二、迈腾 B8 发动机冷却液温度传感器电路分析与检测

1. 迈腾 B8 发动机冷却液温度传感器电路分析

迈腾 B8 发动机安装有两个冷却液温度传感器，分别是冷却液温度传感器 1(G62)，它安装在发动机缸体上，如图 4-2-4(a)所示；冷却液温度传感器 2 (G83)，它安装在散热器出口上，如图 4-2-4(b)所示。

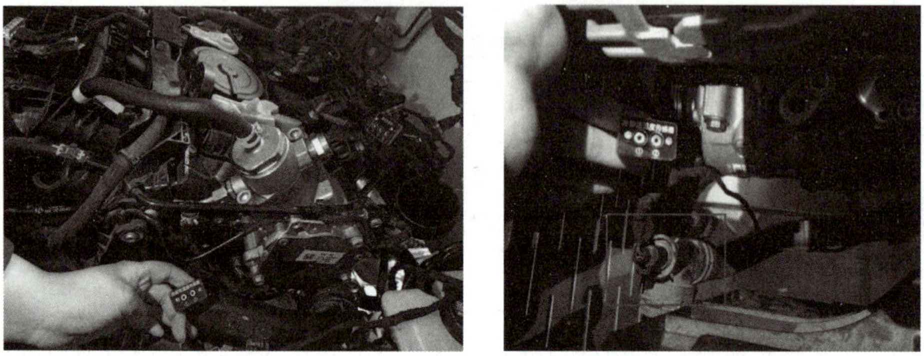

（a）G62　　　　（b）G83

图 4-2-4　冷却液温度传感器安装位置

冷却液温度传感器 G62、G83 与 ECU 的连接电路图如图 4-2-5 所示，2 号端子为供电与信号端，1 号端子为接地端。

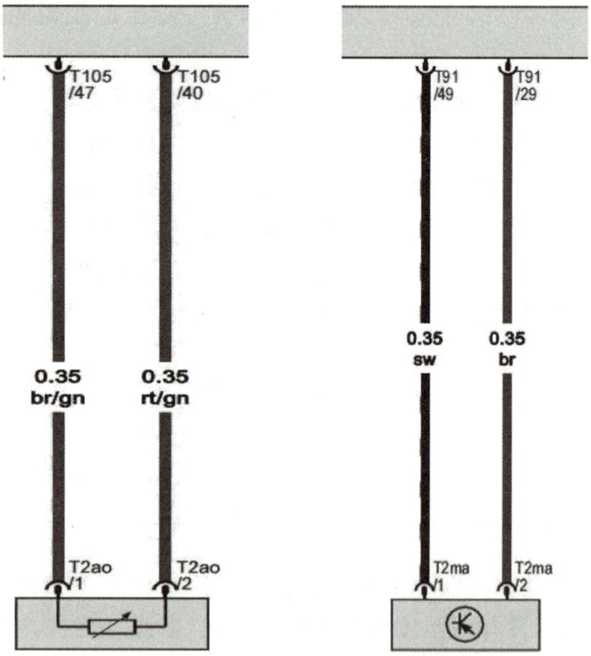

（a）G62　　　　（b）G83

图 4-2-5　冷却液温度传感器与 ECU 的连接电路

2. 冷却液温度传感器电路的检测

1）检测冷却液温度传感器的电压

端子电压：关闭点火开关，拔下冷却液温度传感器插头，点火开关至“ON”位，用万用表检测冷却液温度传感器插头 2 号端子与搭铁之间电压，电压应为 5 V 左右（见图 4-2-6(a)），冷却液温度传感器插头 1 号端子与搭铁之间的电压为 0 V（见图 4-2-6(b)）。

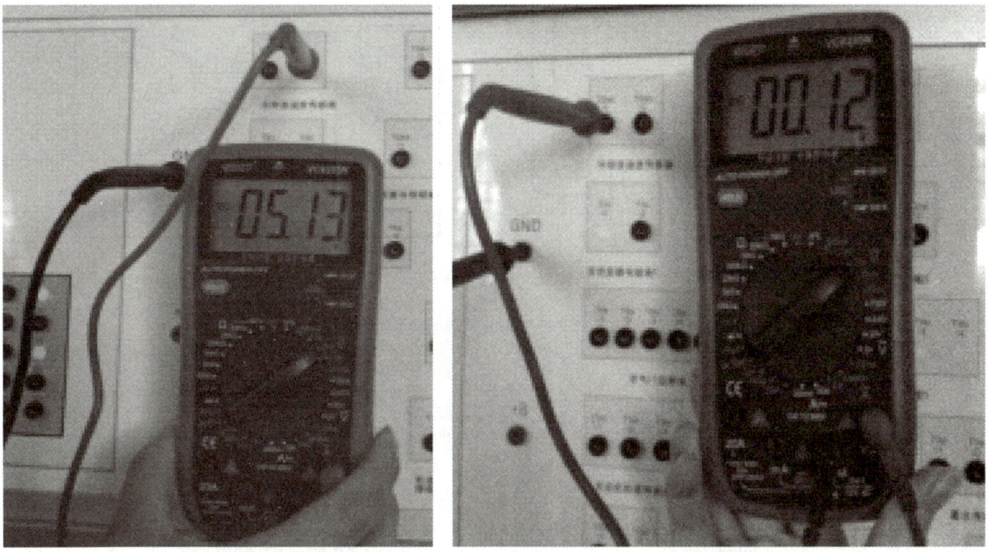

（a）　　（b）

图 4-2-6　冷却液温度传感器端子标准电压

信号电压：重新连接冷却液温度传感器连接器。启动发动机，检测冷却液温度传感器信号端 2 号端子电压应在 0～5 V 之间，电压值随温度的升高而减小，如图 4-2-7 所示。

2）检测冷却液温度传感器的搭铁线路

关闭点火开关，拔下冷却液温度传感器插头，用万用表检测冷却液温度传感器插头 1 号端子与搭铁之间电阻，电阻值应小于 1 Ω。

3）检测冷却液温度传感器的线路电阻

关闭点火开关，断开冷却液温度传感器连接器，检测冷却液温度传感器插头与发动机 ECU 对应端子的电阻应小于 0.5 Ω。

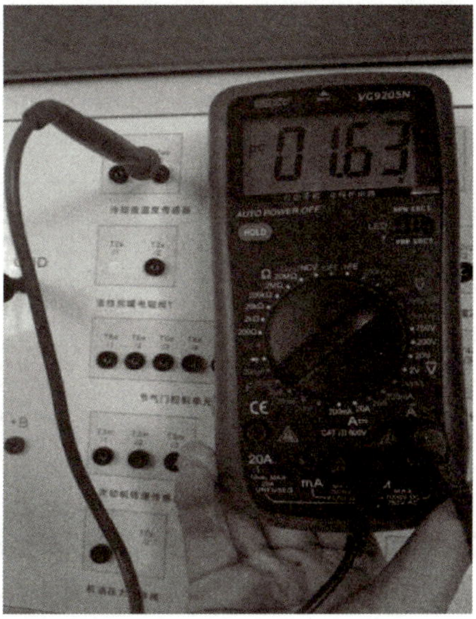

图 4-2-7　冷却液温度传感器工作时信号电压

3. 冷却液温度传感器元件测试

如果传感器外部线路无故障，则怀疑是传感器内部故障，可进行如下操作。首先拆下冷却液温度传感器，将其置于热水中。如图 4-2-8(a)所示，用万用表欧姆挡测量不同水温下冷却液温度传感器的电阻值，并将其与标准值对比，即可判定冷却液温度传感器是否正常。0 ℃时，阻值应为 5～6.5 kΩ；

30 ℃时，阻值应为 1.5～2.1 kΩ；80 ℃时，阻值应为 275～375 Ω；100 ℃时，阻值应为 150～225 Ω；否则，应更换冷却液温度传感器。图 4-2-8(b)所示是在车上检查冷却液温度传感器的电阻，在发动机运转时，其电阻会随着发动机温度的升高而减小。配合温度计，对比维修手册的标准数据，判断其性能的好坏。

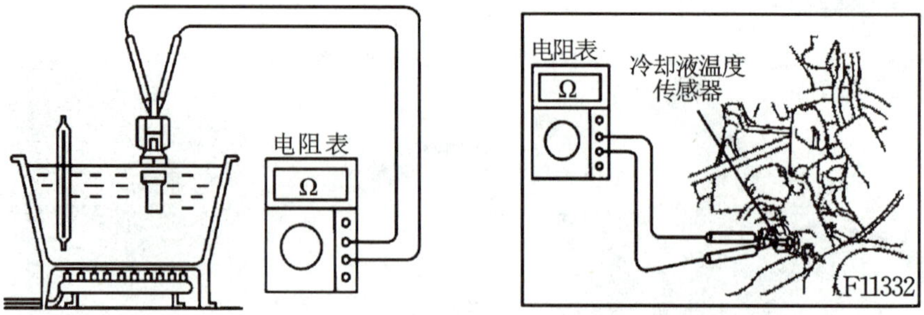

(a)　　　　(b)

图 4-2-8　车下与车上冷却液温度传感器的测量

三、冷却液温度传感器故障检测流程

1. 读取发动机故障码

将故障诊断仪连接到诊断座，打开点火开关并启动发动机，启动困难，但发动机能启动，仪表无异常提示。打开故障诊断仪，读取发动机故障码，报故障码“发动机冷却液温度传感器信号 1，信号过大”，如图 4-2-9 所示。

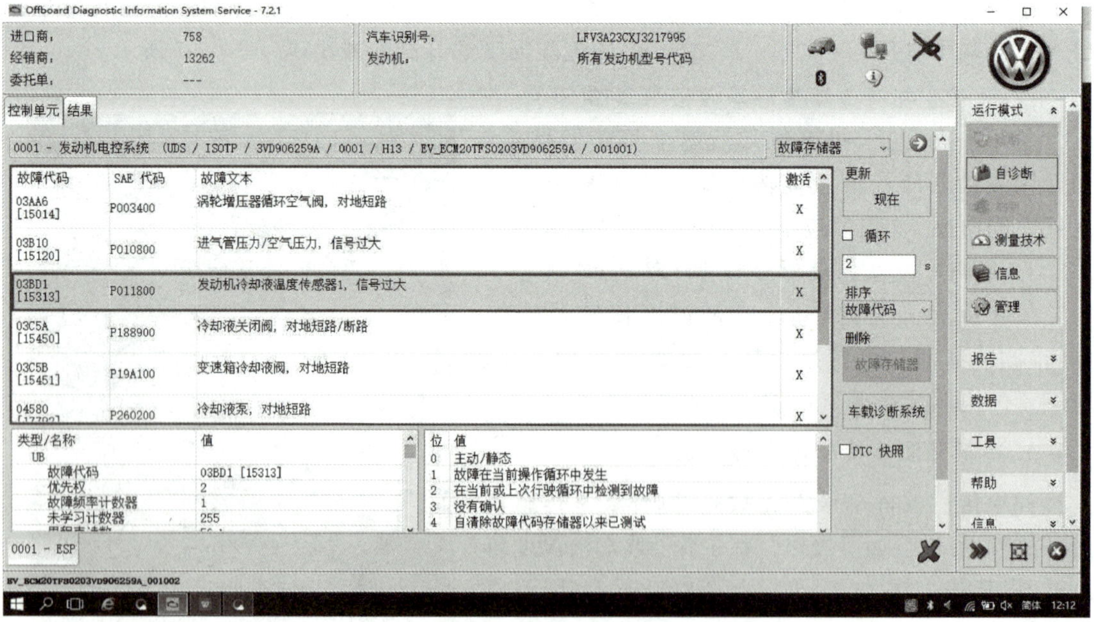

图 4-2-9　冷却液温度传感器故障码

2. 检测冷却液温度传感器信号线路

启动发动机，检测冷却液信号线端子 T2/2 电压，理论值应在 0～5 V 之间。

实测时，冷却液传感器信号端子 T2/2 的对地电压为 0.12 V，和它相连的发动机 ECU J623 端子 T105/40 的对地电压为 5. 13 V，如图 4-2-10 所示。显然两者数据不一致，异常。

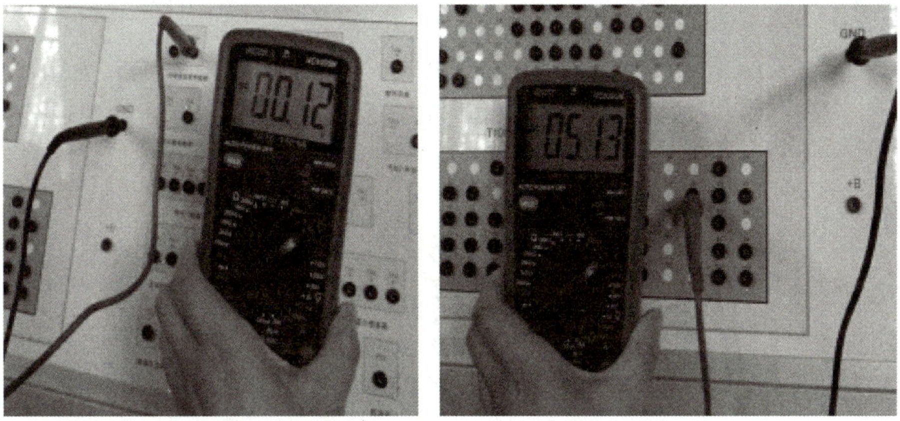

图 4-2-10　冷却液温度传感器对地电压检测

怀疑 T105/40 端子与 T2/2 间线路断路。

3. 验证

关闭点火开关，检测 T105/40 端子与 T2/2 端子间的电阻，理论值应该小于 0. 5 Ω，实测值是无穷大。

4. 故障排除

确认 T105/40 端子与 T2/2 端子间断路，按维修手册要求更换相关线路。

任务自测

一、判断题

1. 冷却液温度传感器安装在发动机水套上，与冷却液直接接触。（　　）
2. 冷却液温度传感器随着冷却液的温度升高，其热敏电阻阻值也随之增高。（　　）
3. 冷却液温度过高后必须修正点火提前角。（　　）
4. 冷却液温度传感器损坏，不可能影响到点火正时。（　　）

二、选择题

1. 负温度系数的热敏电阻，其阻值随温度的升高而（　　）。

A. 升高　　B. 降低　　C. 不受影响　　D. 先高后低

2. 发动机工作时，随冷却液温度提高，爆震倾向（　　）。

A. 不变　　B. 增大　　C. 减小　　D. 与温度无关

3. 冷却液温度传感器若信号电压为 5 V，说明冷却液温度传感器线路可能出现（　　）故障，需进一步验证。

A. 断路　　B. 短路　　C. 正常　　D. 无法判断

任务 4.3　曲轴（凸轮轴）位置传感器的结构与维修

任务描述

一辆迈腾 1.8T 轿车，EPC 故障指示灯亮，出现车辆启动困难、加速无力及急加速时排气管放炮现象。检查后判断故障在曲轴（凸轮轴）传感器及其电路，需对曲轴（凸轮轴）传感器及其电路进行检修。

任务目标

知识目标

（1）了解曲轴（凸轮轴）传感器的作用与工作特性。

（2）熟悉曲轴（凸轮轴）传感器的结构与工作原理。

能力目标

（1）能根据曲轴（凸轮轴）传感器故障现象进行故障部位和原因的分析。

（2）能检测及诊断曲轴（凸轮轴）传感器。

（3）会排除故障使系统恢复正常。

素质目标

（1）具有质量、安全、环保、规范、节约的意识。

（2）具有严谨的工作态度和精益求精的工匠精神。

（3）具有爱岗敬业和团队协作的精神。

（4）热爱劳动、尊重他人劳动，履行道德准则和行为规范。

知识收集

一、曲轴（凸轮轴）位置传感器的作用和分类

图 4-3-1　曲轴位置传感器的安装位置

1. 曲轴（凸轮轴）位置传感器的作用

曲轴位置传感器用来检测发动机转速、曲轴位置信号以及各缸压缩行程上止点信号，也是发动机电控系统中最主要的传感器之一。发动机 ECU 依据此信号控制燃油喷射量、喷油正时、点火时刻（点火提前角）、点火线圈通电时间、怠速转速和燃油泵的运行。该信号不仅仅对发动机的各种控制很重要，同时自动变速器及巡航定速系统也需要此信号进行控制。曲轴位置传感器通常安装在曲轴前端、曲轴后端（曲轴箱内），图 4-3-1 所示为安装在曲轴后端的曲轴位置

传感器。

图 4-3-2　凸轮轴位置传感器的安装位置

凸轮轴位置传感器又称为相位传感器，其功用是检测凸轮轴的转角位置信号，ECU 以此来确定 1 缸或某缸活塞到达上止点位置，是控制喷油和点火时刻的主控信号。凸轮轴位置传感器的安装位置如图 4-3-2 所示，位于凸轮轴的前端。由于凸轮轴位置传感器能够识别哪一缸活塞即将到达上止点，故又称为判缸传感器。

由于曲轴位置传感器提供的位置信号对应的是两缸到达上止点的位置信号，当 ECU 控制喷油器喷油时，必须知道哪一个气缸的活塞即将到达排气上止点；当 ECU 控制火花塞跳火时，必须知道哪一个气缸的活塞即将到达压缩上止点，凸轮轴位置传感器在发动机一个工作循环提供一个位置信号，两个位置信号结合即可判断哪一缸活塞即将到达压缩上止点或排气上止点，然后再根据曲轴转角信号控制喷油与点火。

2. 曲轴(凸轮轴)位置传感器的分类

曲轴(凸轮轴)位置传感器是发动机电控系统中最重要的传感器之一。根据其工作原理的不同，可分为电磁感应式、霍尔式和光电式三种。现代轿车的发动机曲轴(凸轮轴)位置传感器大部分采用电磁感应式和霍尔式，光电式采用的比较少。具体采用哪一种类型的传感器，以及传感器具体的安装位置，随车型不同而不同。

二、电磁感应式曲轴位置传感器

1. 电磁感应式曲轴位置传感器的结构

电磁感应式曲轴位置传感器由传感器体和信号盘组成，如图 4-3-3 所示。传感器体由永久磁铁、铁芯、电磁圈等组成。传感器体正对信号盘，安装在信号盘边缘的永久磁铁产生磁场，穿过铁心、气隙、信盘、电磁线圈。信号盘安装在曲轴、凸轮轴上，并随之转动，信号盘上制有若干凸齿和凹槽，同时还制有一特殊缺齿。电磁线圈的作用是当磁场变化时，输出传感器信号。传感器体与信号盘之间的气隙一般小于 2mm，气隙过大，会使信号减弱；气隙过小，容易发生碰撞，给安装带来困难。

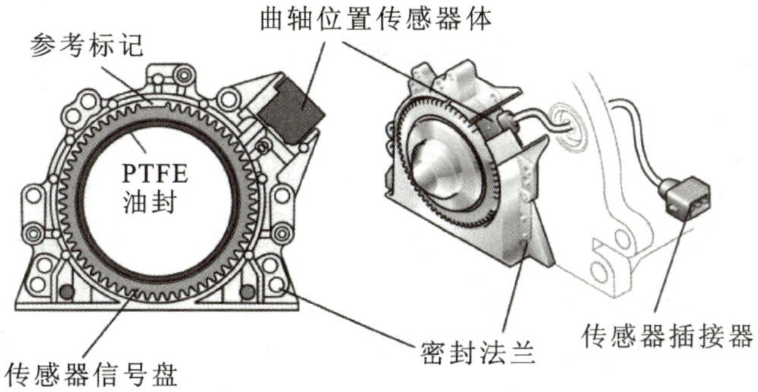

图 4-3-3　电磁感应式曲轴位置传感器的结构

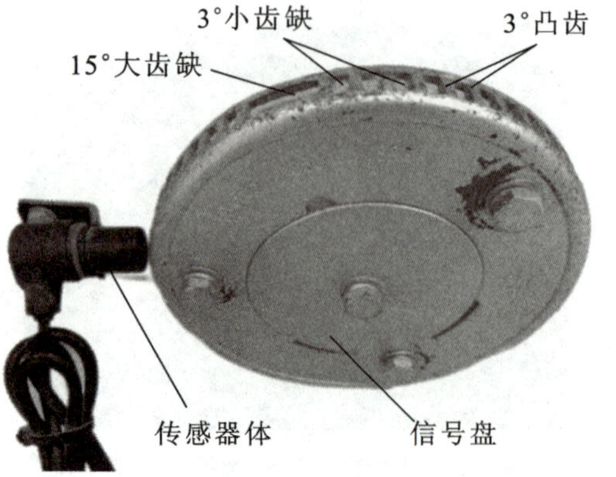

图 4-3-4　电磁感应式曲轴位置传感器的信号盘

如图 4-3-4 所示，大众系列发动机上电磁感应式曲轴位置传感器的信号盘为齿盘式，在其圆周上有 58 个凸齿、57 个小齿缺和 1 个大齿缺。大齿缺输出基准信号，对应于发动机一缸或四缸压缩上止点前一定角度。大齿缺所占的弧度相当于两个凸齿和 3 个小齿缺所占的弧度。因为信号盘随曲轴一同旋转，曲轴和信号盘旋转一圈均为 360°，所以信号盘圆周上的凸齿和齿缺所占的曲轴转角为 360°，每个凸齿和小齿缺所占的曲轴转角均为 3°，大齿缺所占的曲轴转角为 15°。

2. 电磁感应式曲轴位置传感器的工作原理

（1）如图 4-3-5(a)所示，信号转子沿顺时针旋转，当信号转子的凸齿接近磁头时，凸齿与磁头间的气隙减小，信号转子的磁通量增多，磁通变化率为正，感应电动势 E 为正值，如图 4-3-6 所示曲线 abc 段。其中 b 点处磁通量正向变化率最大，电动势为正的最大值。

（2）如图 4-3-5(b)所示，当信号转子凸齿的中心线与磁头对正时，磁通量最大，磁通量的变化率为零，因此在线圈中的感应电动势为零，如图 4-3-6 所示曲线中的 c 点。

（3）如图 4-3-5(c)所示，当信号转子的凸齿离开磁头时，磁通量减少，磁通变化率为负，感应电动势为负值，如图 4-3-6 所示曲线 cda 段。其中 d 点处磁通量反向变化率最大，电动势为负的最大值。

图 4-3-7 所示为曲轴位置传感器的波形，信号转子每转过一个凸齿和一个小齿缺，感应线圈中就产生一个交变电动势，即一个最大值和一个最小值，感应线圈即输出一个交变电压信号。

信号转子上的大齿缺转过磁头时，输出一个宽脉冲信号，该信号之后的第一个转速信号对应一缸或四缸上止点前 72°(不同发动机角度不同)曲轴转角。

ECU 接收到宽脉冲信号时，再根据凸轮轴位置传感器输入的信号最终判定正处于压缩冲程的是一缸还是四缸。

信号转子上有 58 个凸齿，所以信号转子每转一圈，传感器线圈就产生 58 个交变电压信号，并输入 ECU，作为计算曲轴转速和曲轴转角的依据。

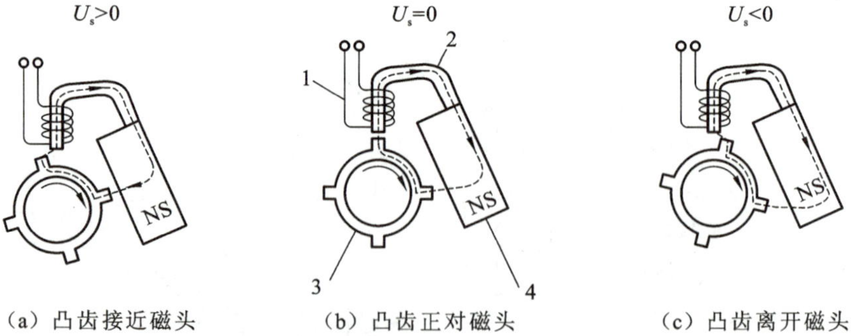

图 4-3-5 电磁感应式曲轴位置传感器的工作原理示意图

1—感应线圈；2—磁轭；3—信号转子；4—永久磁铁

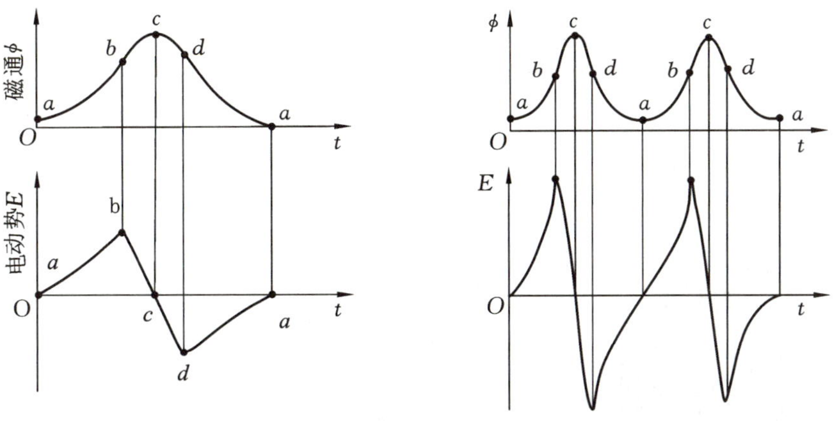

图 4-3-6 曲轴位置传感器线圈中的磁通量和电动势的波形

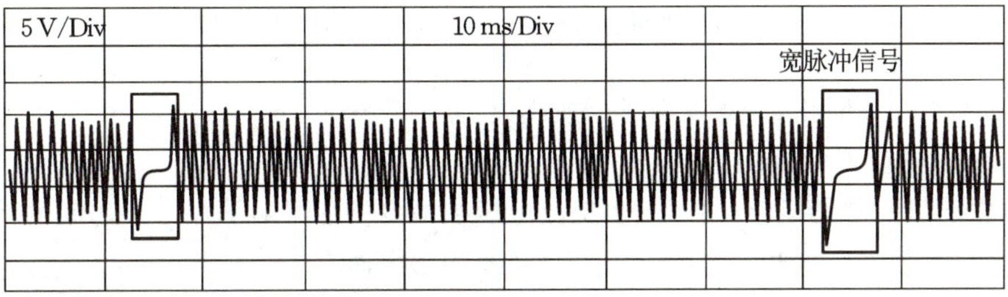

图 4-3-7 曲轴位置传感器的波形

ECU 根据单位时间内接收到的曲轴位置传感器脉冲信号的数量，便能计算出发动机曲轴的转速。缺 2 个齿的大齿缺在脉冲轮旋转过程中产生一个宽脉冲信号(为基准信号)，ECU 控制喷油时间和点火时间是以该信号为基准进行控制的。脉冲轮有 58 个齿，转过缺 2 个齿的大齿缺就相当于曲轴旋转 15°转角，转过每个轮齿和一个齿缺就相当曲轴转过 6°转角(一个轮齿或一个齿缺为 3°转角)，这样 ECU 便能精确计算出曲轴的转角。

3. 电磁感应式曲轴位置传感器的控制电路

当曲轴位置传感器信号出现故障时，一般情况下 ECU 检测到故障，会以故障码的形式存储起来，同时停止点火和喷油，发动机无法启动或者运行中熄火。也有些发动机用凸轮轴位置信号控制，发动机虽能继续运转，但性能会下降。

桑塔纳 2000AJR 发动机曲轴位置传感器端子与 ECU 的连接关系如图 4-3-8 所示。

1) 传感器电阻的检查

断开点火开关，拔出传感器引线插头，检测传感器插座端子 2 与 3 之间电阻应为 450～1000 Ω。若阻值为无穷大，说明信号线圈断路，应更换传感器。检测传感器端子 2、3 与端子 1 之间电阻，应为无穷大。如果阻值不是无穷大，则更换传感器。

2) 线束导通性的检查

检测传感器与 ECU 之间的线束时，分别检测传感器线束插头端子 3 与 ECU 线束插接器端子 56、传感器线束插头端子 2 与 ECU 线束插接器端子 63，其阻值小于 0.5 Ω。如果为

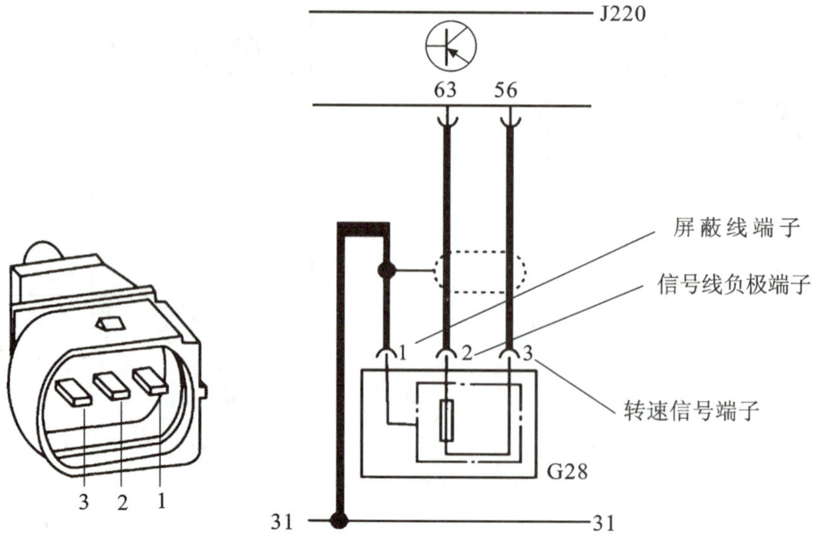

图 4-3-8 曲轴位置传感器端子与 ECU 的连接关系

无穷大，则说明导线断路，需要修理或更换线束。

3）输出信号电压的检测

启动发动机并怠速运转，用万用表交流电压挡检测传感器端子 3 与 2 之间的信号电压，应有交流信号，信号电压和频率随着发动机转速的增大而增大。

4）输出信号波形检测

连接示波器，启动发动机，先怠速运转而后加速，获得波形。良好的波形在 0 V 电平上、下的幅值应基本接近，如图 4-3-9 所示。当发动机转速增加时，幅值会加大，频率也会加快，但是幅值、频率和形状在确定的条件(转速等)下是一致的、可重复的、有规律的和可预测的。

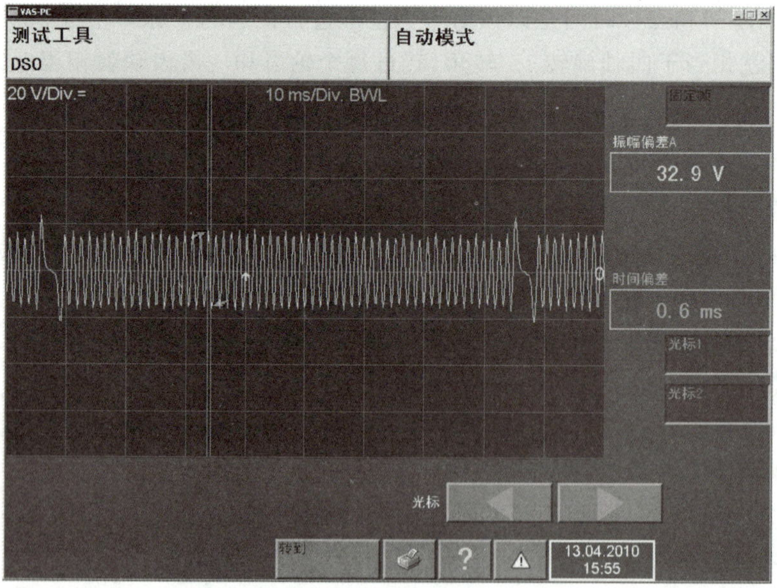

图 4-3-9 测量磁感应曲轴位置传感器波形

三、霍尔式曲轴(凸轮轴)位置传感器

1. 霍尔式传感器的结构

霍尔式传感器的基本结构如图 4-3-10 所示，主要由叶片、霍尔元件、永久磁铁及其上的导磁钢片与等组成。叶片数量安装在转子轴上，叶片往往与发动机气缸数相等。当叶片随转子轴一同转动时，叶片便在霍尔元件与永久磁铁之间转动，并通过不断遮挡来控制其磁路的通断。

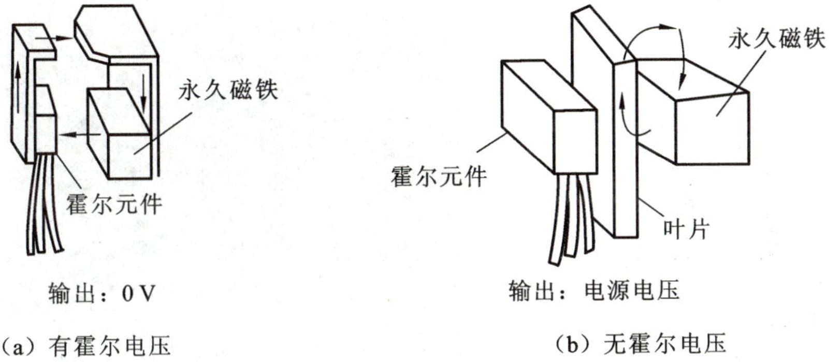

图 4-3-10　霍尔式传感器的结构

2. 霍尔式传感器的工作原理

当发动机工作，传感器轴转动时，旋转的叶片使从霍尔元件与永久磁铁之间的空气隙中转过。当叶片离开空气隙时，永久磁铁的磁通便经霍尔元件和导磁钢片构成回路，如图 4-3-11(a)所示。此时，霍尔元件产生电压 U_H=1.9～2.0 V，集成电路输出级三极管导通，传感器输出的信号电压为低电平(0.1 V)。

当叶片进入空气隙时，霍尔元件中的磁场被叶片隔断，如图 4-3-11(b)所示，霍尔电压 U_H=0 V，集成电路输出级的晶体管截止，传感器输出的信号电压为高电平(当霍尔传感器源电压为 12 V 时，信号电压约 9.8 V；当电源电压为 5 V 时，信号电压约 4.8 V)。

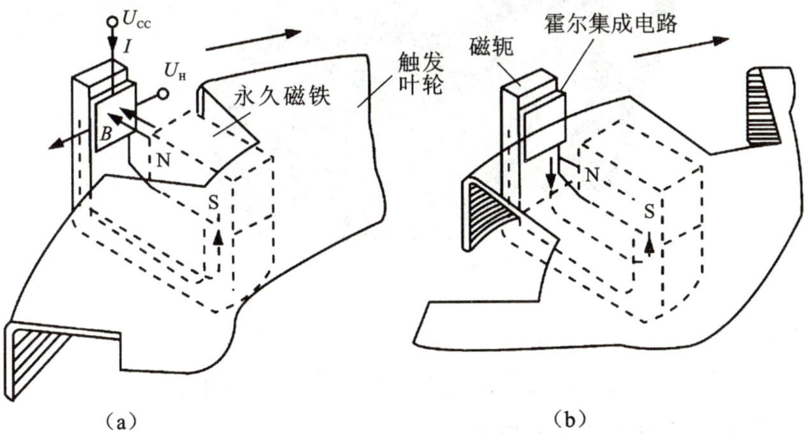

图 4-3-11　霍尔式传感器的工作原理

3. 霍尔式曲轴位置传感器

有些发动机曲轴位置传感器采用霍尔式传感器，如帕萨特 1.4T 发动机，安装在曲轴的后端。传感器由安装在曲轴后端的信号转子和缸体上的霍尔传感器体组成。控制电路如图 4-3-12 所示，其中端子 3 为传感器电源端，由 ECU 提供 5 V 电压，端子 2 为正信号端，端子 1 为接地端。波形如图 4-3-13 所示，其中宽脉冲为信号转子中大齿缺所对应的位置产生的信号，高电平为 5 V。

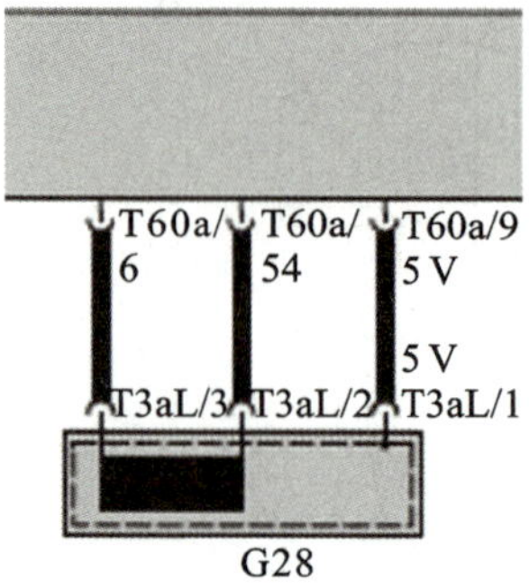

图 4-3-12　霍尔式曲轴位置传感器的电路图

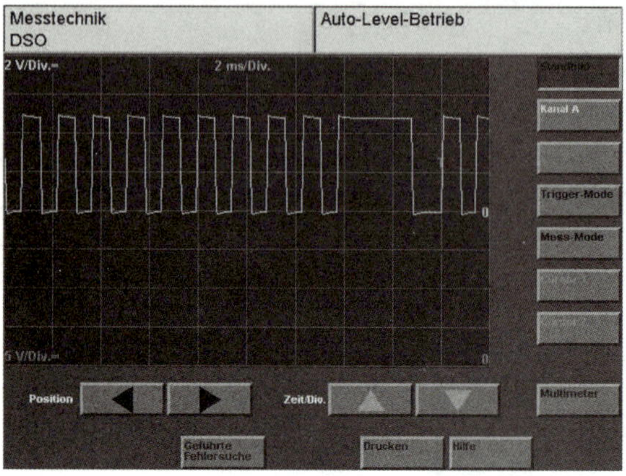

图 4-3-13　霍尔式曲轴位置传感器的波形

4. 霍尔式凸轮轴位置传感器

凸轮轴位置传感器通常采用霍尔式的，用于检测第一缸压缩上止点位置，确定喷油正时、点火正时。霍尔式凸轮轴位置传感器由安装在凸轮轴前端的信号转子和霍尔传感器体组成。凸轮轴位置传感器的结构如图 4-3-14 所示。

图 4-3-14　霍尔式凸轮轴位置传感器的结构

发动机曲轴每转 2 圈（720°），霍尔式凸轮轴位置传感器转子就转 1 圈（360°），对应产生 1 个高电平信号和 1 个低电平信号，其中低电平信号对应于第一缸压缩上止点前一定的角度。

5. 霍尔式凸轮轴位置传感器的电路

当传感器信号出现故障，ECU 不能快速识别活塞是在压缩上止点还是排气上止点，也就不能在正确时刻控制喷油和点火。当ECU检测到故障，会存储故障码，不同的控制系统会启动不同的控制程序。

大众1.8TSI发动机凸轮轴位置传感器端子与ECU的连接关系如图4-3-15所示。其中1线是ECU向传感器提供的电源线，此车为5 V；2线为传感器的输出信号线，霍尔传感器输出脉冲信号，高电位为5 V，低电位为0.3 V；3线为传感器的接地线。传感器信号转子上有四个间隔不等的凸齿，其输出信号波形如图4-3-16所示。

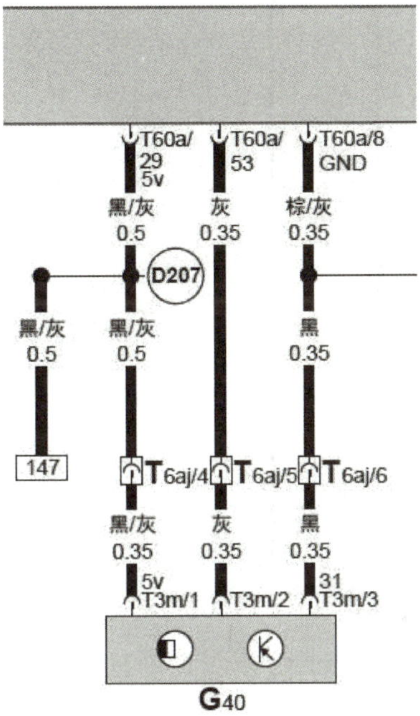

图4-3-15 凸轮轴位置传感器电路图

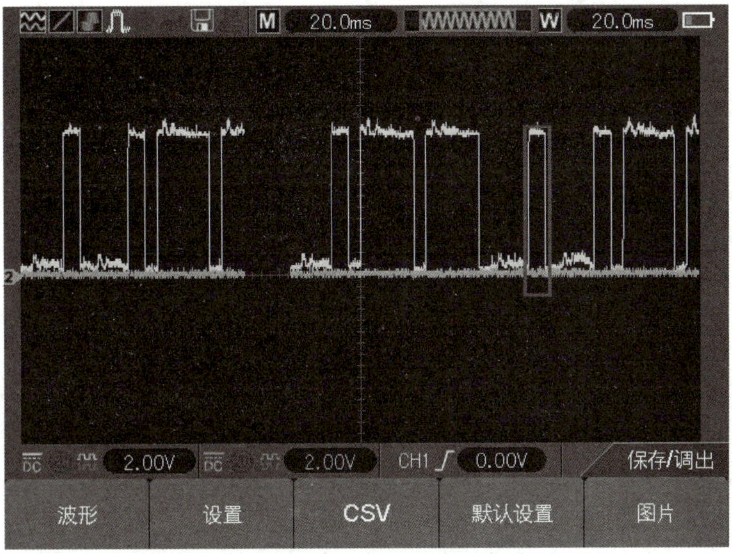

图4-3-16 凸轮轴位置传感器电路图

任务实施

一、曲轴(凸轮轴)位置传感器信号不良的原因分析

故障现象如“任务描述”所述，曲轴位置传感器出现故障时，ECU检测不到曲轴位置和发动机转速信号，将无法确定喷油和点火正时，发动机将立即熄火并无法启动。

曲轴(凸轮轴)位置传感器信号不良的原因主要有曲轴(凸轮轴)位置传感器损坏，曲轴(凸轮轴)位置传感器线路断路、短路或者虚接，ECU故障以及曲轴(凸轮轴)位置传感器体、信号盘安装松动等。

迈腾1.8T发动机的曲轴转速位置传感器G28安装在曲轴后端的飞轮附近，迈腾1.8T发动机的凸轮轴位置传感器G40安装在气缸盖罩上方。曲轴位置传感器G28和发动机ECU J623的电路连接图如图4-3-17(a)所示，凸轮轴位置传感器G40和发动机ECU J623的电路连接图如图4-3-17(b)所示，两个传感器的结构都采用霍尔式，故传感器有都三个端子，其中端子T3 /1为传感器的5 V电源，端子T3/2为传感器的信号，端子T3/3位传感器的搭铁端。

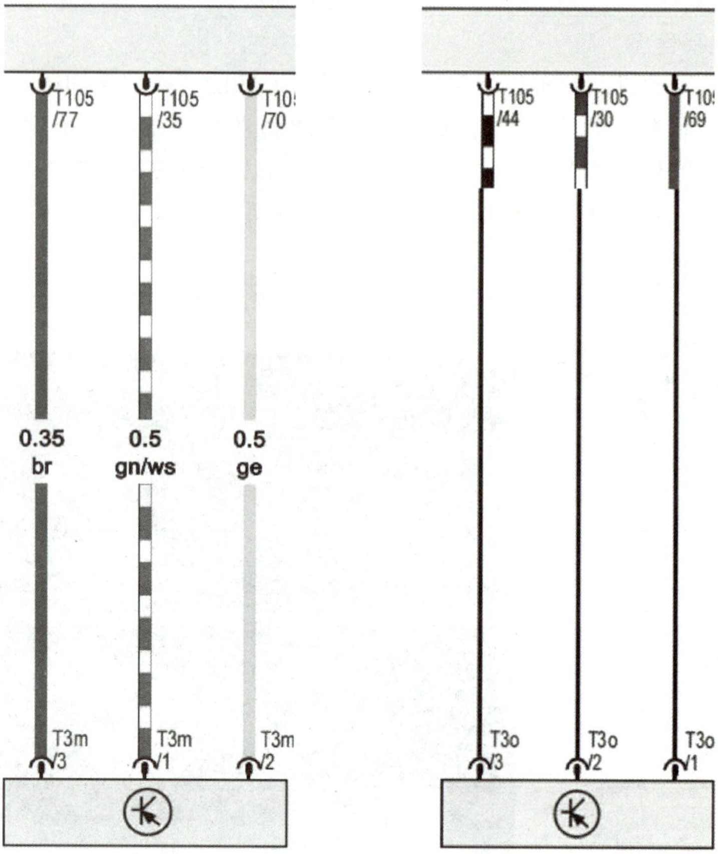

（a）G28　　（b）G40

图 4-3-17　曲轴（凸轮轴）位置传感器电路图

二、故障检测流程

1. 读取发动机故障码

将故障诊断仪连接到诊断座，打开点火开关，并启动发动机，发动机能正常启动。打开故障诊断仪，读取发动机故障码，报故障码“凸轮轴位置传感器功能失效”，如图 4-3-18 所示。

2. 凸轮轴位置传感器线路检测

1）检测凸轮轴位置传感器电源电压

关闭点火开关，拔下凸轮轴位置传感器插头，将点火开关置于“ON”位置。将万用表旋转开关置于直流电压挡，检测传感器插头 T3/1 端子与搭铁之间的电压，应为 5 V 左右。

2）检测凸轮轴位置传感器搭铁

关闭点火开关，拔下凸轮轴位置传感器插头，用万用表检测凸轮轴位置传感器插头 T3/3 号端子与搭铁之间电阻，电阻值应小于 1 Ω。

3）检测凸轮轴位置传感器信号

启动发动机，检测凸轮轴位置传感器信号 T3/2 端电压，信号值在 0～5 V 之间变化。

实测波形图如图 4-3-19(a)所示，接近 0 V。

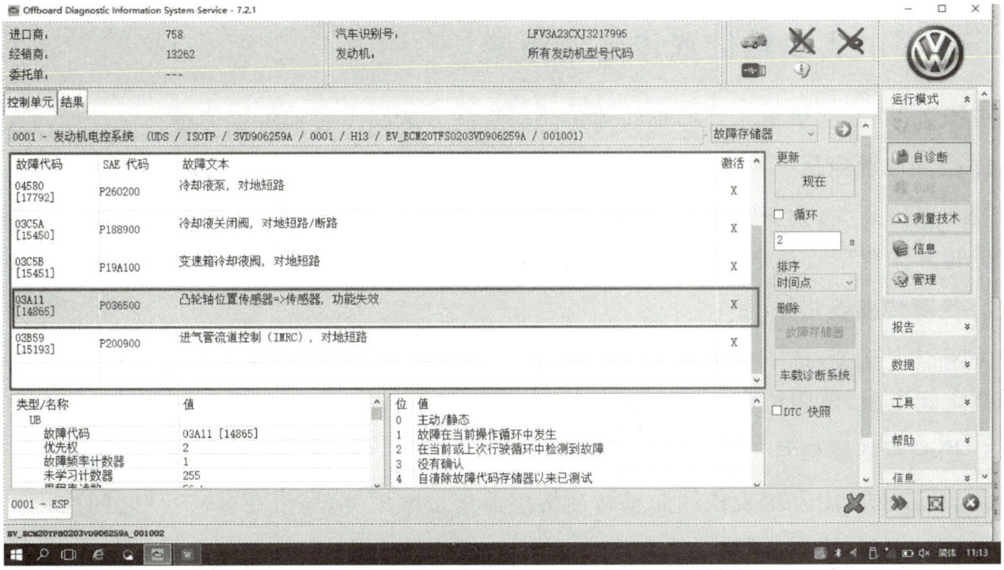

图 4-3-18　凸轮轴位置传感器故障码

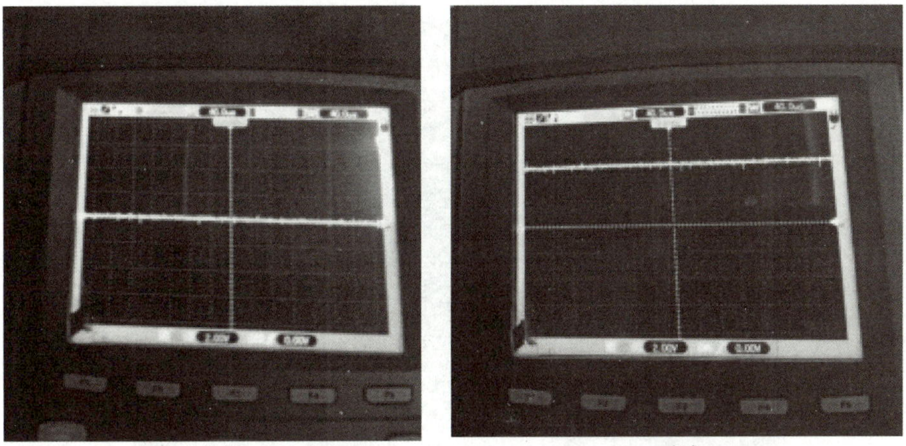

(a)　　　　(b)

图 4-3-19　凸轮轴位置传感器信号波形实测图

启动发动机，检测与凸轮轴位置传感器信号 T3/2 端相连的发动机 ECU J623 的 T105/30 端子电压，实测波形图如下图 4-3-19(b)所示，接近 5 V。由此分析，T105/30 端子与 T3/2 端子之间可能断路。

4）验证

关闭点火开关，检测 T105/30 端子与 T3/2 端子间的电阻，理论值应该小于 0.5 Ω，实测值是无穷大。

5）故障排除

确认 T105/30 端子与 T3/2 端子之间断路，按维修手册要求更换相关线路。再次测量 2 号信号波形，恢复正常，如图 4-3-20 所示。

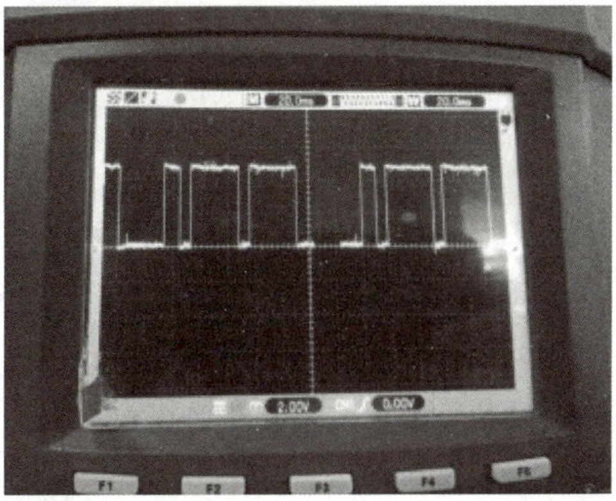

图 4-3-20　凸轮轴位置传感器信号波形实测图

三、霍尔式曲轴位置传感器检测

迈腾 1.8T 发动机霍尔式曲轴转速传感器检测方法同凸轮轴位置传感器。

1. 检测电源电压

关闭点火开关，拔下霍尔式曲轴轴转速传感器插头，将点火开关置于“ON”位置。将万用表旋转开关置于直流电压挡，检测传感器插头 1 号端子与搭铁之间的电压应为 5 V 左右。

2. 检测传感器搭铁

关闭点火开关，拔下曲轴转速传感器插头，用万用表检测曲轴转速传感器插头 3 号端子与搭铁之间电阻，电阻值应小于 1 Ω。

3. 检测传感器信号

启动发动机，用万用表检测曲轴转速传感器信号电压，信号值在 0～5 V 之间变化。

4. 检测曲轴转速传感器波形

正常波形图如图 4-3-21 所示。

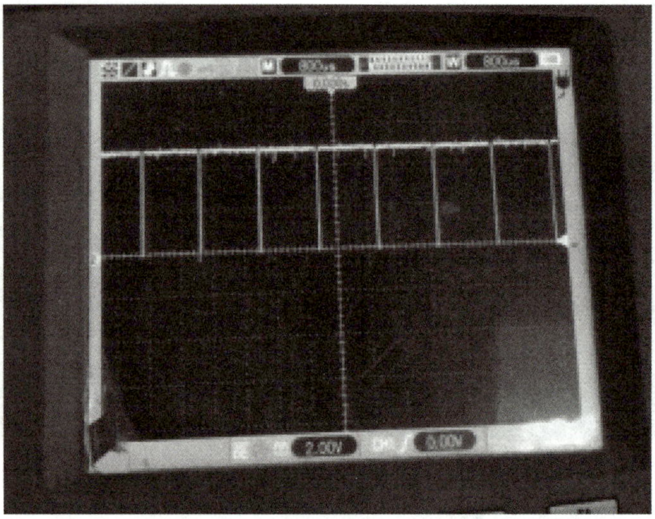

图 4-3-21　曲轴转速传感器信号端子的波形实测图

任务自测

一、填空题

1. 凸轮轴/曲轴位置传感器按结构原理不同可分为________、________、________三种类型。

2. 曲轴位置传感器用来检测________、________。

3. 凸轮轴位置传感器又称为________，其功用是________。

二、判断题

1. ECU 根据凸轮轴位置传感器的信号来确定发动机转速。　　（　　）

2. 霍尔式传感器只安装在凸轮轴上。 ( )

3. 霍尔式凸轮轴位置传感器的工作原理与霍尔式曲轴位置传感器的工作原理相同。 ( )

4. 发动机转速传感器损坏时，发动机将无法工作。 ( )

三、选择题

1. 检测汽车电子元件要使用数字式万用表，这是因为数字式万用表( )。

A. 具有高阻抗　　B. 具有低阻抗　　C. 测量精确　　D. 以上都对

2. 曲轴位置传感器一般安装在( )。

A. 曲轴皮带轮之后　　B. 曲轴皮带轮之前　　C. 曲轴靠近飞轮处　　D. 曲轴中间

3. 发动机转动时，检查霍尔式传感器信号和接地端子间输出信号的电压应为( )。

A. 5 V　　B. 0 V　　C. 0～5 V　　D. 4 V

4. 以下传感器失效时，会让ECU无法进行点火控制和喷油时刻控制，从而让发动机无法运转的是( )。

A. 进气歧管压力传感器　　B. 空气流量传感器

C. 曲轴位置传感器　　D. 节气门位置传感器

5. 检测磁感应式曲轴转速位置传感器，当传感器电路连接正常的情况下，接通点火开关，慢慢转动曲轴，用万用表交流电压挡在传感器信号输出端测电压，若信号电压( )，说明传感器正常。

A. 随转速升高而减小　　B. 随转速升高而增大

C. 随转速降低而增大　　D. 不随转速变化而变化

6. 下列传感器输出信号是交流信号的是( )。

A. 冷却液温度传感器　　B. 光电式传感器

C. 氧传感器　　D. 磁感应式曲轴转速传感器

7. 电控发动机不能启动的原因，下列正确的是( )。

A. 爆震传感器无信号　　B. 进气温度传感器短路

C. 氧传感器无信号　　D. 曲轴位置传感器无信号

项目5 电控点火系统结构与维修

中国第一辆轿车的诞生

1958年4月，中国历史上第一辆国产轿车在长春“一汽”诞生，取名“东风”。国产东风牌CA71轿车在机修车间试制成功，正式下线。生产编号CA为生产厂家“一汽”的代码，7为轿车的编码，1就表示第一辆。虽然在设计最初以仿造方针为主，但样车还是保留了很多民族风格。该车为流线型车身，上部银灰色，下部紫红色，4门6座，装有冷热风车灯是具有民族风格的宫灯，发动机罩前上方有一个小金龙装饰，发动机最大功率达52 kW，最高车速可达128 km/h。

东风牌CA71轿车的诞生，结束了中国不能制造轿车的历史，从而揭开了我国民族轿车工业的历史篇章，它体现了早期中国汽车人艰苦奋斗、自强不息的精神。

任务5.1 电控点火系统的认知

任务描述

一辆桑塔纳时代超人轿车，冷车时不易启动，怠速不稳，热车时加速抖动，车速超过100 km/h后提速困难。经检查为发动机电控点火系统相关故障，需对点火系统及其电路进行检修。

任务目标

知识目标

(1) 理解发动机电控点火系统的基本控制原理。

(2) 掌握点火提前角变化对发动机排放的影响。

能力目标

（1）能在发动机上正确认识电控点火系统各部件。

（2）能利用诊断仪器和示波器检查传感器及其电路。

（3）能检测并判断发动机电控点火系统简单故障。

素质目标

（1）具有质量、安全、环保、规范、节约的意识。

（2）具有严谨的工作态度和精益求精的工匠精神。

（3）热爱劳动、尊重他人劳动，履行道德准则和行为规范。

知识收集

一、电控点火系统的类型

电控点火系统分为带分电器电控点火系统和无分电器电控点火系统两大类。

带分电器电控点火系统由于仍有机械装置，因此没有办法保证发动机在各种工况下点火提前角都处于最佳。此外，由于分电器中旋转部件的磨损，影响点火提前角的稳定性和准确性，所以已经被淘汰，在此不再论述。

无分电器电控点火系统是一种全电子化的点火系统，取消了机械分电器，其又可分为双缸同时电控点火系统和独立电控点火系统。无分电器电控点火系统的特点是：不存在机械磨损，因此减少了分火头与旁电极这一个中间跳火间隙造成的能量损耗以及由此产生的射频干扰，无机构磨损，不需调整，工作可靠，也使发动机的各部件布置更加合理、容易。

二、电控点火系统的基本组成

电控点火系统主要由三大部分组成：监测发动机运行的曲轴位置传感器等传感器部分，处理信号和发出点火指令的 ECU，以及对 ECU 做出响应的点火控制器等执行器部分，如图 5-1-1 所示。

1. 传感器

传感器是电控点火系统中非常重要的组成部分，它用来检测与点火有关的发动机工况信息，并将检测结果输送给 ECU，ECU 根据传感器传送的电信号计算和控制点火时刻，并向相关的执行器发出指令，完成发动机的点火过程。虽然不同车型汽车的电控点火系统采用的传感器在类型、数量、结构、原理和安装位置有所不同，但主要的曲轴位置传感器、凸轮轴位置传感器、空气流量传感器、进气压力传感器、节气门位置传感器、冷却液温度传感器、进气温度传感器以及车速传感器等大多与燃油喷射系统、怠速控制系统等电控系统共用，且都由一个 ECU 集中控制，共同参与发动机的整个控制过程。

1）曲轴（凸轮轴）位置传感器

在汽车电控系统中，曲轴位置传感器和凸轮轴位置传感器都是最主要的传感器之一，其作用和原理在项目 4 中已经介绍，在此不赘述。

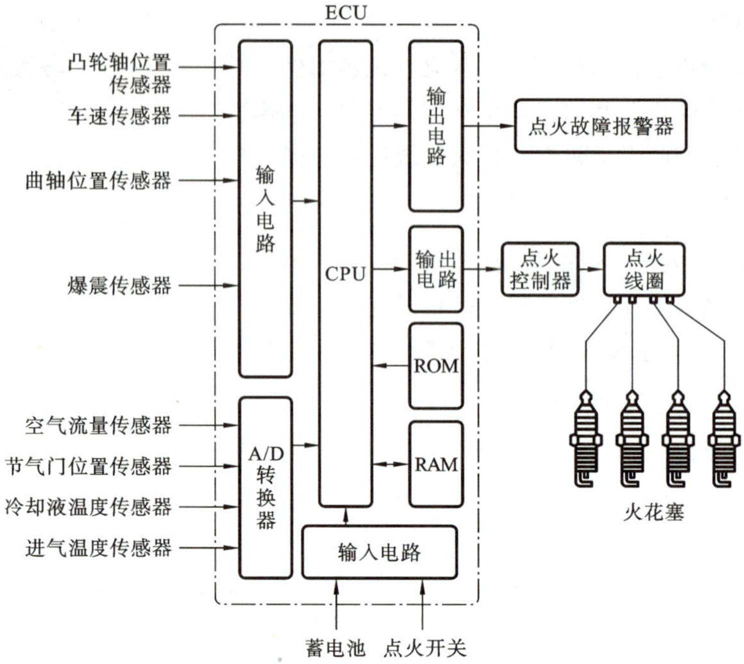

图 5-1-1 电控点火系统的基本组成

2）爆震传感器

爆震传感器是电控点火系统中专用的传感器，也是电控点火系统形成闭环控制非常重要的传感器。它用来判断发动机是否发生爆震，并将爆震信号输送给 ECU，从而对点火提前角进行修正计算。当出现爆震时，ECU 会推迟点火时刻，即减小点火提前角，爆震消除后继续加大点火提前角，出现爆震后再推迟，不断反复，实现点火时刻的闭环控制。

电控点火系统是发动机实现 ECU 控制的重要组成部分，因此，除了爆震传感器，其他所有传感器都是发动机整个控制系统共用的。如燃油喷射系统中的空气流量传感器，用于检测发动机单位时间内吸入的空气流量，为确定每次发动机工作循环负荷最佳空燃比的喷油量，应求得每次循环吸入的空气量，即在已知单位时间空气流量的基础上，应检测发动机转速。另外，在采用顺序喷射和分组喷射时，为有效提高发动机的性能，需要选取特定的喷油时刻，这是相对曲轴转角而言的。因此，与空气流量传感器、节气门位置传感器、冷却液温度传感器等一样，曲轴位置传感器是电控燃油喷射系统和电控点火系统所共用的，它们共同控制喷油的同时，也在调整点火的时刻。

2. ECU

采用集中控制系统实现电子控制已成为现代汽车发动机的主流方式，ECU 既是燃油喷射系统的控制中心，又是电控点火系统的控制中心。ECU 在发动机上能够实现控制燃油喷射的时刻和喷油时间、控制点火时刻与能量、测量进气气缸中的空气量以及自诊断故障并报警等相关功能。

电控点火系统的 ECU 不断接收各种传感器和开关的输入信号，按照预先存储好的相关程序进行计算和分析，以判断发动机所处的运行工况，输出最佳点火提前角和点火线圈初级电路通电时间，从而驱动执行器完成发动机的点火控制。在 ECU 的只读存储器（ROM）中，不仅存储有监控和自检等程序，而且还存储有发动机台架试验测定的该发动机在各种工况下的最佳点火时刻（脉谱图），如图 5-1-2 所示。ECU 中的随机存储器（RAM）存储有电子控制临时需要存储的数据，如输入/输出数据、单片机运算的结果、故障码、点火提前角的修正参数等，这些数据根据发动机工况的变化随时调用或被新的数据改写。

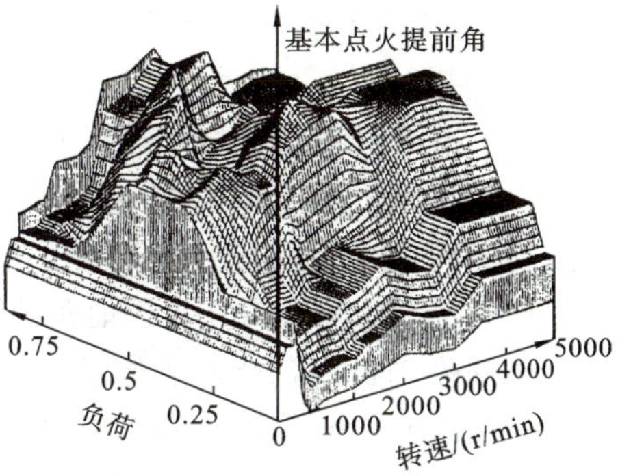

图 5-1-2　发动机点火提前角的脉谱图

3. 执行器

执行器主要包括点火控制器、点火线圈以及火花塞等。点火控制器又称为点火控制单元、点火模块、电子点火组件或功率放大器，连接在 ECU 与点火线圈之间，是电控点火系统的执行元件，它将电控系统输出的点火信号进行功率放大后驱动点火线圈工作。点火线圈可以将火花塞跳火所需的能量存储在线圈磁场中，并将电源提供的低压电转变成足以击穿火花塞间隙的15～20 kV 的高压电。在无分电器电控点火系统中则有多个点火线圈。火花塞主要是利用点火线圈产生的高压电进行放电，点燃气缸内的可燃混合气。

三、电控点火系统的主要优点

（1）在各种工况下，可自动获得最佳的点火提前角，使发动机的动力性、经济性、排放性及稳定性均处于最佳。

（2）在整个工作过程中，均可对点火线圈初级电路和通电时间、电流进行控制，不仅提高了点火的可靠性，而且可有效地减少电能消耗，防止点火线圈烧毁。

（3）采用爆震控制功能后，可使点火提前角控制在发动机发生爆震的临界状态，以此获得最佳的燃烧过程。

四、电控点火系统的控制功能

1. 点火提前角控制

1）点火提前角对发动机性能的影响

所谓点火提前角，指的是从火花塞点火的瞬间开始，到该缸活塞运行至压缩上止点时曲轴转过的角度。汽油机的燃烧过程是分几个阶段进行的，我们总是希望汽油燃烧产生的热能最大限度地转换为曲轴旋转的机械能，实验证明，促进曲轴旋转最有利的活塞位置在上止点后的 10°～15°，从火花塞点火开始到最高燃烧压力的出现要经过着火延迟期和速燃期（着火延迟期过渡到速燃期所需的时间变化不大），要想让速燃期出现在最有利的位置就必须要提前点火。点火时刻对发动机的影响很大，如图 5-1-3 所示，*B*、*C*、*D* 三点点火时刻中均为提前点火，在 *C* 点处，做功最大。

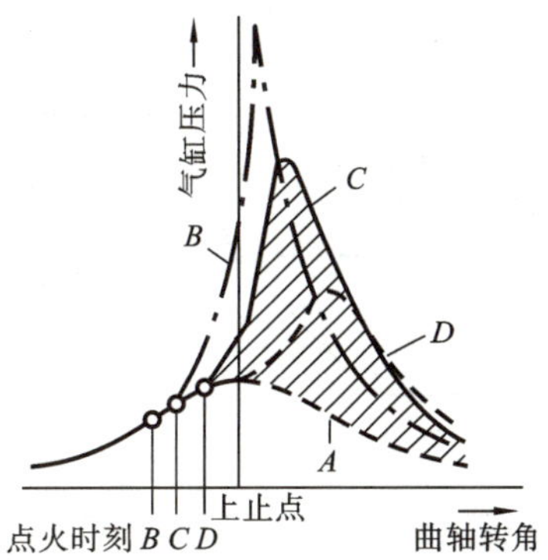

图 5-1-3　怠速时的基本点火提前角

2）最佳点火提前角的确定依据

发动机转速、负荷、混合气浓度和燃料性质等很多因素对最佳点火提前角都有影响。

(1) 发动机转速对点火提前角的影响。

点火提前角应随着发动机转速的升高而增大。因为随着发动机转速的提高，混合气扰流相对加强，这样从侧面使燃烧过程所需要的时间缩短，但燃烧过程所占的曲轴转角也变大。

(2) 发动机负荷对点火提前角的影响。

汽油发动机的负荷调节是通过节气门进行的量调节，随负荷的减小，进气管的真空度增大，进气量会减少，气缸内的温度和压力均降低，燃烧速度变慢，燃烧过程所对应的曲轴转角会变大，故此应适当增大点火提前角（即提前点火）。

(3) 燃料性质对点火提前角的影响。

辛烷值越高的汽油，抵抗燃烧过程中爆震的能力越强，点火提前角可以适当增大，以提高发动机的性能；辛烷值较低的汽油，抵抗爆震的能力相对较差，点火提前角则应减小。现代汽车智能化程度相当高，其发动机 ECU 会根据使用不同标号的汽油燃烧完的效果自动修正点火提前角，选择不同的点火正时图。

(4) 其他因素对点火提前角的影响。

最佳点火提前角除了根据发动机的转速、负荷和燃料性质确定之外，还应考虑燃烧室的形状、燃烧室内的温度、空燃比、大气压、水温等因素。

3）汽车点火提前角的控制模式

不同汽车厂家点火提前角的控制模式不同，下面以丰田车型为例讲解。

丰田汽车 TCCS 系统依据下列因素对点火提前角进行控制。其计算方法为：

实际点火提前角＝原始设定(初始)点火提前角＋基本点火提前角＋修正点火提前角

(1) 原始设定点火提前角。

原始设定点火提前角也称固定点火提前角，其值为上止点 10°。对于丰田汽车的发动机，在下列情况时，实际点火提前角为直接使用的固定点火提前角，不用后面再加基本点火提前角和修正点火提前角：① 当发动机启动时，发动机转速变化大，无法确定点火提前角；② 当发动机转速在 400 r/min 以下时；③ 当节气门位置传感器怠速触点闭合时，或当车速在 2 km/h 以下时；④ 当发动机 ECU 启动备用功能时。

(2) 基本点火提前角。

基本点火提前角存储在 ECU 的只读存储器(ROM)中。它分为怠速时的基本点火提前角和非怠速时的基本点火提前角两种。

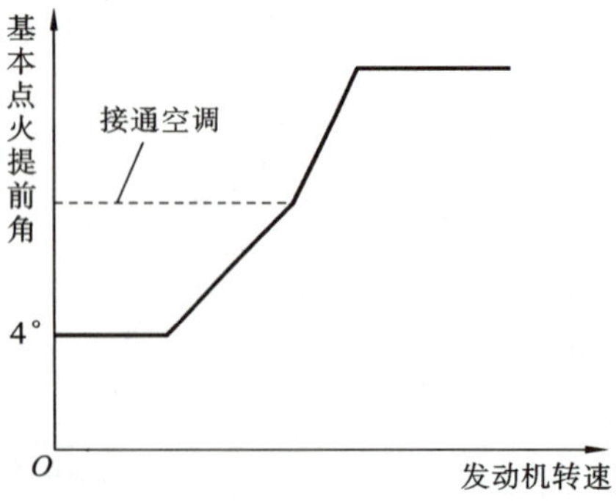

图 5-1-4　怠速时的基本点火提前角

怠速时的基本点火提前角是指节气门位置传感器的怠速触点闭合时的基本点火提前角，其值仅根据空调系统是否工作而略有不同，如图 5-1-4 所示。

空调工作时基本点火提前角为 8°，不工作时其值为 4°。也就是在同样怠速运转、空调工作时，其实际点火提前角将从上止点前 14°增加到 18°，以防止空调负荷使发动机怠速运转不稳定。非怠速时的基本点火提前角，是指节气门位置传感器怠速触点打开时的基本点火提前角。其值是 ECU 根据发动机的转速和负荷(单位转数的进气量或基本喷油量表示),从 ECU 的只读存储器中进行查表,选出最佳点火提前角,如图 5-1-5 所示。

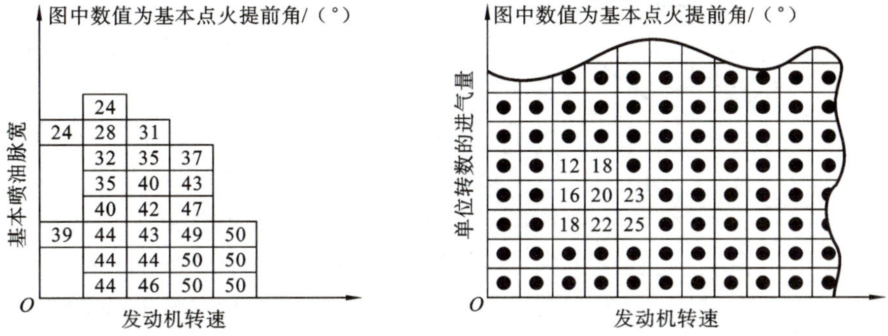

(a) 按喷油量和转速确定　　(b) 按进气量和转速确定

图 5-1-5　非怠速时的基本点火提前角

(3) 修正点火提前角。

原始设定点火提前角加上基本点火提前角所得的点火提前角,必须根据相关因素进一步修正。主要的修正项目包括水温修正、怠速稳定修正、空燃比反馈修正及爆震修正。

水温修正又可分为暖机修正和过热修正。暖机修正指的是节气门位置传感器怠速触点闭合时,ECU 根据发动机水温进行修正点火提前角。当水温较低时,必须增大点火提前角,这样可以提高燃烧的温度和压力,以促使发动机尽快暖机,如图 5-1-6 所示。

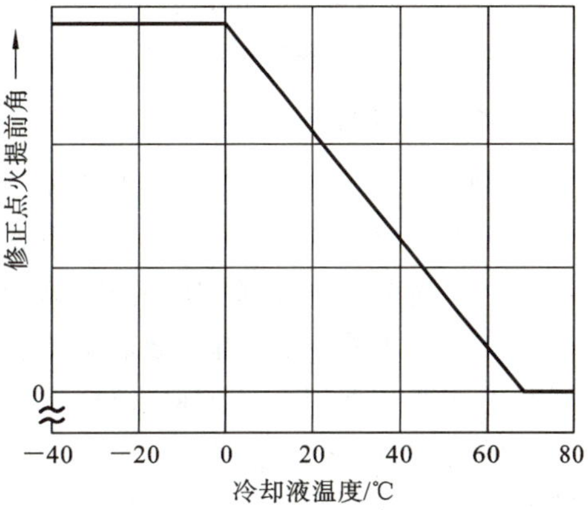

图 5-1-6　暖机修正

过热修正指的是当水温较高时,如超过 90 ℃,为避免发动机过热,其点火提前角必须减小,如图 5-1-7 所示。

怠速稳定修正即随着怠速转速的上、下变动而改变点火提前角,如图 5-1-8 所示。

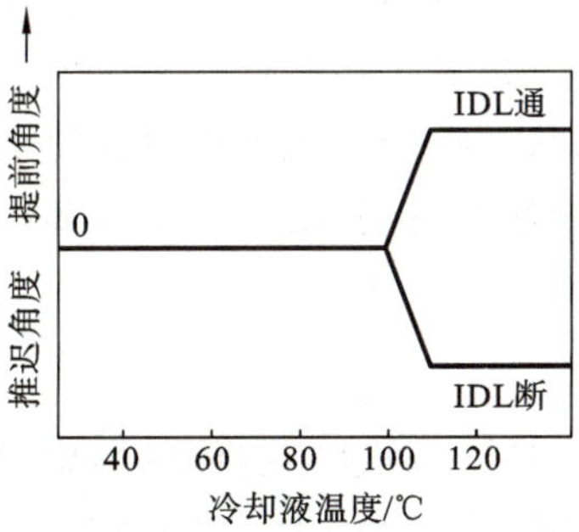

图 5-1-7　过热修正

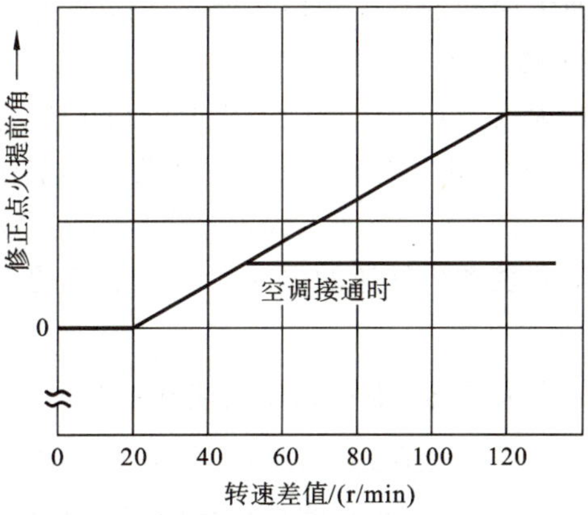

图 5-1-8　怠速稳定修正

例如,当空调工作时,ECU 通过发动机转速传感器(Ne 信号)、节气门位置传感器(IDL

信号）、车速传感器（SPD 信号）和空调开关（A/C 信号）检测到发动机转速下降，并根据转速下降值（目标转速减去实际转速）在其内存当中查得修正点火提前角的大小，使发动机在怠速时稳定运转，可以有效地防止发动机怠速熄火的现象。

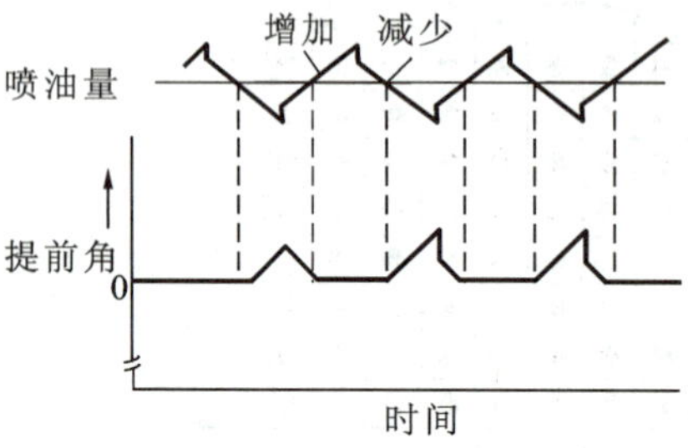

图 5-1-9　空燃比反馈修正

空燃比反馈修正是针对装有电控燃油喷射系统的发动机，ECU 根据氧传感器的反馈信号对空燃比进行修正。随着修正喷油量的增加和减少，发动机的转速会在一定范围内发生波动。为了提高发动机转速的稳定性，当反馈修正喷油量减少时，点火提前角应适当的增大，这样可以在一定范围内提高发动机的燃烧压力，从而与喷油量的减少形成互补，稳定转速，如图 5-1-9 所示。

发动机实际点火提前角就是上述三项点火提前角之和。发动机曲轴每旋转一圈后，ECU 就可以计算并输出一次点火提前角的调整数据，因此当传感器测出发动机的转速和负荷有变化时，ECU 就使当前的点火提前角做出相应的改变。但当 ECU 计算出的实际点火提前角超过最大或最小点火提前角的允许值时，则 ECU 以最大或最小点火提前角的允许值进行调整。

2. 通电时间控制

1）通电时间对发动机工作的影响

对于电感储能式电控点火系统，当点火线圈的初级电路接通时，其初级电流是按指数规律递增的。而初级电路被切断的瞬间所对应的初级电流（即断开电流）与初级电路接通的时间长短有直接关系，只有当初级电路的通电时间达到一定值时，初级电流才能达到饱和。由于断开电流影响次级电压的最大值（近乎正比的变化），次级电压的高低又直接影响点火系统工作的可靠性，通过这种关系不难想象，在发动机工作时，必须保证点火线圈初级电路有足够的通电时间，使其电流达到饱和。但如果通电时间过长，点火线圈势必会发热，这也会增大电能消耗，所以通电时间控制就是要兼顾上述两方面的要求。

此外，当蓄电池电压变化时，也会影响初级电流。如蓄电池电压下降时，在相同通电时间里初级电流所达到的值将减小。因此，通电时间的控制还必须根据蓄电池的电压进行修正。通电时间的蓄电池电压修正曲线如图 5-1-10 所示。

2）通电时间的控制方法

点火线圈初级电路的通电时间由 ECU 控制。闭合角（通电时间）控制模型存储在 ECU 内存中，发动机工作时，ECU 根据发动机转速信号（Ne 信号）和电源电压信号确定最佳的闭合角（通电时间），并向点火器输出执行信号（IGt 信号），从而控制点火器中晶体管的导通时间。随着发动机转速的提高和电源电压的下降，闭合角（通电时间）增长。闭合角控制模型如图 5-1-11 所示。

3. 爆震控制（点火系统的闭环控制）

爆震修正是通过电控点火的闭环控制功能实现的。ECU 通过爆震传感器确定某气缸工作存在爆震时，实际的点火提前角会迅速减小，不爆震时再缓慢增大。读数据流观察点火提前角，点火提前角有推迟，说明爆震传感器（KS、KNK）的信号传给 ECU 后正在进行爆震修正。

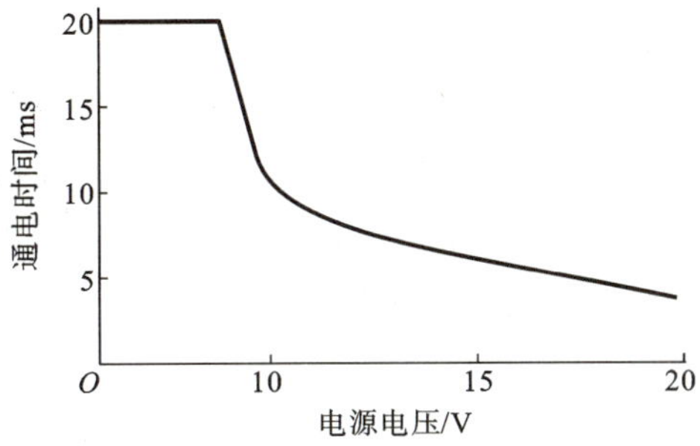

图 5-1-10 通电时间与蓄电池电压修正曲线

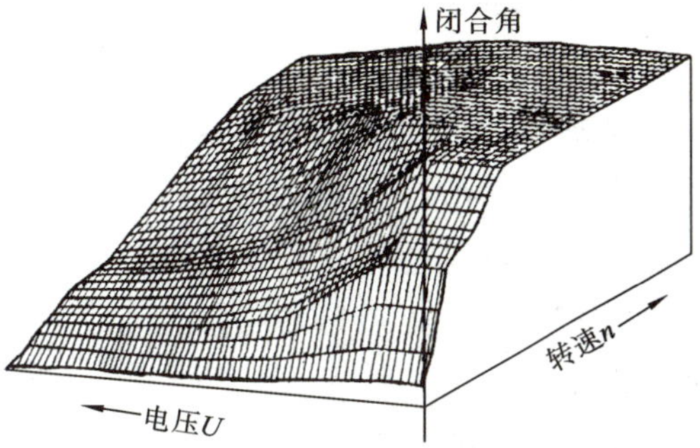

图 5-1-11 闭合角控制模型

点火提前角是影响爆震的主要因素之一，推迟点火（即减小点火提前角）是消除爆震最有效、最迅速的措施。在没有爆震控制的传统点火系统当中，为了防止其发生爆震，在设计时就保证点火时刻远离爆震边缘，这样虽然不会发生爆震，但牺牲的是发动机的动力性及经济性。在电控点火系统当中，ECU 根据爆震传感器的信号，判定有无发生爆震及爆震的强度，并根据判定结果对点火提前角进行反馈控制，使发动机处于爆震的边缘工作，既有效地防止了爆震的发生，同时也有效地提高了发动机的动力性和经济性。

1）爆震控制过程

爆震控制过程如图 5-1-12 所示。爆震传感器安装在气缸体上，其功用是利用压电晶体的压电效应，把爆震时传到气缸体上的机械震动转换成电压信号输送给 ECU。ECU 把输入的爆震信号进行滤波处理，判定是否是真实的爆震及爆震的强度。有爆震时，则迅速减小点火提前角（推迟点火），直到爆震消失为止。无爆震时，则逐渐增大点火提前角（提前点火），当再次出现爆震时，ECU 又开始迅速减小点火提前角，爆震控制过程就是对点火提前角进行反复调整的过程。

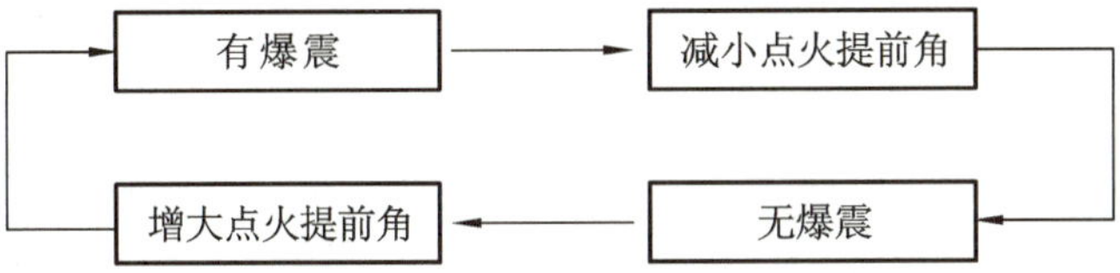

图 5-1-12 爆震控制过程

爆震时对点火提前角的反馈控制如图 5-1-13 所示。爆震传感器向 ECU 输入爆震信号时，电控点火系统采用闭环控制模式，并以固定的角度使点火提前角减小，若仍有爆震存在，则再以固定的角度减小点火提前角，一直到爆震消失为止。爆震消失后的一段时间之内，系统使发动机维持在当前点火提前角下工作，这段时间内如果没有爆震发生，系统再以一个固定的角度逐渐增大点火提前角，直到爆震再次发生，然后重复上述过程。

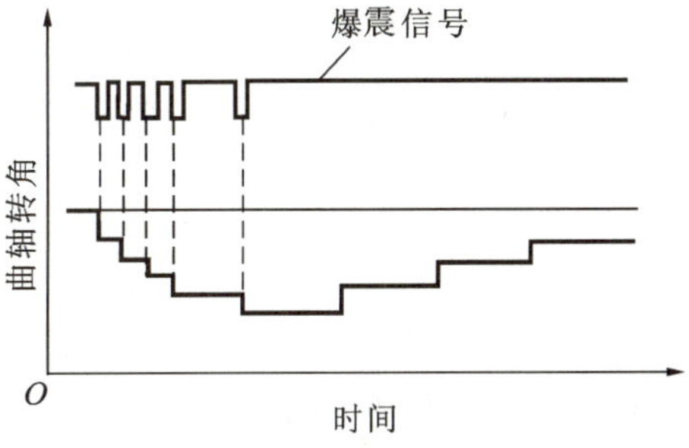

图 5-1-13 爆震时对点火提前角的反馈控制

2）爆震的识别

发动机工作时很多因素都会导致机体本身的机械震动（如发动机橡胶支承垫损坏、连接螺栓松动），为了防止爆震传感器误检测导致系统无法正常工作，从而提高爆震控制系统的可靠性，实际应用中并不是任何时间都对点火提前角进行反馈调节。ECU 内部设计了一套专门的爆震信号识别电路，用于确定发动机是否真的发生了爆震。ECU 采用逻辑判断功能只有在点火后爆震可能发生的一段曲轴转角范围内，控制系统才允许对爆震信号进行识别。

爆震传感器可以检测到发动机不同频率范围内的机械振动，发生爆震时传感器产生的电压信号有较大的振幅，爆震信号如图 5-1-14 所示。通过爆震传感器测量的不同的频率波，输入 ECU 的滤波电路，滤波电路只允许特定的频率范围的振动频率通过，并将滤波后的波形幅值进行与标准比较，从而获得爆震的区域与爆震程度。

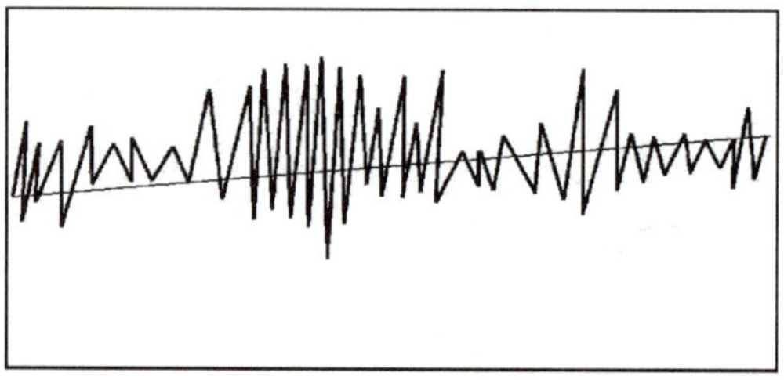

图 5-1-14　爆震信号与爆震强度基准线

ECU 根据爆燃信号超过基准值的次数来判定爆燃强度，次数越多，爆燃强度越大，反之越小。若爆震信号值大于爆震强度基准值，控制系统可由此判断有爆震存在，并以某一固定值逐渐减小点火提前角。若爆震信号值低于爆震强度基准值，控制系统则由此判定无爆震，并以某一固定值逐渐增大点火提前角。

任务实施

一、任务准备

试验台架若干台、各系统实物零件或解剖零件若干、常用工具一套、课堂工作页。

二、任务要求

区别和认识点火系统的主要结构、传感器和零部件，完成课堂工作页。

三、操作步骤

（1）根据前述内容，辨认出试验台架中各传感器、执行器、线束位置。

（2）分析故障并确定检测方案。

① 观察并记录故障现象，分析可能的原因，填入下表。

记录故障现象	可能原因

② 结合工作原理及电路图，拟定检测方案。

任务自测

一、填空题

1. 点火提前角的修正方法有________、________两种方法。

2. 电控点火系统一般由电源、________、ECU、________、________、________、火花塞等组成。

3. 发动机启动时，按 ECU 内存储的________对点火提前角进行控制。

4. 点火提前角的主要修正项目有________修正、________修正、________修正等。

二、选择题

1. 电控点火系统由(　　)直接驱动点火线圈进行点火。

A. ECU　　B. 点火控制器　　C. 分电器　　D. 转速信号

2. 一般来说，缺少了(　　)信号，电控点火系统将不能点火。

A. 进气量　　B. 冷却液温度　　C. 转速　　D. 上止点

3. 点火闭合角主要是通过(　　)加以控制的。

A. 通电电流　　B. 通电时间　　C. 通电电压　　D. 通电速度

4. 采用电控点火系统时，发动机实际点火提前角与理想点火提前角关系为(　　)。

A. 大于　　B. 等于　　C. 小于　　D. 接近于

三、判断题

1. 点火提前角过大，会造成发动机温度升高。(　　)

2. 发动机启动时，按 ECU 内存储的初始点火提前角对点火提前角进行控制。(　　)

3. 发动机怠速工况下，空调工作时的基本点火提前角比空调不工作时小。(　　)

4. 发动机冷车启动后的暖机过程中，随冷却液温度的升高，点火提前角也应适当加大。(　　)

任务 5.2 爆震传感器的结构与维修

任务描述

一台丰田皇冠 2.5L 轿车,因冷却液泄漏造成严重损坏,进行大修后还不足 2 个月,近期出现冷、热车都启动困难且高速无力的现象,时速行驶在 100 km/h 时感到动力不足,加速无力。

任务目标

知识目标

(1) 理解爆震传感器的基本工作过程。

(2) 掌握爆震传感器对发动机点火提前角的影响。

能力目标

(1) 能描述爆震传感器的功用、结构与工作原理。

(2) 能对爆震传感器进行故障分析和检修。

素质目标

(1) 具有质量、安全、环保、规范、节约的意识。

(2) 具有严谨的工作态度和精益求精的工匠精神。

(3) 具有爱岗敬业和团队协作的精神。

(4) 热爱劳动、尊重他人劳动,履行道德准则和行为规范。

知识收集

一、爆震传感器的工作原理

目前,发动机电控点火系统 ECU 已广泛采用点火提前闭环控制方法,它可以有效抑制发动机爆震现象的发生。爆震传感器是系统中不可缺少的信号反馈装置,它的作用是检测发动机有无发生爆震,并将信号送至 ECU,以便更好控制点火时刻。

1. 爆震的危害

(1) 爆震破坏发动机的正常燃烧,从而使发动机动力性、经济性变差,排放污染加重。

(2) 爆震燃烧时在局部产生强烈的冲击波,将破坏发动机气缸壁上的润滑油膜,使发动机工作条件恶化。

(3) 爆震燃烧容易造成发动机过热,使各部件热负荷增加,冷却水温度失去控制,时间长后,将会造成冷却水沸腾而使发动机过热,无法工作。

2. 爆震的产生原因

1) 积碳聚集过多

发动机燃烧室内积碳过多,其容积相对变小,致使压缩比相应变大,积碳的蓄热和不导热性使可燃混合气由于炽热提前燃烧,同时会降低混合气在压缩终了时产生的涡流强度,延长燃烧时间,增大自燃倾向,因此极易诱发爆震的产生。

2) 发动机过热

当发动机长期处于大功率、超负荷工况或低挡高转速连续工作时,尤其是炎热的夏季,外界气温高,机件散热不良,容易造成发动机过热。当过热故障较严重且得不到及时改善时,可燃混合气在进入燃烧室的同时会被预热,造成局部混合气温度过高,提前达到着火点,等不到燃油的正常点燃就自行燃烧,从而引发爆震。

3) 燃油使用不当

汽油的牌号越低,其抗爆性能越差。存放过久或密封不良的汽油辛烷值会自然降低,其抗爆性能变坏。若被误用,容易使混合气燃烧不完全,先燃的混合气部分膨胀,压缩其余未燃的混合气,使其达到自燃温度,瞬间突然全部起火而导致爆震。

3. 爆震与点火提前的关系

爆震与点火提前存在着密切关系,点火提前角越大,燃烧的最大压力就越大,就越容易产生爆震。实验证明,发动机发出最大扭矩的点火时刻是在开始产生爆震点火时刻附近。而对机械控制点火、普通电子点火或电控电子点火(没有爆震反馈,即没有装备爆震传感器系统的点火系统),为了使其在最恶劣的条件下也不至于产生爆震,其点火提前角均设定在爆震边缘以内,使其远离爆震界限并存在有较大的余量。这样势必会降低发动机功率,使发动机输出功率下降,燃油消耗增加。

4. 爆震控制原理

ECU控制闭环点火系统,由安装在机体上的爆震传感器检测发动机的爆震强度。当爆震传感器检测到机体爆震时,ECU自动逐步减少点火提前角,直到发动机不产生爆震;当发动机不产生爆震时,在一定时期维持当前的点火提前角。在此期间,若有爆震产生,也同样减少点火提前角,若在这段时间一直没有爆震产生,ECU又自动逐步增加点火提前角,直到发动机产生爆震。这样控制ECU始终保持发动机工作在爆震边缘,从而提高发动机功率,降低燃油消耗。

二、爆震传感器的类型

爆震传感器一般安装在发动机缸体上,如图5-2-1所示。有的轿车采用一个爆震传感器,安装在缸体右侧2、3缸之间;也有的轿车采用两个爆震传感器,一个安装在1、2缸之间检测其爆震信号,另一个安装在3、4缸之间检测其爆震信号,也有的安装在发动机缸体的进气道一侧,ECU能够检测每一缸的点火提前角是否达到爆震极限,从而保证发动机高效节能工作。

发动机爆震的检测方法主要有三种:气缸压力检测、燃烧噪声检测和发动机缸体振动检测。气缸压力检测是利用装于每个气缸内的压力传感器检测爆震引起的压力波动,检测精度高,但耐久度不够且安装困难;燃烧噪声检测是对燃烧噪声进行频谱分析,耐久度好,但精度和灵敏度偏低;发动机缸体振动检测是把一个或者两个传感器安装在发动机缸体上,检测爆震引起的振动。缸体振动检测方法便于安装,精度和耐久度较好,故普遍采用。

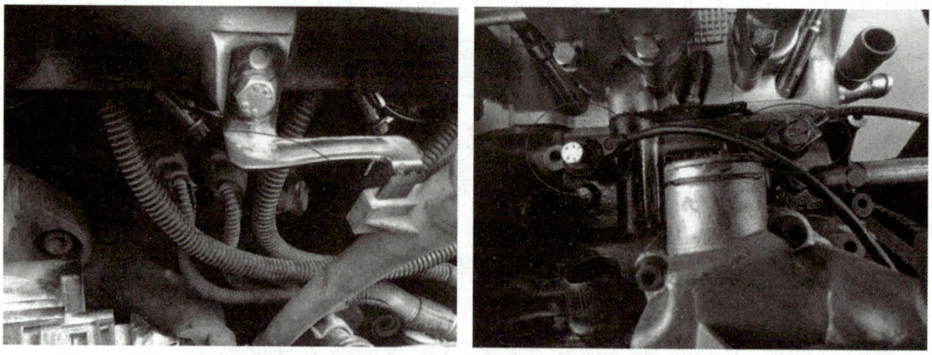

图 5-2-1　爆震传感器在缸体安装位置

利用缸体振动检测方法检测爆震时，所使用的爆震传感器根据其检测原理不同可分为压电式和电感式两种。压电式爆震传感器结构简单、检测灵活，应用较多。

1. 压电式爆震传感器

压电式爆震传感器是利用压电材料的压电效应制成的，有共振型和非共振型。

1）共振型爆震传感器

共振型爆震传感器的固有振动频率与发动机机体的爆震频率相同，爆震时发生谐振，输出信号电压最大，ECU 根据该信号判断是否发生爆震。共振型输出信号电压高，不需要滤波，信号处理较为方便，但由于机械共振体的频率特性尖且频带窄，只能用于特定的发动机，不能与其他发动机互换使用。

共振型爆震传感器的内部由压电元件、共振片、底座、外壳等组成。

2）非共振型爆震传感器

非共振型爆震传感器爆震时，输出信号电压变化不大，只是信号频率发生变化，频率特性平且频带较宽，需将信号送至滤波器中识别是否发生爆震。该传感器适用于所有汽油机，装车自由度大，但输出电压低，且较为平缓，信号处理比较复杂。

与共振型爆震传感器相比，非共振型内部无振荡片，但设一个配重块，以一定的预紧压力压紧在压电元件上，如图 5-2-2 所示。当发动机发生爆震时，配重块以正比于振动加速度的交变力施加在压电元件上，压电元件则将此压力信号转变成电信号输送给 ECU。非共振型爆震传感器输出的信号电压在爆震时与不爆震时没有明显的增加，爆震是否发生是靠滤波器检测出传感器输出信号中有无爆震频率来识别的，爆震信号的提取比较复杂。但此种传感器用于不同的发动机时，只需调整一下滤波器的频率范围即可，通用性较强。

2. 电感式爆震传感器

电感式爆震传感器主要由感应线圈、伸缩杆、永久磁铁和壳体组成，如图 5-2-3 所示。伸缩杆用高镍合金制成，在其一端装有永久磁铁，另一端安放在弹性部件上。传感器线圈绕制在伸缩杆的周围，线圈两端引出电极与控制线路连接。

当发动机产生振动时，传感器的伸缩杆就会随之产生振动，感应线圈中的磁通量就会发生变化。由电磁感应原理可知，线圈中就会感应交变电动势，即传感器就有信号电压输出，输出电压大小取决于发动机的振动强度和振动频率。当发动机发生爆震时，振动频率达到爆震频率 6～9 kHz 时，传感器产生共振，振动强度最大，线圈中产生的电压最高。

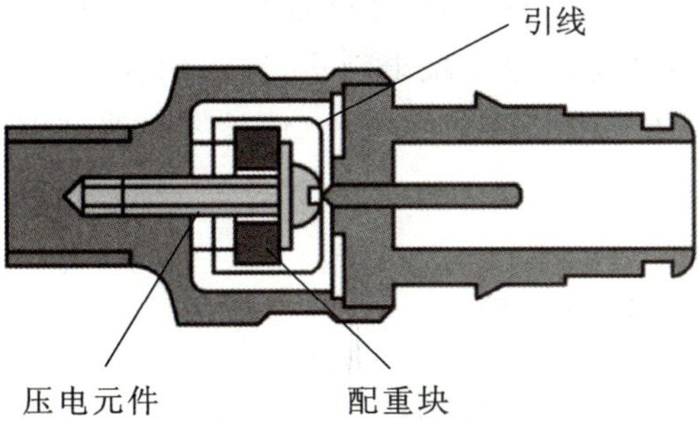

图 5-2-2　非共振型爆震传感器

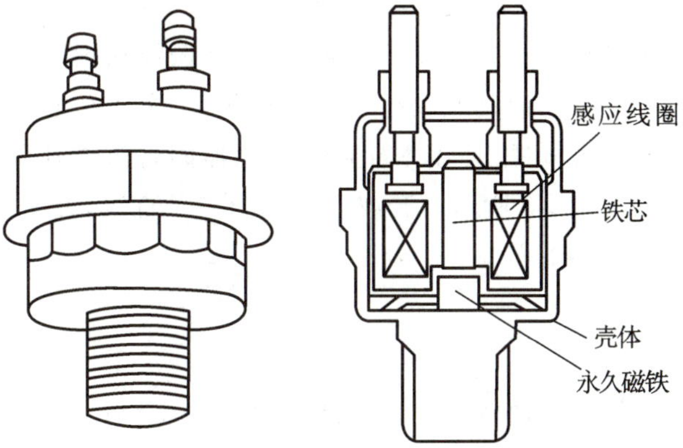

图 5-2-3　电感式爆震传感器

三、爆震传感器的电气测量

某轿车安装有两个压电式爆震传感器，分别安装在 1、2 缸之间和 3、4 缸之间的缸体上。传感器“1”端子连接线为信号线，传感器“2”端子连接线为搭铁线，传感器“3”端子连接线为屏蔽线，如图 5-2-4 所示。

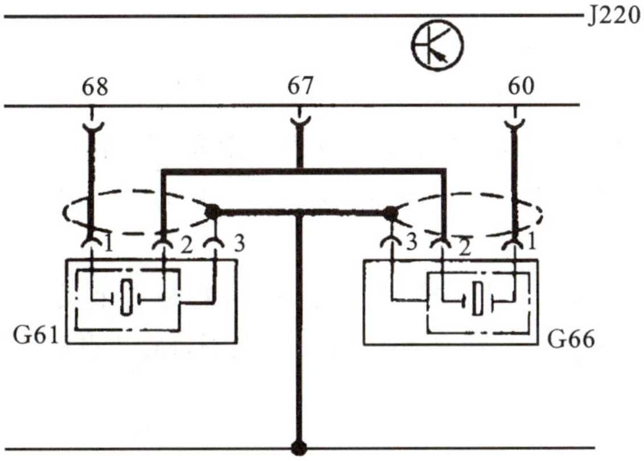

图 5-2-4　爆震传感器连接电路图

(1) 检测传感器电阻：断开点火开关，拔下传感器线束插头，检测传感器插头端子 1 与 2、1 与 3、2 与 3 间电阻均应大于 1 MΩ。

(2) 检测线束电阻：断开点火开关，拔下传感器线束插头和 ECU 线束插头，两插头各端子间导线电阻均应小于 0.5 Ω。

(3) 输出信号检测：插上传感器线束插头，启动发动机，检测传感器插头端子 1 与 2 间的电压应为 0.3～1.4 V。

(4) 波形检测：当振动或敲缸发生时，爆震传感器产生一个小电压峰值，如图 5-2-5 所示。敲缸或振动越大，主峰值就越大。

(5) 爆震传感器通常设计成为检测 5～15 kHz 范围的频率。在对爆震传感器进行随车在线检测时，连接好示波器，启动发动机，对发动机进行加速，获得信号波形。波形的峰值电压和频率将随发动机负载和转速增加而增加。如果发动机点火过早、燃烧温度不正常、废气再循环不正常流动等产生爆震，其振幅和频率也会增加。

在不启动发动机情况下检测：将爆震传感器的导线插接器断开，连接波形测试设备，打开点火开关，使用木槌敲击传感器附近缸体使传感器产生信号。敲击越重，振动幅度越大，如图 5-2-6 所示。若波形显示为一条直线，说明爆震传感器没有信号输出，应检查导线和爆震传感器本身。

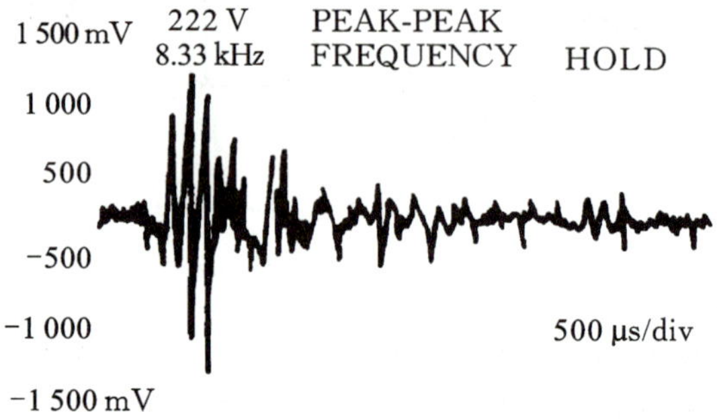

图 5-2-5　爆震传感器的波形

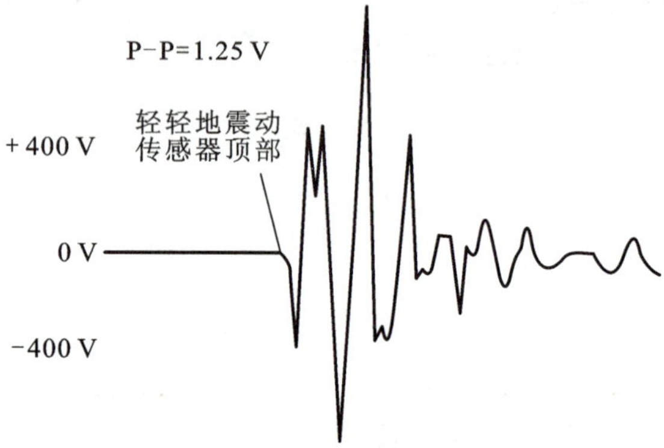

图 5-2-6　敲击传感器附近缸体时产生的波形

四、爆震传感器的故障分析

爆震传感器信号不良时，发动机将推迟点火提前角，此时发动机将不能有效地发出功率，汽车容易出现加速不良、废气排放超标、发动机工作粗暴等现象，有时还会出现怠速不稳等。

爆震传感器反映的是发动机机体是否产生爆震，它是一个反馈量，ECU 判断其好坏的依据是其反馈信号是否在正常范围，如果一直超出范围，ECU 自诊断系统就会发出故障码。

任务实施

一、车辆故障原因分析

故障现象如“任务描述”所述，检查车辆，故障指示灯不亮，显示电控系统无故障码存在。启动车辆，发动机有启动征兆，但需要连续多次才能启动成功，路试感觉发动机发闷无力，最高车速勉强达到 100 km/h。

汽车启动后工作平稳且无机械异响，说明不是机械原因造成此故障。根据工作原理分析，造成发动机启动困难或高速无力的故障有以下原因。

1. 启动困难

故障原因：①燃油压力过低；②点火正时失准；③水温传感器损坏；④怠速阀卡死进气不良；⑤爆震传感器损坏。

2. 高速无力

故障原因：①燃油压力过低；②点火正时失准；③节气门位置传感器损坏；④进气歧管压力传感器损坏；⑤爆震传感器损坏。

二、故障诊断与排除

根据以上分析，对有可能产生故障的部分进行检测。

1. 油压测试

连接好燃油压力表，启动发动机，测得燃油压力怠速为 234 kPa，符合原厂怠速标准（228～255 kPa）的要求；拔掉油压调节器接管，真空压力为 305 kPa，也符合原厂标准（225～315 kPa）的要求。夹紧回油管检测油压升到 475 kPa，也符合应比怠速油压高 150～300 kPa 标准，证明系统油压正常。

2. 点火正时测试

预热发动机后，将转速表的探头与检查连接器的 IG“-”连接（注意：转速表探头不得再碰触车身或搭铁，否则会损坏点火器）。用连接线连接 TE1 和 E1 端子，用正时灯照射曲轴皮带上的正时标记，发动机在怠速（700 r/min）时，点火提前角为上止点前 8°，而此车原厂标准是 10°。

3. 传感器检测

进气歧管压力传感器检查：在 ECU 与 E2 间加 5 V 电压，在几种状态下，检查 PIM 与 E2 之间的电压。节气门位置传感器、冷却液温度传感器、进气温度传感器的检查，在此不赘述。

上述传感器检查正常，怀疑爆震传感器有故障。用万用表检测爆震传感器两端子间及端子与发动机机体间的电阻。其中，1 号爆震传感器两端电阻为 690 Ω，端子与外壳间的电阻为无穷大；2 号爆震传感器两端子间及端子与外壳均为无穷大，符合原厂标准，即 1 号爆震传感器已坏。拆下此爆震传感器仔细检查，发现一侧有水渍，用手扳未发现松动，但见有微裂缝，于是更换新件，插回连接端子，拔下 EFI 保险丝 30 s，以消除试车时的故障码，启动试车一切正常。

任务自测

一、填空题

1. 爆震传感器有________、________两种类型。

2. 电感式爆震传感器利用________检测发动机爆震，压电式爆震传感器利用________检测发动机爆震。

3. 爆震传感器一般安装在________，其功用是利用压电晶体的压电效应把爆震时传到气缸体上的机械振动转换成电压信号输送给 ECU。

4. 在检测爆震传感器中，用万用表检测传感器端子与传感器壳体之间的电阻应________，否则说明内部短路。

二、单项选择题

1. 当 ECU 根据爆震传感器信号判定发动机发生爆震时，立即把点火时刻(　　)。

A. 推迟　　B. 提前　　C. 固定　　D. 不确定

2. ECU 根据(　　)信号对点火提前角实行反馈控制。

A. 冷却液温度传感器　　B. 爆震传感器　　C. 曲轴位置传感器　　D. 车速传感器

3. 发动机工作时，随冷却液温度升高，爆震倾向(　　)。

A. 不变　　B. 增大　　C. 减小　　D. 与温度无关

任务 5.3　电控点火系统电路的原理与维修

任务描述

一辆大众迈腾轿车，发动机启动后怠速抖动，而且易熄火，行驶中故障指示灯点亮，加速性能不好。经试车检查，判断为电控点火系统故障。

任务目标

知识目标

(1) 掌握电控点火系统的结构与分类。

(2) 掌握电控点火系统的工作原理。

能力目标

(1) 能正确记录、分析各种检测结果并做出故障判断。

(2) 能按照正确操作规范对点火系统电路电气零部件进行检查与更换。

素质目标

(1) 具有质量、安全、环保、规范、节约的意识。

(2) 具有严谨的工作态度和精益求精的工匠精神。

(3) 具有爱岗敬业和团队协作的精神。

(4) 热爱劳动、尊重他人劳动，履行道德准则和行为规范。

知识收集

一、电控点火系统电路

无分电器电控点火系统可分为双缸同时点火系统和独立点火系统两种。

1. 同时点火系统

同时点火也称分组点火，双缸同时点火系统原理如图 5-3-1 所示。其特点是两个活塞同时到达上止点位置的气缸（一个处于压缩上止点，另一个处于排气上止点）共用一个点火线圈，即点火线圈的数量等于气缸数的一半。双缸同时点火系统实物如图 5-3-2 所示。别克凯越、别克 GL8、大众桑塔纳等车型均采用该种点火方式。

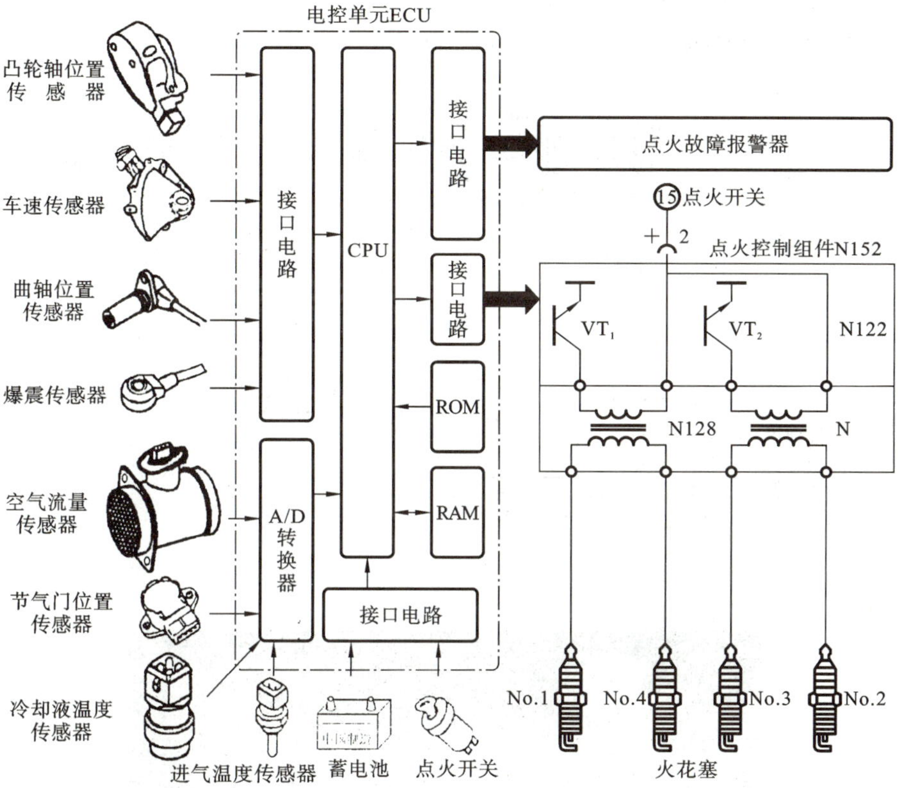

图 5-3-1　双缸同时点火系统原理图

以四缸发动机为例，1、4 缸，2、3 缸的活塞同时到达上止点，称为同位缸，两个同位缸共用一个点火线圈，两个缸的火花塞与所共用的点火线圈的次级线圈是串联的。当点火线圈初级电路断电时，此时，一个气缸处于接近压缩行程的上止点，因为缸内压力高、燃油密度大、绝缘能力强、不易放电、跳火电压高、火花强，火花塞跳火可以点燃该缸的混合气，本次点火称为有效点火；而另一个气缸处于接近排气行程的上止点，缸内几乎无可燃混合气，火花塞的跳火不起作用，此次点火称为无效点火。由于处于排气终了时气缸内的压力很低，加之温度高、废气中导电离子较多，其火花塞 2～3 kV 即可击穿，消耗在此处的点火能量很少，所以几乎不影响压缩终了的气缸点火的能量。只是两个火花塞同时跳火，要形成回路，极性必然相反，一个从火花塞中央电极到侧电极，另一个从侧电极到中央电极。

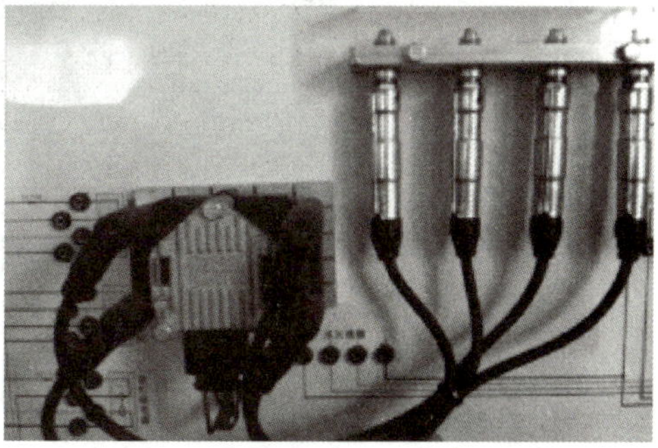

图 5-3-2　双缸同时点火系统实物

与独立点火方式相比，采用同时点火方式的电控点火系统的结构和控制电路较简单，所以应用也比较多。但由于保留了点火线圈与火花塞之间的高压线，能量损失略大（有的车型同时点火的两气缸只保留一根高压线，另一根取消，而把公用的点火线圈直接压装在另一缸的火花塞上）。

2. 独立点火系统

独立点火系统原理如图 5-3-3 所示，独立点火系统实物如图 5-3-4 所示。其特点是每缸一个点火线圈，即点火线圈的数量与气缸的个数相等。

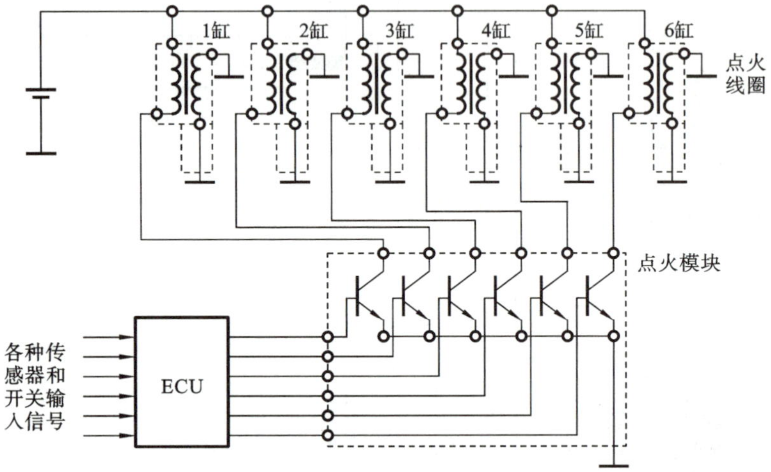

图 5-3-3　独立点火系统原理图

图 5-3-4　独立点火系统实物

由于每缸都有各自独立的点火线圈，所以即使发动机转速很高，点火线圈也有较长的通电时间（较大的闭合角），可以提供足够高的点火能量。与双缸同时点火系统相比，在发动机转速和点火能量相同的情况下，独立点火系统单位时间内通过点火线圈初级电路的电流要小得多，点火线圈不容易发热，而且点火线圈的体积也可以做得很小，一般直接将点火线圈压装在火花塞上，优化了整个点火系统的布置。大众发动机独立点火系统电路图如图 5-3-5 所示。

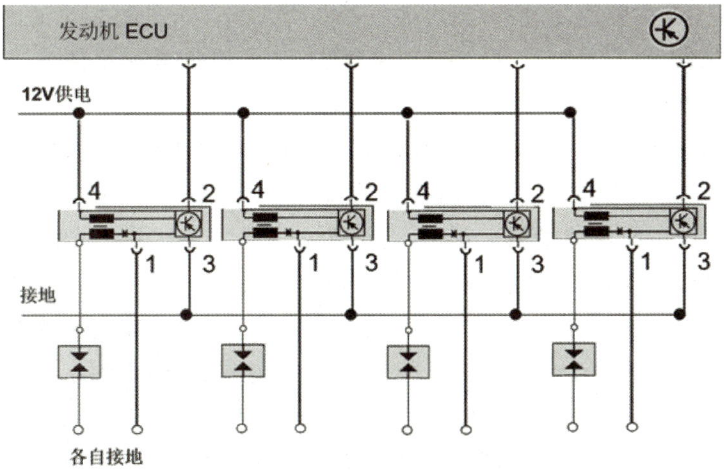

图 5-3-5　大众发动机独立点火系统电路图

二、电控点火系统高压电路部件结构和原理

1. 点火线圈

点火线圈的作用是将电源的低压电转变为足以击穿火花塞间隙的高压电。按照点火线圈磁路的形式可分为开磁路点火线圈和闭磁路点火线圈。开磁路点火线圈点火能量较低，应用在早期的传统点火系统和普通电子点火系统中。闭磁路点火线圈点火能量较高，应用在电控点火系统中。

2. 火花塞

火花塞的作用是将点火线圈产生的脉冲高压电引入燃烧室，并在其两个电极之间产生电火花，以点燃可燃混合气。

1）类型

火花塞按照热值高低来分，有冷型和热型；按照电极材料来分，有镍合金、银合金、铂合金、铱合金等；按照结构形式来分，有标准型与突出型、单侧极与多侧极、平座型与锥座型、普通型与电阻型、空气间隙与沿面间隙型。

2）基本结构

火花塞主要由中心电极、侧电极、陶瓷绝缘体等组成。火花塞中心电极与侧电极之间的间隙称为“火花塞间隙”。火花塞间隙对火花塞及发动机的工作性能均有很大影响。间隙过小，火花微弱，并且容易产生积碳而漏电；间隙过大，火花塞击穿电压增高，发动机不易启动，且在高速时容易发生“缺火”现象。因此，火花塞间隙的大小应适当。在传统点火系统中，火花塞间隙一般为 0.6～0.7 mm；在电控点火系统中，火花塞间隙可增大到 1.0～1.2 mm。

3）热特性

发动机工作时，火花塞绝缘体裙部的温度若保持在 500～600 ℃，则落在绝缘体裙部的油粒能立即被烧掉，不容易产生积碳，这个温度称为火花塞的“自净温度”。若裙部温度低于自净温度，则落在绝缘体裙部的油粒不能立即烧掉，形成积碳而漏电，将使火花塞间隙不能跳火或火花微弱。若裙部温度过高，超过 800～900 ℃，当混合气与炽热的绝缘体接触时，可能在火花塞间隙跳火之前自行着火，称为“炽热点火”。炽热点火将使发动机出现早燃、爆燃、回火等不正常燃烧现象。

因此，无论哪一种类型的发动机，在发动机工作时，火花塞裙部的温度都应该保持在自净温度的范围内。但是，各种发动机气缸内的燃烧状况是不同的，所以气缸内的温度也不尽相同，这就要求配用不同热特性的火花塞，火花塞的热特性主要决定于绝缘体裙部的长度。

不同的发动机，当气缸内温度分布状况相同时，火花塞绝缘体裙部越长，其受热面积越大，且传热距离越长，散热困难，火花塞裙部的温度越高，这种火花塞称为“热型”火花塞，它适用于低速、低压缩比的小功率发动机。相反，火花塞绝缘体裙部越短，其受热面积越小，且传热距离缩短，容易散热，火花塞裙部的温度越低，这种火花塞称为“冷型”火花塞，它适用于高速、高压缩比大功率发动机。裙部长度介于冷型与热型之间的火花塞，称为“普通型”火花塞。如图 5-3-6 所示，火花塞的热特性用热值来表示，1、2、3 为低热值，4、5、6 为中热值，7、8、9 以上为高热值，热值越大，散热性越好。

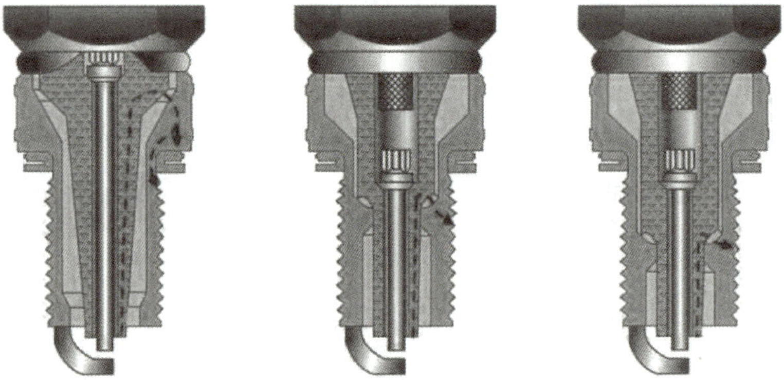

(a) 低热值火花塞　　(b) 中热值火花塞　　(c) 高热值火花塞

图 5-3-6　不同热值的火花塞

任务实施

一、点火系统故障原因分析

故障现象如“任务描述”所述，根据点火系统控制原理图分析，点火系统出现故障，造成一个气缸或多个气缸点火能量降低或缺缸，导致发动机各缸之间功率失去平衡，进而造成发动机怠速抖动甚至加速不良，故障原因主要有：点火控制器、点火线圈自身损坏，点火控制器、点火线圈线路故障，火花塞自身损坏（间隙过大或过小、烧蚀）。

二、点火系统故障检测流程

当怀疑某缸工作异常时，建议先检查点火线圈相关线路，若线路没有问题，下一步进行点火线圈替换检查。若点火线圈自身也没问题，再检查火花塞。

为确定某缸工作异常，可通过逐一拔下点火线圈接插件进行测试。经逐一试验，当拔下点火线圈 2 缸接插器时症状无变化，故先检查点火线圈 2 缸控制线路。大众迈腾四缸点火控制器的安装位置如图 5-3-7 所示。各缸点火控制器的控制电路如图 5-3-8 所示，四个点火控制器的 4 号端子由主继电器控制统一供蓄电池电压，2 号端子为发动机 ECU 控制输出点火信号端子，四个点火控制器的 1 号端子接在一起通过缸体统一接地，3 号端子也为接地端子。端子排列如图 5-3-9 所示。

图 5-3-7　四缸点火控制器安装位置

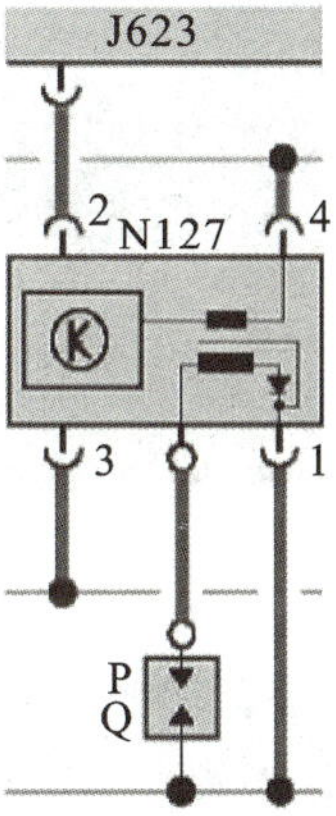

图 5-3-8　EA888 发动机点火控制电路

点火线圈 2 号端子信号波形正常时如图 5-3-10 所示。

图 5-3-9　EA888 发动机点火控制器端子排列

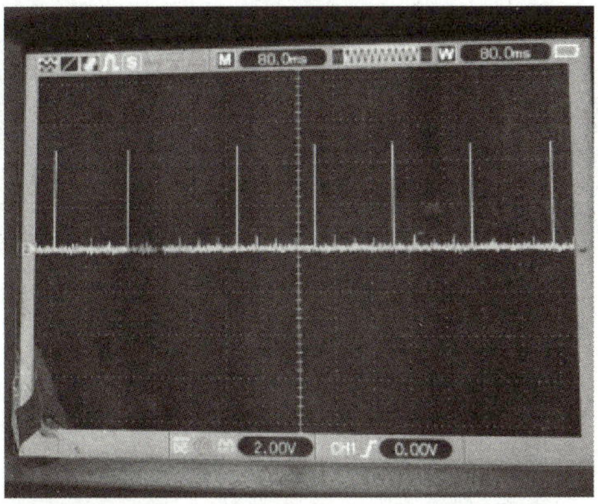

图 5-3-10　点火线圈 2 号端子信号正常波形

（1）如图 5-3-11 所示，根据迈腾轿车发动机点火控制电路，首先对点火线圈进行供电检查，使用万用表 20 V 直流电压挡对点火线圈 2 缸 4 号供电端子进行测量，供电正常。

（2）如图 5-3-12 所示，分别对点火线圈 2 缸 1 号、3 号接地端子信号进行测量，接地正常。

（3）如图 5-3-13 所示，怠速状态下使用示波器对点火线圈 2 缸信号端子测量，示波器显示无信号，说明点火线圈未接收到来自发动机 ECU 的点火控制信号，下一步测试 ECU T105-57 端子。

（4）如图 5-3-14 所示，怠速状态下测量 T105-57 端子，波形正常。说明 ECU 有信号输出，而点火线圈没有收到信号。怀疑 ECU 57 号端子 T4s/2 线路故障，进行线路故障验

图 5-3-11　点火线圈电源供电端子测量

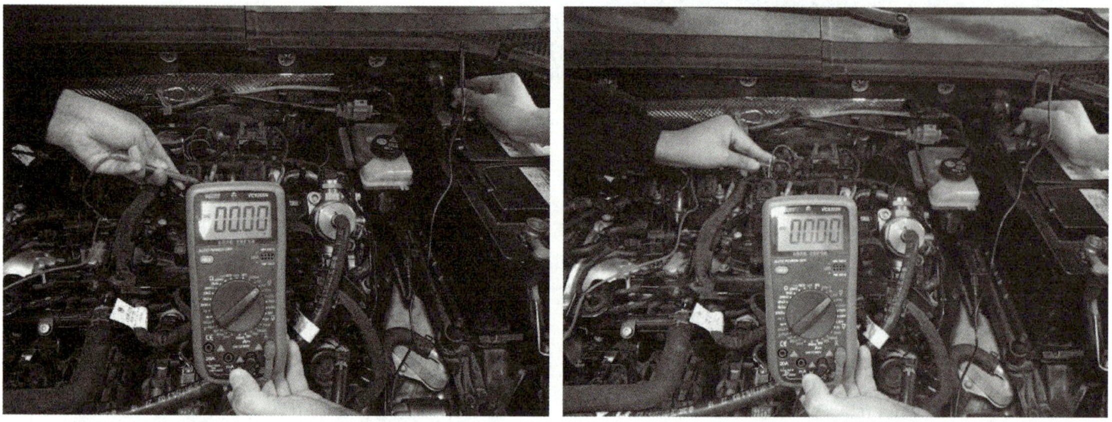

图 5-3-12　点火线圈接地端子测量

证。经测试，ECU 57 号端子 T4s/2 线路电阻无穷大，线路断路，更换线束。故障排除。

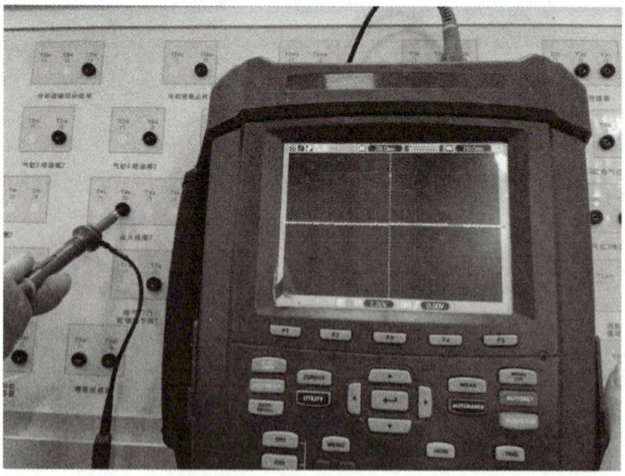

图 5-3-13　点火线圈 2 缸信号端子测量

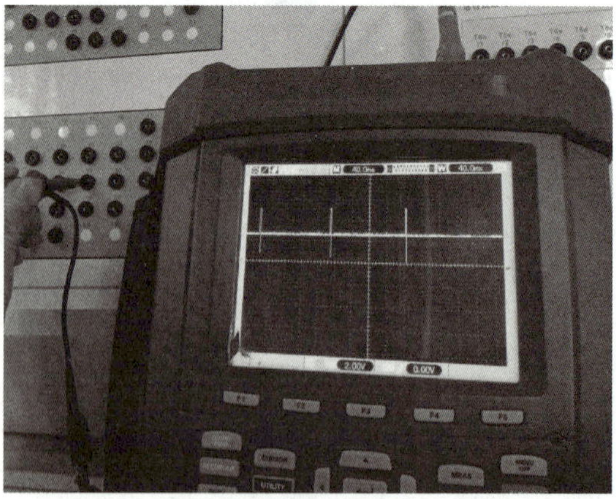

图 5-3-14　发动机 ECU 输出点火线圈 2 缸信号端子测量

任务自测

一、填空题

1. 无分电器电控点火系统可分为________和________两种。

2. 在独立点火系统中，每缸具有独立的________和________。

3. 点火提前角随着发动机的负荷增大而________。

4. 点火线圈初级电路的通电时间由________控制。

5. 双缸同时点火系统四缸发动机，________两缸共用一个点火线圈，________两缸共用一个点火线圈。

二、判断题

1. 双缸同时点火系统中，两缸点火都是有效的。 ( )

2. 电控点火系统中使用闭磁路点火线圈。 ( )

3. 初级电流通电时间的修正与蓄电池的电压无关。 ( )

4. 点火正时必须随发动机的转速和负荷变化而变化。 ( )

5. EA888 发动机有一个电控点火模块。 ( )

项目6

怠速控制系统结构与维修

"质量意识"的培养

"质量意识"是一个企业从领导决策层到每一个员工，对质量和质量工作的认识和理解的程度。"质量意识"对质量行为起着极其重要的影响和制约作用。

所谓"质量意识"，首先要保证产品合格，符合产品的规格要求。并且，整个生产流程严格遵照企业生产流程的管理规定。

雷锋在部队里是一名汽车兵。他认为，一名合格的汽车驾驶员，也应该是一名合格的汽车修理工，要自己设法学会排除各种故障，确保行车安全。一次出车前，他和战友检查车辆，发现一个豆粒大小的火花塞帽不见了。战友着急出车，便找来一个新的火花塞帽想要换上。雷锋坚决不同意，他说如果火花塞帽掉进气缸里，行车后就会发生事故。于是，他们就将车辆机件拆开，经过细心查找，果真在气缸里找到了那个火花塞帽。

从这个故事我们可以看到，雷锋不仅是位驾驶员，还是个"修车达人"。雷锋对待自己的职业毫不马虎，没有侥幸心理，有深刻的"质量意识"。

任务 6.1　节气门直动式怠速控制系统的结构与维修

任务描述

一辆大众宝来轿车，发动机怠速不稳，怠速转速在 800～1300 r/min 变化不定，有时怠速时熄火。经检查该发动机怠速控制系统有故障。

任务目标

知识目标

(1) 了解怠速控制系统的组成与工作过程。

(2) 了解怠速控制系统的控制功能。

(3) 熟悉节气门直动式怠速控制系统的结构与控制电路。

能力目标

(1) 能正确使用数字万用表、示波器、故障诊断仪读取测量数据并分析原因。
(2) 能正确使用拆装工具、辅助接线检修节气门直动式怠速控制系统。

素质目标

(1) 具有质量、安全、环保、规范、节约的意识。
(2) 具有严谨的工作态度和精益求精的工匠精神。
(3) 热爱劳动、尊重他人劳动,履行道德准则和行为规范。

知识收集

在汽车使用中,怠速的转速高低直接影响汽车经济性和排放性。怠速转速过高,油耗增加,经济性变差;转速过低,又会引起发动机运转不稳定,污染物排放增加。因此发动机控制系统要对发动机怠速进行控制,使其能够随怠速时状态的变化,控制在发动机稳定运转的最低转速。

一、怠速控制系统的总体认识

1. 怠速控制系统的功能

怠速控制系统(ISC)是发动机辅助控制系统之一,其功能是在发动机怠速工况下,根据发动机冷却液温度信号、空调压缩机工作信号、变速器挡位信号等,通过怠速控制执行器对发动机进气量进行控制,使发动机以最佳怠速稳定运转。怠速是指油门踏板完全松开,节气门处于关闭状态,且发动机对外无功率输出并保持最低转速稳定运转时的工况。其实质是通过调节发动机怠速时的进气量来调整发动机怠速转速。

2. 怠速控制系统的组成

怠速控制系统主要由各种传感器、ECU 和执行器三部分组成,如图 6-1-1 所示。

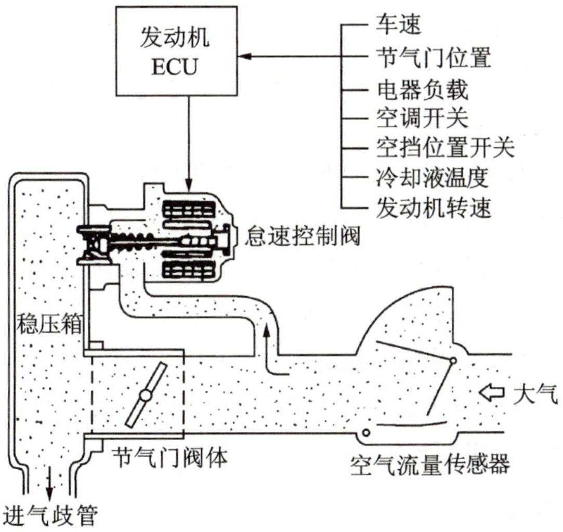

图 6-1-1 怠速控制系统的组成和工作原理

1）传感器

传感器信号将发动机的运行状态信息传输给发动机 ECU，与怠速控制相关的各传感器、信号名称和功能如表 6-1-1 所示。

表 6-1-1　怠速控制的传感器、信号名称和功能

序号	名称	功能
1	发动机转速传感器	检测发动机转速
2	节气门位置传感器	输出怠速开关信号
3	冷却液温度传感器	检测发动机冷却液温度
4	启动开关	判读启动状态
5	空调开关	检测空调工作状态
6	车速传感器	检测车速
7	空挡启动开关	检测挡位信号
8	动力转向开关	检测动力转向工作状态
9	发电机负荷信号	检测发动机负荷变化

2）ECU

ECU 根据发动机实际转速与由各传感信号所决定的目标转速进行比较，根据比较所得的差值来确定控制量，驱动执行机构，调节怠速进气量，使怠速转速保持在目标转速附近。

3）执行器

怠速控制系统的执行器有怠速控制阀或怠速控制电动机，控制节气门旁通空气道或节气门的最小开度。不同怠速控制系统的执行器不同。

3. 怠速控制系统的工作原理

怠速控制系统的工作原理如图 6-1-1 所示。ECU 根据节气门位置传感器信号和车速传感器信号确认发动机是否处于怠速工况，只有发动机处于节气门全关的怠速工况且车速为零时，控制系统才进行怠速控制。

当发动机处于怠速工况时，ECU 先根据各传感器的输入信号确定一个怠速运转的目标转速，然后拿这个目标转速与发动机的实际转速进行比较，最终根据比较计算差值，确定相当于目标转速的控制量，再由驱动电路发出信号去驱动控制进气量的执行器。

当发动机负荷增大，需要发动机高怠速运转，目标转速高于实际转速时，ECU 将控制怠速控制阀，增大旁通进气量来实现高怠速；当发动机负荷减小，目标转速低于实际转速时，ECU 将控制怠速控制阀，减小旁通进气量来降低怠速转速。怠速控制系统以发动机转速作为反馈信号，对怠速转速实现闭环控制。

4. 怠速控制系统的分类

在发动机怠速控制系统中，控制怠速进气量的方式可分为节气门直动式和旁通空气式

两种，如图 6-1-2 所示。节气门直动式怠速控制系统通过怠速执行器直接控制节气门的最小开度来控制怠速进气量，结构简单，控制稳定性好，目前主要应用在大众、奥迪等车系中。旁通空气式怠速控制系统设有旁通节气门的怠速空气道，通过 ECU 控制旁通节气门空气道的截面，从而控制怠速进气量，比如丰田车系就是应用这种控制方式。

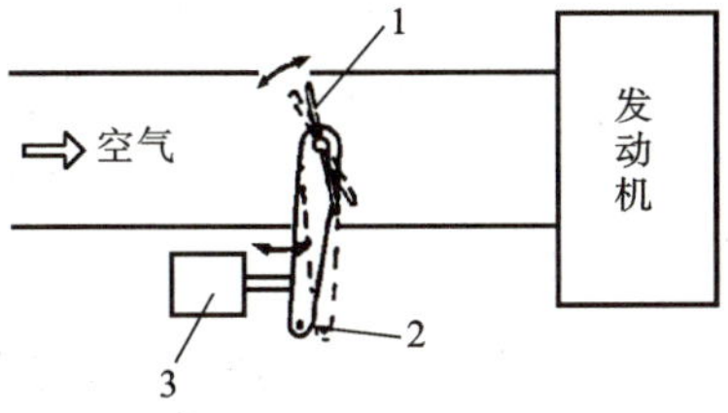

(a) 节气门直动式

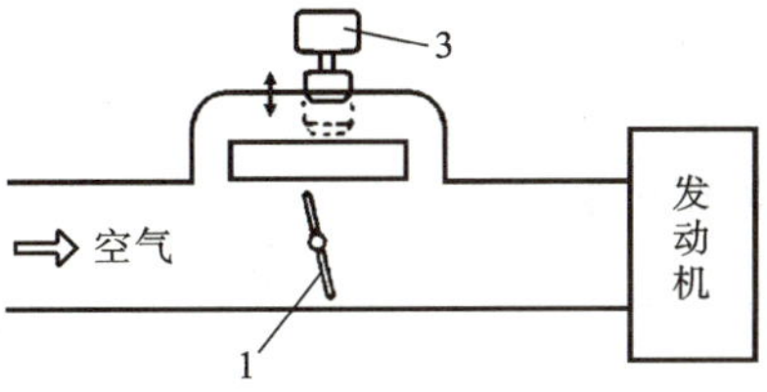

(b) 旁通空气式

图 6-1-2 怠速控制系统的分类

1—节气门；2—节气门操纵臂；3—怠速执行器

5. 怠速控制系统的控制内容

ECU 对怠速进行控制的内容包括启动设置、启动后控制、暖机过程控制、负荷变化控制、反馈控制等。其控制的过程是由怠速控制阀或节气门来完成的。

1) 怠速初始位置的设定

为改善发动机的启动性能，使用步进电动机怠速控制阀的系统在点火开关关闭后，蓄电池继续给 ECU 和步进电动机供电 2 s，ECU 控制怠速控制阀回到启动初始全开位置，这时主继电器线圈才断电，蓄电池停止给 ECU 和步进电动机供电，怠速控制阀保持全开不变，为下次启动做好复原准备。

使用节气门电动机直接控制怠速的发动机在点火开关打开后，未启动前，节气门电动机先驱动节气门打开一个小角度，为启动做准备。

2) 暖机控制

在发动机冷却液的温度较低时，需要将发动机怠速转速提高，以便发动机能够平稳运行(暖机快怠速)。当发动机冷却液温度升高后，则减低怠速转速。暖机(快怠速控制)需要提供以下传感器信号：车速传感器信号，节气门位置传感器信号，冷却液温度传感器信号，曲轴位置传感器信号，启动机信号。

3) 反馈控制

在车辆怠速时，使开关空调、开关大灯以及驻车时换挡杆在 N 挡与 D 挡之间变换时，发动机的负荷会发生变化，此时的怠速转速也将随之变化。反馈控制需要提供以下传感器信号：车速传感器信号，节气门位置传感器信号，冷却液温度传感器信号，曲轴位置传感器信号，A/C 放大器信号，电负荷信号，空挡位置开关信号。

4) 自学习控制

ECU 通过怠速目标转速控制怠速控制系统的初始位置，达到调整发动机怠速转速的目的。发动机大修、更换气缸环、缸内积炭、节气门体变脏或更换过发动机等都会影响发动机在同样怠速控制阀开度下的发动机转速。如果怠速控制阀的开度不随之改变，怠速转速会变得和初设的转速数值不同。为防止这种情况发生，ECU 利用反馈控制的方法，使发动机转速达到目标转速值。同时，ECU 将怠速控制阀的开度控制值存储在存储器中，在后期的怠速控制中使用。

二、节气门直动式怠速控制系统的组成

桑塔纳 3000 轿车、捷达 AT 和宝来等车型发动机采用了节气门直动式怠速控制系统，由节气门控制组件(J338)对怠速进行综合控制。节气门控制组件(J338)安装在进气系统中，进气总管与进气歧管之间，实物及安装位置如图 6-1-3 所示。

图 6-1-3　节气门控制组件的实物及安装位置

节气门控制组件(J338)由怠速开关(F60)、怠速节气门位置传感器(怠速节气门电位计)(G88)、怠速控制电动机(V60)和节气门位置传感器(节气门电位计)(G69)等组成。节气门位置传感器(G69)和怠速节气门位置传感器(G88)均为线性电位计，怠速开关为触点开关，结构如图 6-1-4 所示。

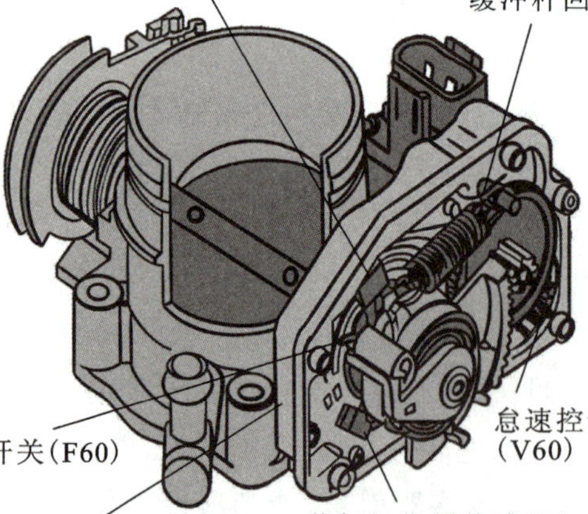

图 6-1-4　节气门控制组件的结构

节气门控制组件控制电路如图 6-1-5 所示，各部分含义如图。

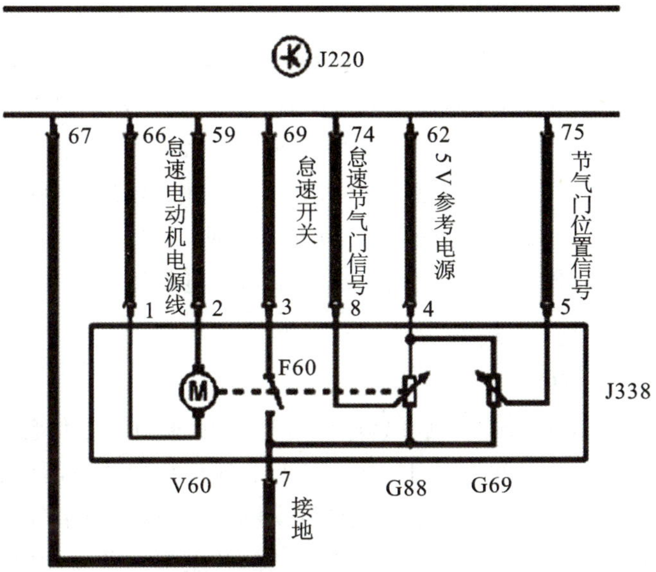

图 6-1-5 节气门控制组件控制电路

三、节气门直动式怠速控制系统的工作过程

节气门位置传感器(G69)和怠速节气门位置传感器(G88)都起着节气门位置传感器的作用。怠速控制电动机(V60)起着控制怠速的作用,能适当开大或关小节气门开度,所以,采用节气门控制组件 J338 的轿车没有配置怠速控制阀。

怠速开关、怠速节气门位置传感器以及节气门位置传感器的功用是向 ECU(J220)提供节气门当前位置信息。在怠速范围内,ECU(J220)根据这些信息通过怠速控制电动机来调节怠速时的节气门开度。

1. 节气门位置传感器(G69)

如图 6-1-4 所示,节气门位置传感器直接连接在节气门轴上,与驾驶员操纵的加速踏板连动。通过安装在节气门轴一端的滑臂在电位计电阻上滑动,将节气门开度转换为电信号输送给 ECU,在发动机工作转速范围内,向 ECU 提供当时的节气门位置信号,作为 ECU 判断发动机运转工况的依据。在配装自动变速器的汽车上,ECU 还要利用这个信号来控制自动变速器。如果 ECU 没有接收到节气门电位计传输的信号,那么 ECU 将根据发动机转速信号和空气流量传感器信号计算确定一个替代值。

2. 怠速节气门位置传感器(G88)

如图 6-1-4 所示,怠速节气门位置传感器安装在节气门体内,与怠速控制电动机连接在一起,可将节气门的开度、怠速控制电动机的位置信号输送给 ECU,当怠速节气门位置传感器到达调节范围极限时,传感器不再移动,节气门仍可继续开启。当怠速节气门位置传感器的信号中断时,节气门控制组件将利用应急弹簧,将节气门拉开到固定小开度位置,使怠速转速升高。

3. 怠速开关(F60)

如图 6-1-4 所示,怠速开关与节气门位置传感器一起安装在节气门轴上,向 ECU 提供怠速状态信息。当节气门关闭时,怠速开关触点闭合,ECU 判定发动机处于怠速状态,从而按怠速工况要求控制喷油量。当节气门打开时,怠速开关触点断开,ECU 根据这一信号控制从怠速到小负荷工况过渡的喷油量。怠速开关信号还可作为 ECU 判断是否进行怠速自动控制和急减速断油控制的依据。当怠速开关信号中断时,ECU 将把节气门位置传感器的信号与怠速节气门位置传感器的信号进行比较,根据两个电位计的相互位置来判别节气门的怠速位置。

4. 怠速控制电动机(V60)

如图 6-1-4 所示,怠速控制电动机在怠速调节范围内,通过齿轮传动机构来操纵节气门,使其开度增大或减小。当发动机怠速工作时,怠速节气门位置传感器将其阻值变化转换为电信号输入 ECU。ECU 接收到该信号后,根据信号电压高低确定节气门的位置,再控制怠速控制电动机,通过怠速控制电动机微量调节节气门开度来调节发动机的怠速转速。当怠速控制电动机发生故障或 ECU 对怠速控制电动机的控制失灵时,应急弹簧将把节气门拉到一个特定的应急位置,使怠速处在应急状态运转,怠速转速将升高。

任务实施

一、怠速控制系统故障原因分析

故障现象如“任务描述”所述,发动机怠速控制系统出现故障,会导致发动机怠速不稳、怠速转速过高、无怠速、自行熄火,发动机油耗增高,排放变差。故障原因可能有节气门控制组件外部连接线路故障、节气门控制组件内部故障、发动机 ECU 故障等。

节气门控制组件(J338)连接器插头为 8 端子插头,各端子含义如图 6-1-5 所示,端子排列位置如图 6-1-6 所示,其中 6 号端子为空端。

图 6-1-6 节气门控制组件端子位置

二、检修节气门控制组件注意事项

检修节气门控制组件时,需要注意以下几点:

(1) 节气门控制组件为一整体结构,壳体不允许打开。

(2) 怠速参数的基本设定已由制造厂设定在 ECU 中,不需要人工调整。

(3) 拆装或更换节气门控制组件后,必须用专用检测仪重新进行一次基本设定。

进行基本设定时,如果有节气门轴因油泥沉积等原因而转动不灵活、气门拉索调整不当、电池电压过低(低于 11 V)、节气门控制组件线束或连接器不良等情况,则发动机怠速仍不能正常工作。

三、节气门控制组件检修过程

1. 怠速开关(F60)的检修

拔下节气门控制组件 8 端子插头,用万用表检测端子 3 与 7 之间怠速开关的电源电压,接通点火开关时,电源电压至少应为 8 V。

将数字式万用表的两只表笔用导线连接到 ECU 的 67 与 69 号插孔上,检查怠速开关的电阻值。当节气门关闭时,怠速触点的接触电阻应当小于 1.5 Ω。然后慢慢打开节气门,电阻值应为无穷大。

如果电阻值不符合上述规定,拔下节气门控制组件上的 8 端子插头,检测各导线有无短路或断路故障。

用万用表电阻挡检测导线有无断路故障时,两只表笔分别连接控制组件插头上端子 3 与 ECU 连接器插孔 69 或控制组件插头上端子 7 与 ECU 连接器插孔 67,导线电阻应当小于 1.5 Ω。如果电阻值为无穷大,说明该导线断路,应予以检修。

在上述检测中,如果怠速触点接触电阻不正常而导线良好,说明怠速触点接触不良,应予以更换节气门控制组件。

2. 怠速节气门电位计(G88)和节气门电位计(G69)的检修

拔下节气门控制组件 8 端子插头,用万用表检测端子 4 与 7 之间怠速节气门电位计和节气门电位计的电源电压,接通点火开关时,电源电压至少应为 4.5 V。

断开点火开关,拔下节气门控制组件连接器插头和 ECU 连接器插头,用万用表检测控制组件插头上各端子与 ECU 插头上各插孔之间有无短路或断路故障。如果有短路或断路,则应更换导线或线束。

3. 怠速控制电动机(V60)的检修

断开点火开关,拔下节气门控制组件线束插头,将万用表拨到电阻挡,两只表笔分别连接节气门控制组件插座上 1、2 端子,检测怠速控制电动机绕组,电阻值应为 3～200 Ω。如果阻值不符规定,说明电动机有故障,需要更换节气门控制组件。

任务自测

一、填空题

1. 在怠速控制系统中,ECU 需要根据________、________确认怠速工况。

2. 怠速控制的实质就是对怠速工况下的________进行控制。

3. 怠速控制系统由________、________、________三部分组成。

4. 控制怠速进气量的方法有________、________两种类型。

5. 发动机启动时,怠速控制阀预先设定在________。

6. 节气门控制组件是由________、________、________和________等组成。

7. 怠速节气门位置传感器主要是反映________。它安装在节气门体内,与________连接在一起,可将________输送给 ECU。

二、判断题

1. 怠速运转的高低直接影响燃油消耗和排放污染。（　　）
2. 只有在节气门全关、车速为零时，才进行怠速控制。（　　）
3. 怠速控制的目的是保证发动机运转稳定的前提下，尽量使电动机保持高怠速运转。（　　）
4. ECU 通过控制脉冲信号的占空比来改变旋转电磁阀的开度。（　　）
5. 节气门控制组件安装在进气总管之前。（　　）

任务 6.2　旁通气道式怠速控制系统的结构与维修

任务描述

一辆丰田卡罗拉轿车发动机怠速不稳，怠速转速在 800～1200 r/min 变化不定，有时怠速时熄火。经检查该发动机怠速控制系统有故障。

任务目标

知识目标

(1) 熟悉步进电动机怠速控制阀的结构与原理。

(2) 熟悉旋转滑阀怠速控制阀的结构与原理。

(3) 了解占空比怠速控制阀的结构与原理。

能力目标

(1) 能正确使用数字万用表、示波器、故障诊断仪读取测量数据并分析原因。

(2) 能正确使用拆装工具、辅助接线检修旁通气道式怠速控制系统。

素质目标

(1) 具有严谨的工作态度和精益求精的工匠精神。

(2) 具有爱岗敬业和团队协作的精神。

(3) 热爱劳动、尊重他人劳动，履行道德准则和行为规范。

知识收集

旁通气道式怠速控制系统在节气门的旁通气道内设有一个阀门，常见结构有步进电动机怠速控制阀、旋转滑阀怠速控制阀和占空比怠速控制阀三种。

一、步进电动机怠速控制阀

1. 步进电动机怠速控制阀的结构

步进电动机怠速控制阀是目前应用较多的一种怠速执行器，阀座既可以安装在稳压箱上，也可以装在进气管上，还可以装在节气门体上，图 6-2-1 所示为安装在节气门体的步进电动机怠速控制阀的实物及安装位置图。步进电动机怠速控制阀的结构如图 6-2-2 所示，其主体是一个步进电动机，由丝杠机构和控制阀等主要部件组成，控制阀由阀轴、阀芯和阀座组成，阀芯与阀座相互配合，用于控制怠速空气道的流通截面积。步进电动机由转子和定子构成，丝杠机构将步进电动机的旋转运动转变为阀轴的直线运动，阀芯与阀轴制成一体。

发动机怠速运转时，ECU 根据传感器的信号，控制步进电动机的正、反转和转动量，调整阀芯和阀座之间的间隙，从而改变怠速气道的流通截面大小，控制发动机怠速工况下的空气进给量。

图 6-2-1 步进电动机怠速控制阀实物及安装位置

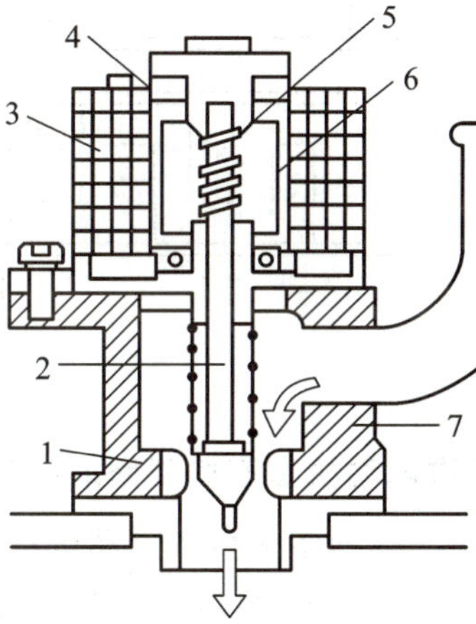

图 6-2-2 步进电动机怠速控制阀的结构

1—阀座；2—阀轴；3—定子；4—轴承；
5—进给丝杠；6—转子；7—阀芯

图 6-2-3 所示为步进电动机的结构。图 6-2-4 所示为定子与转子展开之后磁极之间的相对位置，转子由永久磁铁制成，N 极和 S 极在圆周上相间排列，共有 8 对磁极。定子由两组 16 极铁芯组成，两组交错排列，批次错开半个节距。两个定子铁芯上分别绕有 1 相和 3 相、2 相和 4 相两组线圈，每个定子上两线圈的绕制方向相反。

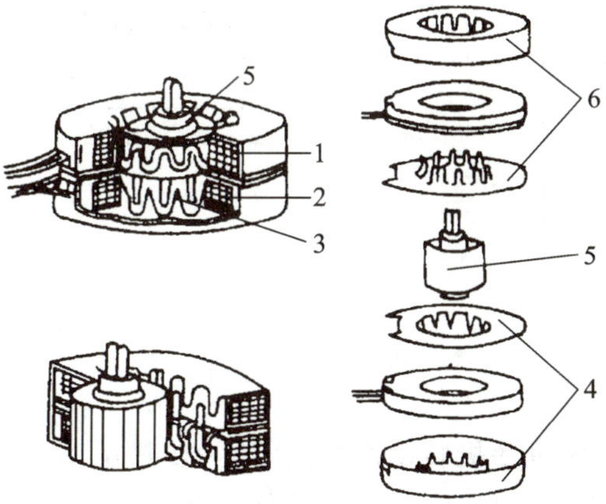

图 6-2-3 步进电动机的结构

1—线圈 A；2—线圈 B；3—爪极；4—定子 B；5—转子；6—定子 A

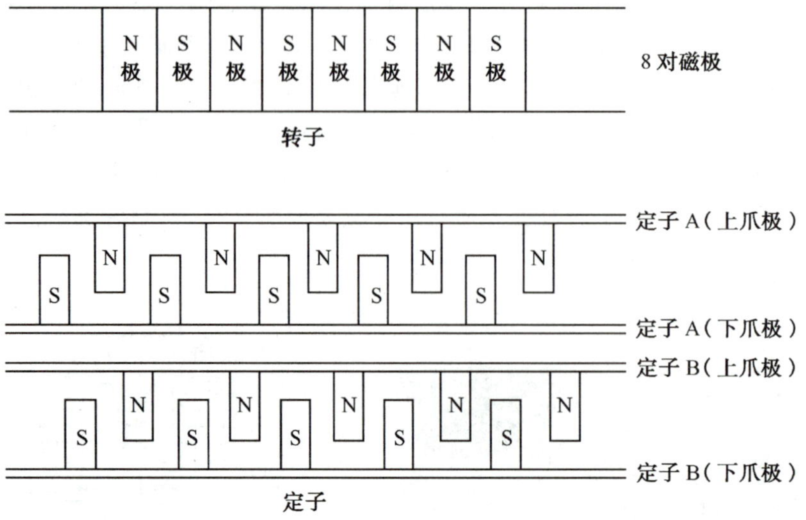

图 6-2-4　定子与转子展开之后磁极之间相对位置

2. 步进电动机怠速控制阀的控制原理

如图 6-2-5 所示为步进电动机怠速控制阀的控制电路。当 ECU 控制使步进电动机的线圈按 1-2-3-4 顺序依次接地时，定子磁场顺时针转动，由于与转子磁场间的相互作用，使转子随定子磁场同步转动。同理，步进电动机的绕组按相反的顺序通电时，转子则随着定子磁场同步反转。因此，ECU 通过对定子线圈通电顺序和输入脉冲信号数量的控制，即可改变步进电动机怠速控制阀的开度，从而控制怠速进气量。由于给步进电动机每输入一定量的脉冲信号只转动一定的角度，其转动不是连续的，故称为步进电动机。

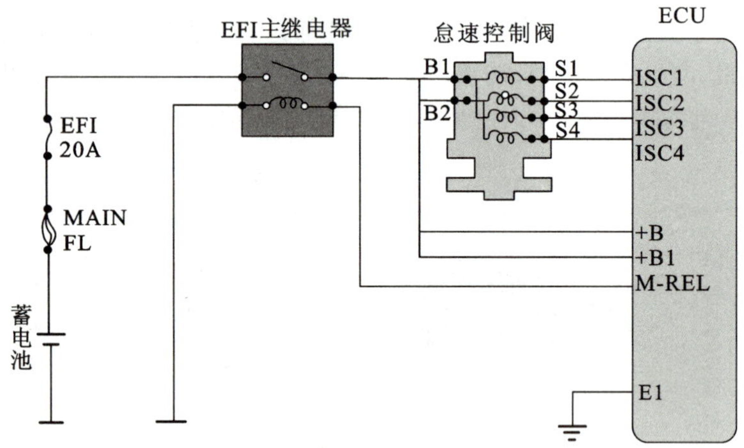

图 6-2-5　步进电动机怠速控制阀的控制电路

每输入一个脉冲信号使电动机转动的角度，称为步进电动机的步进角。常用的步进角有 30°、15°、11.25°、3.75°、2.5°、1.8°等。如上，两个定子共 32 个磁极，其步进电动机的步进角为 11.25°，转子转动一圈需要 32 步，该步进电动机的工作范围为 0～125 步进级，即怠速控制阀有 125 种不同的开度位置。步进电动机定子爪极越多，步进角越小，转角的控制精度就越高，所需要定子绕组的数量和控制脉冲的组数就越多。步进电动机的转速取决于控制脉冲的频率，频率越高，转速越快。

二、旋转滑阀怠速控制阀

1. 旋转滑阀怠速控制阀的结构

图 6-2-6 所示为旋转滑阀怠速控制阀的实物及安装位置。

图 6-2-6　旋转滑阀怠速控制阀实物及安装位置

如图 6-2-7 所示，旋转滑阀怠速控制阀固定安装在电枢轴上，与电枢轴一起转动，用于控制流过旁通气道的空气量。永久磁铁固定安装在外壳上，其间形成磁场。电枢位于永久磁铁的磁场中，电枢铁芯上缠绕有两组绕向相反的磁化线圈 L_1 和 L_2，当 L_1 通电时，电枢带动旋转滑阀顺时针偏转，空气旁通气道截面变小；L_2 通电时，电枢带动旋转滑阀逆时针偏转，空气旁通气道开大。

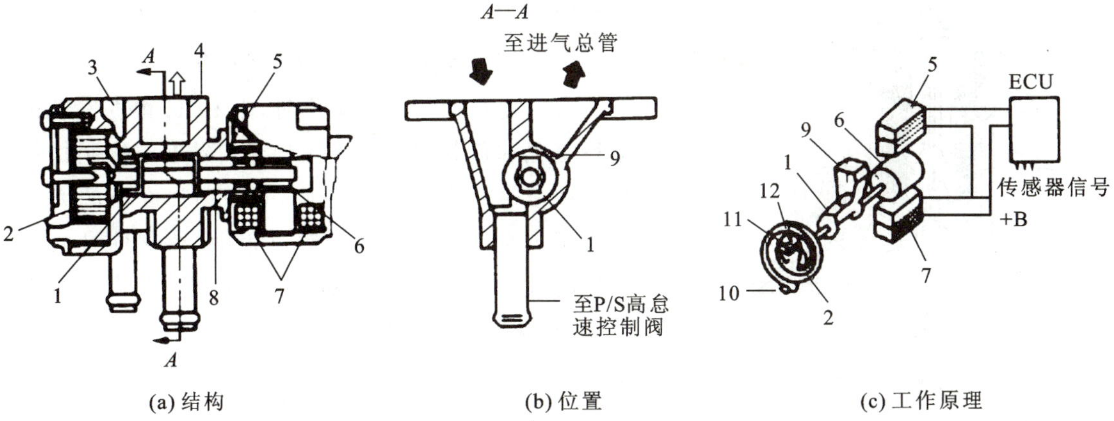

图 6-2-7　旋转滑阀怠速控制阀的结构、位置及原理图

1—控制阀；2—双金属片；3—冷却液腔；4—阀体；5、7—线圈；6—永久磁铁；8—阀轴；9—怠速空气旁通口；10—固定销；11—挡块；12—阀轴限位杆

2. 旋转滑阀怠速控制阀的控制原理

图 6-2-8 所示为旋转滑阀怠速控制阀电路图，当点火开关置于“ON”时，蓄电池电压被加到怠速控制阀接线头“2”上，也就是线圈 L_1 和 L_2 的公共端。线圈 L_1 和 L_2 的另一端则由 ECU 控制。由于三极管 V_1 和 V_2 的基极之间接有反相器，所以它们的集电极输出相位相反。

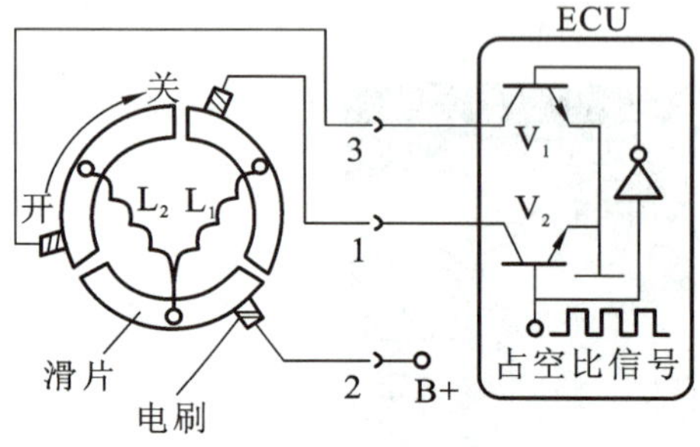

图 6-2-8　旋转滑阀怠速控制阀电路图

因此，怠速控制阀上的两个线圈在占空比控制信号的作用下，交替地通过电流，又因两个线圈的绕向相反，致使电枢上交替产生方向相反的电磁力矩。在整个怠速范围内，ECU 根据传感器输入的信号，确定发动机所处怠速工况的占空比对怠速进行控制。当占空比 50％时，线圈 L_1 和 L_2 的平均通电时间相等，二者产生的电磁力矩抵消，电枢轴停止偏转。当占空比小于 50％时，线圈 L_1 的平均通电时间长，其合成电磁力矩使电枢带动旋转滑阀顺时针偏转抵消，旁通气道截面变小，怠速降低；反之，当占空比大于 50％时，旁通气道截面开大，怠速升高。如此，旋转滑阀根据控制脉冲的占空比信号偏转，占空比的范围约为 18％（旋转滑阀打开）至 82％（旋转滑阀关闭）之间，滑阀的偏转角度限定在 90°范围内。

三、占空比怠速控制阀

1. 占空比怠速控制阀的结构

占空比怠速控制阀是一种比例电磁阀，其结构如图 6-2-9 所示，主要由电磁线圈、阀轴及阀等部件构成。电磁线圈通电时产生电磁吸力，使阀轴沿轴向位移，从而控制阀门开度。

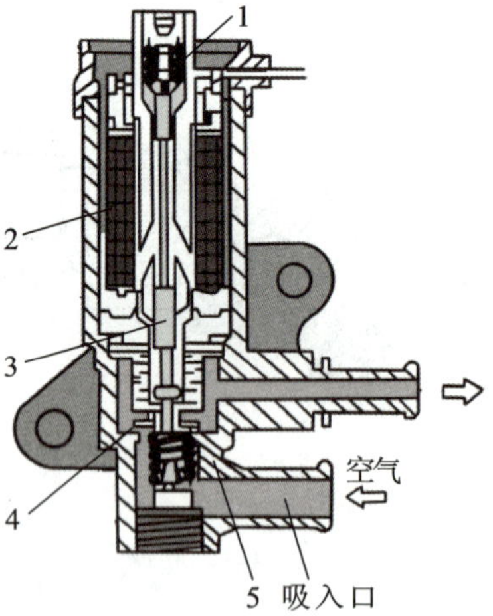

图 6-2-9　占空比怠速控制阀的结构

1—弹簧；2—电磁线圈；3—阀轴；4—阀；5—壳体

2. 占空比怠速控制阀的控制原理

占空比怠速控制阀工作时，由 ECU 根据发动机运行工况和负载设备的工作状况信号确定控制执行器脉冲信号的占空比，线圈中的磁场强度流的大小取决于占空比。在怠速控制过程中，控制信号的占空比越大，线圈中的磁场强度越大，阀门开启的行程越大，怠速旁通道开度越大，反之亦然。电磁线圈中电流的大小由 ECU 控制，当发动机怠速转速低时，ECU 使占空比增大，增加进气量；当发动机怠速转速过高时，ECU 降低占空比，减少进气量，稳定发动机怠速。

任务实施

一、旁通气道式怠速控制系统的故障原因分析

故障现象如“任务描述”所述，发动机怠速控制系统出现故障，会导致发动机怠速不稳、怠速转速过高、无怠速、自行熄火，发动机油耗增高，排放变差。故障原因可能有怠速控制阀连接线路故障、怠速控制阀内部故障、发动机 ECU 故障等。

二、旁通气道怠速控制系统的检修

1. 步进电动机怠速控制阀的检修

各型号汽车用步进电动机怠速控制阀的检修方法基本相同，下面以丰田车系怠速控制阀的检修方法为例说明。

1）车上检查

发动机启动后再熄火时，2～3 s 内怠速控制阀附近应能听到内部发出的“嗡嗡”声，否则应进一步检查怠速控制阀、控制电路及 ECU。

2）怠速控制阀电源电路检测

关闭点火开关，拆下怠速控制阀线束插接器，将点火开关转至“ON”位置但不启动发动机，在线束侧分别测量 B1 和 B2 端子与搭铁之间的电压，均应为蓄电池电压(9～14 V)；否则，说明怠速控制阀电源电路有故障，应对电源电路进行检修。

3）检查怠速控制阀的电阻

如图 6-2-10 所示为六线式怠速控制阀端子排列方式，B1、B2 为 12 V 电源，S1、S2、S3、S4 分别为线圈的接地端，由 ECU 控制其接通顺序。如图 6-2-11 所示，检测 Bl—S1、Bl—S3、B2—S2 和 B2—S4 共 4 个线圈电阻，都应是 10～30 Ω，如果电阻不对，应更换怠速控制阀。

图 6-2-10 步进电动机怠速控制阀端子

图 6-2-11 步进电动机怠速控制阀线圈电阻测量

4）怠速控制阀动作的检测

如图 6-2-12 所示，从节气门体上拆下怠速控制阀，用导线将 B1 和 B2 端子连接蓄电池正极，然后依次将 S1—S2—S3—S4 与蓄电池负极连接，阀芯应当逐渐向外伸出；如果依次将

S4—S3—S2—S1 与蓄电池负极连接,阀芯应当逐渐收缩,如图 6-2-13 所示。如阀芯不能移动,说明步进电动机失效,应予以更换。

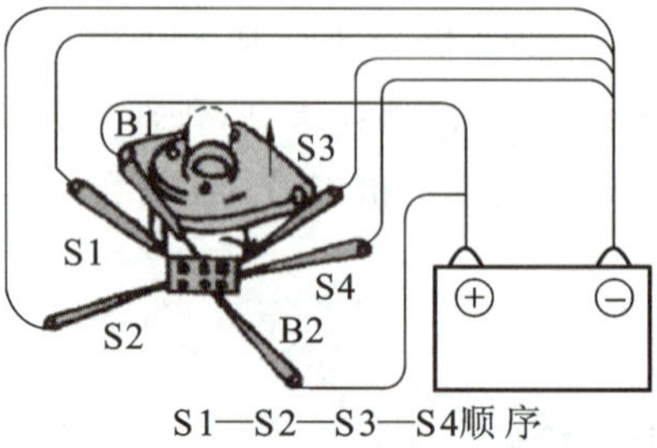

图 6-2-12 步进电动机控制阀工作情况检查

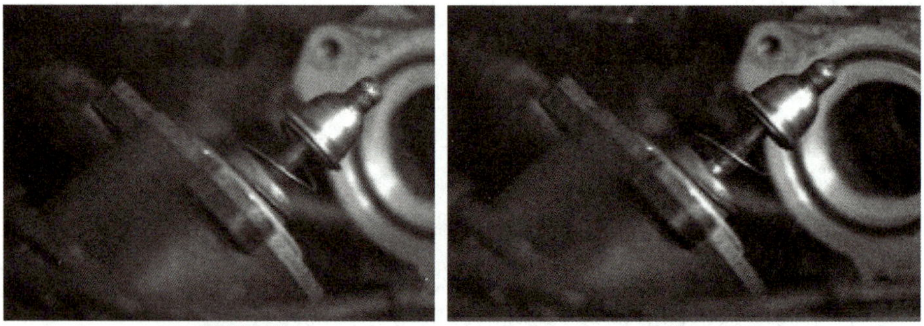

(a) 锥阀缩回　　(b) 锥阀伸出

图 6-2-13 步进电动机控制阀锥阀工作情况对比

2. 旋转滑阀怠速控制阀的检修

(1) 拆下控制阀线束连接器,图 6-2-14 所示为控制阀线束连接器实物,端子排列为:中间端子为 12 V 电源,两端各为两线圈的接地端子。点火开关置"ON"位置,不启动发动机,分别检测电源端子+B 与 ISC1、ISC2 的电压,为蓄电池电压 12 V 左右。

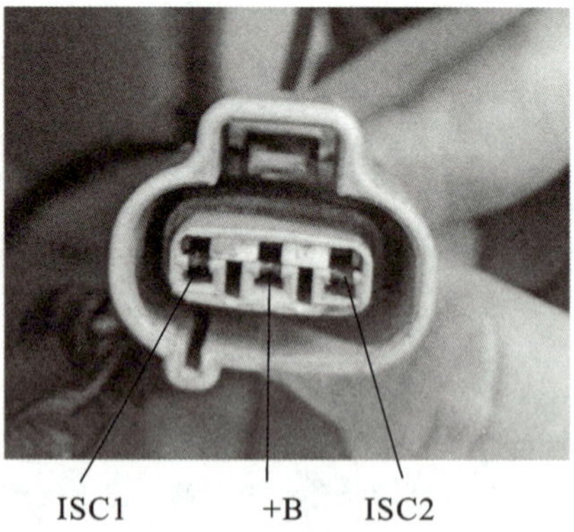

图 6-2-14 旋转滑阀怠速控制阀线束连接器

(2) 发动机达到正常工作温度、变速器处于空挡位置时,使发动机维持怠速运转,用专用短接线接故障诊断座上的 TE1 与 E1 端子,发动机转速应保持在 1000～1200 r/min,5 s 后转速下降为 200 r/min 左右。

(3) 拆下怠速控制阀上的三端子线束连接器,在控制阀侧分别测量中间端子(+B)与两侧端子(ISC1 和 ISC2)的电阻应为 18.8～22.8 Ω。

3. 占空比控制电磁阀检修

(1) 拆下怠速控制阀线束连接器,点火开关置"ON"位置,不启动发动机,分别检测电源端子与搭铁间的电压,为蓄电池电压。

(2) 拆下怠速控制阀上的两端子线束连接器,在控制阀侧分别测量两端子之间电阻应为 10～15 Ω。

任务自测

一、填空题

1. 按执行元件类型不同,旁通气道式怠速控制系统常见结构有________、________、________。

2. 步进电动机的工作范围为________个步进级。

3. 步进电动机的转动量取决于________。

4. 占空比怠速控制阀的结构主要由________、________、________、弹簧等组成。

5. 占空比怠速控制阀的开度取决于________的大小。

6. 旋转电磁阀的开度是通过控制________来实现的。

7. ECU 对怠速控制装置的控制内容因发动机而异。对于步进电动机怠速控制装置,其控制内容主要有________、________、________、________、________、________。

二、判断题

1. 旋转滑阀怠速控制阀主要由永久磁铁、电枢、旋转电磁阀、螺旋回位弹簧、电刷及电插等所组成。 (　　)

2. 旋转滑阀怠速控制阀在整个怠速范围内,ECU 根据冷却液温度传感器等传感器输入的信号,确定发动机所处怠速工况的占空比,对怠速转速进行控制。 (　　)

3. ECU 在怠速控制系统的主要作用是根据各传感器输入的信号,把发动机的实际转速与各传感器的信号所确定的目标转速进行比较。 (　　)

4. 发动机怠速控制系统主要由发动机 ECU、执行器和各种传感器等组成。 (　　)

5. 怠速控制系统执行器的主要部件是怠速控制阀,主要作用是检测节气门旁通空气流通量。 (　　)

项目 7 发动机进气控制系统结构与维修

汽修“老中医”张永忠

张永忠，重庆长安汽车公司高级技师。1983 年，张永忠从部队退役后来到重庆长安汽车公司，被分配到当时的 31 车间从事木工工作。在这个全新的领域里，他从一个个螺钉干起、从基本的零件名称学起，装配、磨合、调试，不分工种，什么都干，为长安汽车第一台“江陵”发动机的点火成功付出了无数的心血和汗水。哪里有问题，哪里就有他。他的足迹遍及祖国大江南北，哪里有发动机的“疑难杂症”，他就在第一时间赶到哪里，挽袖上阵直至故障排除。

张永忠始终“干一行、爱一行、钻一行”，经他手调修好的发动机已经数不清有多少台。在这期间，他先后获得“工厂十佳能手”“公司一级技师”“重庆市劳动模范”“中国兵装集团技能大师”“全国技术能手”等荣誉。

汽修“老中医”张永忠用几十年的坚实步伐，向人们展示了一个从木工到中国汽车行业发动机维修专家的蜕变。

任务 7.1 可变进气道系统的结构与维修

任务描述

一辆丰田皇冠 3.0 轿车，行驶中间断发生熄火现象，高速时动力不足，加速无力。经过检查分析，需要检修车辆进气系统。

任务目标

知识目标

(1) 了解进气管长度、直径可变的进气系统的结构与工作原理。

(2) 熟悉谐波增压控制系统、动力阀控制系统的结构与控制原理。

能力目标

(1) 能正确使用数字万用表、示波器、故障诊断仪读取测量数据并分析数据。

(2) 能正确使用拆装工具、辅助接线、二极管测试灯、手动真空泵等工具检修进气系统。

素质目标

(1) 具有质量、安全、环保、规范、节约的意识。

(2) 具有爱岗敬业和团队协作的精神。

(3) 具有尊重生命、敬畏生命、热爱生命的社会意识。

知识收集

进气系统对发动机性能的影响主要体现在充气效率,改善发动机高低速充气效率的主要途径就是充分利用进气过程中气流的静态效应和动态效应。所谓静态效应,就是减小进气系统的流动阻力。其主要措施包括扩大进气管直径、增大进气管弯曲部分的曲率半径、使进气管内表面光滑及各缸进气歧管长度一致、采用多气门机构等。所谓动态效应,主要是指利用进气过程中在进气管内气体流动时所产生的惯性及其压力的脉动效果来改善充气效率的过程。由于发动机使用转速变化范围宽,为了在整个工作转速范围内都能充分地利用进气过程的动态效应,以使发动机性能达到最佳状态,可变进气系统能够根据发动机的实际运行工况,自动地改变进气管的长度或直径,以获得最佳的充气效率和动力性。

一、进气管长度可变进气系统

随着发动机转速的升高,气流的流速也随之提高,气门开启时间会相应缩短。气流高流速时影响进气量的主要因素是进气阻力的迅速增加,通过增大进气管直径和缩短进气管长度可以减少进气阻力。然而在发动机低转速时,气流流速低,气门开启时间长,影响进气量的主要因素是气流的流速,可通过减少进气管直径和增加进气管长度,提高进气管两端的压力差,得到较高的进气气流。

随着发动机转速的提高,发动机的配气正时周期变短,应使用较短的进气管,与之对应可以提高对进气波的利用,提高进气量。同理,当发动机转速低时使用长一些的进气管,提高进气波的利用。

1. 进气管长度有级可变的进气系统

大众 1.8 L ANQ 发动机中有一个具有双进气道的进气歧管,如图 7-1-1(a)所示,它能够通过进气转换阀在长进气道和短进气道之间进行切换。发动机在低转速时,空气经过长的进气道进入气缸,使气缸充气最佳,且转矩增大;发动机在高转速时,空气流经短进气道,可提高效率，如图 7-1-1(b)(c)所示。

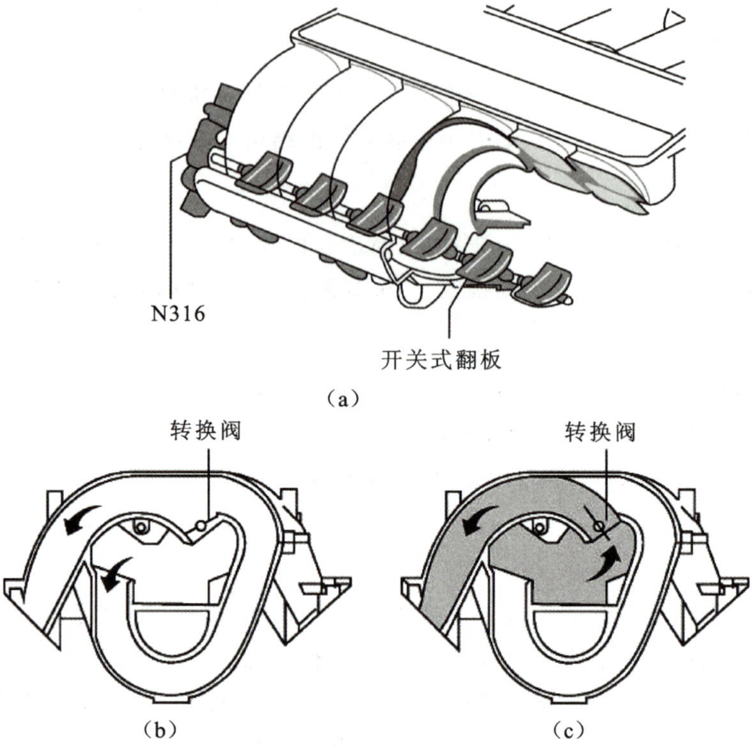

图 7-1-1　进气管长度有级可变的进气系统结构

2. 进气管长度无级变化的进气系统

如图 7-1-2 所示，当发动机低转速时，转鼓处于图示位置，空气经过进气口、转鼓的开口、进气道和进气门进入气缸，进气管路较长。当发动机转速升高时，转鼓逆时针转动，进气管路变短。

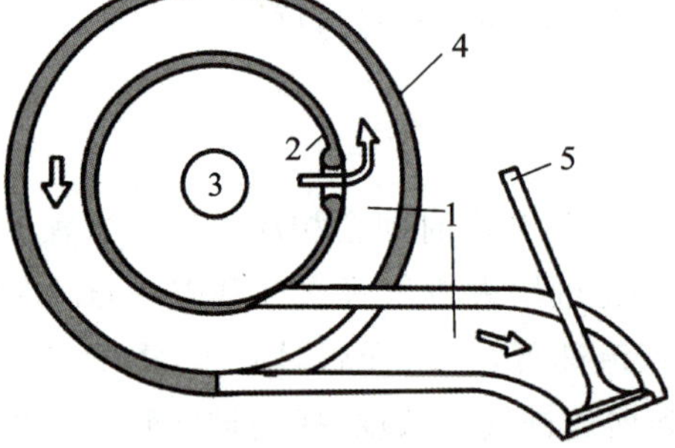

图 7-1-2　进气管长度无极变化的进气系统结构

1—进气道；2—转鼓；3—进气口；
4—外壳；5—进气门

二、进气管直径可变进气系统

为提高发动机的充气效率，有些发动机采用了进气道直径可变进气系统。该系统的功用为根据发动机转速、负荷的变化，控制发动机进气道空气流通截面积的大小，从而改变进气量，改善发动机的动力性能和经济性能。

1. 动力阀可变进气控制系统

动力阀可变进气控制系统的基本原理如图 7-1-3 所示，每个气缸配有 4 个气门，2 个进气门配一个进气管道，其中一个进气通道中装有进气动力阀(转换阀)。当发动机在低速、中小负工况下工作时，转换阀关闭，发动机只利用一个进气管道进气，从而将减半进气截面，提高进气流速，增大进气气流惯性，发动机的充气效率提高；此外，随着进气流速提高也可增加进气涡流强度，有利于低速、小负荷工况下的燃烧和热效率提高，从而改善发动机的低速性能。当发动机在高转速、大负荷工况下工作时，转换阀开启，进气通路为两条，进气截面面积加大，进气阻力减小，充气量增加，同时，对因进气流速过高而导致的燃烧室内气流扰动也可起到抑制作用，从而大幅提高发动机的高速性能。

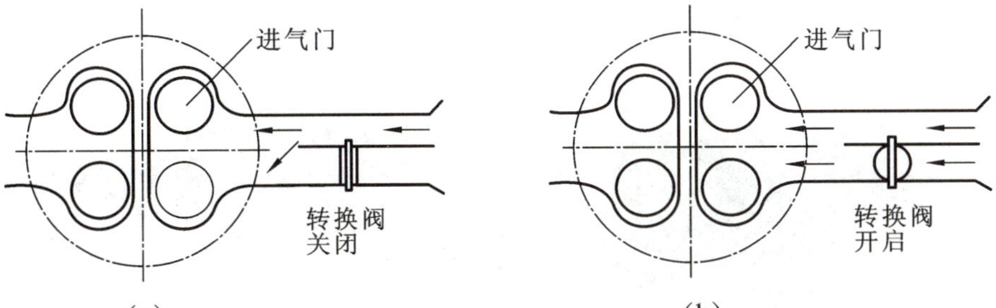

图 7-1-3　动力阀可变进气控制系统的基本原理

动力阀可变进气控制系统的控制原理如图 7-1-4 所示。进气道中的进气动力阀的关闭和开启是由膜片执行器来完成的。ECU 控制三通电磁阀的工作，由三通电磁阀控制执行器膜片室内的工作压力，从而控制进气动力阀的开闭。三通电磁阀不通电时，膜片执行器与三通电磁阀的空气滤清器之间的通道被关断，膜片执行器与真空罐之间形成通路，此时真空罐的负压作用在执行器膜片室，进气动力阀关闭。当三通电磁阀通电时，膜片执行器与空气滤清器之间形成通路，而膜片执行器与真空罐之间的通道则被关闭，此时大气压作用在执行器膜片室，进气动力阀开启。

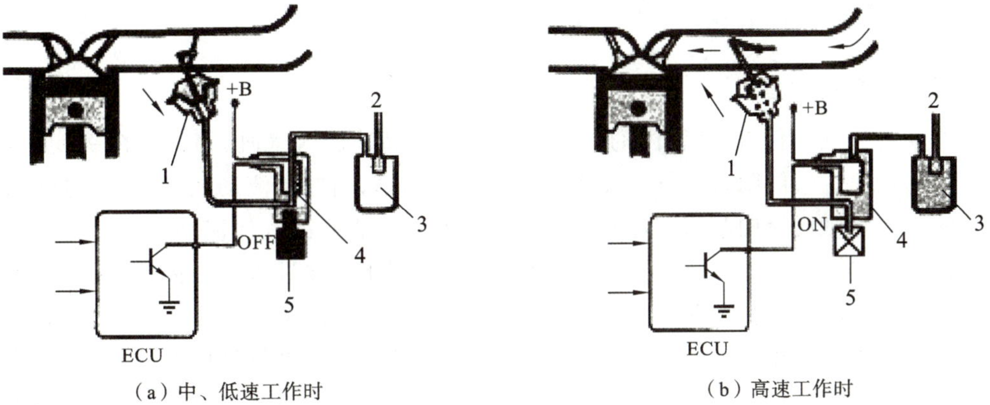

图 7-1-4　动力阀进气控制系统的控制原理

1—膜片执行器；2—至进气管（负压）；3—真空罐；4—三通电磁阀；5—空气滤清器

当发动机在低转速、小负荷工况下运行时，ECU 控制三通电磁阀不通电，关闭膜片执行器与空气滤清器之间的通道，开启膜片执行器与真空罐之间的通道，此时，真空罐将进气管路的负压通过三通电磁阀作用在执行器的膜片上，负压导致执行器带动拉杆关闭进气动力阀，即关闭了各缸的一个进气通道。当发动机在高速、大负荷工况下运行时，ECU 输出控制信号驱动电路晶体管导通，三通电磁阀通电工作。三通电磁阀通电后，关闭执行器与真空罐之间的通断，开启执行器与空气滤清器之间的通道，此时由空气滤清器进入的大气直接作用到执行器的膜片室，通过拉杆使进气动力阀打开，新鲜空气由两个进气通道进入。

2. EA888 发动机进气管直径可变系统

图 7-1-5 所示为 EA888 发动机进气管直径可变系统，发动机 ECU 根据曲轴转速信号控制进气歧管风门驱动器动作，使进气歧管风门翻板翻转，改变进气道截面积，进气歧管风门翻板的位置由进气歧管风门电位计反馈至发动机 ECU。

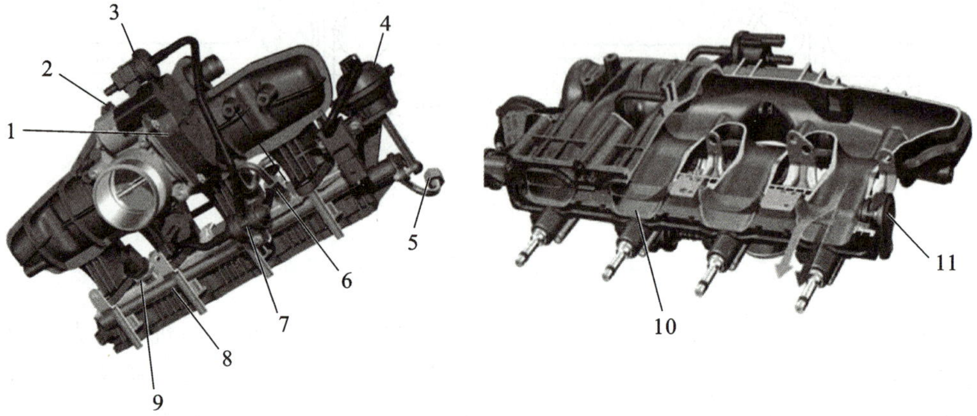

图 7-1-5 EA888 发动机进气管直径可变系统

1—节气门控制单元；2—进气温度传感器 G42；3—活性炭罐 N80；4—进气歧管风门转换装置中的真空罐；5—高压油管端口（油泵）；6—高压油管端口（高压燃油分配器）；7—活性炭罐系统阀门；8—高压燃油分配器；9—高压燃油传感器；10—进气歧管风门翻板；11—进气歧管风门电位计 G336

三、进气谐波增压控制系统

1. 惯性增压的原理

在发动机进气行程，进气管内的气体经过进气门高速流入气缸，当进气门关闭时，由于气体流动惯性使进气门附近的气体受到压缩而压力增高；当气体流动惯性过后，进气门附近被压缩的气体膨胀而流向与进气相反的方向，压力下降；膨胀的气体流动到进气管口时又被反射回来，形成逆相位的正压力波，当进气门打开时，正压力波进入气缸内，于是提高了充气效率，这就是惯性增压的原理。

在发动机进气行程初期，由于活塞对气流的吸入作用。在进气管内产生负压波，这种负压波在进气管内传播，并到达进气管末端，此时末端若无压力变化，该负压波就被反射回来，形成逆相位的正压力波，朝着进气门方向传播，同时气流高速流入气缸内。这时若进气门突然关闭，进气门附近的气流就会突然停止流动，于是使进气门附近的气体被压缩，压力上升。当气流的惯性力消失时，被压缩的气体开始膨胀，向与进气流相反的方向流动，压力下降，膨胀气体的压力波传到进气管口时又被反射回来，形成脉动的压力波。如果使上述进气脉动压力波与进气门开闭相配合，使反射的压力波集中于要打开的进气门附近，使进气管内的空气产生谐振，那么在进气门打开时就会形成增压进气的效果，提高充气效率。

2. 进气谐波增压控制系统的结构与原理

该系统根据发动机转速的高低选择不同长度的进气路径来实现可变进气。谐波进气增压系统(ACIS)是在发动机其他结构不变的基础上,在进气管中部增加了一个谐振室(大容量的真空气室)和相应的控制装置,图 7-1-6 所示。

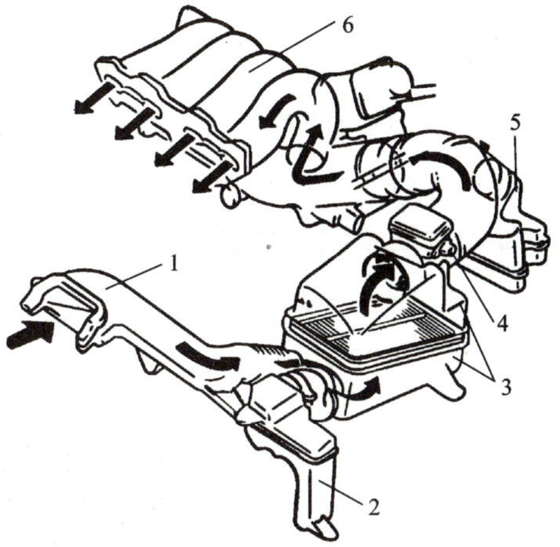

图 7-1-6 进气谐波增压控制系统的结构

1—进气导流管;2—副谐振室;3—空气滤清器;4—空气流量传感器;5—主谐振室;6—进气歧管

进气谐波增压控制系统的工作原理如图 7-1-7 所示,ECU 根据发动机转速信号控制真空电磁阀的开闭。低速时,电磁真空孔道阀电路不通,真空通道关闭,真空罐的真空度不能进入真空气室,受真空气室控制的进气增压控制阀处于关闭状态。此时进气管长度长,压力波长大,以适应低速区域形成气体动力增压效果。高速时,ECU 接通电磁真空道阀的电路,真空通道打开,真空罐的真空度进入真空气室,吸动膜片,从而将进气增压控制阀打开,由于大容量空气室的参与,缩短了压力波的传播距离,使发动机在高速区域也得到较好的气体动力增压效果。

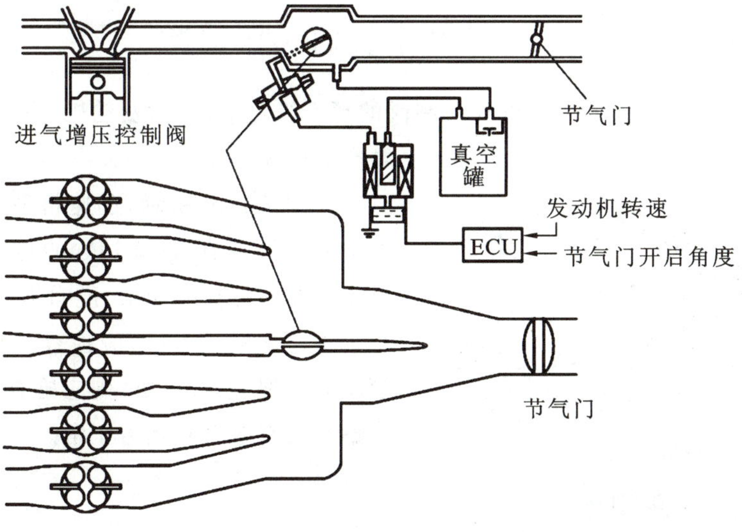

图 7-1-7 进气谐波增压控制系统的工作原理

图 7-1-8 所示为进气谐波增压控制系统两种工作状态的调整。

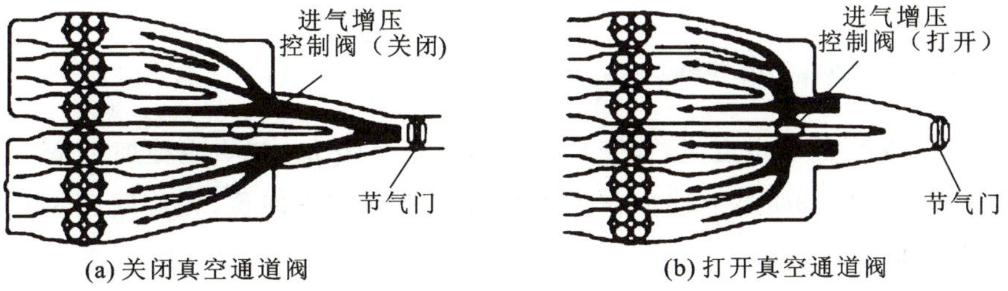

图 7-1-8 进气谐波增压控制系统的工作状态

任务实施

故障现象如“任务描述”所述，丰田皇冠3.0轿车进气谐波增压控制系统如图7-1-9所示。对其进行检修时，应首先检查谐波增压控制系统的工作情况，再检查真空电磁阀、真空驱动器和真空罐的检修。

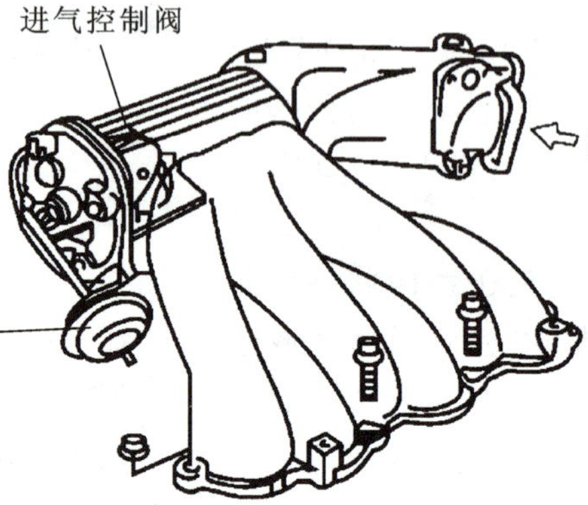

图7-1-9　进气谐波增压控制系统

一、检查进气谐波增压控制系统的工作情况

利用三通接头将真空表接入进气控制阀的真空管路中，启动发动机，发动机怠速运转时真空表应无指示。

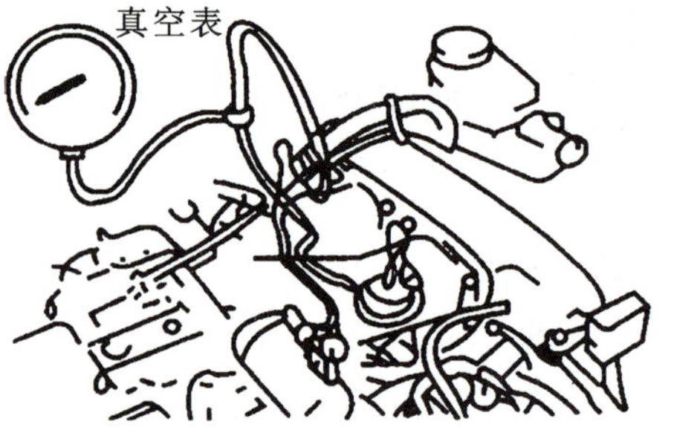

图7-1-10　检查进气谐波增压控制系统工作情况

如图7-1-10所示，迅速将节气门完全打开，真空表指针应在53.3 kPa的位置摆动，并且真空驱动器的拉杆应伸出，说明进气谐波增压控制系统工作正常。否则，应检查真空管路，若真空管路无破裂、漏气现象，则应检查真空驱动器、真空罐及真空电磁阀是否正常。

二、真空电磁阀的检修

图7-1-11所示为真空电磁阀的控制电路，在常温下两端子间的电阻正常值应为38.5～44.5 Ω，同时两端子与电磁阀壳体也不导通，否则应予以更换。

三、真空驱动器的检修

当施加53.3 kPa的真空度时，检查真空室阀杆有无移动。当真空施加1 min后，泄放真空，观察阀杆是否回位。如果上述操作后发现阀杆不动或不回位，先旋转其调整螺钉来调节，如仍无反应则予以更换。

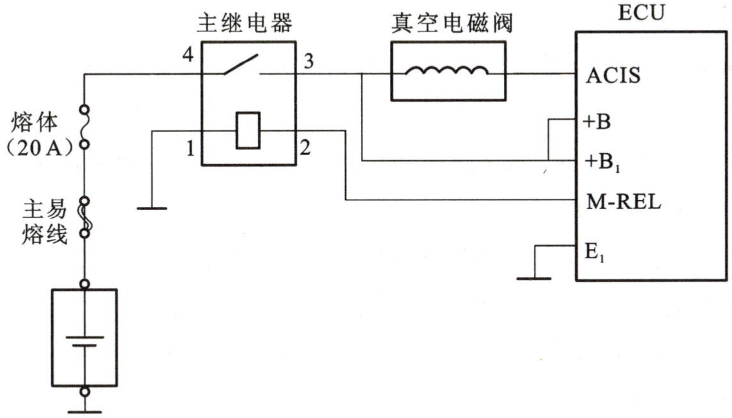

图 7-1-11 真空电磁阀的控制电路

任务自测

一、选择题

1. 在讨论发动机可变进气道系统时，甲说可以通过改变进气管长度来提高充气效率，乙说可以通过改变进气管横截面积来提高充气效率。请问谁正确（　　）？

A. 甲正确　　B. 乙正确

C. 两人均正确　　D. 两人均不正确

2. 如何在排量固定的情况下提高功率（　　）？

A. 增加喷油　　B. 提前点火　　C. 增加进气　　D. 减少进气

3. 进气谐波增压控制系统中，真空电磁阀在常温下两端子间的电阻正常值应为（　　），同时两端子与电磁阀壳体也不导通，否则应予以更换。

A. 38.5～44.5 Ω　　B. 38.5～55.5 Ω

C. 44.5～50.5 Ω　　D. 18.5～24.5 Ω

4. 进气谐波增压控制系统中，当在真空电磁阀的两端子上施加（　　）电压时，电磁阀打开，接通两通道。

A. 5 V　　B. 12 V　　C. 2 V　　D. 9 V

5. 动力阀可变进气控制系统中，进气道中的进气动力阀的关闭和开启是由（　　）来完成的。

A. 三通电磁阀　　B. 真空罐　　C. 膜片执行器　　D. 空气滤清器

6. 可变进气管长度控制系统功能检测有哪些？（　　）

A. 检查真空系统及进气歧管真空罐的密封性

B. 用手拉动拉杆，检查转换机构是否运转自如

C. 断开电磁阀线束连接器

D. 检查真空管连接是否完好

二、判断题

1. 发动机在高转速时需要大量进气，此时进气歧管变细变长，发动机可以有更多的进气，提高输出功率。 (　　)

2. 当发动机在低转速、小负荷工况下运行时，ECU 控制三通电磁阀不通电，关闭了各缸的一个进气通道，进气截面积变小。 (　　)

3. 在发动机进气行程，进气管内的气体经过进气门高速流入气缸，当进气门关闭时，由于气体流动惯性使进气门附近的气体受到压缩而压力增高。 (　　)

4. 动力阀可变进气控制系统中，三通电磁阀不通电时，膜片执行器与三通电磁阀的空气滤清器之间的通道被打开。 (　　)

5. 进气谐波增压控制系统低速时，电磁真空孔道阀电路不通，真空通道关闭。 (　　)

任务 7.2　可变配气相位控制系统的结构与维修

任务描述

一辆 2010 款丰田卡拉罗轿车，行驶里程 98 000 km，用户反映该车怠速抖动，加油门时液压挺杆有异响。需要对发动机相关各系统进行检查，确定故障后，进行维修或部件更换并将发动机装复。

任务目标

知识目标

(1) 了解可变配气相位系统的组成、结构与功用。

(2) 掌握可变配气相位系统各部件的安装位置、功用。

能力目标

(1) 能运用检测和诊断设备进行可变配气相位系统的检测与诊断。

(2) 能参阅维修手册进行可变配气相位系统各部件的更换。

素质目标

(1) 具有质量、安全、环保、规范、节约的意识。

(2) 具有严谨的工作态度和精益求精的工匠精神。

(3) 具有爱岗敬业和团队协作的精神。

(4) 热爱劳动、尊重他人劳动，履行道德准则和行为规范。

知识收集

一、可变配气相位控制系统的功能

对于现代高速汽油机，配气相位的选择通常偏重于高速区，进气门迟闭角较大，有助于提高发动机高速时的充气效率。然而，发动机在怠速和低速下运行时，气缸内的混合气容易回流到进气管中，致使气缸内燃烧不稳定，功率下降，怠速不稳。

采用可变配气相位控制后，发动机的配气相位能随工况相应变化。发动机的低速转矩得到改善，可以使用较低的曲轴转速来减小摩擦损失，从而提高燃油经济性。此外，如果进气门迟闭角能在足够大的范围内变化，则可以通过调节进气门迟闭角，取代常规的节流调节负荷，这能在一定程度上消除与进气节流相关的泵气损失，降低发动机的燃油消耗率，减少 NO_x 和 HC 的排放。

可变配气相位控制系统在不同工况下的控制目标：启动时，进排气门处于最大延迟状态以提高启动性能；怠速时，消除进排气门重叠以减小进气侧回火，稳定怠速转速，提高燃油经济性；低温、低速、低负荷时，消除进排气门重叠以减小进气侧回火，确保发动机稳定性；中负荷时，增加进排气门重叠来提高内部废气再循环，以减小泵气损失，提高燃油经济性，改善排放控制性能；高负荷时，在低速到中速范围内，减小进气门迟闭角以提高充气效率，提高低速到中速范围内的扭矩；高负荷时，在高速范围内，增大进气门迟闭角以提高充气效率，提高输出功率。

可变配气相位控制系统根据控制方式不同，可分为可变配气相位、可变配气相位及气门升程控制系统；根据驱动方式不同，分为电控式和电控液压式控制系统。

二、大众可变气门正时系统

1. 大众可变配气相位系统的结构

大众可变气门正时（VVT-i）系统采用电控液压式驱动进气凸轮轴旋转来调整进气正时，主要包括 VVT-i 控制器、凸轮轴、正时调节电磁阀（N205）、曲轴位置传感器（G28）、凸轮轴位置传感器（G40）、温度传感器（G70、G62）等，如图 7-2-1、图 7-2-2 所示。

图 7-2-1 大众 VVT-i 系统的结构

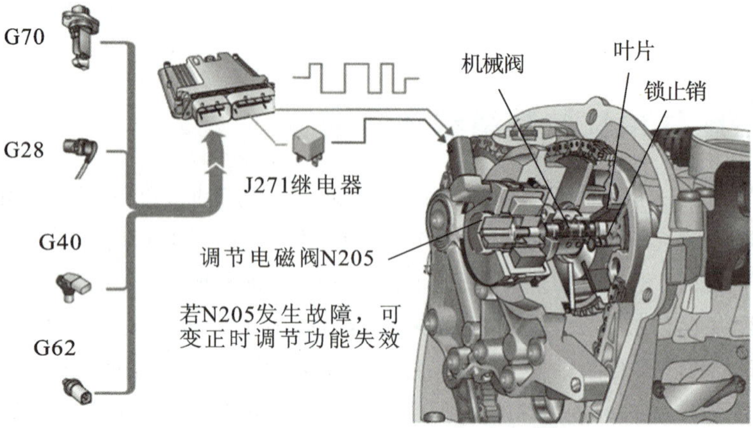

图 7-2-2　大众 VVT-i 系统的组成

大众发动机 EA211/EA888 第 3 代 VR6 发动机进、排气凸轮轴都安装了 VVT-i 系统，安装位置如图 7-2-3 所示。

图 7-2-3　大众发动机 VVT-i 系统安装位置

VVT-i 控制器液压调整轮是 VVT-i 系统的执行机构，它主要分为内轮和外轮两部分，如图 7-2-4 所示。外轮和正时链条相连，内轮和进气凸轮轴连接，通过内轮旋转来调节气门正时。锁止阀用于机械锁止，发动机熄火后，就锁定在延后位置上，这个功能是通过一个弹簧锁销来实现的，当机油的压力达到 50 kPa 时便会解锁。

内轮在油压的作用下沿圆周方向驱动凸轮轴转动，从而调整进气气门正时。当发动机停机时，凸轮轴被调至最大延迟状态，以利于启动。发动机启动后油压尚未作用于 VVT-i 控制机构时，锁销锁定 VVT-i 控制机构的机械动作部件，以防止撞击而产生噪声。

发动机 ECU 根据曲轴位置传感器、凸轮轴位置传感器的信号判断发动机的转速和凸轮轴的位置、转动量及转动方向。

2. 大众可变配气相位系统的工作原理

发动机 ECU 根据凸轮轴位置、曲轴位置、当前转速、当前负荷、当前发动机温度等参数，对照内部存储了不同工况下 VVT-i 的角度数据，来控制正时调节电磁阀（N205），从而对气

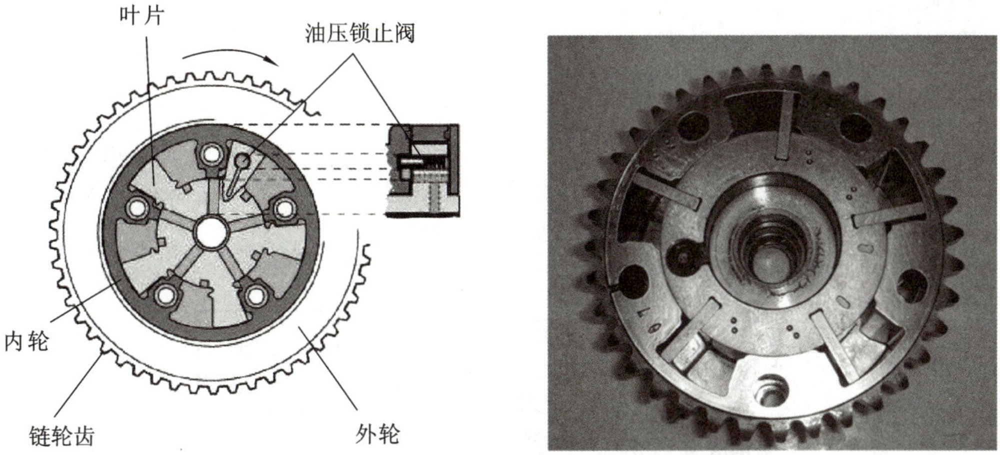

（a）　　　　（b）

图 7-2-4　VVT-i 液压调整轮

门正时在一定角度范围内进行连续控制。

EA211 1.4TS 可变气门正时 VVT-i 系统根据发动机转速不同在 0°～20°之间线性调节配气相位，能有效提高发动机的输出性能。

进排气凸轮轴均装有 VVT-i 系统，进气凸轮轴的最大调节角度是超前 28°曲轴相位角，滞后 22°曲轴相位角，排气凸轮轴的最大调整角度是超前 25°曲轴相位角，滞后 15°曲轴相位角。

1）延迟调节

由发动机 ECU 所控制的凸轮轴正时控制阀处于图 7-2-5 所示状态，压力机油通过凸轮轴、叶片进入延迟工作腔 B，油压推动叶片和凸轮轴向配气正时的延迟方向旋转。

2）提前调节

由发动机 ECU 所控制的凸轮轴正时控制阀处于图 7-2-6 所示状态，压力机油通过凸轮轴、叶片进入提前工作腔 A，油压推动叶片和凸轮轴向配气正时的提前方向旋转。

达到目标正时后，发动机 ECU 控制凸轮轴正时控制阀处于中间位置，关闭正时控制器油道保持油压，从而保持当前的配气正时状态直至发动机运行状态改变。

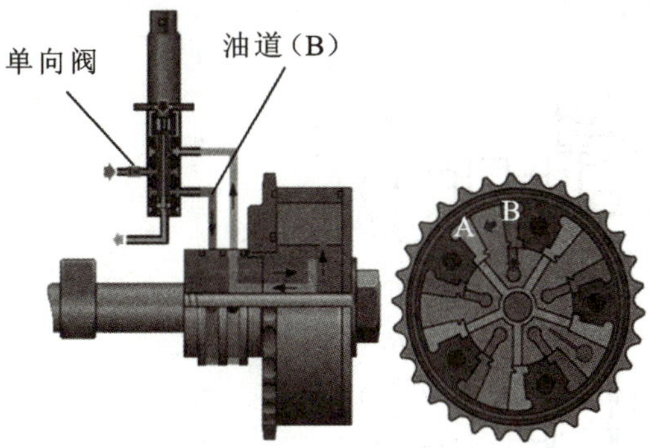

图 7-2-5　延时调节

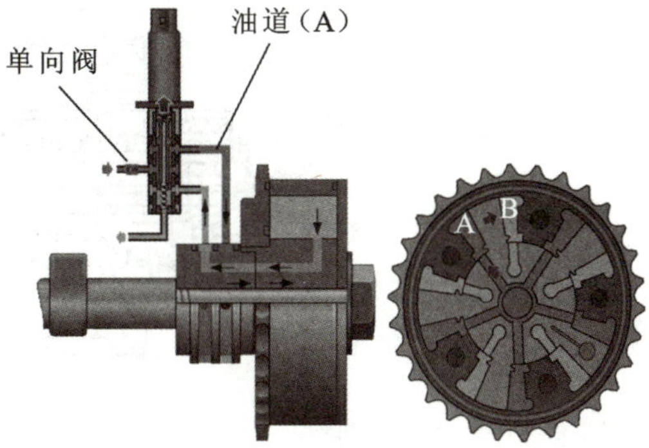

图 7-2-6　提前调节

三、丰田可变气门正时系统

1. 丰田可变气门正时系统的结构

丰田可变气门正时(VVT-i)系统如图 7-2-7 所示。采用电控液压式驱动进气凸轮轴旋转来调整进气正时,凸轮轴转角调整范大约在 73°曲轴转角。该系统主要包括 VVT-i 控制器、凸轮轴正时控制阀、曲轴位置传感器、凸轮轴位置传感器。

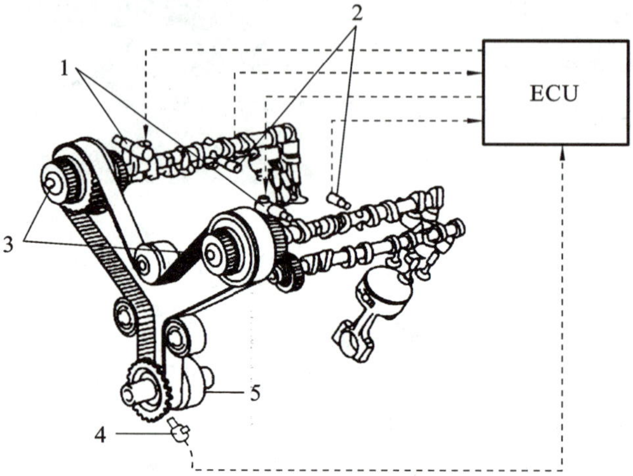

图 7-2-7 丰田 VVT-i 系统的组成

1—凸轮轴正时控制阀;2—VVT-i 传感器;3—VVT-i 控制器;4—曲轴位置传感器;5—机油泵

曲轴(凸轮轴)位置传感器:发动机 ECU 根据曲轴(凸轮轴)位置传感器的信号判断发动机转速、凸轮轴的位置、转动量及转动方向。

凸轮轴正时控制阀:接收发动机 ECU 的控制指令,调整滑阀的位置,控制 VVT-i 控制器的油压,使 VVT-i 控制器动作而驱动凸轮轴,改变配气相位。当发动机停机时,进气门正时处于最大迟闭角位置。

丰田 VVT-i 控制器的结构如图 7-2-8 所示,它包括由正时同步齿形带驱动的外齿轮和与进气凸轮轴刚性连接的内齿轮,以及一个位于内、外齿轮之间的可动活塞组成。活塞的内外表面上有螺旋花键,活塞沿轴向的移动会改变内、外齿轮间的相位,从而产生气门配气相位的连续改变。

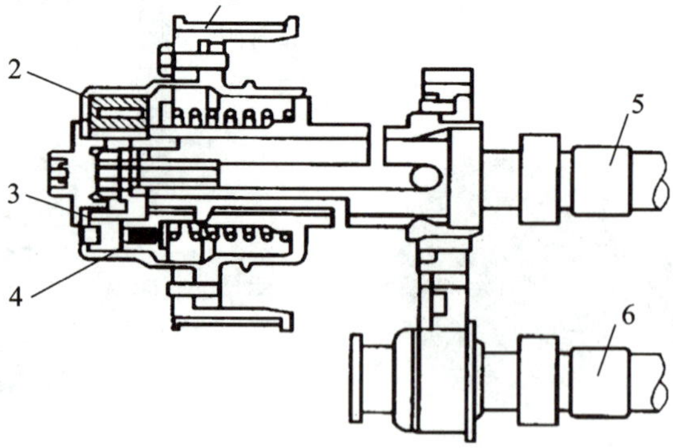

图 7-2-8 丰田 VVT-i 控制机构

1—正时齿轮带;2—活塞;3—内齿轮;4—外齿轮;5—进气凸轮轴;6—排气凸轮轴

2. 丰田可变气门正时系统的控制原理

丰田 VVT-i 控制原理如图 7-2-9 所示，发动机 ECU 根据进气流量传感器、曲轴位置传感器、节气门位置传感器和冷却液温度传感器信号计算出气门正时目标值，再根据曲轴位置传感器和凸轮轴位置传感器信号识别凸轮的实际正时位置。发动机 ECU 根据气门正时目标值和实际值的差值进行反馈控制，产生占空比调制的输出指令，送给凸轮轴正时控制阀，凸轮轴正时控制阀改变其中滑阀的位置，调整 VVT-i 控制器中的油压，以改变凸轮轴的位置，实现进气正时的调整。

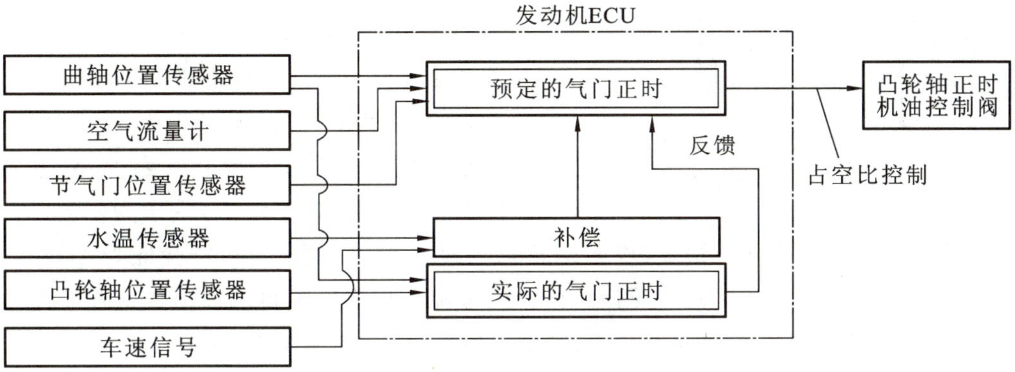

图 7-2-9 VVT-i 控制原理

任务实施

一、可变配气正时系统故障现象及原因分析

故障现象如“任务描述”所述，可变配气正时控制出现故障时，汽车会出现动力不足、油耗上升以及排放恶化等症状。发动机可变配气控制不良的原因主要有凸轮轴调节器、凸轮轴调节电磁阀、ECU、相关传感器等故障，以及机油压力不足、液压管路泄漏、堵塞等。

二、可变配气正时系统的检修过程

1. VVT-i 系统部件的检查

(1) 检查凸轮轴正时控制阀线圈电阻及工作状况。断开蓄电池负极和凸轮轴正时控制阀插头，检测插头端子 1、2 之间的电阻，20 ℃时为 6.9～7.9 Ω。如不符合技术标准，应更换凸轮轴正时控制阀。将蓄电池正极接凸轮轴正时控制阀插头端子 1、负极接端子 2，控制阀阀门应能自由移动且在所有位置不卡滞。将蓄电池电压施加在凸轮轴正时控制阀端子间并检查发动机转速，发动机应怠速不稳或失速。

(2) 检查凸轮轴正时控制阀与发动机 ECU 之间的线束。图 7-2-10 所示为 VVT-i 正时控制阀电路图。

检测发动机 ECU 插接器端子 105 与凸轮轴正时控制阀插头 T2az 端子 2 之间的电阻、ECU 插接器端子 104 与凸轮轴正时控制阀插头 T2q 端子 2 之间的电阻，正常电阻值

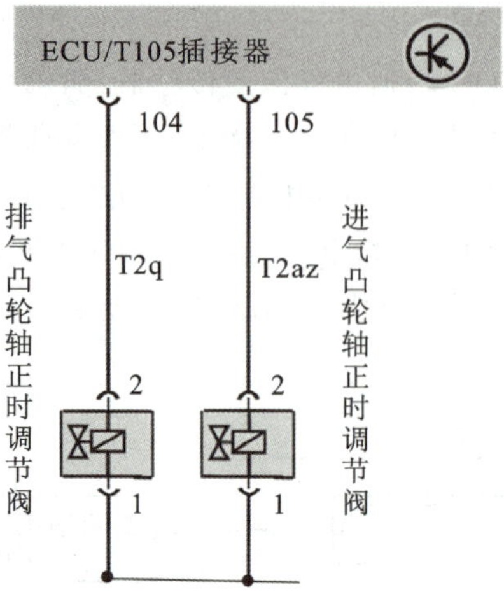

图 7-2-10　VVT-i 正时控制阀电路图

应为 1 Ω 或更小。检测凸轮轴正时控制阀插头 T2az 端子 1 与地，凸轮轴正时控制阀插头 T2q 端子 1 与地间的电阻，正常电阻值应为 1 Ω 或更小，若不正常，则修理或更换配线和插头。

(3) 凸轮轴正时控制阀波形(ECU 输出信号)检测。关闭点火开关，在发动机 ECU 插接器端子 105 和接地点之间连接示波器。启动发动机并怠速运转，用示波器检测 ECU 插接器端子 105 的波形，标准波形如图 7-2-11 所示，端子 1 为供电端，电压为 12 V。测得凸轮轴正时控制阀插头 2 端电压为 12 V 左右，如图 7-2-12 所示。由于 1 号端子为供电端，而此时 2 号端子与 1 号端子电压相等，说明凸轮轴正时控制阀并未工作，经验证为 2 号端子与 ECU 105 端子之间的连线断路。更换线束排除故障。如果所测得的波形或电压不正常，则说明 ECU 或凸轮轴正时控制阀有故障，应予以更换。

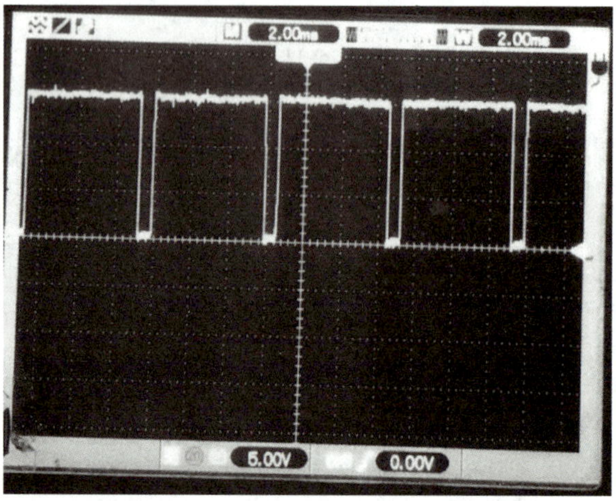

图 7-2-11　凸轮轴正时控制阀波形

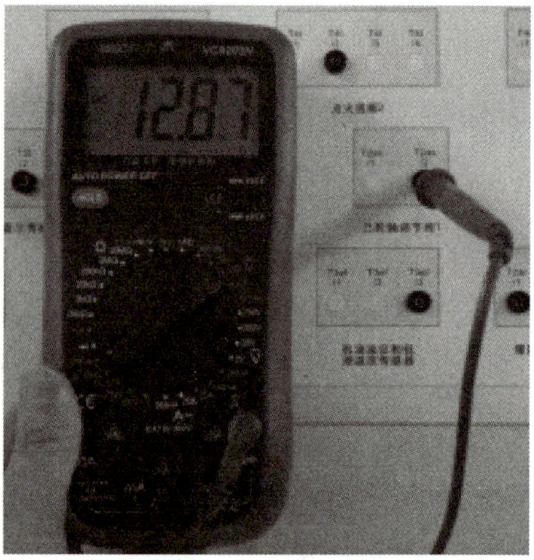

图 7-2-12　凸轮轴正时控制阀电压

(4) 可变配气正时控制器的检修。关闭点火开关。将凸轮轴包上厚布夹紧在台钳上，转动控制器壳，锁销应能锁紧正时齿轮和凸轮轴，如图 7-2-13 所示。用尼龙胶带包住凸轮轴颈的 2 个提前油路和 2 个滞后油路，用橡胶块塞住 2 个提前油路和滞后油路中的 1 个，向另 1 个提前油路和滞后油路内施加约 150 kPa 的气压。先给正时滞后油路减压，凸轮轴正时齿轮总成应能向正时提前的反方向平滑转动，且无卡滞现象。再给正时滞后油路增压，给正时提前油路减压(应缓慢减压，以防转动冲击导致锁销损坏)，凸轮轴正时齿轮总成应能向正时滞后的反方向平滑转动，且无卡滞现象。

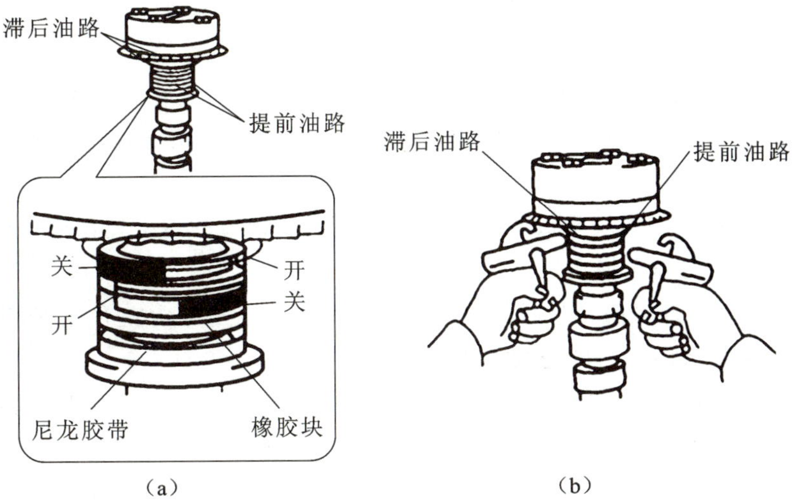

图 7-2-13 VVT-i 控制器的动作测试

任务自测

一、选择题

1. 可变气门正时系统中，发动机 ECU 接收各传感器的信号，计算气门正时目标值，并修正气门正时实际值的回馈，以( )方式控制凸轮轴正时控制阀，改变液压油流动的方向或油压的大小，达到使进气门正时提前、延后或固定的目的。

A. 电流大小 B. 电压大小 C. 占空比 D. 线性电流

2. 检查凸轮轴正时控制阀线圈电阻及工作状况，断开蓄电池负极和凸轮轴正时控制阀插头，检测插头端子 1、2 之间的电阻，20 ℃时为( )。

A. 2.5～4.5 Ω B. 8.5～10.5 Ω C. 60～80 Ω D. 6.9～7.9 Ω

3. 可变配气正时系统出现故障时，汽车会出现( )等情况。

A. 动力不足 B. 油耗上升 C. 排放性能差 D. 动力升高

4. 发动机可变配气控制不良的原因主要有( )等。

A. 凸轮轴调节器故障 B. 凸轮轴调节电磁阀故障

C. ECU 故障 D. 机油压力不足

5. VVT-i 控制器液压调整轮是 VVT-i 系统的执行机构，它主要分为内轮和外轮两部分，( )和正时链条相连，( )和进气凸轮轴连接，通过( )旋转来调节气门正时。

A. 外轮、内轮、外轮 B. 外轮、内轮、内轮

C. 内轮、外轮、内轮 D. 内轮、外轮、外轮

二、判断题

1. VVT-i 传感器是检测进气凸轮轴和排气凸轮轴的相互位置的传感器。 ( )

2. 可变气门正时系统可根据发动机的状态调整凸轮轴转角在所有转速范围内提高扭矩对配气时机进行优化。 ( )

3. 当发动机温度较低时，进气凸轮正时处于延迟位置，以稳定怠速。（ ）

4. 可变气门正时系统中，发动机 ECU 接收各传感器的信号，确立气门正时目标值，以占空比的方式控制凸轮轴正时控制阀。（ ）

5. 当发动机在高速大负荷时，凸轮轴正时控制阀使进气凸轮正时处于延迟位置，以保证发动机稳定的工作状态。（ ）

6. 进气门正时延迟时，发动机 ECU 送出“ON”时间较短的占空比信号给凸轮轴正时电磁阀，使进气门开启提前角最大。（ ）

7. VVT-i 控制器外壳内，因油压的作用，叶片可在一定角度内左右位移，带动进气凸轮轴一起旋转，达到进气门正时的连续变化。（ ）

8. 大众发动机 EA211/EA888 第 3 代 VR6 发动机进、排气凸轮轴都安装了 VVT-i 系统。（ ）

任务 7.3 可变气门正时及气门升程系统的结构与维修

任务描述

一辆 2011 款本田雅阁，行驶里程 108 000 km，用户反映该车怠速抖动，加油门时液压挺杆有异响。需要对发动机相关各系统进行检查，确定故障后，进行维修或部件更换并将发动机装复。

任务目标

知识目标

（1）了解可变气门正时及气门升程控制系统的组成、结构与功用。

（2）掌握可变气门正时及气门升程控制系统各部件的安装位置、功用。

能力目标

（1）能运用检测和诊断设备进行可变气门正时及气门升程控制系统系统的检测与诊断。

（2）能参阅维修手册进行可变气门正时及气门升程控制系统各部件的更换。

素质目标

（1）具有质量、安全、环保、规范、节约的意识。

（2）具有严谨的工作态度和精益求精的工匠精神。

（3）具有爱岗敬业和团队协作的精神。

（4）热爱劳动、尊重他人劳动，履行道德准则和行为规范。

知识收集

发动机在低速工况下，需要较小的气门升程，可以利用气门的节流效果增加气缸内外的压力差，提高气流的流速，增加进气量。发动机在高速工况下，活塞的运动速度快，进气气流有足够的流动速度，希望通过提高气门的升程，减少进气阻力，增加进气量。可变气门升程的控制可以解决转速不同时对气门升程要求不同的问题。

一、VTEC 可变配气系统

本田雅阁进气控制系统采用的是可变气门正时及气门升程控制方式（VTEC 可变配气系统）。

VTEC 可变配气系统的凸轮轴如图 7-3-1 所示。每个气缸的两个气门由三个单独的凸轮控制。在低转速和中转速时，两个气门分别由主凸轮和次凸轮操纵。两个凸轮的高度略有不同，主凸轮比次凸轮工作行程大，可以实现最佳的燃烧。在高转速时，两个气门均由中间凸轮操纵，中件凸轮的工作行程最大，可以实现高速工况对大进气量的需求。

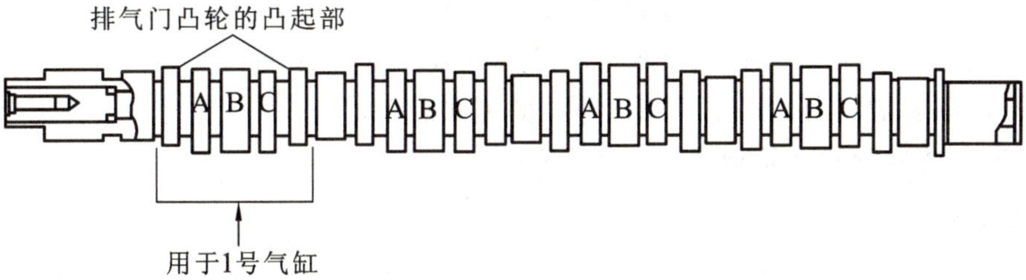

图 7-3-1 VTEC 可变配气系统的凸轮轴

A—主凸轮；B—中间凸轮；C—次凸轮

VTEC 可变配气系统的摇臂轴结构如图 7-3-2 所示。VTEC 发动机上的两个进气门配备三个气门摇臂，分别为主摇臂、中间摇臂和次摇臂，主摇臂和次摇臂与气门实际接触。气门摇臂总成将同步活塞、一个止动活塞和一根弹簧组合在一起，所以在发动机运转期间气门摇臂可以被连接或被分开，如图 7-3-3 所示。

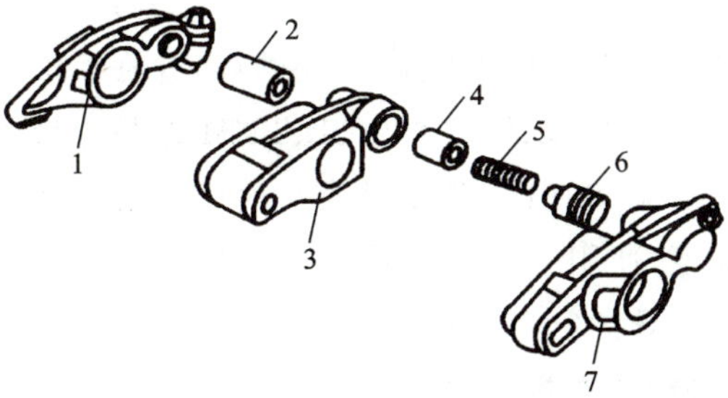

图 7-3-2 VTEC 可变配气系统的摇臂轴结构

1—次摇臂；2—次同步活塞；3—中间摇臂；4—中间同步活塞；

5—弹簧；6—正时活塞；7—主摇臂

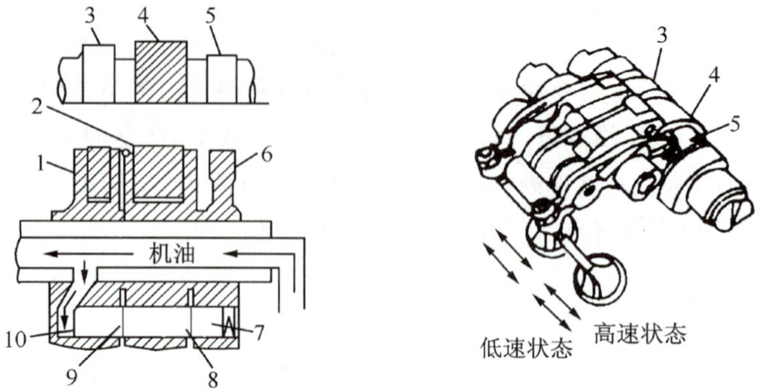

图 7-3-3　VTEC 可变配气系统原理图

1—主摇臂；2—中间摇臂；3—主凸轮；4—中间凸轮；5—次凸轮；6—次摇臂；
7—定位活塞；8—同步活塞 B；9—同步活塞 A；10—正时活塞

1. 低速状态

发动机低转速时，主摇臂、中间摇臂和次摇臂是彼此分离独立动作的。此时，主凸轮与次凸轮分别驱动主摇臂和次摇臂以控制气门的开闭。由于次凸轮的升程很小，因此进气门只稍微打开。虽然此时中间摇臂已被中间凸轮驱动，但由于中间摇臂与主摇臂、次摇臂是彼此分离的，故不影响气门的正常开闭。即在低速状态下，VTEC 可变配气系统不工作，气门的开闭情况与普通顶置凸轮轴式配气机构相同。

2. 高速状态

发动机转速达到某一特定值时，ECU 将控制 VTEC 电磁阀通电打开，以此控制液压系统，由正时活塞推动三个摇臂内的同步活塞移动，并使三个摇臂锁成一体，从而一起动作。此时，由于中间凸轮较主、次凸轮高，因此便由它来驱动整个摇臂，并且使气门开启时间延长，开启的升程增大，从而达到改变气门正时和气门升程的目的。

发动机转速降低至设定值时，摇臂中的同步活塞端的油压也将由 ECU 控制 VTEC 电磁阀断电关闭而降低，同步活塞将回位弹簧推回原位，三个摇臂又将彼此分离独立工作。

二、大众可变气门升程系统（AVS）

大众可变气门升程系统（AVS）用于优化进气循环，并在 2006 年下半年应用于奥迪 A6 的 2.8 L V6 FSI 发动机和链条驱动的 4 缸 2.0 L TFSI 纵置发动机上。其中 2.8 L V6 FSI 发动机应用于进气凸轮轴，4 缸 2.0 L TFSI 纵置发动机应用于排气凸轮轴。

在发动机低转速情况下，使用一个较窄的凸轮导向叶片。而在发动机高转速的情况下，系统切换到宽的基本型凸轮导向叶片。窄型凸轮导向叶片可延迟打开排气门。由于曲轴转角偏差 180°的气缸预排气脉冲（在排气门打开时），该效应在气门交错阶段可阻止废气回流。这样可提前进气配气正时。正压力坡度可有效提高燃烧室的吸气效率，这样就大大增强了雾化作用。首先降低气缸里的残留气体，其次通过调整进气配气提前角（因为在下止点后只能吸进少量空气）。

这些改进使得在低转速情况下具有良好的性能，可以输出更大的扭矩，因此可以提升涡轮增压器的响应速度，快速建立起增压压力，在较低转速和较高增压压力下达到更高的扭矩。扭矩曲线越陡峭，驾驶员在加速时越注意不到涡轮迟滞。

1. 大众可变气门升程系统(AVS)的结构

以 4 缸 2.0 L TFSI 发动机为例，大众可变气门升程系统(AVS)总成如图 7-3-4 所示。

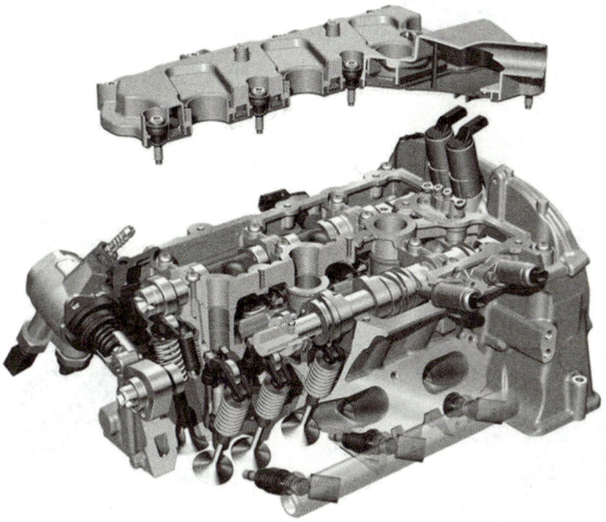

图 7-3-4　大众可变气门升程系统(AVS)总成

大众可变气门升程系统(AVS)对凸轮轴和气门摇臂做了改进，凸轮轴由带外花键的轴和带内花键的凸轮件组合而成，如图 7-3-5、图 7-3-6 所示。凸轮节上每个气门有两个凸轮导向叶片，凸轮正时根据发动机的特性要求而配置。小凸轮转动获得气门升程为 6.35 mm，打开角度为 180°曲轴转角，排气门在上止点后 2°关闭。大凸轮转动获得最大升程为 10 mm，打开角度为 215°曲轴转角，排气门在上止点前 8°关闭。

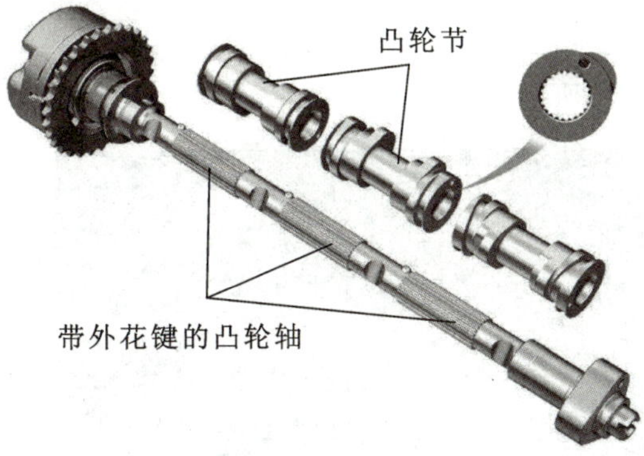

图 7-3-5　大众可变气门升程系统(AVS)凸轮轴

图 7-3-6　带内花键的凸轮组件(凸轮节)

凸轮轴的滚子式气门摇臂也做出改进，以达到每个凸轮节有两个凸轮气门升程。为此，滚子的直径更大，宽度却更窄了。同时，滚子式气门摇臂通过使用改进后的轴承做了降低摩

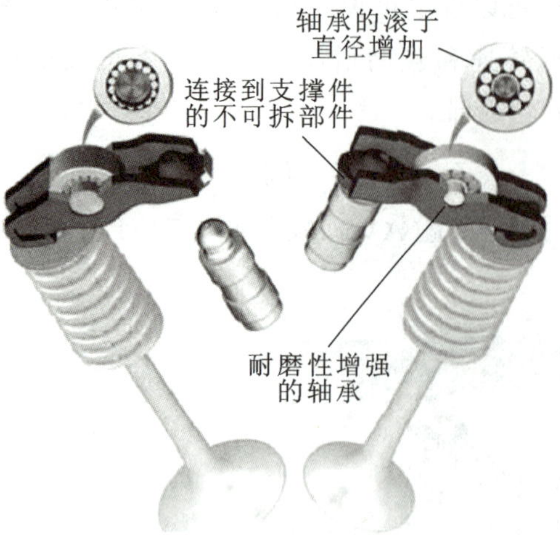

图 7-3-7　滚子式气门摇臂

擦优化处理。为阻止滚子式气门摇臂向下倾斜，其通过不可拆部件连接到支撑件。因此，滚子式气门摇臂只能用完整的预装配模块来更换。滚子式气门摇臂如图 7-3-7 所示。

凸轮调节器是电磁式驱动器，每个气缸使用两个调节器，如图 7-3-8 所示。一个调节器用于移动凸轮轴上的凸轮节，以获得大气门升程；另一个调节用于切换到凸轮节的小气门升程。每个调节器用一个螺栓安装到气缸盖罩的外部，用一个“O”形圈来密封，与凸轮节上的螺旋沟槽相对应。当发动机 ECU 激活该调节器时，一个金属销弹出，并与凸轮节上的螺旋沟槽相啮合，这样就切换到另一个凸轮导向叶片上了。

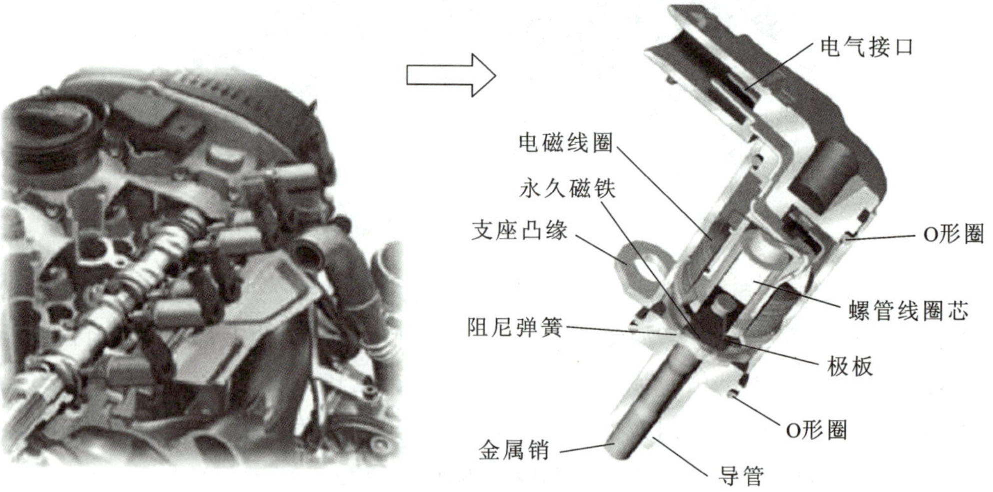

图 7-3-8　电磁式凸轮调节器

凸轮调节器在发动机上的安装位置如图 7-3-9 所示。

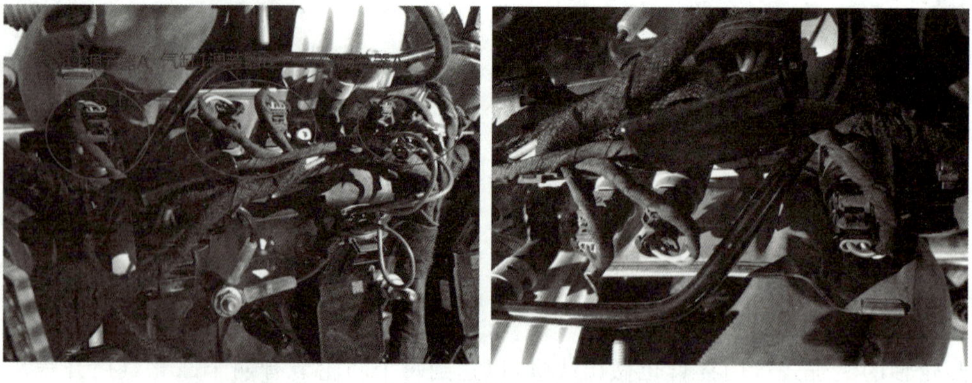

图 7-3-9　凸轮调节器的实物与安装位置

如图 7-3-10 所示，凸轮调节器上集成有一个电磁铁。当发动机 ECU 激活电磁铁时，弹出一个金属销。电磁铁通过蓄电池短暂加载电压而被激活。当金属销弹出时，其通过驱动器壳体上的永久磁铁保持在该位置。由于伸张时间快速（18～22 ms），因此金属销的速度也非常快。在永久磁铁附近的阻尼弹簧确保金属销不会反弹或遭受损坏。

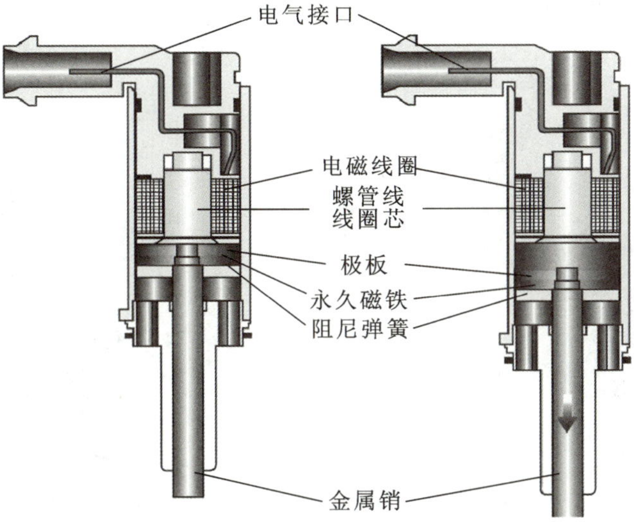

图 7-3-10 凸轮调节器的结构

EA888 发动机凸轮调节器的控制电路如图 7-3-11 所示，8 个凸轮调节器由蓄电池通过主继电器供电 12 V，凸轮调节器的接地端由发动机 ECU 控制。

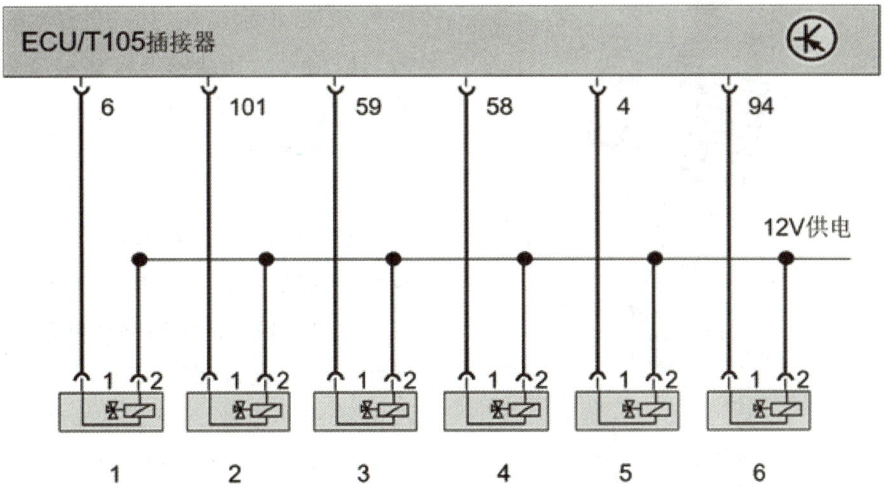

图 7-3-11 凸轮调节器控制电路

1—气缸 1 凸轮调节器 A；2—气缸 1 凸轮调节器 B；3—气缸 2 凸轮调节器 A；
4—气缸 2 凸轮调节器 B；5—气缸 3 凸轮调节器 A；6—气缸 3 凸轮调节器 B

2. 大众可变气门升程系统（AVS）的工作原理

当凸轮调节器电路接通（ECU 端子控制接地）时，永久磁铁推动金属销弹出，伸张到螺旋沟槽，在凸轮轴旋转时移动凸轮件，如图 7-3-12 所示。螺旋沟槽的轮廓设计成在凸轮轴旋转一圈后可推回驱动器的金属销。这样，永久磁铁也可确保金属销保持原位。凸轮调节器电路接通时间很短，永久磁铁推动金属销弹出伸张到螺旋沟槽即停止通电，此时在电磁铁的电磁线圈上产生一个较高的感应电压峰值。

可变气门升程控制系统调节过程

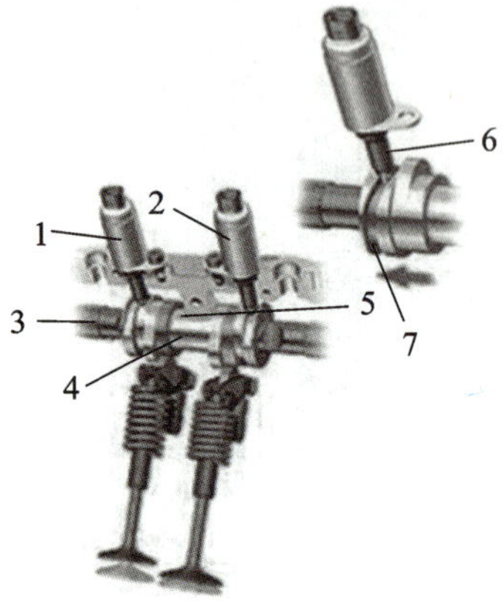

（a）发动机低速时小凸轮驱动

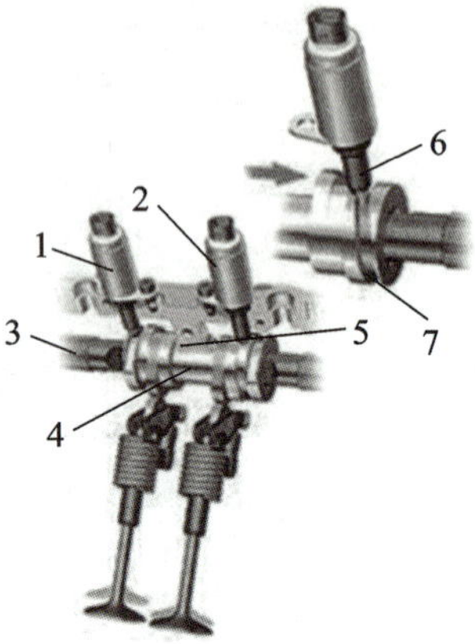

（b）发动机高速时大凸轮驱动

图 7-3-12　凸轮调节器与凸轮件

1—凸轮调节器 A；2—凸轮调节器 B；3—凸轮轴；4—凸轮节；5—轴箱轴承；6—金属销；6—螺旋沟槽

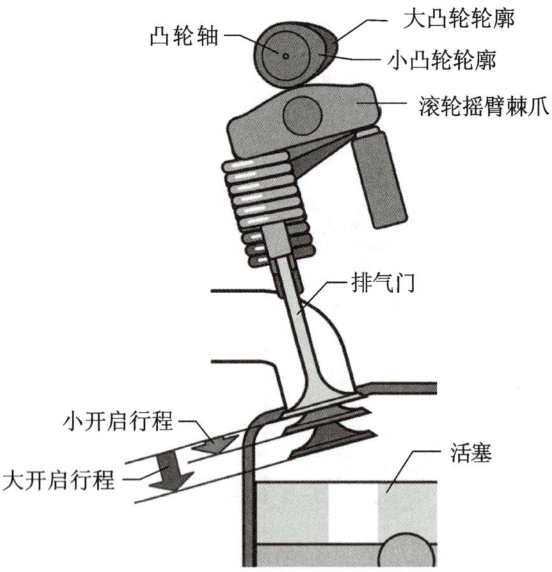

图 7-3-13　排气凸轮调节器调节状态

回位时永久磁铁向电磁铁方向移动，于是就在电磁铁线圈中感应出一个电压。发动机 ECU 识别出相应的电压峰值并将其作为回应信号。在凸轮件被移动之后，只有螺旋沟槽推回金属销时，该信号才可能被产生。发动机 ECU 借此来评估调整是否成功。

每个气缸在排气侧都有一个可移动的凸轮件，所以每个排气门都有两条气门升程曲线。通过凸轮件的纵向移动可在大小凸轮导向叶片之间进行切换。图 7-3-12(a)中凸轮调节器 A 工作时，A 下面的金属销伸入螺旋沟槽，凸轮节移动，小凸轮驱动排气门，使排气门获得较小的气门升程，如图 7-3-13 所示。图 7-3-12(b)中凸轮调节器 B 工作时，B 下面的金属销伸入螺旋沟槽，凸轮节向反方向移动，大凸轮驱动排气门，使排气门获得较大的气门升程，如图 7-3-13 所示。

凸轮节被设计成在凸轮轴旋转时可以自动移动，这样就可使两个排气门都转换到另外一个凸轮导向叶片。但是凸轮节的螺旋沟槽必须定型，以便完成切换后金属控制销可以推回。发动机 ECU 不能使金属销自动弹回。为确保在调整时凸轮件不会过多移动，需要使用一个挡块来限制调整行程。在这种情况下，使用气缸盖罩上的轴箱轴承来充当挡块（图 7-3-12）。另外，为保证凸轮节被调整后仍保持在原位置上，通过凸轮轴上带弹簧按压球的定位槽固定凸轮节，如图 7-3-14 所示。

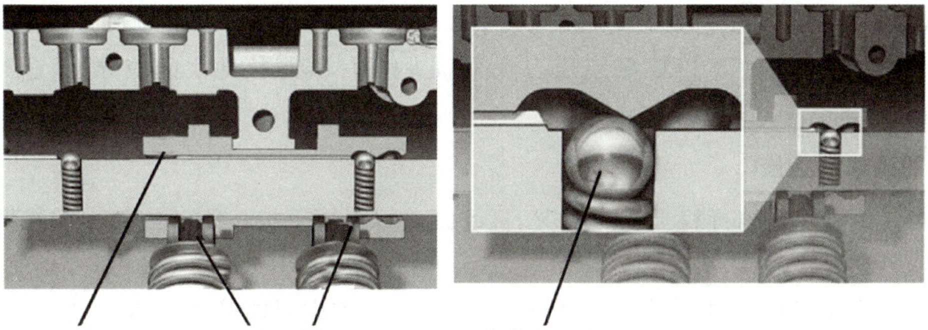

图 7-3-14 凸轮限位装置

任务实施

一、故障现象及原因分析

故障现象如“任务描述”所述，可变配气控制出现故障时，汽车会出现动力不足、油耗上升以及排放恶化等症状。发动机可变配气控制不良的原因主要有凸轮调节器、VTEC 压力开关、VTEC 调节电磁阀、ECU、相关传感器等故障，以及机油压力不足、液压管路泄漏、堵塞等。

二、VTEC 系统的检修过程

1. VTEC 系统故障码分析

连接故障诊断仪，读取故障码。如果 VTEC 系统在发动机低速状态下一直工作，发动机会因进气量不足而无力。如果一直在高速状态下工作，发动机的燃油消耗量就会增加。当 VTEC 系统出现故障时，发动机故障指示灯就会点亮，显示出故障码。根据故障码的指示检修相应的部件。

2. VTEC 系统电磁阀电路的检修

目测 VTEC 系统电磁阀与 ECU 的连接导线是否有连接不良的现象。关闭点火开关，拆下 VTEC 系统电磁阀插头，检查 VTEC 系统电磁阀插头两端子（或接地）之间的电阻，正常值为 14～30 Ω；否则，说明 VTEC 系统电磁阀损坏，应予更换。检查 VTEC 系统电磁阀插头端子 1 与 ECU 插接器相应端子之间的电阻，以及电磁阀插头端子 2 与接地之间的电阻，判断电路是否有断路故障。若导通，则接上 VTEC 系统电磁阀插头，检查 VTEC 系统电磁阀插头端子 1 与接地之间的电阻，判断电路是否有短路故障。

3. VTEC 系统压力开关的检修

关闭点火开关，拆下 VTEC 系统压力开关插头，检测两接线端子之间的电阻。在发动机不工作时，电阻应为 0 Ω(压力开关应导通)；否则，说明线路断路。启动发动机，将压力开关的两接线端子分别接蓄电池正、负极，当发动机转速小于 3000 r/min 时，压力开关应打开(两接线端子之间的电压为 0 V)；当转速大于 3000 r/min 时，压力开关应关闭(两接线端子之间的电压为 12 V)。VTEC 系统压力开关插头棕/黑线与接地之间应导通，蓝/黑线与 ECU 端子之间也应导通。

4. 摇臂组的检修

使第 1 缸处于压缩行程上止点位置，拆下缸盖罩。用手按压第 1 缸的中间摇臂(进气侧)，要求其能与主摇臂、次摇臂分离而单独运动。按做功顺序(1—3—4—2)分别使各缸处于压缩行程上止点位置，并依次用上述方法检查每个缸的中间摇臂，结果应同上。如果中间摇臂不能单独运动，则应将主摇臂、中间摇臂和次摇臂作为整体(摇臂组)拆下，并检查中间和主摇臂内的同步活塞 A 是否能移动自如。如果某根摇臂需要更换，则必须整组地更换三根摇臂。

从检查油孔处注入 400 kPa 压力的压缩空气，并堵住泄油孔，然后把正时板推高 2～3 mm，这时同步活塞应能把三个摇臂连锁。不注入压缩空气，三个摇臂又分开独立动作。

三、大众可变气门升程系统的检修

1. 大众可变气门升程系统故障码分析

连接故障诊断仪，读取故障码。当可变气门升程系统出现故障时，发动机故障指示灯就会点亮，显示出故障码。根据故障码的指示，检修相应的部件。如图 7-3-15 框内所示，故障码为 P11A600、PP11A100、P11A300，显示气缸 2 凸轮轴调节器 A 信号不可信，气缸 1 凸轮轴调节器 A、B 电气故障断路。可能的原因有凸轮轴调节器与 ECU 之间的线路故障或凸轮轴调节器内部电路故障。

2. 大众可变气门升程系统凸轮轴调节器的检修

如图 7-3-11 所示，凸轮轴调节器 2 号端连接电源 12 V，凸轮轴调节器 1 号端连接至 ECU 相应端子，为凸轮轴调节器 ECU 控制端，发动机工作转速获转矩变化时，由 ECU 控制 1 号端的接地，控制凸轮轴调节器 A 或 B 的工作实现低速区与高速区气门升程的调节。

根据故障码提示，测量气缸 1 与气缸 2 的凸轮轴调节器 A、B 的 1 号端有无控制信号，发动机速度低速与高速切换时测量凸轮轴调节器 1 号端电压为 12 V(图 7-3-16)，可以得出调节器内部电路无故障。

测量 ECU 58、6、101 端输出电压为 2.67 V 左右(图 7-3-17)，说明 ECU 端控制正常，一根线的两端电压不等，进一步测量气缸 1 凸轮轴调节器 A、B，气缸 2 凸轮轴调节器 A 的 2 号端到 ECU 端子的线路电阻，阻值为无穷大，由此可以判断为气缸 1 凸轮轴调节器 A、B，气缸 2 凸轮轴调节器 A 的 2 号端到 ECU 端子的线路故障。更换线束，故障修复。

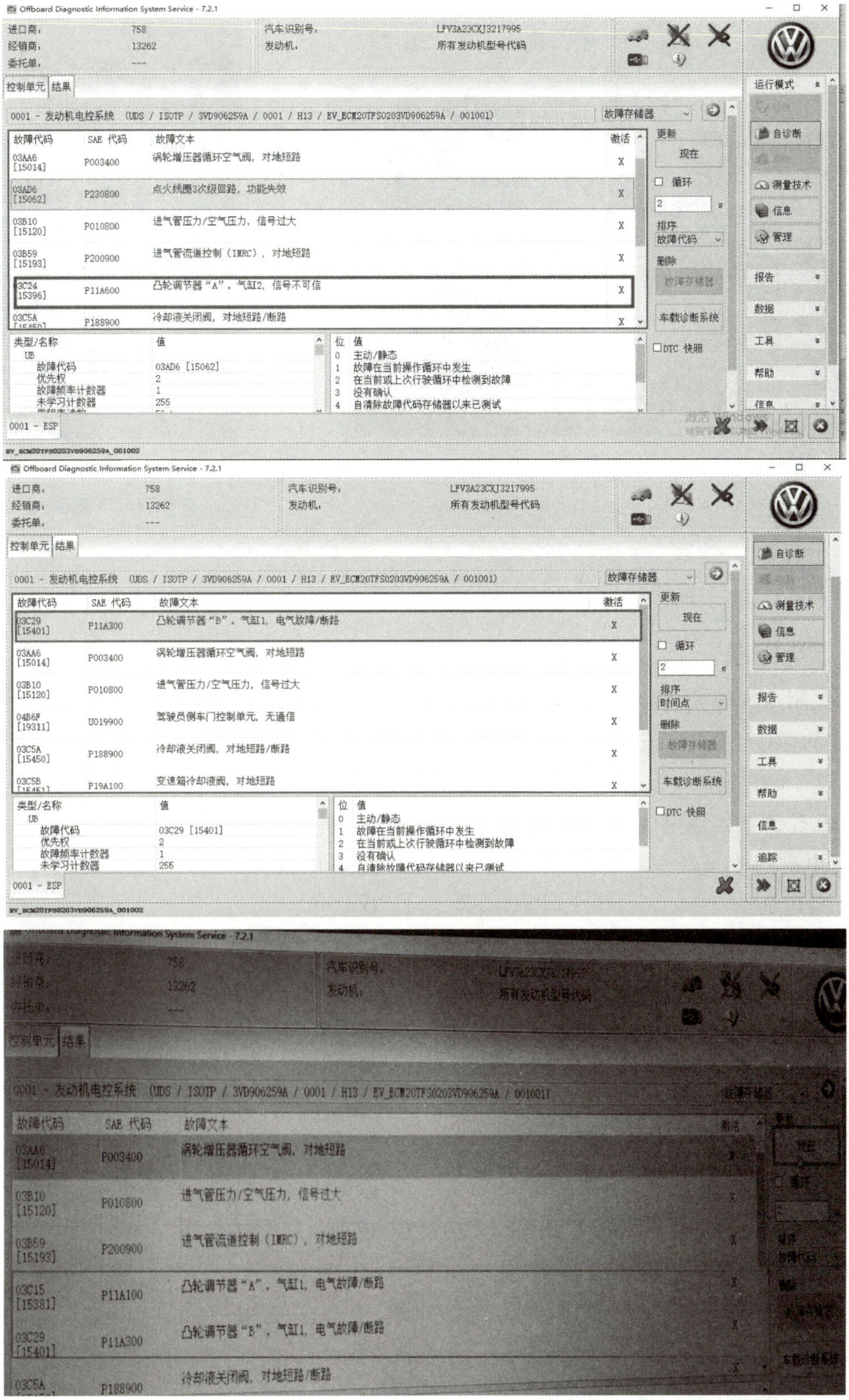

图 7-3-15 凸轮调节器故障码读取

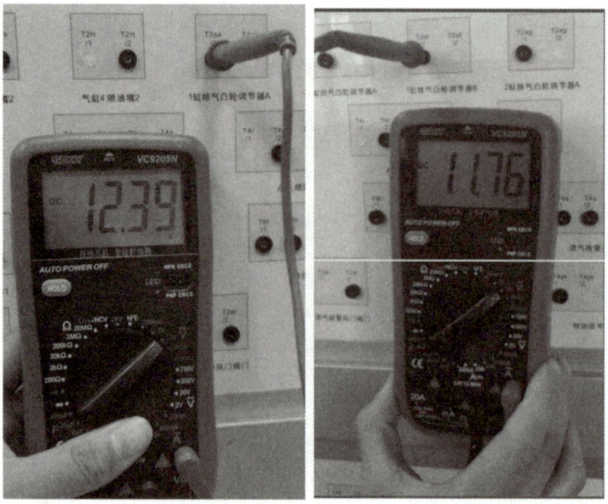

图 7-3-16　气缸 1 凸轮轴调节器电气测量(1)

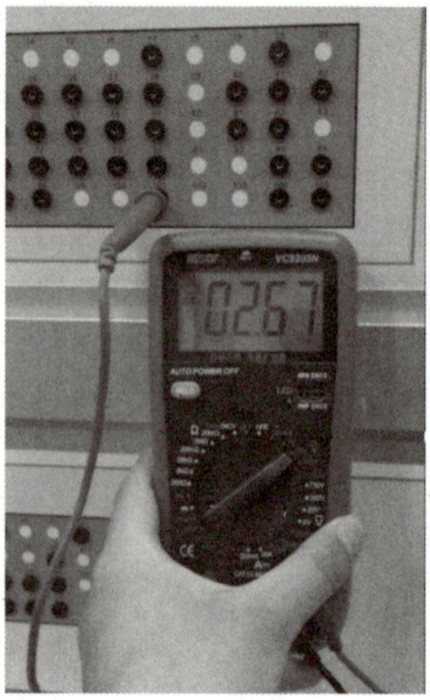

图 7-3-17　气缸 1 凸轮轴调节器电气测量(2)

任务自测

一、选择题

1. 关闭点火开关,拆下 VTEC 电磁阀插头,检查 VTEC 电磁阀插头 1 号端与 2 号端(或接地)之间的电阻,正常值为(　　)。

A. 2～4 Ω　　B. 8～10 Ω　　C. 14～30 Ω　　D. 50～60 Ω

2. 凸轮调节器通过(　　)供电 12 V,凸轮调节器的接地端由(　　)控制。

A. 电磁阀　　B. 发动机 ECU

C. 蓄电池　　D. 保险丝

3. 凸轮调节器 A 工作时,A 下面的金属销伸入螺旋沟槽,凸轮节移动,(　　)驱动排气门,使排气门获得(　　)。

A. 小凸轮　　B. 较大的气门升程

C. 大凸轮　　D. 较小的气门升程

4. 凸轮调节器 B 工作时,B 下面的金属销伸入螺旋沟槽,凸轮节向反方向移动,(　　)驱动排气门,使排气门获得(　　)。

A. 小凸轮　　B. 较大的气门升程

C. 大凸轮　　D. 较小的气门升程

5. 发动机可变气门升程控制系统控制不良的原因主要有(　　)等。

A. 凸轮调节器故障　　B. VTEC 电磁阀故障

C. ECU 故障　　D. 机油压力不足

二、判断题

1. VTEC 系统既可改变配气相位,也可以同时改变气门升程。　　(　　)

2. VTEC 系统中，发动机低转速时主摇臂、中间摇臂和次摇臂是彼此分离独立动作的。（　）

3. 在低速状态，VTEC 机构不工作，气门的开闭情况与普通顶置凸轮轴式配气机构相同。（　）

4. 大众可变气门升程系统（AVS）中，凸轮调节器是电磁式驱动器，每个气缸使用一个调节器。（　）

5. 当凸轮调节器电路接通时，永久磁铁推动金属销弹出伸张到螺旋沟槽，在凸轮轴旋转时移动凸轮件。（　）

任务 7.4　废气涡轮增压控制系统的结构与维修

任务描述

一辆大众帕萨特 B5 轿车，高速行驶时动力不足，加速无力。经过检查分析，需要对车辆进气增压系统进行检修。

任务目标

知识目标

（1）了解发动机增压系统的分类与特点。

（2）了解废气涡轮增压系统的结构与工作过程。

（3）熟悉废气涡轮增压系统的控制原理。

能力目标

（1）能正确使用数字万用表、示波器、故障诊断仪读取测量数据并分析废气涡轮增压系统的故障原因。

（2）能正确使用拆装工具、辅助接线等检修废气涡轮增压系统。

素质目标

（1）具有质量、安全、环保、规范、节约的意识。

（2）具有严谨的工作态度和精益求精的工匠精神。

（3）热爱劳动、尊重他人劳动，履行道德准则和行为规范。

知识收集

在压缩比和发动机排量一定的条件下，提高充入气缸空气的密度是提高发动机功率的有效途径之一。增压可使进入气缸前的气体预先被压缩，再以高密度送入气缸，由于进气密度增大而使发动机得到更多的新鲜空气，从而以较小的发动机排量获得较大的转矩和输出功率，同时燃油经济性也有所提高。

一、废气涡轮增压系统的分类

增压发动机就是在发动机进气过程中预先把空气压缩，提高进气压力和密度，从而提高进入气缸中的空气量。根据驱动压气机的方式不同，增压发动机可以分为机械增压、涡轮增压和气波增压三种基本类型。

废气涡轮增压是利用发动机排出的具有一定能量（高压、高温）的废气驱动涡轮增压器中的动力涡轮高速转动，再带动同轴的增压涡轮一起转动，对从空气滤清器进入的新鲜空气进行压缩，然后再送入气缸，废气涡轮增压系统所需的压缩功率取自废气中的能量。由此，可以吸入大量的空气，显著提高进气效率，达到提高发动机输出功率的目的。

目前轿车上采用的汽油发动机中，应用最普遍、最有效的是废气涡轮增压发动机，例如大众汽车的 1.4T、1.8T、2.0T 等增压发动机。

二、废气涡轮增压系统的结构

废气涡轮增压系统如图 7-4-1 所示，主要由涡轮增压器（动力涡轮、增压涡轮）、中冷器、压力调节单元、废气旁通阀、增压压力调节电磁阀等组成。

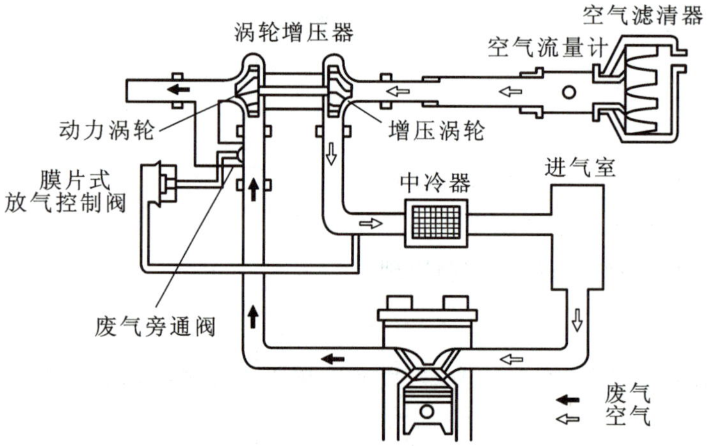

图 7-4-1　废气涡轮增压系统的组成

1. 涡轮增压器

涡轮增压器是废气涡轮增压系统最重要的部件，由动力涡轮、增压涡轮及中间体三部分组成，如图 7-4-2 所示。动力涡轮由蜗壳、涡轮机叶轮和出气道等组成，增压涡轮由蜗壳、增压叶轮和进气道等组成。涡轮机叶轮和增压叶轮同轴连接。

发动机排气经过特定形状的喷管进入径流式动力涡轮。排气流过喷管时降压、降温、增速、膨胀，其压能转变为动能，推动动力涡轮旋转，并带动增压器轴和增压涡轮一起旋转。空气经进气道进入增压涡轮。离心式增压涡轮旋转时，空气在离心力的作用下，沿着增压涡轮片流向叶轮周边。其流速、压力和温度均有较大增高，然后进入扩压管（有叶片式和无叶片式两种)。扩压管采用渐扩形流道，空气流经扩压管时减速增压，大部分动能转变为压能，温度也有所升高。

涡轮增压器工作时转速可达 12000～160000 r/min，因此，它的平衡和润滑非常重要。叶轮在工作时高速旋转，轴和轴承需要冷却和润滑。涡轮增压器一般都采用浮动轴承，它与轴以及轴承座之间都有间隙，形成双层油膜。涡轮增压器工作时，轴承在轴与轴承座中转动，来自发动机润滑系统主油道的机油经进油口进入，润滑和冷却增压器轴与轴承，再经出油口返回油底壳。在涡轮增压器轴上装有油封，用来防止机油窜入增压涡轮或动力涡轮蜗壳内。涡轮增压器工作时产生的轴向推力，由设置在增压涡轮一侧的整体式推力轴承承受。由于汽油机增压器的热负荷大，因此在增压器中间体的动力涡轮侧设置水套，并用水管与发动机的冷却系统相连。有些涡轮增压器在中间体内不设置冷却水套，只靠机油及空气对其冷却。

2. 中冷器

中冷器用来降低进入气缸前的空气温度，使其密度增加，进而提高发动机功率、降低油耗、降低热负荷以及减轻爆振。因为空气增压后温度升高，密度减少。如果增压空气温度过高，一方面会减少进气量，削减增压效果；另一个方面可能会引起发动机爆振。

3. 压力调节单元

压力调节单元的组成如图 7-4-2(a)所示，其实物及安装位置如图 7-4-2(b)所示。膜片左侧经增压压力调节电磁阀通增压空气，右侧作用弹簧。当增压压力低时，弹簧推动膜片左移，带动连动杆将排气旁通阀关闭；当增压压力高时，膜片右移，带动连动杆将排气旁通阀打开，使部分排气直接排入排气管，从而降低涡轮机转速和增压压力。

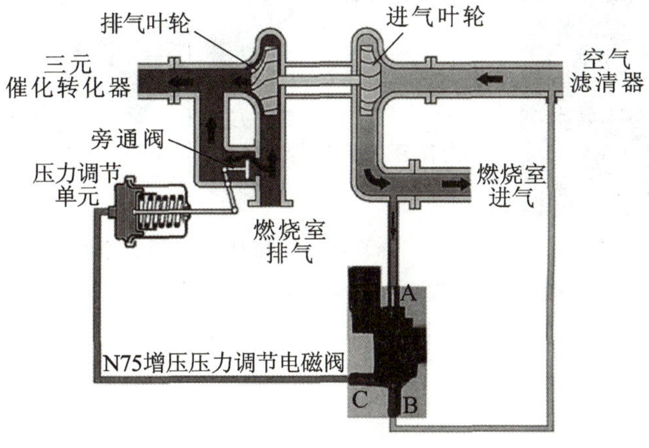

(a) 压力调节单元的组成

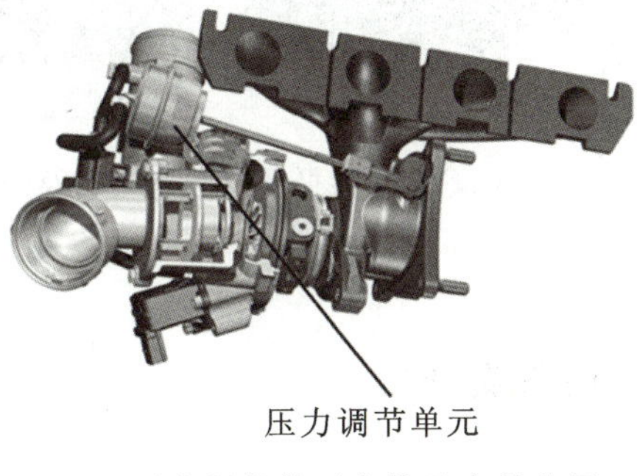

(b) 压力调节单元实物及安装位置

图 7-4-2 压力调节单元

4. 增压压力调节电磁阀

增压压力调节电磁阀的结构如图 7-4-3(a)所示，其实物及安装位置如图 7-4-3(b)所示。增压压力调节电磁阀是一个二位三通阀，通过发动机 ECU 控制电磁阀的占空比，以获得合适的增压压力。当电磁阀断电时，膜片执行器左室与高压空气端连通；当电磁阀通电时，膜片执行器左室与低压空气端连通。

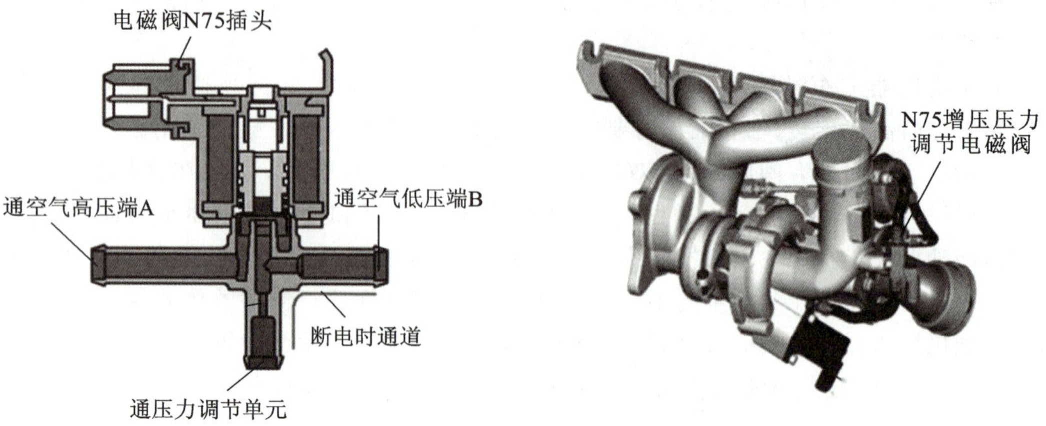

（a）增压压力调节电磁阀的结构　　（b）增压压力调节电磁阀实物及安装位置

图 7-4-3　增压压力调节电磁阀

5. 增压器循环空气阀

增压器循环空气阀实物及安装位置如图 7-4-4（a）所示，增压器循环空气阀安装在增压器新鲜空气进口与增压空气道出口之间。其工作状态为如图 7-4-4（b）所示，当电磁阀断电时，循环空气阀打开，将增压后的新鲜空气引回增压器进口，降低增压压力；当电磁阀通电时，增压器新鲜空气进口与增压空气道出口之间断开，增压空气不循环。

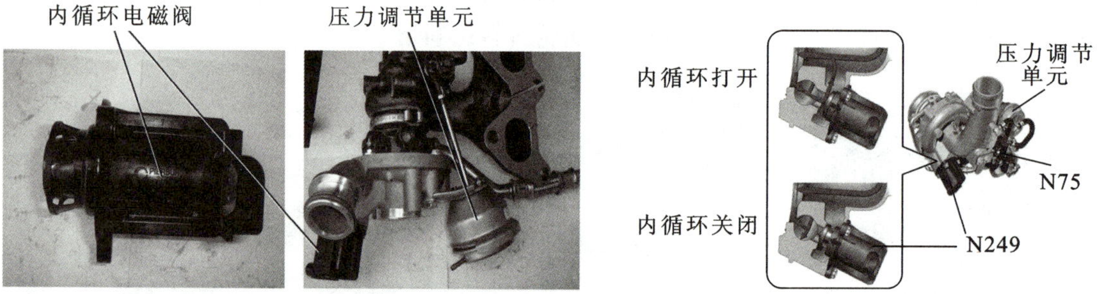

（a）增压器循环空气阀实物及安装位置　　（b）增压器循环空气阀工作状态

图 7-4-4　增压器循环空气阀

任务实施

一、废气涡轮增压系统工作不良的原因分析

故障现象如“任务描述”所述，废气涡轮增压系统工作不良，汽车会出现异响、加速无力、油耗上升、排气冒黑烟、烧机油等异常现象，主要原因有控制电路故障和气路故障两个方面。废气涡轮增压系统控制电路故障包括电磁阀故障、发动机 ECU 故障、传感器信号不良等；气路故障包括废气涡轮增压器漏油、异响或卡滞、膜片执行器损坏或调节异常等。

二、废气涡轮增压系统故障诊断与排除

1. 故障原因分析

以大众帕萨特 B5 轿车 AWL 1. 8T 发动机为例，此发动机安装的废气涡轮增压系统由发动机控制模块供电继电器(J271)、发动机控制模块(J220)、增压压力(温度)传感器(G31)、增压压力调节电磁阀(N75)、增压压力再循环阀(N249)等组成，其控制电路原理如图 7-4-5 所示。

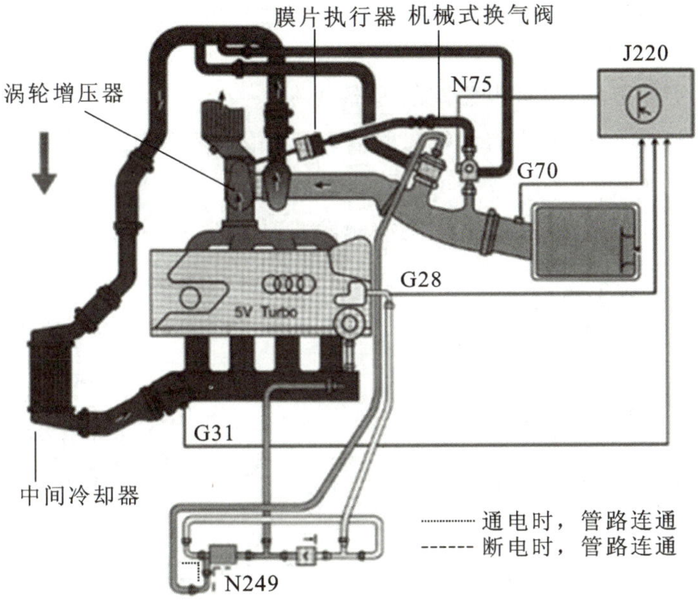

图 7-4-5 AWL 废气涡轮增压系统电路原理

导致此故障的原因可能是：①涡轮增压器压力调节单元故障；②增压压力调节电磁阀故障；③增压器循环空气阀故障；④涡轮增压器压力调节单元真空管堵塞；⑤涡轮增压器换气电磁阀故障；⑥发动机 ECU 故障；⑦机械部分故障。

2. 故障诊断与排除过程

1）增压压力调节电磁阀(N75)的检测

(1) 测试增压压力调节电磁阀。

① 连接故障诊断仪 V.A.G1551，选择读取测量数据块(功能 08)。

② 从增压压力调节电磁阀上拆下软管，接上辅助软管，启动执行元件诊断，并触发增压压力调节电磁阀。

③ 显示屏显示如图 7-4-6 所示(图下部为翻译后的内容)。

④ 进入下一步执行原件诊断，电磁阀将发出“咔嚓”声响并打开和关闭(通过向辅助软管吹气来检查)。如电磁阀有“咔嚓”声但不正常地打开和关闭，应更换电磁阀。

⑤ 如果电磁阀无“咔嚓”声，对电磁阀进行内部电路及外部电路检查。

(2) 检测增压压力调节电磁阀的内部电路与外部电路。

Final control diagnosis Booat pressure control solenoid valve-N75	→
执行元件诊断 增压压力控制电磁阀-N75	→

图 7-4-6 测试增压压力调节电磁阀的显示内容

① 拔下电磁阀的供电插头，如图 7-4-7 所示。用万用表测量其电阻值，应该是 25～35 Ω。

② 如果没有达到规定值，阻值过大说明内部线圈断路，阻值接近 0 Ω，说明两端子短路，应更换电磁阀。

③ 如果在规定值范围，检查电磁阀的外部电路。

④ 使启动机短时工作（允许启动机短时启动），用万用表（电压测量挡）测量端子 1、2 处的电压，应该是蓄电池电压，如图 7-4-8 所示。

⑤ 如果没有达到规定值，检测电磁阀的触发情况。

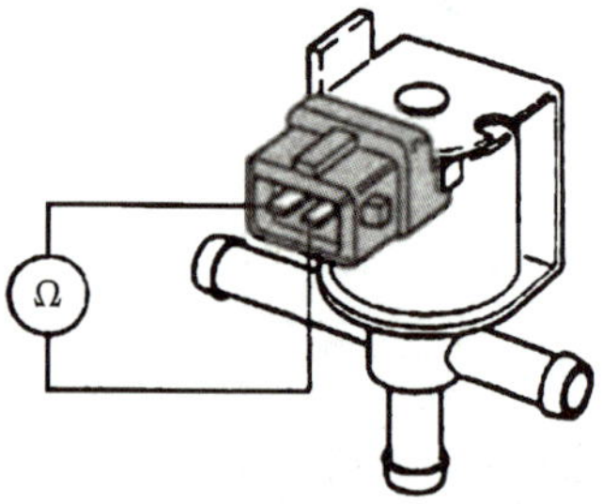

图 7-4-7 增压压力调节电磁阀两端子间的电阻

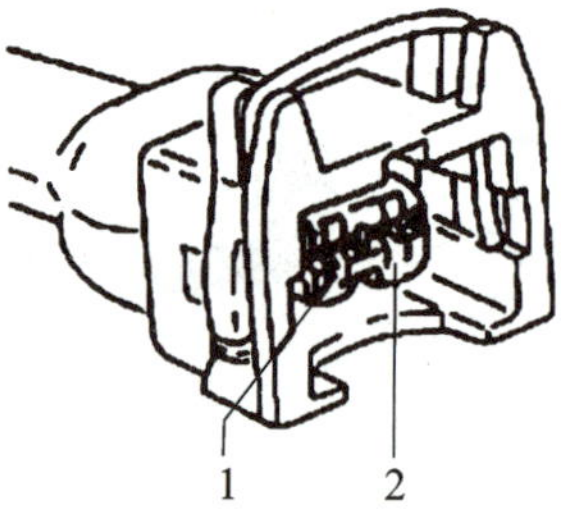

图 7-4-8 增压压力调节电磁阀的供电插头端子

（3）检测增压压力调节电磁阀的触发情况。

① 拔下电磁阀的供电插头，并把二极管检测灯串接在线束侧端子 1 和 2 之间。

② 启动执行元件诊断并触发电磁阀，二极管检测灯应闪亮。如果二极管检测灯不闪亮或常亮，检测线束的插接。

③ 把检测盒 V.A.G1598/22 接到发动机电控装置的线束上，检测端子 2 与检测盒 V.A.G1598/22 触点 64 之间的导线是否断路或对正极、对负极短路。如果是，应更换线束。

2）增压器循环空气阀的检测

增压器循环空气阀的模拟测试方法同增压压力调节电磁阀的测试。图 7-4-9 所示为增压器循环空气阀电路图，内部电路测试方法同增压压力调节电磁阀，测量该阀两触点之间的电阻值，应为 21～30 Ω。如不符合，需更换增压器循环空气阀。

如图 7-4-10 所示，用万用表测量循环空气阀外部电路，端子 1 为通过接线提供的 12 V 电源，端子 2 为发动机 ECU 控制的电磁阀的接地端，发动机怠速时端子 2 电压为 0.38 V 左右，用示波器测量端子 2 波形正常。如图 7-4-11 所示，如果测得端子 2 电压为 12 V，则说明 2 号线出现断开的故障，进一步测量 ECU 端子 66 电压，接近 0 V。关闭点火开关，测量 ECU 端子 66 与端子 2 之间的阻值，若不符则更换电磁阀线束。

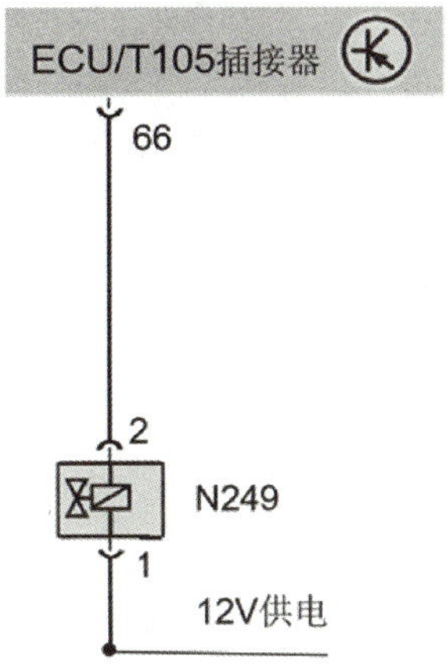

图 7-4-9 增压器循环空气阀电路图

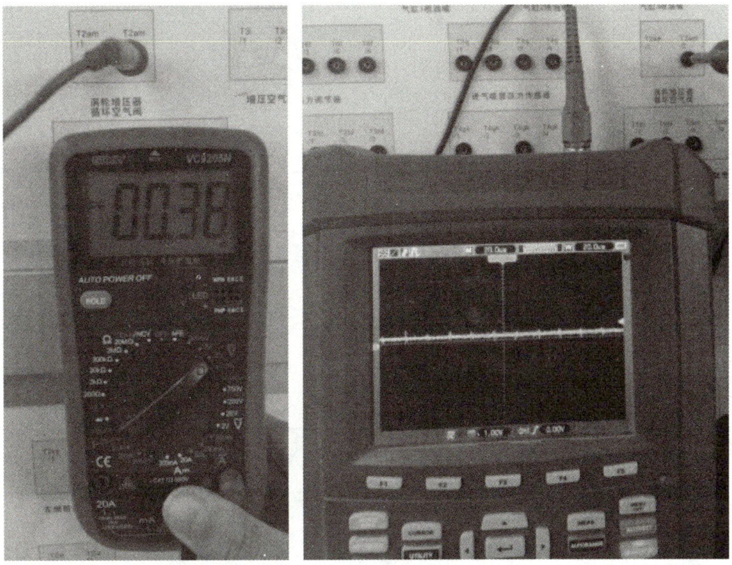

图 7-4-10 增压器循环空气阀正常(1)

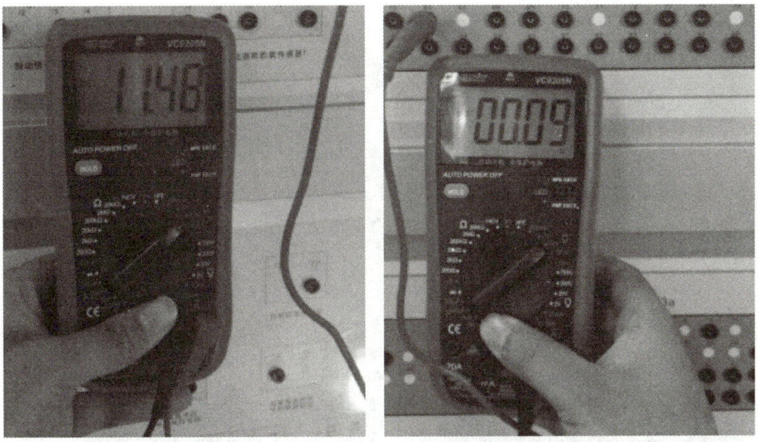

图 7-4-11 增压器循环空气阀正常(2)

3) 增压压力(温度)传感器(G31)的检测

图 7-4-12 所示为增压压力(温度)传感器电路图,此发动机增压压力传感器包括温度信号共四个端子,端子 1 为接地,端子 2 为温度信号,端子 3 为传感器供电电压,端子 4 为增压压力信号。

由故障码分析为增压压力传感器信号端故障,如图 7-4-13 所示。

① 打开点火开关,测量插头 1 和 3 之间的电压,应不低于 4.5 V。图 7-4-14 所示为增压压力传感器参考电压测量。

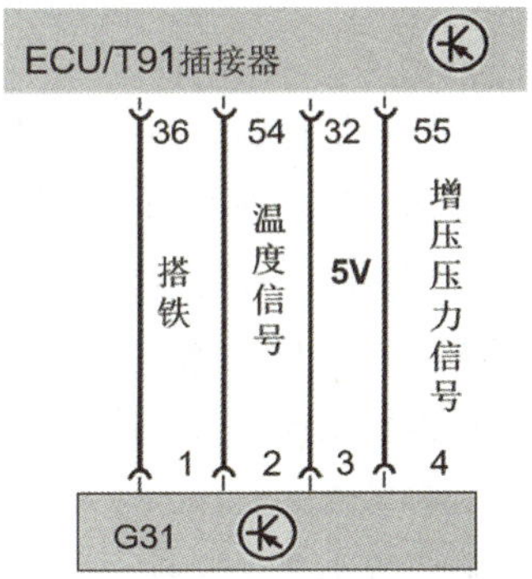

图 7-4-12 增压压力(温度)传感器电路图

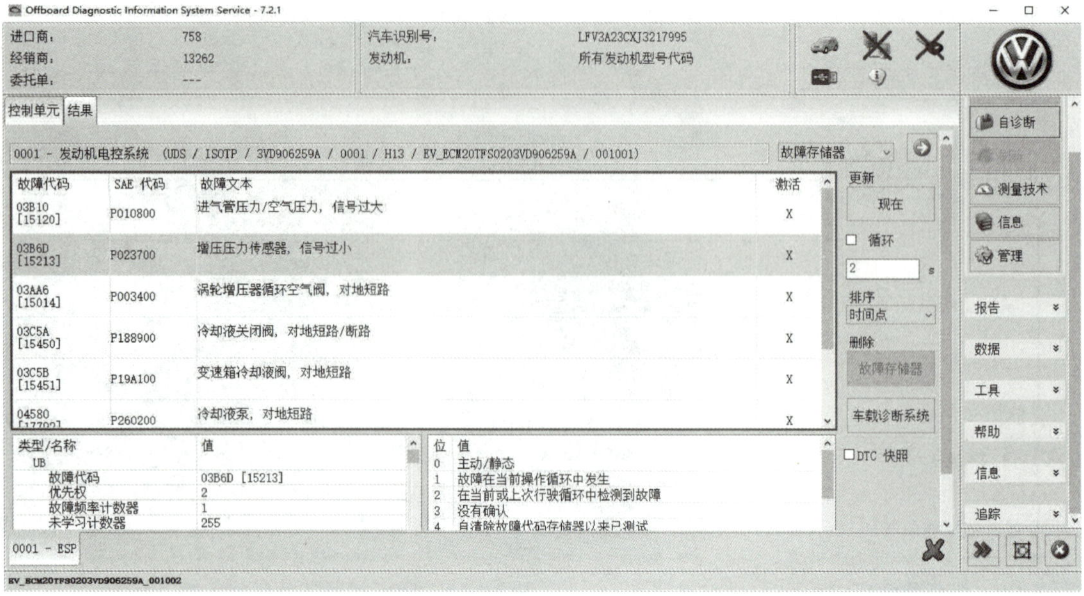

图 7-4-13　增压压力传感器故障码

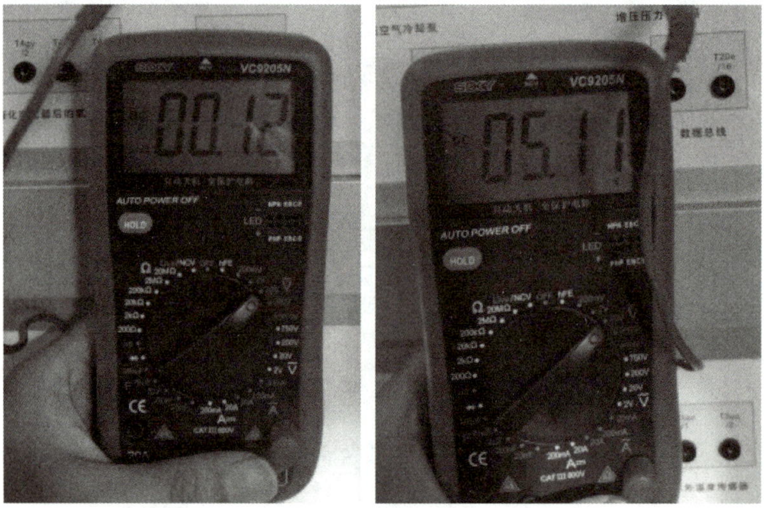

图 7-4-14　增压压力传感器参考电压测量

② 将插头插到增压压力传感器上，用万用表检测端子 1 与 4 上的电压。启动发动机，电压应为 1.8～2.0 V，急加速，提高转速，标准值为 2.0～3.0 V。图 7-4-15 所示为增压压力传感器信号测量，2 号为温度信号，4 号为增压压力传感器压力信号，怠速时测量为 1.75 V，提高转速后为 2.61 V，符合标准值。图 7-4-16 所示为增压压力传感器信号波形测量，如不符合，需更换增压压力传感器。增压压力传感器故障码如图 7-4-17 所示。

③ 将 V.A.G1598/31 接到 ECU 线束上，但不接 ECU，检查触点 1、2、3、4 导线之间是否短路，标准值小于 1.5 Ω。

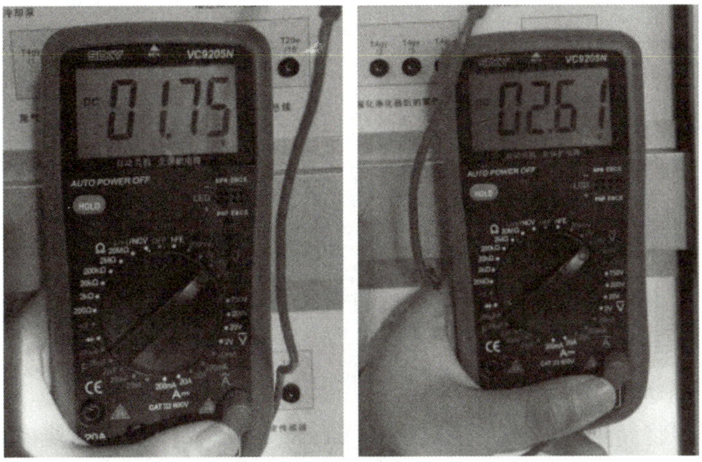

图 7-4-15 增压压力传感器信号测量

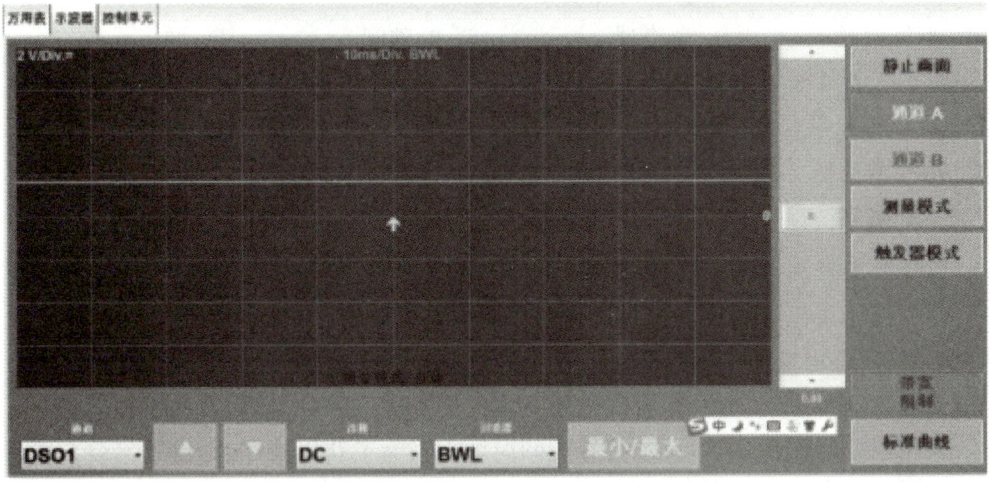

图 7-4-16 增压压力传感器信号波形测量

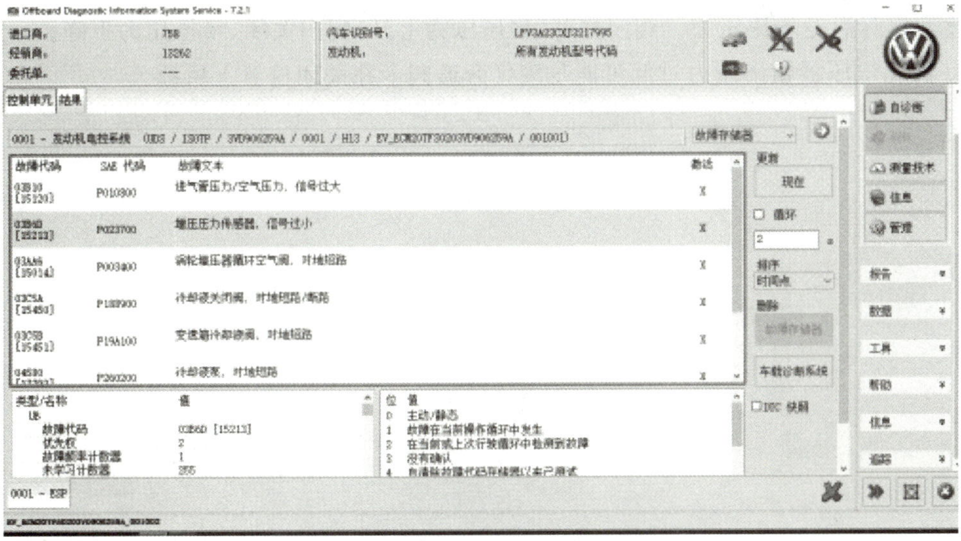

图 7-4-17 增压压力传感器信号故障码读取

任务自测

一、选择题

1. 在涡轮增压发动机上，中冷器后面的增压压力传感器主要用来监测（　　）。

A. 排气压力　　B. 实际增压压力

C. 进气歧管压力　　D. 进气压力

2. 目前在轿车上应用最普遍、最有效的进气增压系统是（　　）。

A. 机械增压系统　　B. 气波增压系统

C. 复合增压系统　　D. 废气涡轮增压系统

3. 涡轮增压器将新鲜空气压缩后经（　　）冷却，然后供给气缸燃烧室。

A. 中冷器　　B. 散热器　　C. 冷凝器　　D. 蒸发器

4. 调节增压压力最简单有效的方法是设置（　　）。

A. 废气旁通阀　　B. 中冷器　　C. 电磁阀　　D. 增压涡轮

5. 增压压力控制电磁阀（N75）的通断由（　　）控制。

A. 发动机控制模块（J220）　　B. 增压压力传感器（G31）

C. 排气旁通阀　　D. 中间冷却器

二、判断题

1. 涡轮增压器损坏会造成发动机动力性能下降。（　　）

2. 废气涡轮增压是利用发动机排出的具有一定能量（高压、高温）的废气，驱动涡轮增压器中的动力涡轮，再带动与动力涡轮同轴的增压涡轮一起转动。（　　）

3. 当需要增加进气压力时，排气歧管排出的废气进入涡轮，经动力涡轮排出。（　　）

4. 采用涡轮增压技术后，发动机爆震倾向增大。为了获得较好的效果，很多系统将点火正时调节与增压压力调节相结合来进行控制。（　　）

5. 发动机 ECU 通过控制增压压力电磁阀，进一步控制膜片式控制阀，使旁通阀门动作，从而改变实际涡轮增压压力。阀门打开，增压压力上升；阀门关闭，增压压力下降。（　　）

6. 涡轮增压器输出压力过低可能是废气旁通阀卡在关闭位置上所致。（　　）

项目8

发动机排放控制系统结构与维修

富有钻研精神的"大国工匠年度人物"王树军

2018年"大国工匠年度人物"的获得者是潍柴集团首席技师王树军。在平时工作中，他发现铰孔装置很容易漏铰等问题。经过一番摸索研究后，他成功设计制造出了一款气缸盖气门导管孔自动铰孔装置。这种装置克服了机器在运作过程中出现的漏铰及铰孔质量差问题，极大地提高了生产效率。因为这项发明，王树军成功获得国家实用新型发明专利，每年创造的效益超过500万元。同时王树军全身心投入产业高端装备研制工作，不被功名利禄所左右，坚守岗位打造自己的一颗"中国心"。他攻克的技术中，尤其是针对进口高精加工中心的光栅尺气密保护装置，填补了国内空白，成为中国工匠成功挑战进口设备缺陷的美谈。他独创的垂直投影逆向复原法，解决了进口加工中心定位精度为千分之一度的NC转台锁紧故障，打破了国外技术的封锁和垄断，振奋了行业信心。

20多年来，在以王树军为代表的无数工人和技术人员的共同努力下，潍柴集团的发展越来越好，成为国内鼎鼎有名的柴油发动机制造企业。他是维修工，也是设计师，更像是永不屈服的战士！临危请命，只为国之重器不能受制于人。他展示出中国工匠的风骨，在尽头处超越，在平凡中非凡，他的钻研精神值得我们学习。

任务8.1 三元催化转化系统的结构与维修

任务描述

一辆大众宝来1.4T轿车，行驶了80 000 km，行驶过程中出现怠速抖动，加速时提速慢，急加油时发动机熄火，发动机故障灯点亮。该车发动机使用了单缸独立点火、电子节气门、涡轮增压及双氧传感器等先进技术。

任务目标

知识目标

(1) 了解发动机排放控制系统的类型。

(2) 熟悉三元催化转化器的功用、组成结构、工作原理。

(3) 掌握氧传感器的类型、结构及特点。

(4) 会分析氧传感器的控制电路。

能力目标

(1) 能在实车上找到各排放控制系统的安装位置。

(2) 能正确使用数字万用表、示波器、故障诊断仪读取测量数据并分析三元催化转化系统故障原因。

(3) 能根据维修手册进行三元催化转化系统部件的更换。

素质目标

(1) 具有质量、安全、环保、规范、节约的意识。

(2) 具有严谨的工作态度和精益求精的工匠精神。

(3) 热爱劳动、尊重他人劳动,履行道德准则和行为规范。

知识收集

排放控制系统是发动机辅助控制系统之一,其功能是减少汽车排放污染,满足要求越来越高的排放法规。现代汽车上配置多种排放控制系统,主要包括三元催化转化器(TWC)、废气再循环控制系统(EGR)、燃油蒸发控制系统(EVAP)、二次空气喷射控制系统等。本任务主要介绍发动机排放控制原理以及解决其故障检测问题。

一、发动机排放控制系统的总体认识

1. 汽车排放污染物的主要成分和形成的原因

汽车排放污染物是指从废气中排出的有害气体,即发动机在燃烧做功过程中产生的有害气体,包括一氧化碳(CO)、碳氢化合物(HC)、氮氧化合物(NO_x)、二氧化碳(CO_2)、二氧化硫(SO_2)和碳烟等。

汽车排放污染物形成的原因如下:

(1) 一氧化碳(CO)是空气不足或空气中氧含量不足造成混合气过浓所产生的一种无色、无味的有害气体。

(2) 碳氢化合物(HC)是指发动机废气中未燃烧部分,还包括供油系统中燃料的蒸发和滴漏,造成燃烧不充分。

(3) 氮氧化物(NO_x)是发动机在高温富氧时大量产生的一种褐色的有刺鼻气味的气体。

(4) 二氧化硫(SO_2)是燃油中的硫燃烧后的生成物。

(5) 碳微粒主要是柴油发动机燃烧不完全的产物。

2. 减少汽车污染物排放的措施

对燃油箱、曲轴箱进行封闭化处理,如活性炭罐控制、曲轴箱强制通风。

在汽车排出的成分中,CO、HC 和 NO_x 是主要的污染物,因此,目前汽车的排污标准和净化措施也旨在降低这几种成分和含量。

为此在汽车上采取了下列净化措施:

(1) 三元催化转换器(TWC),可减少废气 HC、CO 和 NO_x 的排放量;

(2) 废气再循环控制系统(EGR),可减少 NO_x 排放量;

(3) 油箱蒸发控制系统(EVAP),可减少 HC 气体排放量;

(4) 二次空气供给,可减少 HC、CO 的排放量。

二、三元催化转化与空燃比的关系

汽油发动机为了降低排气污染,都安装了三元催化转化器,其功能是把排气中的 HC、NO_x 和 CO 转化成 H_2O、CO_2 和 N_2。如图 8-1-1 所示,当进入气缸的混合气空燃比在 14.7∶1 时,三元催化转化器的催化转化效率极高(可达 99%),但是如果混合气空燃比偏离 14.7∶1,三元催化转化器的催化转化效率会降低且容易损坏。因此现代汽车汽油发动机应保证混合气空燃比在 14.7∶1。

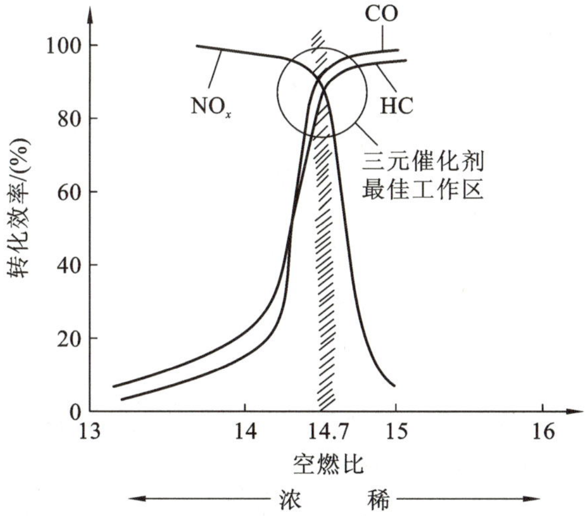

图 8-1-1 三元催化器转化效率与空燃比的关系

为了获得三元催化转化器所要求的空燃比,必须十分精确地控制喷油量。在有些特殊的情况下,仅凭空气流量计测得进气量信号达不到很高的控制精度,会造成可燃混合气燃烧后排出的 CO、HC、NO_x 在排气管中的混合比例不对,使得三元催化转化器效率下降,排放污染增多。

为了有效地利用三元催化转化器,充分净化废气,就要提高空燃比的控制精度,使其维持在理论空燃比 14.7∶1 为中心的非常狭窄的范围内,必须使用氧传感器闭环控制系统。

三、三元催化转化系统的组成与工作原理

三元催化转化系统由装在排气总管的三元催化转化器、氧传感器等组成，如图 8-1-2 所示。

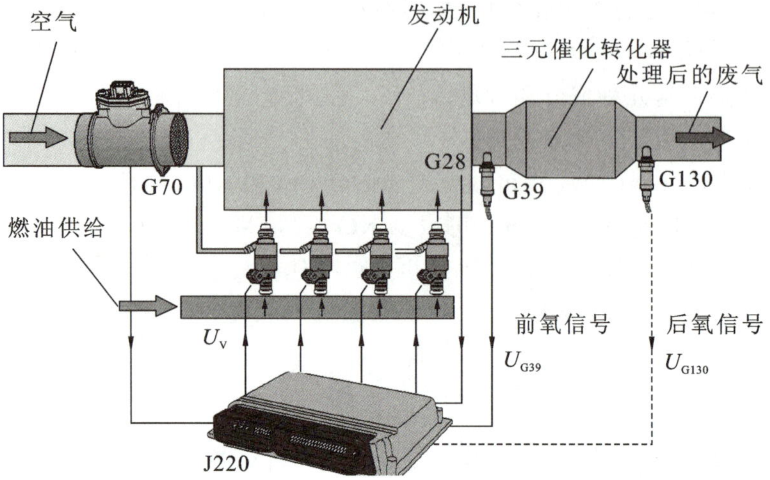

图 8-1-2　三元催化转化系统

通常三元催化转化系统中安装两个氧传感器，前氧传感器对空燃比进行反馈控制，后氧传感器用于检测三元催化转化器的催化效率。ECU 利用氧传感器输入的空燃比反馈信号，判定混合气的浓稀程度，如混合气浓度比理论混合气浓，减小喷油时间；如混合气浓度比理论混合气稀，增大喷油时间。

发动机空燃比反馈控制只是在部分工况下进行。在下列情况时，空燃比闭环控制系统将停止工作：①发动机启动时；②启动后燃油增量修正（加浓）时；③冷却液温度是燃油增量修正时；④节气门全开（大负荷、高转速）时；⑤加、减速燃油量修正时；⑥燃油中断停供时；⑦氧传感器的温度未达到工作温度。

四、三元催化转化器

1. 三元催化转化器的结构

现代汽车普遍在发动机排气总管后加装三元催化转化器，根据载体（含催化剂）结构不同，三元催化转化器可分为颗粒型和整体型。

颗粒型转换器内含 10 万～20 万个小颗粒，氧化铝作为制造颗粒的催化材料的载体。

整体型转换器内含表面积大约有 10 个足球场大的整体蜂窝块，蜂窝块可由金属或陶瓷制作，金属或陶瓷蜂窝块表面覆盖一层氧化铝。氧化铝表面有形状复杂的表层，可增大催化剂和废气的接触面积。整体型三元催化转化器的实物与结构如图 8-1-3、图 8-1-4 所示。

2. 三元催化转化器的转化原理

三元催化转化器其中的三元催化剂是铂（或钯）和铑的混合物。铂（或钯）能促使排气中的有害成分 CO、HC 氧化成二氧化碳和水，铑能加速有害气体 NO_x 还原成 N_2 和 O_2，从而起到净化排气的作用。转化过程如图 8-1-5。

图 8-1-3 三元催化转化器实物

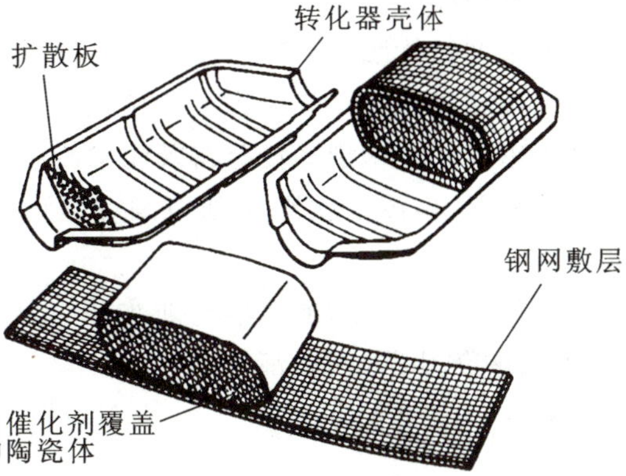

图 8-1-4 三元催化转化器的结构

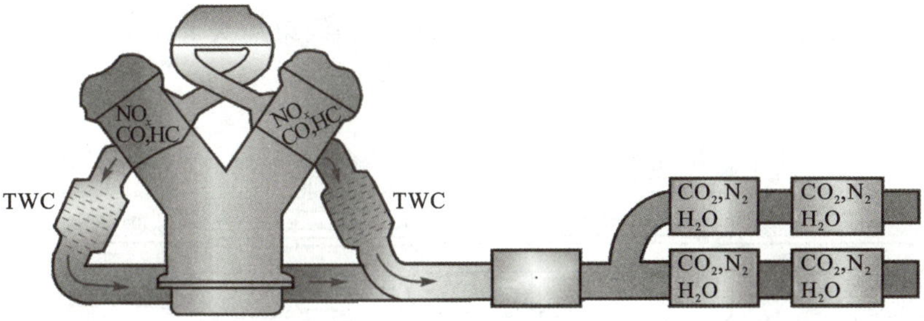

图 8-1-5 三元催化转化器的转化原理

三元催化转化器工作原理

催化剂的表面活性作用是利用排气本身的热量激发的，其使用温度范围，以活化开始温度为下限(250 ℃)，以过热引起三元催化转化器故障的极限温度为上限(1000 ℃)。保持三元催化转化器高净化率、高使用寿命(一般可达 80 000～100 000 km)的理想运行条件的使用温度为 400～800 ℃。超过上限温度后，催化剂过热会使老化加快，以致完全丧失催化功能。三元催化转化器会因为排气中铅化物、碳烟、焦油等引起损坏，因此应使用无铅汽油。

五、氧传感器

氧传感器工作原理

1. 氧传感器的功能

氧传感器安装在发动机排气歧管后、消声器的前面，三元催化转化器的前后各安装一个氧传感器。前氧传感器对空燃比进行反馈控制，后氧传感器用于检测三元催化转化器的催化效率。如图 8-1-3 所示，其作用是通过监测排气管废气中氧离子的含量来获得混合气的空燃比信号，并将该信号转变为电信号输入 ECU。ECU 根据氧传感器信号，对喷油时间进行修正，实现空燃比反馈控制(闭环控制)，从而将空燃比控制在理论值 14.7∶1 附近，使发动机得到最佳浓度的混合气，从而降低有害气体的排放和节约燃油。

2. 氧传感器的分类

根据检测混合器浓度的范围，氧传感器分为窄带型氧传感器和宽带型氧传感器两种。

窄带型氧传感器只能检测废气的浓、稀两种状态，不能确定空燃比偏离理论混合气的程度。窄带型氧传感器又分为氧化锆式和氧化钛式两种氧传感器，其中应用最多的是氧化锆式氧传感器。宽带型氧传感器既能检测废气的浓、稀两种状态，又能确定空燃比偏离理论混合气的程度，检测空燃比 R 值范围可达到 10.0～60.0($0.7<\alpha<2.2$)，在中、高档汽车上广泛采用。

氧传感器又分为加热型与非加热型两种，工作温度高的氧传感器（如氧化锆式氧传感器、宽带氧传感器）一般都为加热型。

3. 氧化锆式氧传感器

1）结构特点

氧化锆式氧传感器利用二氧化锆(ZrO_2)材料的电压值随排气中氧含量的变化而变化的特性制成，故又称为电压型氧传感器，其结构与原理分别如图 8-1-6、图 8-1-7 所示。它主要由钢质护管、钢质壳体、锆管、加热元件、电极引线、防水护套和线束插头等组成。

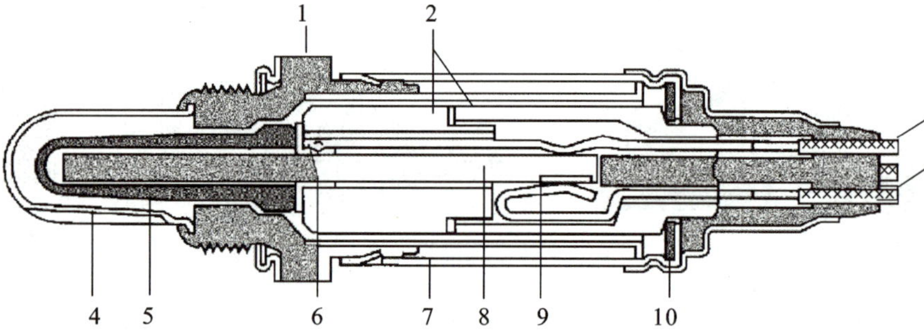

图 8-1-6　氧化锆式氧传感器的结构

1—壳体；2—陶瓷管支承；3—加热电阻电缆；4—带槽的保护套；5—二氧化锆；6—接触部；7—外保护套；8—加热元件；9—电加热接头；10—弹簧垫圈

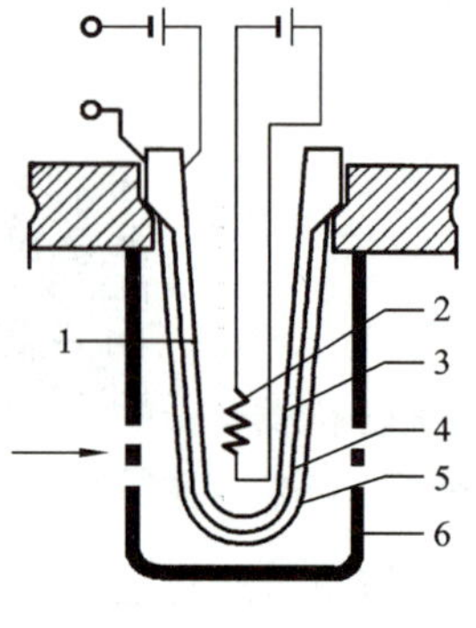

图 8-1-7　氧化锆式氧传感器的原理

1—多孔铂膜涂层（正极）；2—加热器；3—ZrO_2 陶瓷加热元件；4—多孔铂膜涂层（负极）；5—多孔涂层（$MgAl_2O_4$）；6—不锈钢保护套

氧化锆式氧传感器的基本元件是二氧化锆陶瓷体（固体电解质），它是在二氧化锆固体电解质粉末中添加少量的添加剂，经压力成形后，再烧结而成的。陶瓷体有的制成试管形状，称为指形 λ 探针，也称为锆管；有的制成长方形薄片后多层叠加，称为平面形 λ 探针。不论哪种形状，都是为了便于氧离子能均匀扩散与渗透。

氧化锆式氧传感器在 300 ℃以上环境时，才能输出稳定的信号电压。氧化锆式氧传感器有加热型与非加热型两种。早期轿车采用非加热型氧传感器，只靠排气加热，必须在发动机启动运转数分钟后才能开始工作，它只有一根或两根接线与 ECU 相连，电路图如图 8-1-8 所示。

现代轿车大多采用加热型氧传感器，其线束连接器有三个或四个接线端子，其中四线居多。如图 8-1-9 所示，其四根接线的分配是：三根线连接 ECU，其中两根线是信号线，一根线是 ECU 控制的加热器的搭铁线；另外一根接电源，一般由继电器控制。带加热器的氧传感器也有三线的，它与四线制的基本区别就是通往 ECU 的信号线只有一根，信号地线通过传感器外壳直接接地。加热器采用陶瓷加热元件制成，设在锆管内侧，由汽车电源通入电流进行加热，目的是保证低温(排气温度在 150～200 ℃)时，氧传感器也能投入工作，从而减少有害气体的排放量，加热器的加热温度一般设定为 300 ℃。

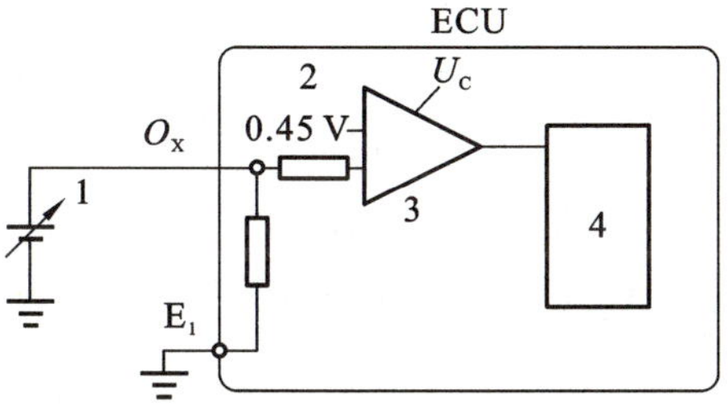

图 8-1-8　单线式氧传感器与 ECU 连接的电路图

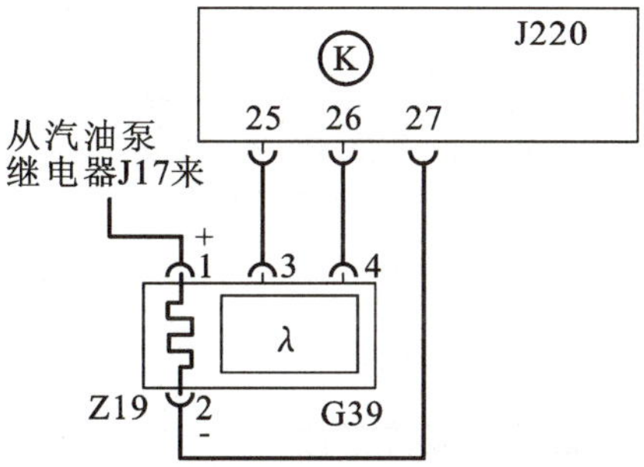

图 8-1-9　四线式氧传感器与 ECU 连接的电路图

2) 工作原理

氧化锆式氧传感器锆管内侧与氧气浓度高(一般为 21%的常数)的大气相通，外侧与氧气浓度低的排气相通，且锆管外侧的氧气浓度随发动机的工况变化而变化。锆管的陶瓷体是多孔的，渗入其中的氧气在温度较高时发生电离，形成氧离子。当氧离子在锆管中扩散时，锆管内外表面之间的电位差将随内外表面氧气浓度差值的变化而变化，即锆管相当于一个氧浓差电池，传感器的信号相当于一个可变电源，如图 8-1-10 所示。

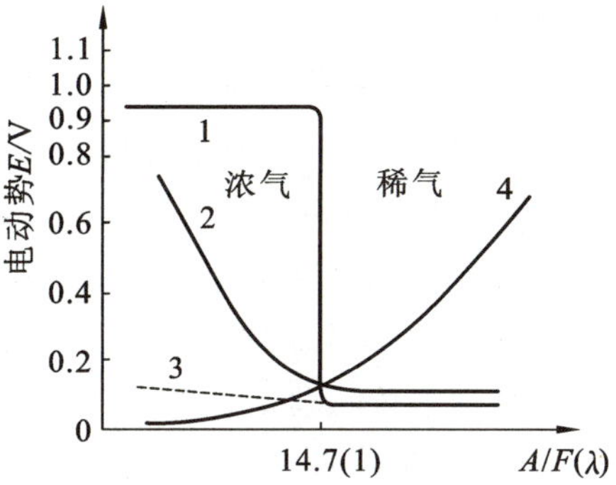

图 8-1-10　气体浓度与氧传感器电压的关系

1—传感器的电动势；2—CO 浓度；3—无铂催化的传感器电动势；4—氧离子浓度

(1) 当供给发动机的可燃混合气较浓(即空燃比小于 14.7∶1 或过量空气系数小于 1)时，排气中氧气含量较少，CO 浓度较大。在锆管外表面催化剂铂的催化作用下，氧气几乎全部与 CO 发生氧化反应生成 CO_2，使外表面上氧离子浓度为零。由于锆管内氧离子浓度很大，因此，锆管内、外表面之间的氧离子浓度差较大，两个铂电极之间的电位差较高，约 0.9 V。

(2) 当供给发动机的可燃混合气较稀(即空燃比大于 14.7∶1 或过量空气系数大于 1)时，排气中氧离子含量较多、CO 浓度较小，即使 CO 全部与氧气发生化学反应，锆管外表面上还是有多余的氧气存在。因此，锆管内、外表面之间氧离子的浓度差较小，两个铂电极之间的电位差较低，约为 0.1 V。

(3) 当空燃比接近于理论空燃比 14.7∶1(或过量空气系数接近于 1)时，排气中的氧气和 CO 都很少，处于一种临界状态，信号电压在此时会发生跃变。

(4) 当混合气由浓变稀时，氧传感器从缺氧状态(CO 过剩、氧离子浓度为零)变化为富氧状态(CO 为零、氧离子过剩)，氧浓度差的急剧变化，使铂电极之间的电位差也急剧变化，使传感器输出电压从 0.9 V 急剧变化到 0.1 V；反之，当混合气由稀变浓式，电压从 0.1 V 急剧变化到 0.9 V。

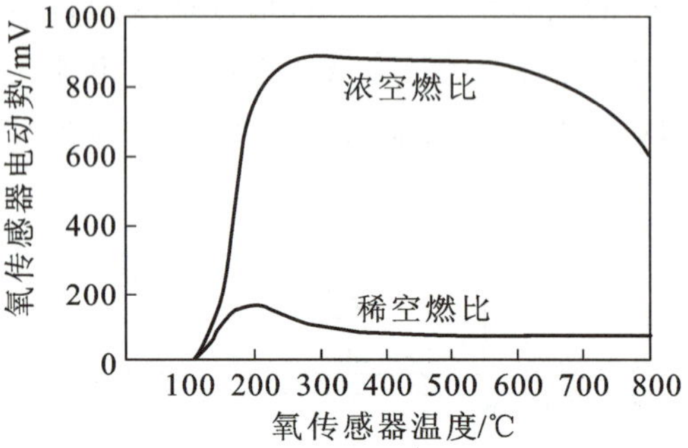

图 8-1-11 氧化锆式氧传感器电动势与温度的关系

氧化锆式氧传感器必须满足以下三个条件才能正常调节混合气浓度：①发动机温度高于 60 ℃；②氧传感器温度高于 300 ℃；③发动机工作在部分负荷工况。氧化锆式氧传感器的工作与温度有极为密切的关系，温度的高低直接影响信号的准确度。图 8-1-11 所示为氧化锆式氧传感器电动势与温度的关系。

4. 宽带型氧传感器

1) 特点

(1) 宽带型氧传感器能在过量空气系数(0.7～2.2)的宽范围内精确地给出连续的特征变化曲线，适用于现代车辆的稀薄燃烧技术的使用，可进一步降低尾气排放指标，进一步减少燃油的损耗。

(2) 宽带型氧传感器的响应时间远远小于普通类型的氧传感器，可低于 100 ms，可以大大增加燃油喷射的闭环控制速度，尤其适用于现代的缸内直喷技术。

(3) 宽带型氧传感器能具有良好的抗老化、抗冲击、抗腐蚀、抗沉淀、抗中毒等能力，使用寿命长，行驶里程普遍高达 160 000 km。

2) 结构与工作原理

宽带型氧传感器示意图和结构图分别如图 8-1-12 和 8-1-13 所示。其控制原理是以普通氧化锆式氧传感器为基础扩展而来。利用氧化锆的两个特性：第一个特性是当氧化锆两侧的含氧量不同时，电离产生的氧离子的运动在氧化锆两侧的电极上会产生电动势，且氧气浓度差值越大，氧离子的运动速度越快，产生的电动势越高。普通氧传感器正是利用氧化锆的这一特性；第二个特性是第一个特性的反作用原理，即当在氧化锆两侧的电极上加上电压时，就可以使氧离子移动，且移动的速度与方向取决于所加电压的高低与极性。

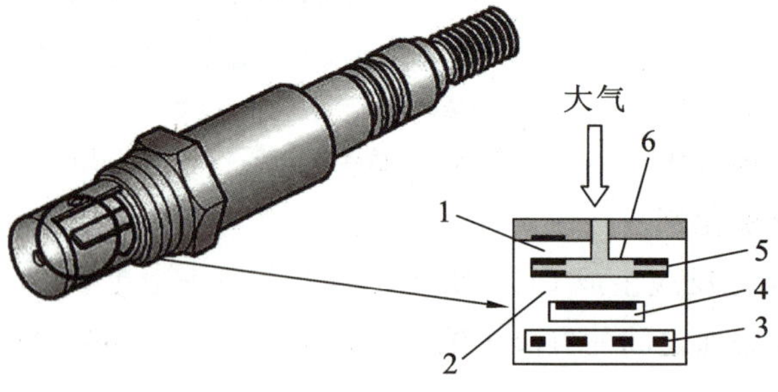

图 8-1-12 宽带型氧传感器示意图

1—单元泵；2—能斯托单元；3—传感器加热器；4—外界空气通道；5—测量室；6—放氧通道

宽带型氧传感器内部有两个平面型氧化锆组件。其中一个位于测量室与空气室之间，

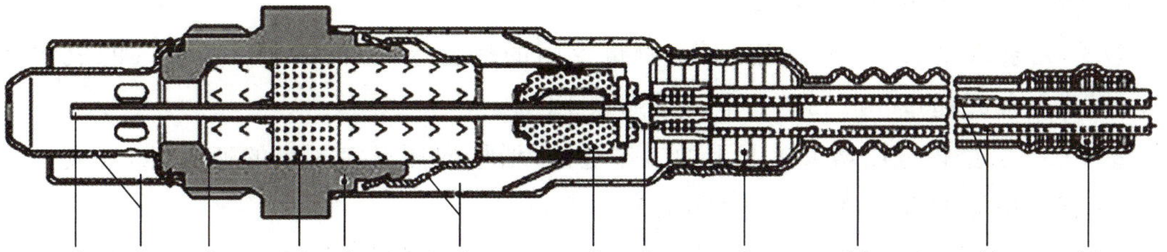

图 8-1-13 宽带型氧传感器的结构

1—传感器单元；2—双层保护套管；3—密封圈；4—密封衬垫；5—传感器壳体；6—保护套筒；7—触点支架；8—触点夹；9—聚四氟乙烯套管；10—聚四氟乙烯定型套管；11—五芯连接导线；12—密封件

称为传感器单元。测量室通过扩散小孔与排气接触，空气室直接与大气相通。和普通氧化锆式氧传感器一样，由于氧化锆两侧的氧含量不同而产生一个电动势 U_s，一般的氧化锆式传感器将此电压作为 ECU 的输入信号来控制空燃比。

宽带型氧传感器与此不同的是，发动机 ECU 要使测量室和空气室氧含量保持相对一致，让传感器单元的电压值一直维持在 0.45 V。但当排气中氧气的浓度发生变化时，该电压肯定会偏离这个数值，此时，ECU 会根据这个电压控制另一个氧化锆组件，让它帮助 ECU 实现这个目标，这个氧化锆组件简称为单元泵。它是利用氧化锆式氧传感器的反作用原理，将电压施加于氧化锆组件上，这样会造成氧离子的移动，电压的大小决定氧离子的移动速度。通过电流方向的变化，不仅可以把排气中的氧泵入测量室当中，还可以将测量室中的氧泵回至排气中。通过改变单元泵两端电流的大小和方向，就可使测量室的氧气浓度始终维持在一定的数值，保证传感器单元两端的 0.45 V 电压维持不变。

施加在单元泵上变化的电流，就是我们需要的氧含量信号。其原理如图 8-1-14 所示，电路如图 8-1-15 所示。总之，加在单元泵上的电压可以保证当测量室内的氧多时，排出测量室内的氧，此时发动机 ECU 控制单元泵的电流是正电流；当测量室内的氧少时，进行供氧，此时发动机 ECU 控制单元泵的电流是负电流。以上过程供给单元泵的电流就反映了排气中氧气的浓度。

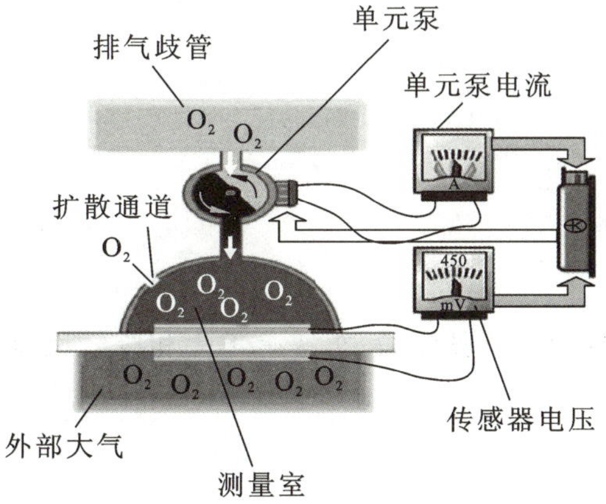

图 8-1-14 宽带型氧传感器原理示意图

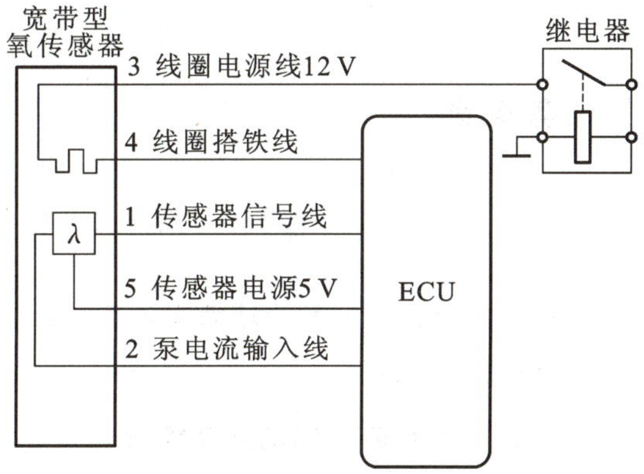

图 8-1-15 宽带型氧传感器电路

(1) 混合气变浓时的调整(图 8-1-16)。

① 单元泵以原来的工作电流工作,测量室内的氧含量减少,测量室与空气的氧浓度差增大,传感器单元超过 450 mV 的电压被送入 ECU。

② ECU 根据该电压增大单元泵的工作电流,增加向测量室泵氧的速度,随着氧含量的增加,传感器单元的电压值恢复到 450 mV。

③ ECU 将增加的电流,折算成电压值,作为混合气浓的信号,以适当减少喷油量,混合气由浓变稀。

(2) 混合气稀时的调整(图 8-1-17)。

① 单元泵在原来的工作电流下会泵入较多的氧气,测量室内氧的含量增加,测量室与空气的氧浓度差减小,传感器单元低于 450 mV 的电压值被送入 ECU。

② ECU 根据该电压减小单元泵的工作电流,使泵入氧气的速度减小,随测量室中的氧含量减少,传感器单元的电压值恢复到 450 mV。

③ ECU 根据减少的电流,折算成电压值,作为混合气稀的信号,以适当增加喷油量,混合气由稀变浓。

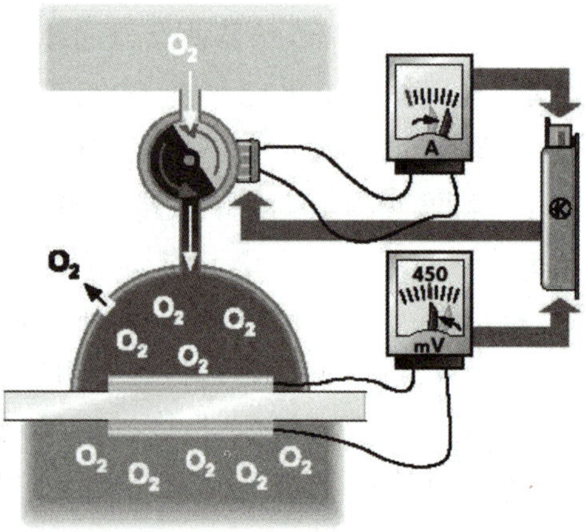

图 8-1-16　混合气过浓时的调整

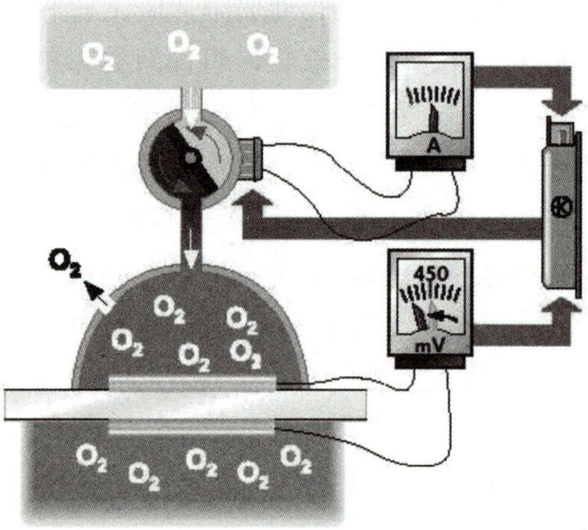

图 8-1-17　混合气过稀时的调整

任务实施

一、三元催化转化器的检修

三元催化转化器发生堵塞失效后,最初的不良反应是行驶无力、车速上不去和废气反流等,其检修工作如下。

1. 三元催化转化器的外观检查

三元催化转化器一旦碰伤、破裂、失效或堵塞时,就会造成发动机动力性下降、燃油消耗量增大,尤其是排放性能恶化等现象。

三元催化转化器在氧化反应过程中会释放大量的热，使它的温度很高，所以在三元催化转化器和其他排气系统部件及其周围作业时应采取防护措施，要特别注意防止烫伤。

(1) 观察三元催化转化器是否有隆起、变形、泄漏、裂纹，各连接件是否牢固。拍打并晃动三元催化转化器，三元催化转化器内是否有物体移动的声音，排气管是否有颗粒状物质排出；若有，则说明三元催化转化器内部载体破碎，需要更换。

(2) 检查三元催化转化器外壳上是否有严重的褪色斑点或略有青色或紫色的痕迹，在隔热罩上是否有明显的暗灰斑点，若有，则说明三元催化转化器也处于过热状态，应做进一步检查。

2. 三元催化转化器的性能检测

若三元催化转化器的外观良好，但仍怀疑三元催化转化器有问题，一定要及时检测三元催化转化器的性能。

在性能检测中尽量不要用拔下高压线的方法试火或断缸试验。因为这种情况下火花塞不点火，而喷油器还在喷油，没有燃烧的燃油会积聚在催化转化器中燃烧，造成转换器温度过高而损坏。

通过氧传感器信号波形检测判断三元催化转化器的工作情况。有些车辆在三元催化转化器前后各安装了一个加热型氧传感器——前氧传感器、后氧传感器，发动机 ECU 就是利用这两个传感器的信号来监测三元催化转化器的工作性能。因此，可以用这两个氧传感器的波形来判断三元催化转化器的工作性能。

如图 8-1-18 所示，前后氧传感器波形相比，后氧传感器信号弱，说明三元催化转化器工作正常，废气转化后氧的含量变少，所以后氧的信号电压较小。

如图 8-1-19 所示，前后氧传感器波形相比，前后后氧传感器信号差别不明显，说明三元催化转化器工作异常，废气中氧含量在转化前后变化不大。

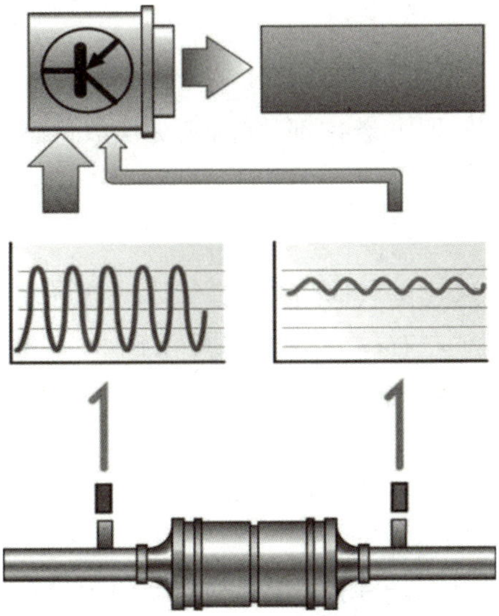

图 8-1-18　三元催化转化器正常

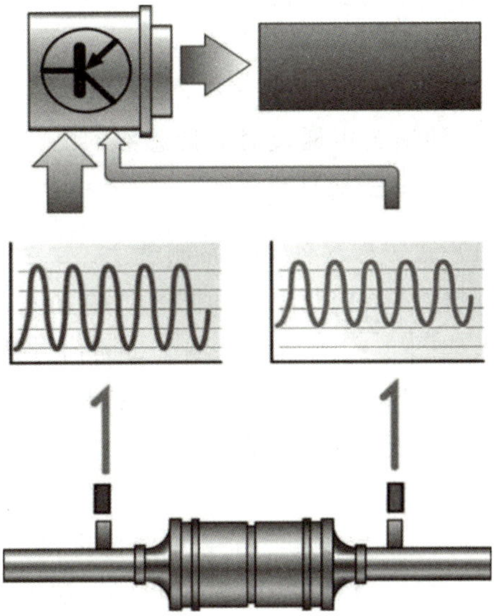

图 8-1-19　三元催化转化器异常

二、氧传感器的检修

1. 氧传感器的常见故障分析

1）氧传感器中毒

氧传感器中毒是经常出现的且较难预防的一种故障，有铅中毒和硅中毒两种情况。经常使用含铅汽油的汽车，即使是装有新的氧传感器，也只能行驶几千千米。如果只是轻微的铅中毒，接着使用一箱不含铅的汽油，就能消除氧传感器表面的铅，使其恢复正常工作。但往往由于过高的排气温度，而使铅侵入其内部，阻碍了氧离子的扩散，使氧传感器失效，这时就只能更换了。

氧传感器发生硅中毒是由于汽油和润滑油中含有的硅化合物燃烧后生成的二氧化硅，硅橡胶密封垫圈使用不当散发出的有机硅气体，使氧传感器失效，因而要使用质量好的燃油和润滑油。修理时要正确选用和安装橡胶垫圈，不要在传感器上涂敷制造厂规定使用以外的溶剂和防黏剂等。

2）积碳

由于发动机燃烧不好，在氧传感器表面形成积碳或氧传感器内部进入了油污或尘埃等沉积物，会阻碍或阻塞外部空气进入氧传感器内部，使氧传感器输出的信号失准，ECU 不能及时地修正空燃比。产生积碳的主要表现为油耗上升，排放浓度明显增加。此时，若将沉积物清除，就会恢复正常工作。

3）氧传感器陶瓷碎裂

氧传感器的陶瓷硬而脆，用硬物敲击或用强烈气流吹洗，都可能使其碎裂而失效。因此，处理时要特别小心，发现问题及时更换。

4）加热器电阻丝烧断

对于加热型氧传感器，如果加热器电阻丝烧蚀，就很难使传感器达到正常的工作温度而失去作用。

5）氧传感器内部线路断脱

此种情况可通过对氧传感器的电气检查查出故障原因，若内部故障，则更换氧传感器。

2. 氧传感器的检测

1）氧传感器外部电路测量

氧传感器控制电路如图 8-1-20 所示。发动机高怠速运转时，测量前氧传感器各端子电压值，如图 8-1-21 所示。端子 1 为信号端，电压为 2 V 左右；端子 2 为泵电流输入端，电压值为 2.5 V 左右；端子 5 为由 ECU 提供的 5 V 参考电压端，测量值为 5 V 左右；端子 3 为加热器的 12 V 电源，测得实际值为 13 V 左右。

发动机高怠速运转时，测量前氧传感器端子 1 和端子 2 正常波形如图 8-1-22 所示，下方曲线为 1 号信号波形，上方曲线为 2 号泵电流信号波形。

测量后氧传感器各端子电压值：端子 1 为加热器接地端子；端子 2 为加热器的 12 V 电源，测得实际值为 13 V 左右；端子 3 为信号端，测量值为 2.5 V 左右；端子 4 为由 ECU 提供的 5 V 参考电压端，测量值为 5 V 左右。

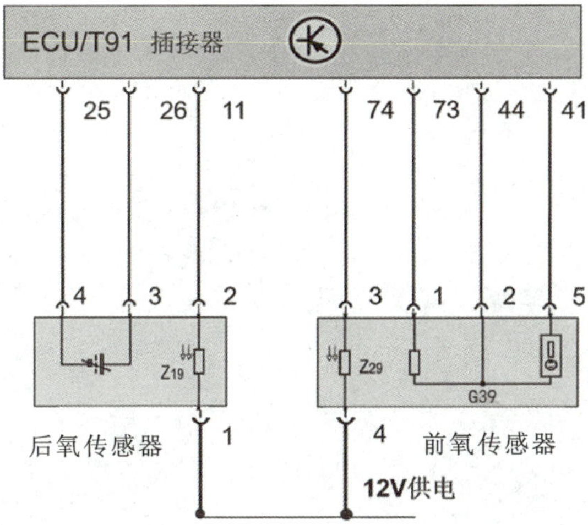

图 8-1-20　大众发动机氧传感器电路图

图 8-1-21　前氧传感器的电气测量

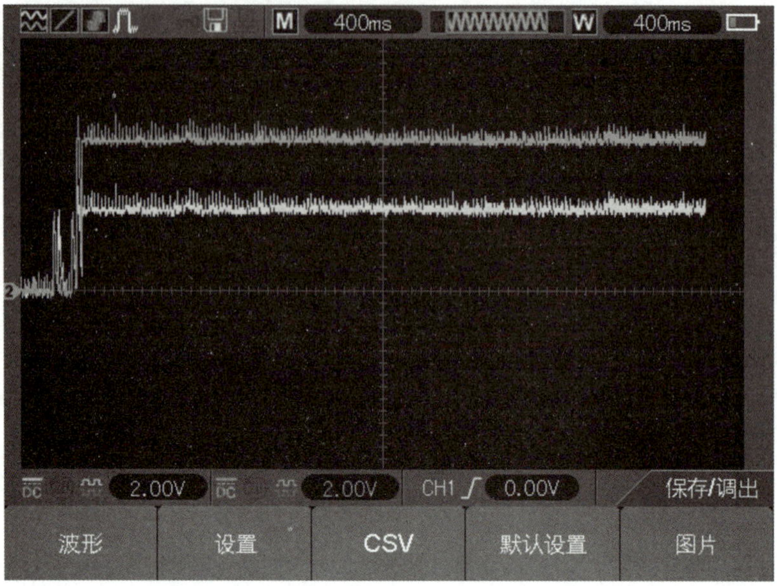

图 8-1-22　前氧传感器的信号波形测量

2）大众 2000GSi AJR 发动机氧传感器的检测

氧传感器与 ECU 连接的电路图如图 8-1-9 所示，氧传感器插头与插座如图 8-1-23 所示。氧传感器加热器与信号电压的检测如下。

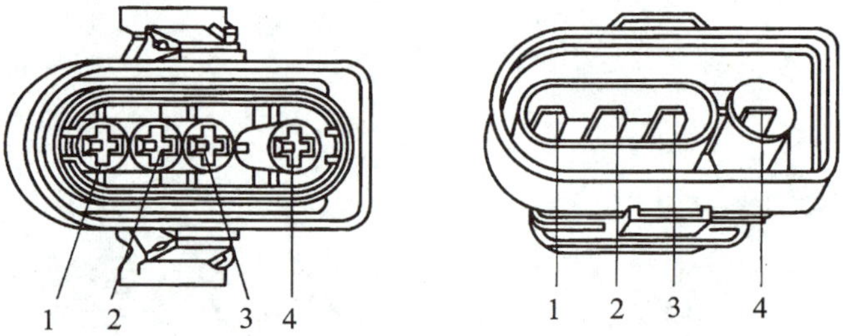

（a）插头（传感器一侧）　（b）插座（ECU一侧）

图 8-1-23　氧传感器插头与插座

1—加热元件正极；2—加热元件负极；3—信号电压负极；4—信号电压正极

加热元件的电阻值在常温条件下为 1～5 Ω，检测时，拔下氧传感器（G39）线束插头，检测插头端子 1、2 之间的阻值常温下应为 1～5 Ω。如常温下阻值为无穷大，说明加热元件断路，应更换氧传感器。

氧传感器加热元件的电压为整车电源电压，当点火开关接通使燃油泵继电器触点接通时，加热元件的电源即被接通。检测加热元件的电压时，拔下氧传感器插头，启动发动机，检测插头端子 1、2 之间的电压应不低于 11 V。如电压为 0 V，说明熔丝 S5（10 A）断路或燃油泵继电器触点接触不良，分别检测即可。

接好氧传感器线束插头，检测氧传感器插头端子 3、4 之间的信号电压。接通点火开关时，电压应为 0.45～0.55 V；当供给发动机浓混合气时，电压应为 0.7～1.0 V；当供给发动机稀混合气(拔下空气流量传感器至发动机之间的真空管)时,电压应为 0.1～0.3 V,否则说明氧传感器失效,应予更换。

检测氧传感器的信号电压,可将一只发光二极管和一只 300 Ω/0.25 W 电阻串联连接在传感器端子 3、4 连接的导线之间进行测试。二极管正极连接到端子 3 的导线上,二极管负极经 300 Ω 电阻连接到端子 4 的导线上。发动机怠速或部分负荷运转时,发光二极管应当闪亮。如电源电压正常,二极管不闪亮,说明传感器故障,应予更换。发光二极管闪亮频率每分钟应不低于 10 次。如二极管不闪或闪亮频率过低,说明氧传感器加热元件失效、壳体上的透气孔堵塞、热负荷过重或长期使用含铅汽油导致氧传感器失效,需要更换传感器。

任务自测

一、填空题

1. 三元催化转化器的功能是________。
2. 影响三元催化转化器转换效率的最大因素有________和________。
3. 三元催化剂是________、________和________的混合物。
4. 氧传感器可分为________和________两类。
5. 装有氧传感器和三元催化转化器的汽车,禁止使用________汽油。

二、选择题

1. 采用三元催化转化器,必须安装 ________。

A. 前氧传感器　　B. 后氧传感器　　C. 前、后氧传感器

2. 如果三元催化转化器良好,后氧传感器信号波动(　　)。

A. 频率高　　B. 增加　　C. 没有　　D. 缓慢

3. 氧化锆式氧传感器只有在(　　)以上的温度时才能正常工作。

A. 90 ℃　　B. 300 ℃　　C. 815 ℃　　D. 500 ℃

4. 下列哪个工况不是采用开环控制(　　)?

A. 怠速运转时　　B. 发动机启动时

C. 节气门全开或大负荷时　　D. 氧传感器起效应时

三、判断题

1. 氧化锆式氧传感器输出特性是在空燃比 14.7∶1 附近有突变。(　　)
2. 只有当发动机在标准的理论空燃比下运转时,三元催化转化器的转换效率才最佳。(　　)
3. 三元催化转化器发生破裂、失效时也会造成发动机动力性下降。(　　)
4. 燃烧的温度越低,NO_x 排出的就越多。(　　)
5. 发动机温度过高不会损坏三元催化转化器。(　　)
6. 空燃比反馈控制在各种电控发动机上都使用。(　　)
7. 空燃比反馈控制的前提是氧传感器产生正常信号。(　　)

任务 8.2 燃油蒸发排放控制系统的结构与维修

任务描述

一辆大众宝来 1.4T 轿车，行驶了 80 000 km，行驶过程中出现怠速抖动，加速时提速慢，急加油时发动机熄火，发动机故障灯点亮。该车发动机使用了单缸独立点火、电子节气门、涡轮增压及双氧传感器等先进技术。

任务目标

知识目标

（1）熟悉燃油蒸发排放控制系统的功用、组成结构、工作原理；

（2）掌握活性炭罐电磁阀控制电路分析。

能力目标

（1）能在实车上找到燃油蒸发排放控制系统的安装位置；

（2）能正确使用数字万用表、示波器、故障诊断仪读取测量数据并分析燃油蒸发排放控制系统故障原因；

（3）能根据维修手册进行燃油蒸发排放控制系统部件的更换。

素质目标

（1）具有质量、安全、环保、规范、节约的意识；

（2）具有严谨的工作态度和精益求精的工匠精神；

（3）具有爱岗敬业和团队协作的精神；

（4）热爱劳动、尊重他人劳动，履行道德准则和行为规范。

知识收集

一、燃油蒸发排放控制系统的功能

汽车运行时，为防止油箱中的燃油蒸气向大气中排放，防止产生 HC 对大气的污染，收集汽油箱内蒸发的汽油蒸气，在发动机控制系统中普遍采用了由 ECU 控制的活性炭罐蒸发污染控制装置，用于吸收油箱中的燃油蒸气，并在发动机工作时再提供给发动机，即燃油蒸发排放控制系统（EVAP）。

二、燃油蒸发排放控制系统的结构与原理

燃油蒸发排放控制系统的组成如图 8-2-1 所示，主要由油箱、活性炭罐、炭罐电磁阀和发动机 ECU 等组成。如图 8-2-2 所示，活性炭罐是系统中储存蒸气的部件，下部与大气相通，

上部有接头与油箱和进气歧管相连，用于收集和清除燃油蒸气；中间是活性炭炭粒，它具有极强的吸附燃油分子的作用；油箱内的燃油蒸气经燃油箱管道进入活性炭罐后，蒸气中的燃油分子被吸附在活性炭颗粒表面。

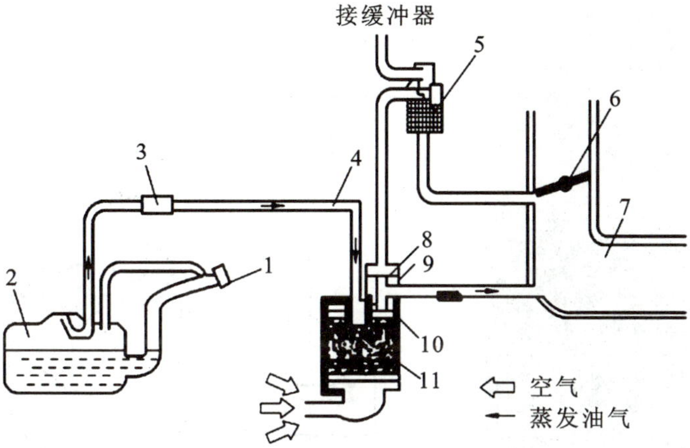

图 8-2-1　燃油蒸发排放控制系统

1—油箱盖；2—油箱；3—单向阀；4—排气管；5—电磁阀；6—节气门；7—进气门；8—真空阀；9—真空控制阀；10—定量排放孔；11—活性炭罐

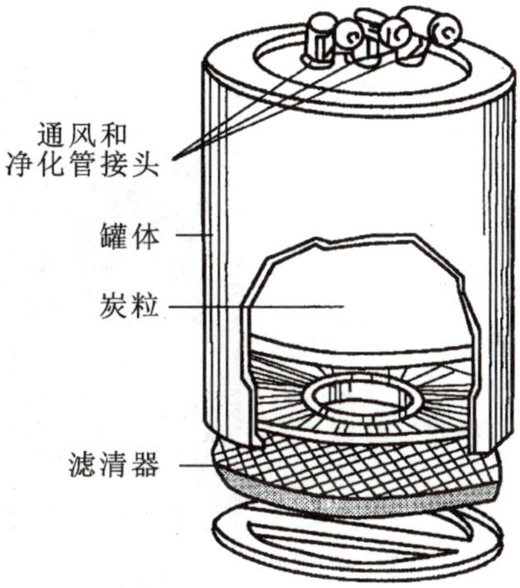

图 8-2-2　活性炭罐的结构

油箱中的燃油蒸气经单向阀从活性炭罐上部进入炭罐，滤去杂质，与从炭罐下部进入的空气混合，并储存在炭罐中。真空膜片阀由来自炭罐电磁阀的负压控制。

发动机工作时，ECU 根据发动机转速、温度、空气流量等信号，控制炭罐电磁阀供给真空膜片阀的负压和开度，储存于炭罐中的燃油蒸气经真空膜片阀的开口吸入进气歧管。在有的车型上，燃油蒸发排放控制系统为了有利于发动机抑制爆震，当 ECU 判定发动机产生爆震时，立即使炭罐电磁阀关闭，切断真空，关闭真空膜片阀，直到爆震消失 150 ms 后，才使炭罐电磁阀恢复工作。

在部分燃油蒸发排放控制系统中，没有真空膜片阀，而是将受 ECU 控制的炭罐电磁阀直接安装在活性炭罐和进气管之间，如图 8-2-3、图 8-2-4 所示。

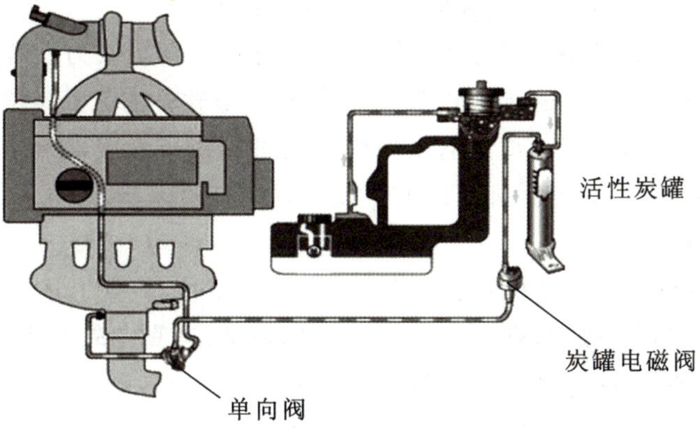

图 8-2-3　无真空阀的燃油蒸发排放控制系统示意图

ECU 根据转速、负荷、温度、进气量等信号控制炭罐电磁阀通电和断电，从而控制活性炭罐和进气管之间的吸气通道打开或关闭，其电路原理如图 8-2-5 所示。发动机怠速（进气量较少）或温度较低时，ECU 控制炭罐电磁阀断电，关闭吸气通道，活性炭罐内的燃油蒸气不能被吸入进气管。

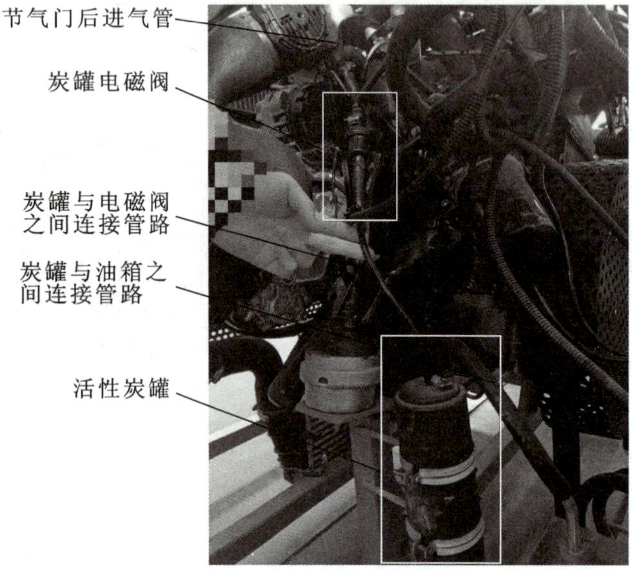

图 8-2-4　大众无真空阀的燃油蒸发排放控制系统

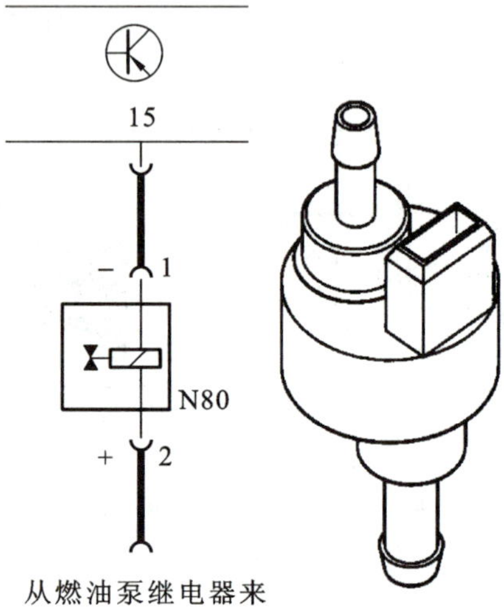

图 8-2-5　炭罐电磁阀电路原理

任务实施

对燃油蒸发排放控制系统的故障，ECU 一般不能自行诊断，只能采用就车检测和单件检测方法查找。

一、燃油蒸发排放控制系统就车检测

就车检测可按下述顺序进行。

(1) 将发动机预热至正常工作温度，并使之怠速运转。

(2) 拔下蒸气回收罐上的真空软管，检查软管内有无真空吸力。若燃油蒸发排放控制系统工作正常，在发动机怠速运转中电磁阀应关闭、真空软管内无真空吸力。如果此时真空软管内有真空吸力，则用万用表直流电压挡检查电磁阀线束连接器端子上是否有电压。若电磁阀线束连接器端子上有电压，说明 ECU 或电磁阀有故障；若无电压，则说明电磁阀有故障（卡死在开启位置）。

(3) 踩下加速踏板，当发动机转速大于 2000 r/min 时，检查上述真空软管内有无真空吸力。若真空软管内有真空吸力，则说明该系统工作正常；若真空软管内无真空吸力，则用万用表直流电压挡检查电磁阀线束连接器端子上是否有电压。若电压正常，说明电磁阀或 ECU 控制电路有故障，依次检查电磁阀和控制电路。

二、炭罐电磁阀的单件检测

1. 检查电磁阀电磁线圈的电阻值

如图 8-2-6 所示，拔下电磁阀线束连接器，用万用表欧姆挡测量电磁阀电磁线圈的电阻值。电阻值应符合规定，否则应更换电磁阀。

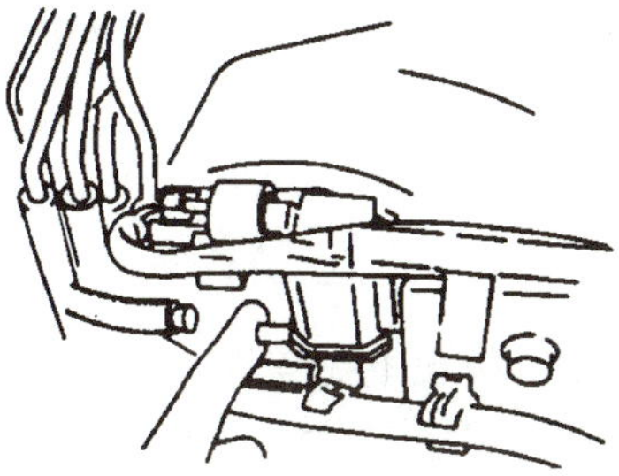

(a)

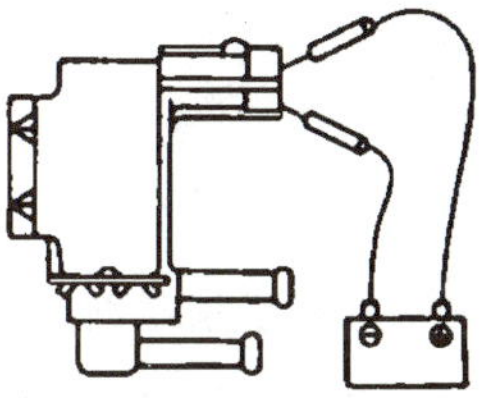

(b)

图 8-2-6 炭罐电磁阀电磁线圈的检查

2. 检查电磁阀的工作

拆下电磁阀，首先向电磁阀内吹气，电磁阀应不通气；然后将电池电压加到电磁阀连接器的两端子上，并同时向电磁阀内吹气，此时电磁阀应通气。电磁阀的状态与上述情况不符，则电磁阀有故障，应更换。

任务自测

一、填空题

1. 燃油蒸发排放控制系统主要由________、________、________和________等组成。

2. 发动机工作时，ECU 根据________、________、________等信号，控制炭罐电磁阀。

二、选择题

1. 发动机过热将使(　　)。

A. 废气再循环控制系统工作不良　　B. 燃油蒸发量急剧增多

C. 三元催化转化器易损坏　　D. 曲轴箱窜气增加

2. 发动机(　　)时，ECU 控制电磁阀断电，关闭吸气通道，活性炭罐内的燃油蒸气不能被吸入进气管。

A. 怠速　　B. 进气量较少　　C. 温度较低　　D. 温度较高

三、判断题

1. 活性炭罐受 ECU 控制，在各种工况下都工作。(　　)

2. 向炭罐电磁阀内吹气，电磁阀不通气，说明电磁阀正常。(　　)

3. 拆下炭罐电磁阀，将电池电压加到电磁阀连接器的两端子上，并同时向电磁阀内吹气，此时电磁阀通气，说明电磁阀正常。(　　)

任务 8.3　废气再循环控制系统的结构与维修

任务描述

一辆柴油汽车，行驶了 70 000 km，尾气排放变差，经检查为废气再循环控制系统故障。

任务目标

知识目标

(1) 熟悉废气再循环控制系统的功能、组成结构和工作原理。

(2) 掌握废气再循环阀控制电路分析。

能力目标

(1) 能在实车上找到废气再循环控制系统的部件安装位置。

(2) 能正确使用数字万用表、示波器、故障诊断仪读取测量数据并分析废气再循环控制系统故障原因。

(3) 能根据维修手册进行废气再循环控制系统部件的更换。

素质目标

(1) 具有质量、安全、环保、规范、节约的意识。

(2) 具有严谨的工作态度和精益求精的工匠精神。

(3) 具有爱岗敬业和团队协作的精神。

(4) 热爱劳动、尊重他人劳动，履行道德准则和行为规范。

知识收集

一、废气再循环控制系统的功能与分类

1. 废气再循环控制系统的功能

废气再循环(EGR)是将发动机排出的部分废气引入进气管，与新鲜空气混合后进入气缸，利用废气中所含的 CO_2 不参与燃烧却能吸收热量的特点，降低燃烧温度，以减少 NO_x 的排放。

废气再循环控制系统可以减少 NO_x 的排放。EGR 系统将适量的废气(5%～16%)引入气缸参加燃烧，从而降低气缸内燃烧的最高温度，以减少 NO_x 的排放。

废气再循环量大，发动机的燃烧温度低，抑制 NO_x 产生的作用就更加有效。但是废气再循环量过多，会导致混合气着火性变差，造成发动机的油耗上升，动力性下降，HC 排放量上升。因此，必须对废气的引入量进行控制，废气再循环量的控制就是要保证发动机在正常工作的前提下，最大限度地抑制 NO_x。而当发动机在燃烧温度较低时(启动、怠速和低负荷

等工况下），不引入废气，NO_x 也不会超量，因此，在这种情况下，控制废气再循环量为 0，以确保发动机的可靠运行。

废气再循环量的多少可用 EGR 率表示，它是指再循环的废气量在进入气缸内的气体中所占的比例，即

$$\text{EGR 率}=[\text{EGR 量}/(\text{进气量}+\text{EGR 量})]\times 100\%$$

EGR 率与发动机的动力性、经济性和排放性能有关。

为了确保发动机工作性能的稳定，部分工况下不允许进行废气再循环。ECU 控制 EGR 电磁阀通电，停止废气再循环的工况有启动工况（启动开关信号）、怠速工况（IDL 信号）、暖机工况（冷却液温度信号）、转速低于 900 r/min 或高于 3200 r/min（转速信号）等。除上述以外的其他工况，ECU 控制 EGR 电磁阀断电，进行废气再循环。

2. 废气再循环控制系统的分类

为了保证废气再循环对发动机的正常工作和性能不受过多影响，必须根据发动机工况的变化，控制废气再循环量。采用 ECU 控制的 EGR 系统主要有开环控制 EGR 系统和闭环控制 EGR 系统。

1）开环控制 EGR 系统

常见的开环控制 EGR 系统如图 8-3-1 所示，主要由 EGR 阀和 EGR 电磁阀等组成。EGR 阀安装在废气再循环通道中，用于控制废气再循环量；EGR 电磁阀安装在通向 EGR 阀的真空通道中。ECU 根据发动机冷却液温度、节气门开度、转速和启动等信号来控制磁阀的通电或断电。ECU 控制 EGR 电磁阀断电时，控制 EGR 阀的真空通道接通，EGR 阀开启，进行废气再循环；ECU 控制 EGR 电磁阀通电时，控制 EGR 阀的真空通道被切断。EGR 阀关闭，停止废气再循环。

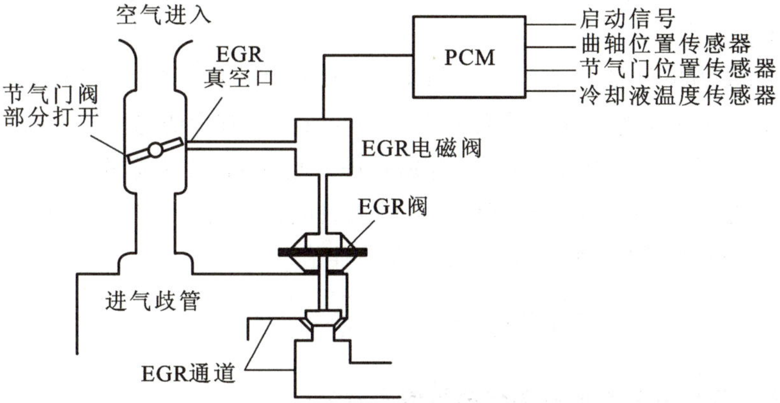

图 8-3-1 开环控制 EGR 系统

废气再循环量取决于 EGR 阀的开度，而 EGR 阀的开度直接由真空度控制。真空度随发动机转速和负荷（节气门开度）的变化而变化，EGR 阀的开度随之变化。

有些 EGR 系统中，EGR 电磁阀采用占空比控制型电磁阀，ECU 通过占空比控制电磁阀的开度，调节作用在 EGR 阀上的真空度，控制 EGR 阀的开度，以实现对废气再循环量的控制。

在开环控制 EGR 系统中，通向 EGR 阀的真空管口一般设在节气门之后。ECU 根据各

传感器信号确定发动机工况，并按其内存的EGR率与转速、负荷的对应关系进行控制，但对EGR控制的结果不能进行检测。

2）闭环控制EGR系统

在闭环控制EGR系统中，检测实际的EGR阀开度（或EGR率）作为反馈控制信号，其控制精度更高。

用EGR阀开度作为反馈信号的闭环控制EGR系统如图8-3-2所示。在EGR阀上增设了一个EGR阀开度传感器。闭环控制EGR系统工作时，ECU可根据EGR阀开度传感器的反馈信号修正EGR电磁阀的开度，使EGR率保持在最佳值。

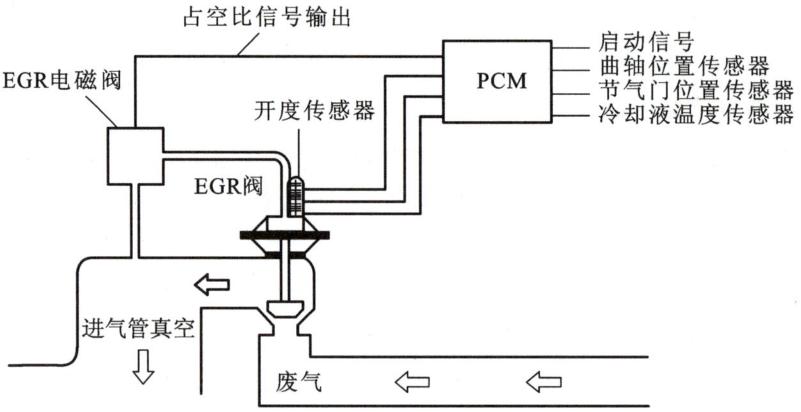

图8-3-2 闭环控制EGR系统

EGR阀开度传感器为电位计式，其工作原理与电位计式节气门位置传感器类似。EGR阀开度传感器与ECU之间有三条连接线路，分别为电源线、搭铁线和信号线，ECU通过电源线为传感器提供5 V的标准电压。传感器将EGR阀开启高度变化转换为电信号经信号线输送给ECU。

用EGR率作为反馈信号的闭环控制EGR系统中，ECU根据EGR率传感器信号对EGR电磁阀实行反馈控制。EGR率传感器安装在进气总管中的稳压箱中，新鲜空气经节气门进稳压箱，参与再循环的废气经EGR电磁阀进入稳压箱，传感器检测稳压箱内气体中的氧浓度（氧浓度随EGR率的增加而降低），并转换成电信号输送给ECU，ECU根据此反馈信号修正EGR电磁阀的开度，使EGR率保持在最佳值。

二、废气再循环控制系统的主要组成部件

1. 废气再循环控制系统的有关传感器信号及其作用

与废气再循环控制系统相关的传感器或开关信号及其作用如表8-3-1所示。

表8-3-1 废气再循环控制系统相关传感器或开关信号及其作用

序号	传感器或开关信号	作用
1	曲轴转速传感器	提供曲轴转速信号，该信号是发动机ECU计算EGR率的重要参数之一

续表

序号	传感器或开关信号	作用
2	空气流量传感器 进气歧管压力传感器	在闭环控制系统中提供发动机负荷信息，该信号是发动机 ECU 确定 EGR 率的另一重要参数
3	发动机冷却液温度传感器	向发动机 ECU 提供发动机温度信号，以确定再循环废气量
4	节气门位置传感器 油门踏板位置传感器	在开环控制 EGR 系统中向发动机 ECU 提供节气门开度的信号。当发动机处于怠速工况时，发动机 ECU 输出控制信号，不进行废气再循环
5	启动开关	启动开关提供发动机启动信号。在发动机启动时，发动机 ECU 输出控制信号，不进行废气再循环

2. 废气再循环控制系统执行器

1）EGR 阀

如图 8-3-3 所示，EGR 阀安装在引出的排气管上，与废气相通。EGR 阀的结构及工作原理如图 8-3-4 所示，装有弹簧的另一边为真空室，其真空度由 EGR 电磁阀来控制，EGR 阀膜片的一边（下部）通大气。

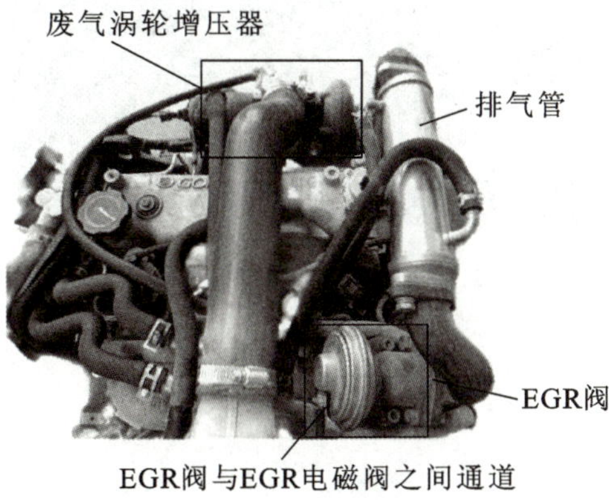

图 8-3-3　EGR 阀的安装位置

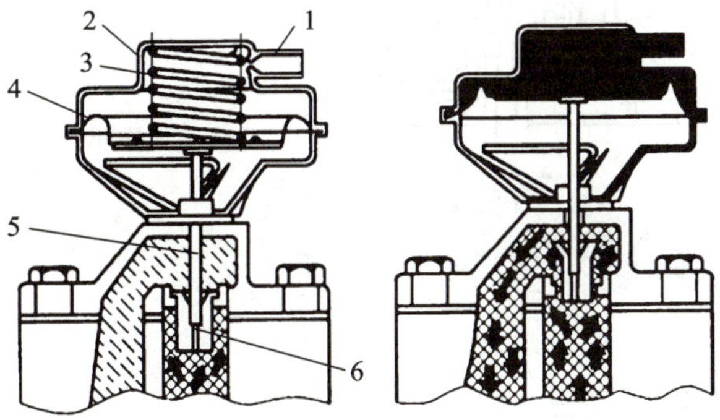

（a）EGR阀关闭　　（b）EGR阀打开

图 8-3-4　EGR 阀的结构及工作原理

1—真空传送带；2—膜片室；3—膜片弹簧；4—膜片；5—膜片推杆；6—锥形阀

当真空度减小时，膜片在弹簧力的作用下向下拱而使阀关闭，废气再循环停止，如图 8-3-4(a)所示。当真空度增大时，膜片克服弹簧力上拱，EGR 阀的开度就增大，EGR 的流量也就增大，如图 8-3-4(b)所示。带有开度传感器的 EGR 阀中，EGR 阀开度传感器一般为电位计，其滑动部分与 EGR 阀的膜片相连接，EGR 阀开度变化时，通过膜片带动测量杆移动，使电位计输出相应的电信号。

在下列条件下，为提高发动机动力性和燃油经济性，EGR 阀处于关闭状态：①启动时；

②怠速时；③发动机高速运转(如转速超过 3000 r/min)时；④大负荷运行(如节气门开度超过 70%)时；⑤冷却液温度在 55 ℃以下或者 110 ℃以上时；⑥蓄电池电压低于 10 V 时；⑦空气流量传感器或其他传感器发生故障时。

2) EGR 电磁阀

图 8-3-5 所示为一种三通 EGR 电磁阀的结构。EGR 电磁阀有三个通气口。当 EGR 电磁阀线圈不通电时，弹簧将阀体向上压紧，通大气口被关闭，进气歧管与 EGR 阀真空室相通；当线圈通电时，产生的电磁力使阀体下移，将通进气歧管的真空通道关闭，而上端的通大气阀口打开，于是就使 EGR 阀的真空室与大气相通。

图 8-3-6 所示为一种二通 EGR 电磁阀的实物。EGR 电磁阀有两个通气口。一个通 EGR 阀膜片上方真空室，一个接通节气门后方，当 EGR 电磁阀线圈通电时，电磁阀打开，节气门后方进气歧管与 EGR 阀真空室相通；当线圈不通电时，电磁阀关闭，节气门后方进气歧管的真空通道关闭。

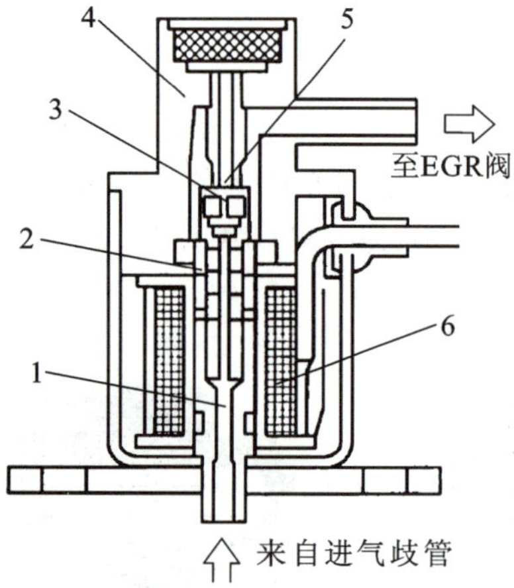

图 8-3-5 三通 EGR 电磁阀的结构

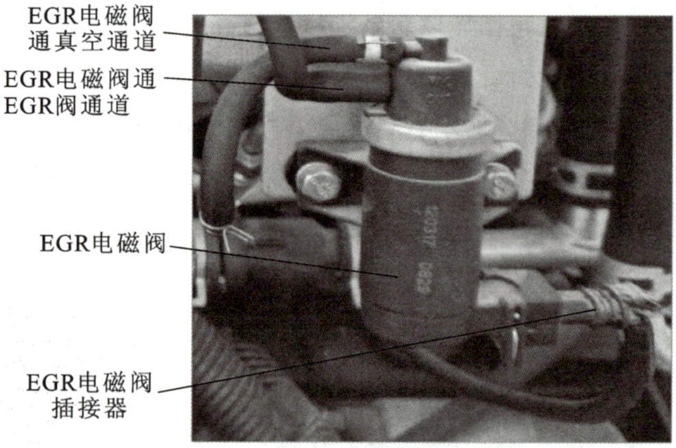

图 8-3-6 二通 EGR 电磁阀实物

任务实施

一、废气再循环控制系统故障原因分析

如果 EGR 系统工作不良(如 EGR 系统工作提前、推迟或过量运行)，不仅使发动机排气污染增加，而且使发动机产生回火、怠速不稳、失速、加大节气门开度时瞬时减速等现象，因此应特别注意对 EGR 系统的检修。

二、EGR 阀的检查

1. EGR 阀检查的前提条件

(1) 检查相关传感器及其线路。在很多 EGR 系统中，发动机 ECU 是根据冷却液温度传感器、节气门位置传感器及进气歧管绝对压力传感器等信号来控制 EGR 阀，所以 EGR 系统若不正常工作，也可能是这些传感器的原因所致。

(2) 如果发动机已持续运转一段时间，EGR 阀会很热，在诊断或维修该阀时要戴上防护手套。不要将 EGR 阀放在任何类型的溶剂内清洗，这样做会损坏阀的膜片。不能对 EGR 阀进行喷砂处理，因为喷砂会损坏 EGR 阀元件和螺塞孔。

2. EGR 阀的一般检查

(1) 检查 EGR 阀内的真空膜片能否保持真空，用手动真空泵给 EGR 阀提供真空，如图 8-3-7 所示，以检测阀的动作情况。当有真空提供时，EGR 阀动作，发动机的工作应受到影响。另外，有真空提供时，EGR 阀应能保持住真空，若 EGR 阀内真空下降，则说明阀损坏。

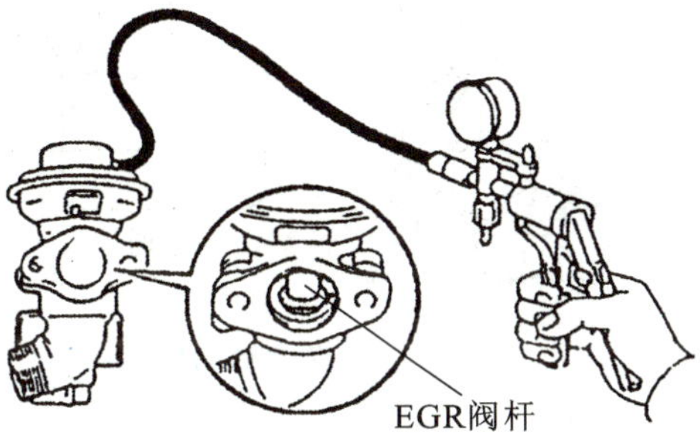

图 8-3-7 EGR 阀通真空检查

(2) 如果 EGR 阀能保持住真空，但是当 EGR 阀开启时，发动机的运转未受到影响，那么必须检查排气阻力。如果 EGR 阀不能保持住真空，说明阀本身有问题，需要更换。

(3) 拆下 EGR 阀上的真空软管，发动机转速应无变化，用手触试真空软管应无真空吸力；发动机温度达到正常工作温度后，怠速时检查结果应与冷机时相同，若转速提高到 2500 r/min 左右，拆下真空软管，发动机转速有明显提高。

(4) 启动发动机怠速运转，并拆下废气再循环阀的真空软管，接上手动真空泵，将真空直接加到废气再循环阀的膜片室。如果发动机怠速不稳定或熄火，则表明该阀工作正常。

三、EGR 电磁阀的检查

以闭环控制 EGR 系统为例，EGR 电磁阀下部是废气再循环阀，上部是电磁线圈。当 ECU 给电磁阀通电时，提起 EGR 阀，废气进入进气歧管。ECU 根据发动机工作，提供频率一定的占空比信号，并根据 EGR 阀位置传感器提供的信号调节占空比，以对 EGR 流量进行精确控制。

(1) 拔下 EGR 阀接线器，用万用表电阻挡测量 EGR 电磁阀线圈电阻，如图 8-3-8 所示，并与标准值比较(一般为 20 Ω)。

(2) 电阻测试无问题后，用跨接线给 EGR 电磁阀线圈通电，检查动作状况。

(3) 工作情况检测，如图 8-3-9 所示。用带压缩空气源的充气枪往真空电磁阀通道 E 充气，不通电时，空气应能从通道 E 进入，而从滤清器中排出；当在两端子通以 12 V 的电压后，空气应能从通道 E 进入，只从 F 口排出。

(4) 滤清器检测。真空电磁阀的大气通口如有滤清器，如果滤清器堵塞，则 EGR 电磁阀将停止在开启位置，造成发动机工作不良，因此要定期检查滤清器。

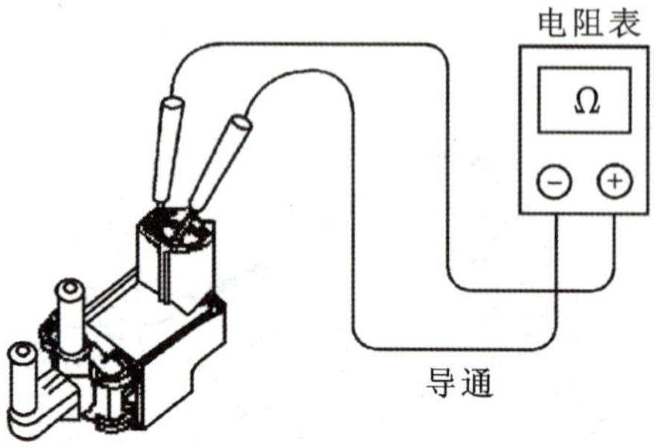

图 8-3-8　EGR 电磁阀电阻测量

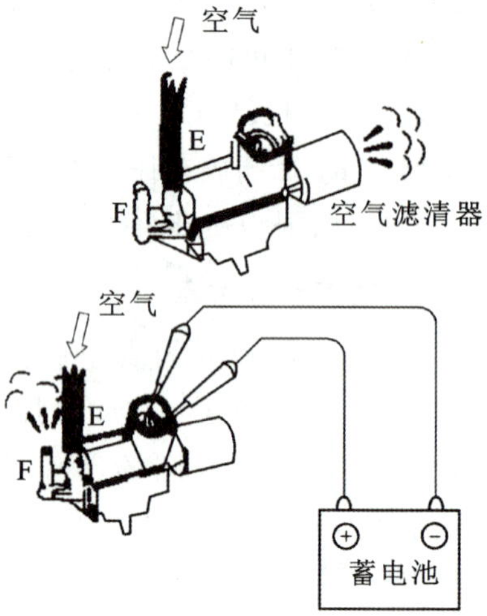

图 8-3-9　EGR 电磁阀工作情况检查

任务自测

一、填空题

1. 发动机排出的________量主要与气缸内的最高温度有关。

2. 在开环控制 EGR 系统中，发动机工作时，ECU 给 EGR 电磁阀通电停止废气再循环的工况有________、________、________。

3. 随着发动机转速和负荷的减小，EGR 阀开度将________。

4. 废气再循环的主要目的是________。

5. EGR 系统主要有________控制 EGR 系统和________控制 EGR 系统。

二、选择题

1. 废气再循环的作用是抑制(　　)的产生。

A. HC　　B. CO　　C. NO_x　　D. 有害气体

2. 进入进气歧管的废气量一般控制在(　　)范围内。

A. 1%～2%　　B. 2%～5%　　C. 5%～10%　　D. 6%～13%

3. 当发动机(　　)时 EGR 系统工作。

A. 运行　　B. 怠速　　C. 高转速　　D. 热车

三、判断题

1. EGR 系统工作提前会产生怠速不稳失速现象，但不会使发动机产生回火现象。(　　)

2. EGR 系统是将适量废气重新引入气缸燃烧，从而提高气缸的最高温度。(　　)

3. 在冷启动后，立即拆下 EGR 阀上的真空软管，发动机转速应无变化。(　　)

4. EGR 系统会对发动机的性能造成一定的影响。(　　)

5. 废气再循环的作用是减少 HC、CO 和 NO_x 的排放量。(　　)

任务 8.4 二次空气喷射系统的结构与维修

任务描述

一辆丰田轿车，行驶约 70 000 km，尾气排放变差，发动机故障灯亮，经检查为二次空气喷射驱动器故障。

任务目标

知识目标

（1）熟悉二次空气喷射系统的功能、组成结构、工作原理。

（2）掌握二次空气喷射控制阀控制电路分析。

能力目标

（1）能在实车上找到二次空气喷射系统的部件安装位置。

（2）能正确使用数字万用表、示波器、故障诊断仪读取测量数据并分析二次空气喷射系统故障原因。

（3）能根据维修手册进行二次空气喷射系统的更换。

素质目标

（1）具有质量、安全、环保、规范、节约的意识。

（2）具有严谨的工作态度和精益求精的工匠精神。

（3）热爱劳动、尊重他人劳动，履行道德准则和行为规范。

知识收集

为了区别发动机的正常进气，把这种将新鲜空气喷入排气管的过程称为二次空气供给。

一、二次空气喷射系统的功能

二次空气喷射系统是降低尾气排放的机外净化装置之一，它通过向废气中提供额外的空气，增加其中氧气的含量。这样使废气中未燃烧的有害物质 CO 以及 HC 在高温环境下再次燃烧。

发动机处于正常工作温度时，二次空气喷射系统可降低 HC 和 CO 的排放量。发动机刚启动时二次空气喷射系统不但能降低 HC 的排放量，而且会缩短氧传感器的加热时间，使发动机电子控制单元尽快进入空燃比闭环控制过程。

二、二次空气喷射系统的结构与工作原理

目前所用的二次空气供给方法有两种：一是空气泵系统，即利用空气泵将压缩空气导入

排气系统；另一种方法是脉冲空气系统，即利用排气压力将空气导入排气系统。

1. 空气泵系统的组成

许多二次空气喷射系统都是用空气泵将空气泵入排气口或催化转化器。空气泵系统如图 8-4-1 所示。

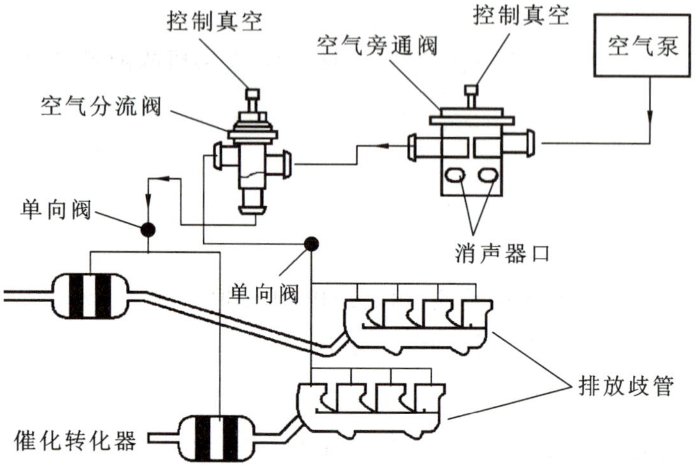

图 8-4-1　空气泵系统

由真空控制空气旁通阀和空气分流阀，它们又控制从空气泵到排气口或催化转换器的空气量。空气分流阀至排气口，至催化转换器之间各有一个单向阀，以防止在减速等情况时，排气管中的废气倒流至二次空气喷射系统。

发动机 ECU 控制两个电磁线圈，分别给旁通阀和分流阀供应真空。当点火开关接通时，就向电磁阀加电压，发动机电子控制单元控制电磁阀接地而使其通电。

2. 脉冲空气系统

同空气泵系统相比，脉冲空气系统不需动力源注入空气，而是依靠大气压力与废气真空脉冲之间的压力差使空气进入排气歧管，因此减少了成本及功率消耗。其工作原理如图 8-4-2 所示。

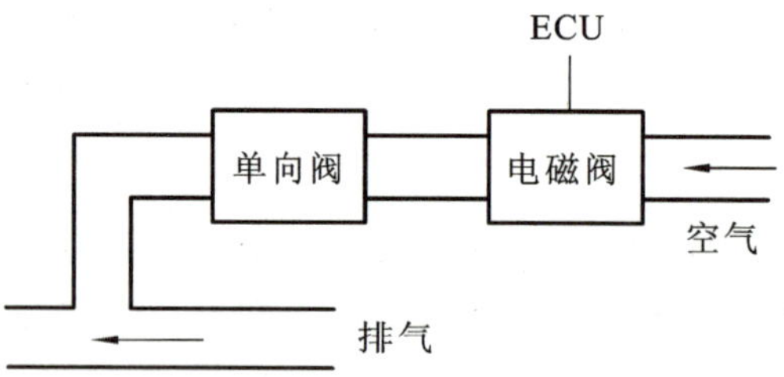

图 8-4-2　脉冲空气系统原理图

空气来自空气滤清器，发动机 ECU 控制电磁阀的打开及关闭，电磁阀与单向阀相连。由于排气中压力是正负交替的脉冲压力波，当发动机以较低转速运转时，排气压力为负，空气由滤清器通过电磁阀和单向阀进入排气口，与排出的 HC 进一步燃烧，故可降低 HC 的排放量；当排气压力为正时，因有单向阀，所以空气不能反向流动，但此时也没有新鲜空气进入排气口，即不能降低 HC 的排放量。

脉冲空气系统的上、下游空气道各有一个电磁阀和一个单向阀。因为排气口的低压脉冲持续时间随发动机转速的提高而缩短，所以脉冲式二次空气喷射系统在发动机转速较低时，降低 HC 排放的效果更好。

图 8-4-3 所示为丰田公司采用的脉冲空气喷射系统。

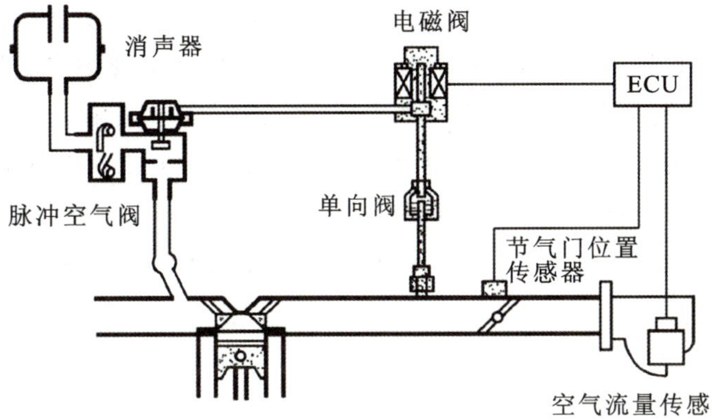

图 8-4-3　脉冲空气喷射系统

任务实施

一、工作情况检查

如果二次空气喷射系统发生故障，则发动机温度升高时，系统不向排气口泵入空气，造成 CO 和 HC 的排放量升高。在对二次空气喷射系统进行检查时，需注意以下几点。

(1) 诊断二次空气喷射系统，首先要检查该系统上所有真空软管和电路连接是否正常，有无老化、泄漏、连接松动等。

(2) 空气泵的皮带必须有一定的张力，带轮松动会导致二次喷射系统不能正常工作。此外空气泵在皮带轮的后面有一个离心式滤清器，其作用是过滤空气中的灰尘。皮带轮与滤清器用螺栓连接在泵轴上，可分别检修。如果皮带轮或滤清器弯曲、磨损或损坏，应进行更换。

(3) 二次空气喷射系统中泄压阀的作用是在系统堵塞或阻力过大时释放压力，以防止空气泵压力过高。泄压阀通常连接在旁通阀和分流阀上，也有的连接在空气泵上。如果泄压阀卡在开启位置，来自空气泵的空气流将通过该阀连续排出。

(4) 如果二次空气喷射系统中的软管出现烧坏的现象，这是高温排气进入造成的，说明单向阀有泄漏故障。

(5) 发动机低温启动后，拆下空气滤清器盖，应能听到舌簧阀发出的“嗡、嗡”声。

(6) 从空气滤清器上拆下二次空气供给软管，用手指盖住软管口检查，应符合下列要求：发动机温度在 18～63 ℃范围内怠速运转时，有真空吸力；发动机温度在 63 ℃以上时，启动后 70 s 内应有真空吸力，启动 70 s 后应无真空吸力；发动机转速从 4000 r/min 急减速时，应有真空吸力。

检查结果若与上述不符，说明二次空气喷射系统工作不正常，应进一步检查。

二、二次空气电磁阀检查

拆下二次空气控制阀，从空气滤清器侧软管接头吹入空气应不漏气；用手动真空泵从真空管接头施加 20 kPa 真空度，从空气滤清器侧软管接头吹入空气应通畅。若不符合上述要求，说明膜片阀工作不良，应检修或更换；用手动真空泵从真空管接头施加 20 kPa 真空度，从排气管接头吹入空气应不漏气，否则说明舌簧阀密封不良，应更换。

测量二次空气电磁阀电阻值，正常值应为 36～44 Ω。拆开二次空气电磁阀上的软管，电磁阀不通电时，从进气管侧软管接头吹入空气应不通，从通大气的滤网处吹入空气应畅通；当给电磁阀接通蓄电池电源电压时，吹气通畅情况应与上述相反。若不符合上述要求，应更换该二次空气电磁阀。

任务自测

一、填空题

1. 二次空气喷射系统是降低尾气排放的机外净化装置之一，它通过向废气中提供额外的空气，增加其中氧气的含量，使废气中未燃烧的有害物质________以及________在高温环境下再次燃烧。

2. 目前所用的二次空气供给方法有两种：一种是________，另一种是________。

二、判断题

1. 空气泵二次空气供给系统利用排气压力将空气导入排气系统。（　　）

2. 脉冲二次空气供给系统利用空气泵将压缩空气导入排气系统。（　　）

3. 拆开二次空气电磁阀上的软管，电磁阀不通电时，从进气管侧软管接头吹入空气应不通，从通大气的滤网处吹入空气应畅通。（　　）

4. 如果二次空气喷射系统发生故障，则 HC 的排放量会降低。（　　）

5. 脉冲式二次空气喷射系统在发动机转速较低时，降低 HC 排放的效果更好。（　　）

项目9

汽车底盘电控系统结构与维修

我国科学家的爱国精神

某校园中有一座雕像让人印象深刻,他低下头颅,半身埋在土里,但双手坚定地捧着巨剑,寓意着隐姓埋名,为国铸剑!当初钱学森要回国发展,尽管备受美国的折磨和阻拦,但他依旧没有放弃,前后经历了三年的"苦难",才得以回国,造出了惊艳世界的"利剑"!

我国半导体人才短缺问题十分严重,吸引和留住芯片人才,是确保半导体产业长期繁荣的重要基础。一是加强基础人才培养,通过产教融合、联合培养等方式,有效突破芯片人才培养瓶颈。二是建立良好的创业环境,吸引更多海外专业人才回国创业,充分利用海外技术资源。三是完善激励机制,对参与重大专项攻关的领军人才和工程师人才,给予丰厚且完善的激励与保障,以确保技术攻关的效率和连续性。

两岸猿声啼不住,轻舟已过万重山。国外不但不能遏制中国,反而让我们更去催马扬鞭。在今天这个全球化的时代,科学或许无国界,但科学家是绝对有国界的。毕竟"造不如买,买不如租"的时代早已经成为过去,我们要做的只有咬定青山不放松,坚持自主研发和创新,才能不断突破难关!

任务9.1 电控动力转向系统的结构与维修

任务描述

一辆大众迈腾1.8TSI轿车,行驶里程21 000 km,在行驶时电控动力转向系统故障指示灯亮。接车检查后需对动力转向系统进行检修。

任务目标

知识目标

(1) 了解电控动力转向系统的分类与控制功能。

(2) 掌握电控动力转向系统主要部件的结构与控制原理。

能力目标

(1) 能根据电控动力转向系统故障现象进行故障部位和原因的分析。

(2) 能检测及诊断电控动力转向系统。

(3) 会排除故障使电控动力转向系统恢复正常。

素质目标

(1) 具有质量、安全、环保、规范、节约的意识。

(2) 具有严谨的工作态度和精益求精的工匠精神。

(3) 热爱劳动、尊重他人劳动,履行道德准则和行为规范。

知识收集

汽车使用电控动力转向系统,以减轻驾驶员的劳动强度,提高转向灵活性和操纵安全性。动力转向系统的工作特性已从简单动力到可变动力,如今又出现了具有动态控制功能的主动式转向系统。该系统既提高了转向灵活性,又能使驾驶操作时有显著的路感,可保证汽车高速行驶时的稳定性和安全性。

一、电控动力转向系统概述

1. 电控动力转向系统的功能

电控动力转向系统是根据车速、转向情况等对转向动力实施控制,使动力转向系统在不同的行驶条件下都有最佳的放大倍率。在低速时有较大的放大倍率,可以减轻转向操纵力,使转向轻便、灵活;在高速时则适当减小放大倍率,以稳定转向手感,提高高速行驶的操纵稳定性。

2. 电控动力转向系统的分类

按照动力源不同,动力转向系统分为机械液压动力转向系统(HPS)和电控动力转向系统。机械液压动力转向系统因存在着结构复杂、价格高、维修保养困难等缺陷,应用范围受到一定的影响,故常用于中、重型汽车及高级轿车上。电控动力转向系统又分为电控液压动力转向系统(EHPS)和电控电动动力转向系统(EPS)两种类型。

1) 电控液压动力转向系统

电控液压动力转向系统主要由储液罐、电动泵、转向器、动力转向传感器、动力转向控制单元等组成,如图 9-1-1 所示。

电控液压动力转向系统不仅能够使车辆在低速行驶时转向灵活轻便,而且在中、高速行驶时能使驾驶员转向时感到较为“沉重”,以获得稳定的转向手感,并提高汽车高速行驶时的操纵稳定性,使汽车的驾驶性能达到令人满意的程度。

2) 电控电动动力转向系统

电控电动动力转向系统通常由转角传感器、扭矩传感器、ECU、电动机、减速器、转向器、蓄电池等组成。根据助力的位置的不同,该系统又分为转向管柱助力式 EPS(C-EPS)系统、齿轮助力式 EPS(P-EPS)系统和齿条助力式 EPS(R-EPS)系统,各元件的位置因车而异。转向管柱助力式 EPS(C-EPS)系统如图 9-1-2 所示。

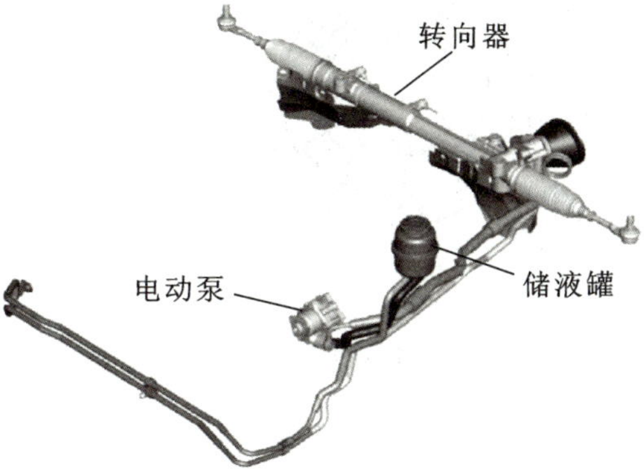

图 9-1-1 电控液压动力转向系统

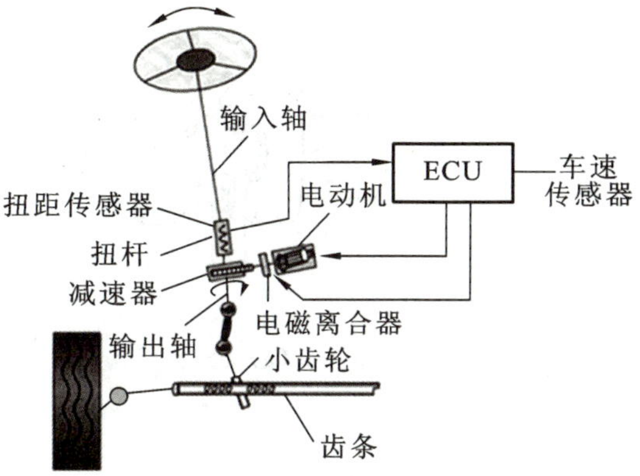

图 9-1-2 转向管柱助力式 EPS(C-EPS)系统

3. 电控动力转向系统的特点

EPS 系统广泛应用于轻型汽车及普通型轿车上，可提高汽车的操纵灵活性。

1) 提高汽车的稳定性能

电控动力转向系统可以通过对前轮转向的控制，达到更为理想的控制效果。同时，还可以与其他如 ABS、防碰撞、单个车轮转向、汽车动力学控制、轨道跟踪、自动侧向导航、自动驾驶等功能相结合，实现对汽车的整体控制，提高汽车的整体稳定性。

2) 改善驾驶员的路感

由于转向盘和转向车轮之间已经没有机械连接，驾驶员的“路感”只能通过模拟生成。作为转向盘回正力矩的控制变量，使转向盘仅仅向驾驶员提供有用信息，从而使驾驶员能够掌握汽车实际行驶状态和路面状况的信息，提供了更为真实的“路感”的响应和人-车闭环系统的主动安全。

3) 提高汽车的操纵性

由于在前轮转向控制方面可以实现传动比的任意设置，并对随车速变化的参数而做出补偿，使汽车转向特性不随车速的变化而变化，从而减轻驾驶员的负担，提高了汽车系统对驾驶员转向输入。

二、EPS 系统的结构与原理

1. EPS 系统的结构

下面以转向管柱助力式 EPS(C-EPS)系统为例讲解其结构组成。该系统主要由扭矩传感器、车速传感器、ECU、电动机和电磁离合器等组成。

1) 扭矩传感器

常见的扭矩传感器一般由扭矩元件(扭矩弹簧)和电路测量元件组成，分为无触点电磁感应式扭矩传感器和有触点滑动电阻式扭矩传感器。无触点电磁感应式扭矩传感器外形及工作原理示意图如图 9-1-3 所示。

扭矩传感器的作用是检测方向盘的力矩和转动方向，当输入轴相对输出轴转动时，电路板计算出输入轴相对于输出轴的旋转方向和旋转量。当转动方向盘时，扭矩被传递到扭杆，

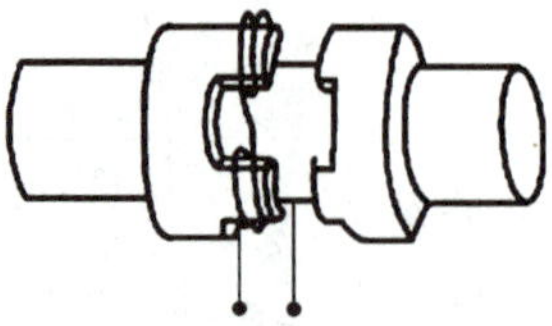

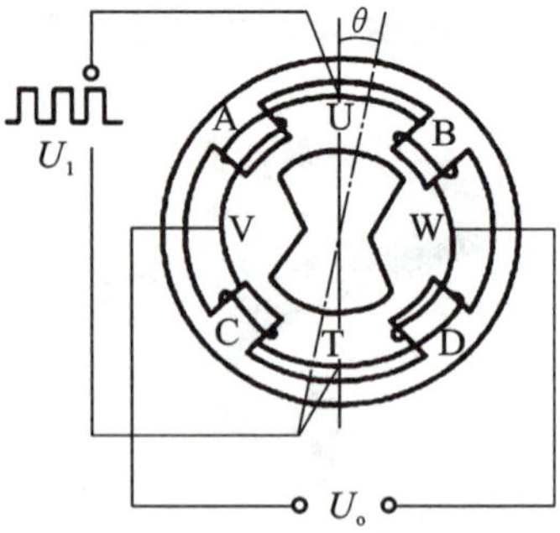

图 9-1-3　无触点电磁感应式扭矩传感器外形和工作原理示意图

输入轴和输出轴之间出现角度偏差，电路板检测出角度偏差及方向，通过计算得到扭矩大小和方向并转换为电压信号传递到 EPS 系统 ECU。

2）车速传感器

车速传感器安装在变速器上，其作用是将车速的变化转变为脉冲信号输送到变速器 ECU，再通过车载网络总线(CAN)传输到 EPS 系统 ECU。

3）电动机

EPS 系统使用的电动机分为有刷电动机和无刷电动机。安装在转向器上的电动机总成由一个蜗杆、一个蜗轮和一个直流电动机组成。当蜗杆与安装在转向器输出轴上的蜗轮啮合时，它降低电动机速度并把电动机输出扭矩传递到输出轴。

EPS 系统常采用永磁式直流电动机，额定电压为 12 V，最大电流约为 30 A，额定扭矩约为 10 N·m。该直流电动机通过一种比较简单适用的控制电路，能够实现正反方向旋转。如图 9-1-4 所示，a_1、a_2 为触发信号端，当 a_1 端得到输入信号时，晶体管 T_3 导通，T_2 得到基极电流而导通，电流经 T_2、电动机、T_3、搭铁而构成回路，于是电动机正转；当 a_2 端得到输入信号时，电流则经 T_1、电动机 M、T_4、搭铁而构成回路，电动机则因电流方向相反而反转。同时，只要控制信号电流的大小，就可以控制电动机电流的大小，即可以控制电动机输出扭矩的大小。

4）电磁离合器

电磁离合器的结构如图 9-1-5 所示，主要由电磁线圈、主动轮、从动轴、压板等组成。工作过程是：电流通过滑环进入电磁线圈，主动轮便产生电磁吸力，带花键的压板就被吸引，并

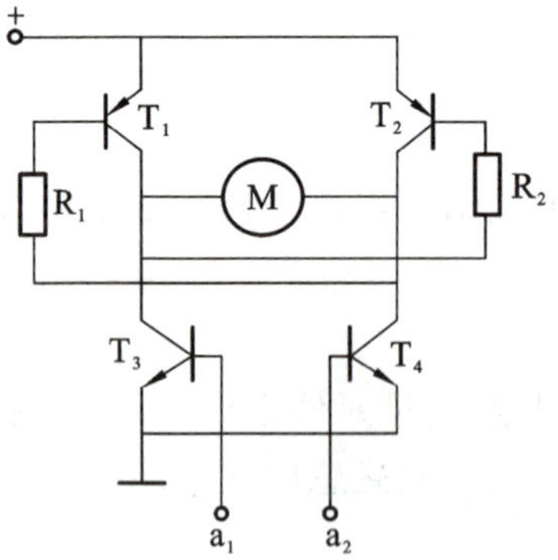

图 9-1-4　电动机正、反转控制电路

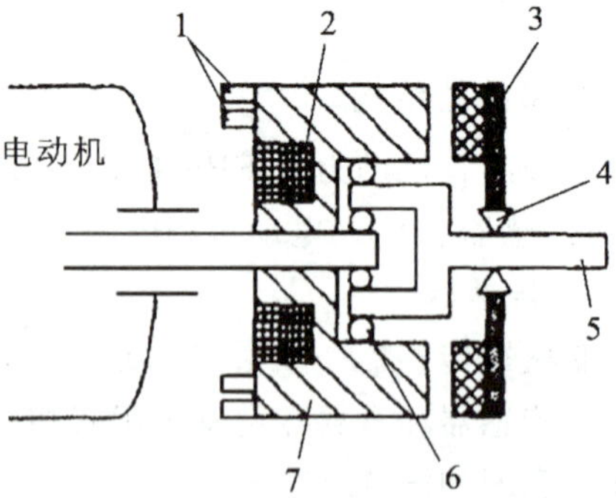

图 9-1-5　电磁离合器的结构

1—滑环；2—电磁线圈；3—压板；4—花键；5—从动轴；6—滚珠轴承；7—主动轮

与主动轮压紧，于是电动机的输出扭矩便经过主动轴→主动轮→压板→花键→从动轴，传递给减速机构。

5）减速机构

减速机构是 EPS 系统中把电动机的输出扭矩放大后再传给转向齿轮箱的主要部件。目前实用的减速机构有多种组合，一般采用蜗轮、蜗杆与转向轴驱动组合式，也有的采用两级行星齿轮与传动齿轮组合式。为了抑制噪声和提高耐久性，减速机构上采用了部分树脂材料及特殊齿形。蜗轮蜗杆减速机构的结构如图 9-1-6 所示。

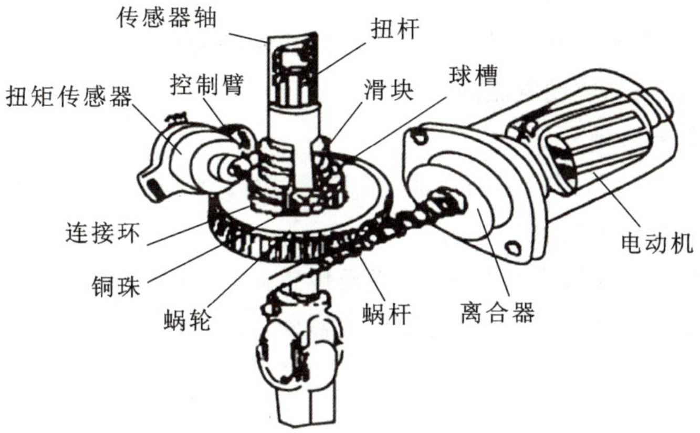

图 9-1-6　蜗轮蜗杆减速机构的结构

2. EPS 系统的控制原理

EPS 系统 ECU 根据各传感器的输入信号，确定动力扭矩的幅值和方向，并且直接控制驱动电路去驱动电动机。图 9-1-7 所示为典型汽车 EPS 控制原理图。

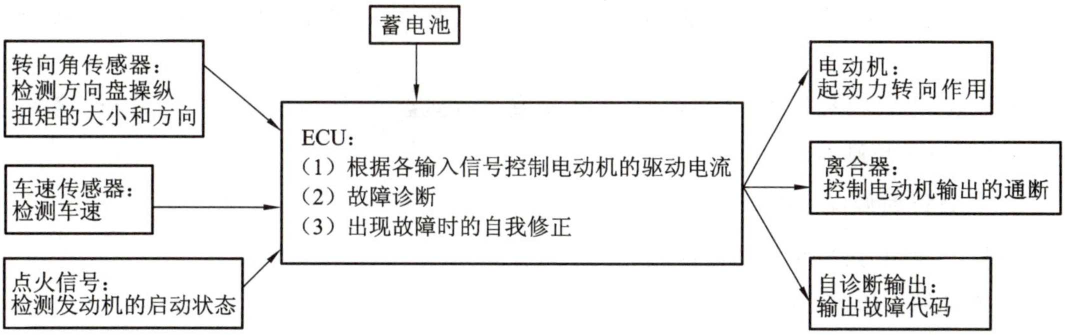

图 9-1-7　典型汽车 EPS 控制原理图

其控制功能主要有以下几种。

1）速度控制

为确保行车安全，当车速在 43～52 km/h 时，EPS 系统停止对电动机供电的同时，使电动机内的电磁离合器分离，按普通转向控制方式工作。

2）临界控制

为了保护系统中的电动机及控制组件，当转向器偏转至最大（即临界状态）时，由于此时电动机不能转动，所以流入电动机的电流达最大值。

为了避免持续的大电流使电动机及控制组件发热损坏，每当较大电流连续通过 30 s 后，EPS 系统就会控制电流使之逐渐减小。

当临界控制状态解除后，EPS 系统就会再逐渐增大电流，一直达到正常的工作电流值为止。

3）电动机电流控制

为使其在每一种车速下都可以得到最优化的转向动力扭矩，ECU 根据转向力矩和车速信号确定并控制电动机的驱动电流的方向和大小。

4）自诊断和安全控制

EPS 系统 ECU 具有故障自诊断功能，当 ECU 检测到系统存在故障时即会显示出相应的故障码，以便采取相应的措施。

当检测出系统的基本部件如电动机、扭矩传感器、车速传感器等出现故障而导致系统处于严重故障的情况下，系统就会使电磁离合器断开，停止转向助力控制，确保系统安全、可靠。

任务实施

一、EPS 系统常见故障及原因分析

1. 转向沉重

可能的原因有：接插件未插好；线束接触不良或破损；方向盘安装不正确；扭矩传感器性能不良；转向器故障；车速传感器性能不良；主保险丝和线路保险丝烧坏；EPS 控制器故障。

故障排除方法：插好插头；更换线束；正确安装方向盘；更换转向器；更换车速传感器；更换保险丝；更换控制器。

2. 在直行时偏向一侧

可能的原因有：扭矩传感器性能不良。

故障排除方法：更换转向器。

3. 转向力不平顺

可能的原因有：扭矩传感器性能不良。

故障排除方法：更换转向器。

二、故障检测流程

排除 EPS 系统的故障，要遵循一定的故障检测流程，如图 9-1-8 所示。

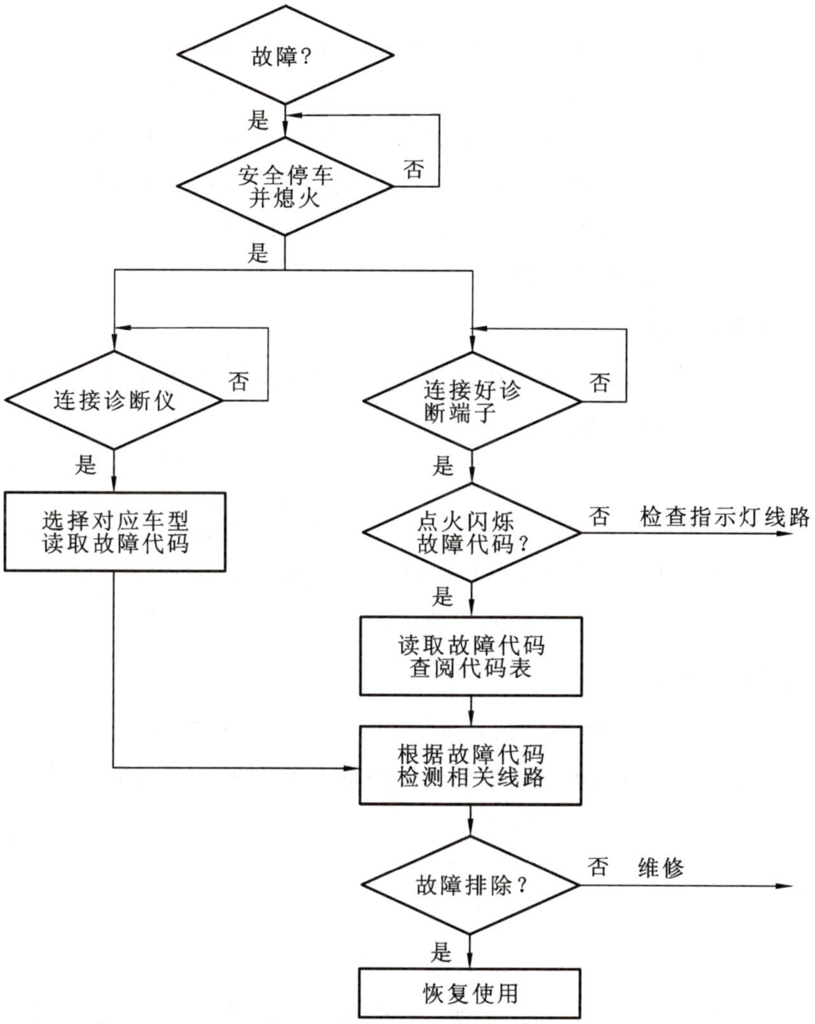

图 9-1-8 EPS 系统的故障检测流程

三、EPS 系统的检测

1. 警告灯的检查

当点火开关处于“ON”位置时，警告灯应点亮，发动机启动后警告灯熄灭为正常。若发动机启动后，警告灯仍亮时，首先应考虑该系统是否处于保险状态(只有常规转向工作，无电动动力)，并通过其自诊断系统进行必要的检查。连接故障诊断仪读取是否为系统故障。

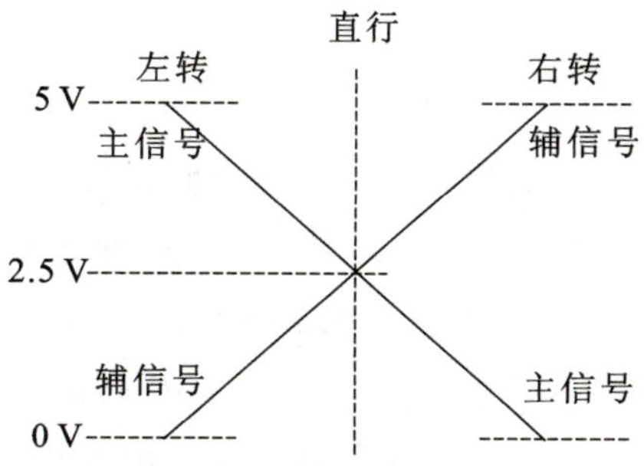

图 9-1-9 扭矩传感器信号变化图

2. 扭矩传感器的检测

扭矩传感器信号变化如图 9-1-9 所示，检测扭矩传感器按以下操作步骤进行。

(1) 打开点火开关,转动方向盘,在直行状态主、辅信号电压约 2.5 V;

(2) 左转主信号电压升高,辅信号电压降低,主、辅电压之和等于 5 V;

(3) 右转主信号电压降低,辅信号电压升高,主、辅电压之和等于 5 V。

若所测主辅信号不符合上述要求,检查扭矩传感器的控制线路的通断情况,测量扭矩传感器内主侧两端子之间和副侧两端子之间的电阻,其标准值应为(2.18±0.66)kΩ。若不符合要求,则为扭矩传感器异常,应更换转向器总成。

3. 直流电动机的检查

从转向器上断开电动机的导线插接器,给电动机加上蓄电池电压时,电动机应有转动声音。若没有声音,应更换转向器总成。

4. 电磁离合器的检查

从转向器上断开电磁离合器的导线插接器,将蓄电池的正极接到电磁离合器端子 1 上,蓄电池的负极与端子 6 相接。在接通与断开端子 6 的瞬间,离合器应有工作声音。若没有声音,表明电磁离合器有故障,应更换转向器总成。

5. 车速传感器的检查

若车速传感器信号异常,则可先检查外部控制线路是否良好,若无故障,则拆下车速传感器导线插接器。用万用表欧姆挡测量车速传感器线圈电阻值,若不符合要求,则更换车速传感器。

任务自测

一、填空题

1. 电控动力转向系统在________可使转向轻便灵活,当汽车在________转向时,又能保证提供最优的________和稳定的转向手感,从而提高了高速行驶的操纵稳定性。

2. 常用电控动力转向系统根据转向动力源不同,可分为________和________。

3. 电控电动动力转向系统根据电动机对转向系统产生动力的部位不同,可分为________、________、________。

4. 电控电动动力转向系统是在机械转向机构的基础上,增加了________、____________、________。

二、选择题

1. 高速行驶时,转向动力将随车速成比例的(　　)。

A. 减少　　B. 增多　　C. 不确定　　D. 不改变

2. 在电控动力转向系统中起减速增扭、改变力的传递方向的是(　　)。

A. 方向盘　　B. 转向器　　C. 转向梯形机构　　D. 转向操纵拉杆

3. 以下哪个部件不属于电控动力转向系统(　　)?

A. 扭矩传感器　　B. 车速传感器　　C. ECU　　D. 空气质量传感器

三、判断题

1. 汽车低速行驶时转向动力小,高速行驶时转向动力大。 ( )

2. EPS 系统是利用直流电动机作为动力源,ECU 根据转向参数和车速等信号,控制电动机扭矩的大小和方向。 ( )

3. 当动力转向系统发生故障或失效时,应保证通过人力能够进行转向操纵。 ( )

4. 扭矩传感器的作用是测量方向盘与转向器之间的相对扭矩。 ( )

任务 9.2 防抱死制动系统的结构与维修

任务描述

一辆大众捷达轿车,行驶里程 21 000 km,在行驶时 ABS 系统警告灯亮。接车检查后需对防抱死制动系统进行检修。

任务目标

知识目标

(1) 了解 ABS 系统的基本理论、分类与控制功能。

(2) 熟悉 ABS 系统的主要部件的结构与控制原理。

能力目标

(1) 能根据 ABS 系统故障现象进行故障部位和原因的分析。

(2) 能正确使用与维护 ABS 系统。

(3) 能正确使用工具仪器检修 ABS 系统。

素质目标

(1) 具有质量、安全、环保、规范、节约的意识。

(2) 具有爱岗敬业和团队协作的精神。

(3) 具有尊重生命、敬畏生命、热爱生命的社会意识。

知识收集

汽车防抱死制动系统(ABS)是一种安全控制制动系统,目前已经成为轿车的标准配置。ABS 系统既有普通制动系统的制动功能,又能防止车轮制动抱死,保证了汽车制动方向的稳定性,防止产生侧滑和跑偏。为了提高制动的安全性,在 ABS 系统之上又扩展了一些新的功能,如电子制动力分配系统(EBD)、制动辅助系统(BAS)、电子差速锁(EDL)等功能,这些已成为汽车安全控制的一项重要内容。

一、ABS 系统的基本知识

1. 附着力与附着系数

附着力是轮胎与路面之间切向作用力的最大值。附着力的大小等于附着系数和路面对轮胎垂直约束力的乘积。附着系数的大小与轮胎类型、轮胎气压、路面情况、车速、负荷、温度等诸因素有关。

2. 滑移率

汽车在制动过程中，车轮与路面之间产生相对滑移现象。滑移率是指车轮在制动过程中滑移成分在车轮纵向运动中所占的比例，用 S 表示。其表达式为

$$S=\frac{v-\omega r}{v}\times 100\%$$

式中：v 是车轮中心的纵向速度(m/s)；ω 是车轮的角速度(rad/s)；r 是车轮的滚动半径(m)。

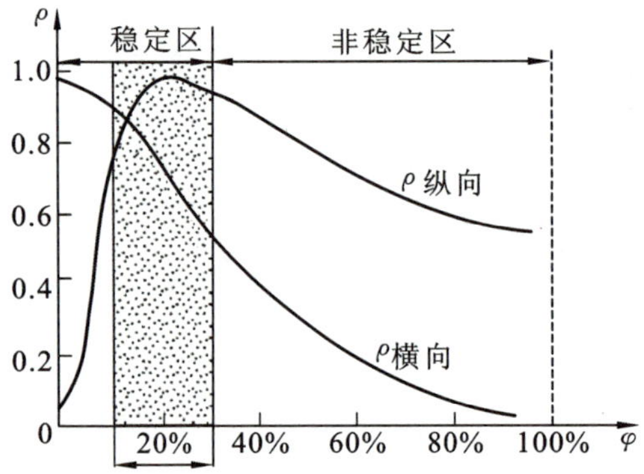

图 9-2-1　滑移率与干燥硬实路面的附着系数之间的关系曲线

图 9-2-1 所示为通过试验获得的滑移率与干燥硬实路面的附着系数之间的关系曲线。可以看出，$S<20\%$ 为制动稳定区域，$S>20\%$ 为制动非稳定区域，将车轮滑移率 S 控制在 20%左右，便可获取最大的纵向附着系数和较大的横向附着系数，是最理想的控制效果。

3. 理想的制动过程

(1) 制动开始时，让制动压力迅速增大，使 S 上升至 20%所需时间最短，以便获取最短的制动距离和方向稳定性。

(2) 制动过程中，当 S 上升稍大于 20%时，对制动轮迅速而适当降低制动压力，使 S 迅速下降到 20%；当 S 下降稍小于 20%时，对制动轮迅速而适当增大制动压力，使 S 迅速上升到 20%。

车轮在制动过程中，以 5～10 次/秒的频率进行增压、保压、减压的不断切换，使 S 稳定在 20%是最理想的制动控制过程。

4. ABS 系统的功能

ABS 系统的作用就是在各种路面和行驶状态紧急制动时，保持滑移率在 20%左右，控制实际制动过程接近于理想制动过程。从而保证最佳制动状态，使制动方向稳定性和方向操纵性得到改善。

5. ABS 系统的基本组成与工作原理

常规制动系统由制动主缸、制动轮缸和制动管路等组成，用来实现汽车的常规制动。ABS 系统是在传统制动系统的基础上，又增设轮速传感器、ECU、制动压力调节器、ABS 警告灯等装置，用于实现制动压力的电子调节，如图 9-2-2 所示，在制动过程中用来确保车轮始终不抱死，使车轮滑

ABS 系统工作原理

移率处于合理范围内。轮速传感器将系统控制所需的汽车行驶状态参数输送给 ABS ECU，ECU 根据传感器信号及其内部存储信号，经过计算、比较和判断后，向执行器发出控制指令，同时监控系统的工作状况，而执行器(制动压力调节器)则根据 ECU 的指令，依靠由电磁阀及相应的液压控制阀组成的液压调节系统对 ABS 系统实施增压、保压或减压的操作，让车轮始终处于理想的运动状态。

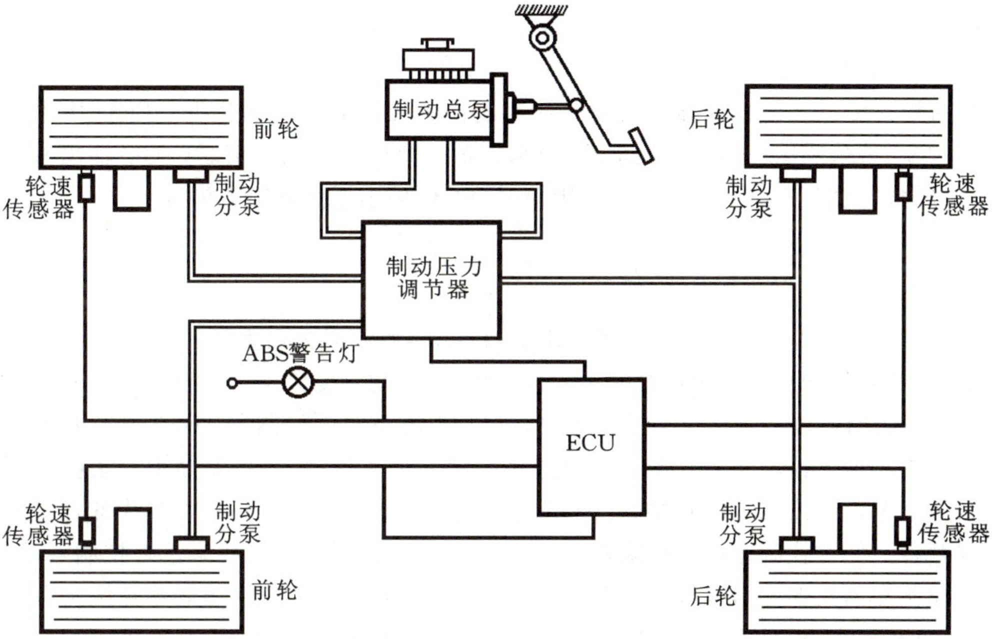

图 9-2-2 ABS 系统的组成

ABS 系统的制动工作过程分为常规制动和 ABS 调节制动两部分，在 ABS 系统检测认定制动车轮未发生抱死的情况下，汽车制动系统执行常规制动过程，而当系统认定车轮有抱死趋势时，便开始进行制动压力的调节。在图 9-2-2 所示的 ABS 系统中，两种制动过程的系统元件工作情况如下。

1) 常规制动

ABS 系统不介入控制，各进液调压电磁阀断电导通，各回液调压电磁阀断电关闭，电动泵不通电运转，各制动轮缸与储液器隔绝，系统处于正常制动状态。

2) 调节制动

制动压力调节过程由制动保压、制动减压和制动增压组成。

(1) 制动保压。当传感器检测车轮趋于抱死，ECU 控制车轮进液调压电磁阀通电关闭，车轮回液调压电磁阀仍断电关闭，实现制动保压。

(2) 制动减压。当传感器检测车轮抱死趋势无改善，ECU 控制车轮回液调压电磁阀也通电导通，轮缸制动液回流储液器，实现制动减压。

(3) 制动增压。当传感器检测车轮抱死趋势已消失，ECU 控制车轮进液调压电磁阀和回液调压电磁阀均断电，进液调压电磁阀导通，回液调压电磁阀关闭，电动泵运转，与主缸一起向右前轮轮缸送液，实现制动增压。

6. ABS 系统的控制参数

1）以车轮滑移率为控制参数(双参数控制)

根据轮速传感器和车速传感器的信号计算车轮的滑移率作为控制制动力的依据。滑移率高于设定值,ECU 就会输出减小制动力信号,并通过制动压力调节器减小制动压力;滑移率低于设定值,ECU 就会输出增大制动力信号,并通过制动压力调节器增大制动压力,控制滑移率在设定的范围内。车速信号的获取由多普勒雷达等传感器检测。

2）以车轮角加速度为控制参数(单参数控制)

根据轮速传感器信号计算车轮的角加速度作为控制制动力的依据。ECU 中设置合理的角加速度、角减速度门限值。制动时,当车轮角减速度达到门限值时,ECU 输出减小制动力信号;当车轮转速升高至角加速度门限值时,ECU 输出增大制动力信号。

二、ABS 系统的控制方式

ABS 系统广泛应用于轿车和轻型载货汽车上,尽管不同公司生产的 ABS 系统的类型不同,但它们都有相同的基本组成和基本工作原理,它们的重要区别是 ECU 及控制线路不同。

按照系统对制动压力调节方式的不同,可将 ABS 系统的控制方式分为独立控制和同时控制两大类。独立控制是指一条控制通道只控制一个车轮,同时控制是指一条控制通道同时控制多个车轮。按照控制时控制依据选择不同,ABS 系统的同时控制分为低选控制和高选控制两种。低选控制是以保证附着系数小的一侧车轮不发生抱死来选择控制系统压力,而高选控制却是从保证附着系数较大一侧车轮不发生抱死出发来实施制动系统压力调节。

在 ABS 系统中,对能够独立进行制动压力调节的制动管路称为控制通道。ABS 系统的控制通道分为四通道式、三通道式、二通道式和一通道式。

1. 四通道式

如图 9-2-3 所示,四传感器四通道式 ABS 系统有四个轮速传感器,在通往四个车轮制动分泵的管路中,各设一个制动压力调节器装置进行独立控制,构成四通道控制形式。

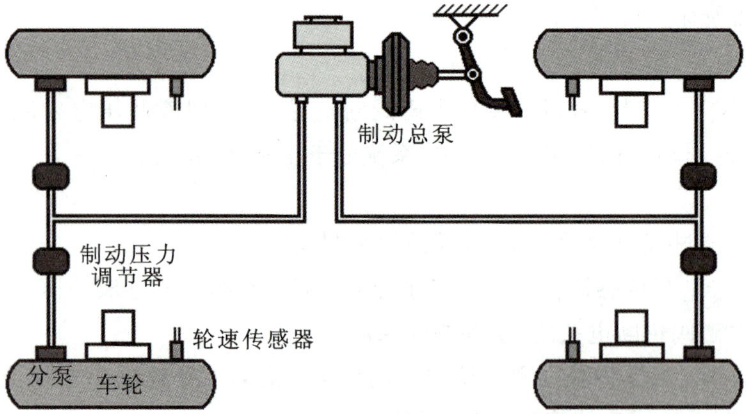

图 9-2-3　四传感器四通道式 ABS 系统

由于四通道式 ABS 系统根据各车轮轮速传感器输入的信号,分别对各个车轮进行独立控制的,因此附着系数利用率高,制动时可以最大限度地利用每个车轮的最大附着力。四通道控制方式特别适用于汽车左右两侧车轮附着系数接近的路面，不仅可以获得良好的方向稳定性和方向控制能力，而且可以得到最短的制动距离。但是如果汽车左右两个车轮的附着系数相差较大(如路面部分积水或结冰)，两个车轮的地面制动力就相差较大，因此会产生横摆力矩，使车身向制动力较大的一侧跑偏，不能保持汽车按预定方向行驶，会影响汽车的制动方向稳定性。

2. 三通道式

如图 9-2-4 所示，四传感器三通道式 ABS 系统有四个轮速传感器，对两前轮进行独立控制，两后轮按低选原则进行一同控制(即两个车轮由一个通道控制，以保证附着力较小的车轮不抱死为原则)，也称为混合控制。

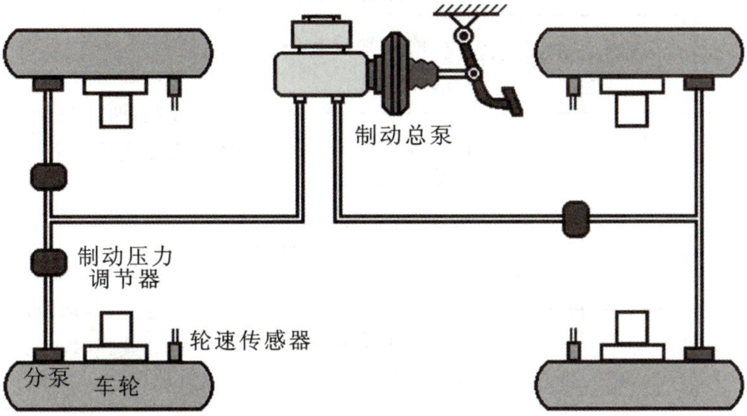

图 9-2-4 四传感器三通道式 ABS 系统

两后轮按低选原则进行一同控制时，可以保证汽车在各种条件下左右两后轮的制动力相等，即使两车轮的附着系数相差较大，两个车轮的制动力都限制在附着力较小的水平，使两个后轮的制动力始终保持平衡，保证汽车在各种条件下制动时都具有良好的方向稳定性。当然，在两后轮按低选原则进行一同控制时，可能出现附着系数较大的一侧后轮附着力不能充分利用的问题使汽车的总制动力减小。但在紧急制动时，由于发生轴荷前移，在汽车的总制动力中，后轮制动力所占的比例减少。三通道式 ABS 系统在小轿车上普遍采用。

3. 二通道式

二通道式 ABS 系统难以在方向稳定性、转向控制性和制动效能各方面得到兼顾，目前已很少采用。

4. 一通道式

一通道式 ABS 系统又称为单通道式 ABS 系统，它是在后轮制动器总管中设置一个制动压力调节器，在后桥主减速器上安装一个轮速传感器(也有在后轮上各安装一个的)。

单通道式 ABS 系统一般都是对两后轮按低选原则进行一同控制。单通道式 ABS 系统不能使两后轮的附着力得到充分利用，因此制动距离不一定会明显缩短。另外前轮制动未进行控制，制动时前轮仍会出现制动抱死，因而转向操纵能力也未得到改善，但由于制动时两后轮不会抱死，能够显著的提高制动时的方向稳定性，在安全上是一大优点，同时具有结构简单，成本低等优点，所以在轻型载货车上广泛应用。

在各种轿车制动系统上，采用不同的布置形式，其综合的性能比较如表 9-2-1 所示。

表 9-2-1　不同布置形式的 ABS 性能比较

系统名称	传感器数	通道数	适用制动回路类型	控制方法	特点
4S4M	4	4	HH	四轮独立控制	四轮均可充分利用地面附着力，但在对分路面或左右轮载荷差别较大时制动，汽车方向稳定性不好
			X	前轮独立控制、后轮低选控制	制动效能稍差，但方向稳定性好
4S3M	4	3	X 或 HH	前轮独立控制、后轮选择控制	占总附着力 80% 的两前轮独立控制，两后轮按低选同时控制，是大多数汽车采用的型式之一
3S3M	3	3	HH	前轮独立、后轮近似选择控制	
4S2M	4	2	X	前轮独立控制、后轮选择控制	在各种复杂路面上难以使方向稳定性、制动距离和转向操纵能力得到兼顾，较少采用
2S2M	2	2	X	前轮独立、后轮对角前轮控制	
1S1M	1	1	HH	前轮无控制、后轮近似选择控制	后轴车轮按低选原则控制，可改善汽车的方向稳定性

三、典型 ABS 系统的结构与工作原理

图 9-2-5 所示为典型轿车 ABS 系统的结构与布置形式，采用四传感器四通道式的布置形式，主要包括四个轮速传感器、制动踏板、制动灯开关、ABS ECU、ABS 电动机、ABS 警告灯与故障诊断接口等。

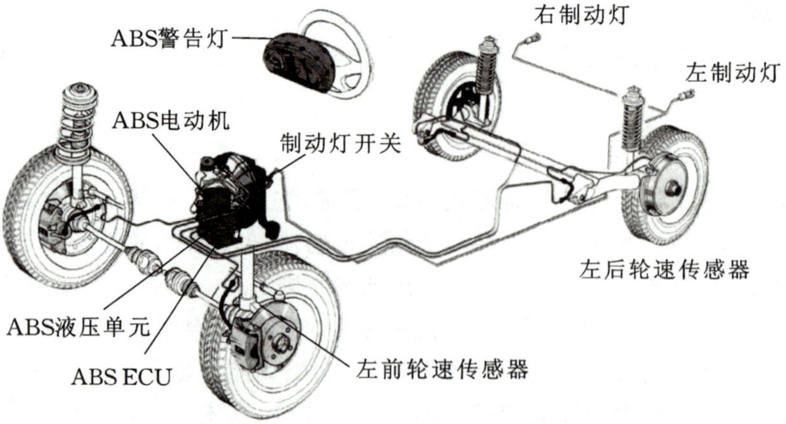

图 9-2-5　典型 ABS 系统的结构与布置形式

1. ABS 系统的工作过程

图 9-2-6 所示为 ABS 系统的结构原理。ABS 系统的基本工作原理是：汽车在制动过程中，轮速传感器不断把各个车轮的转速信号及时输送给 ABS ECU，ECU 根据设定的控制逻辑对四个轮速传感器输入的信号进行处理，计算汽车的参考车速、各车轮速度和减速度，确定各车轮的滑移率。如果某个车轮的滑移率超过设定值，ECU 就发出指令控制液压单元，使该车轮制动轮缸中的制动压力减小；如果某个车轮的滑移率还没达到设定值，ECU 就控制液压单元，使该车轮的制动压力增大；如果某个车轮的滑移率接近于设定值时，ECU 就控制液压单元，使该车轮制动压力保持一定。从而使各个车轮的滑移率保持在理想的范围之内，防止四个车轮完全抱死。

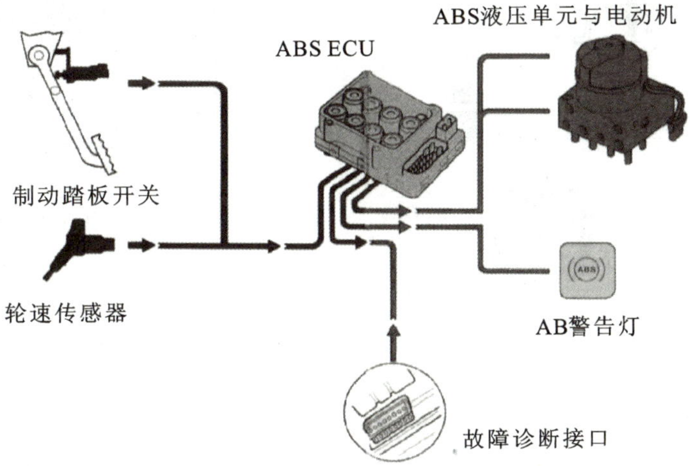

图 9-2-6　ABS 系统的结构原理

在制动过程中，如果车轮没有抱死趋势，ABS 系统将不参与制动压力控制，此时制动过程与常规制动系统相同。如果 ABS 系统出现故障，ECU 将不再对液压单元进行控制，并将仪表板上的 ABS 警告灯点亮，向驾驶员发出警告信号，此时 ABS 系统不起作用，制动过程将与没有 ABS 系统的常规制动系统的工作相同。

1）开始制动阶段（系统油压建立）

开始制动时，驾驶员踩制动踏板，制动压力由制动主缸产生，作用到车轮制动轮缸上，此时，经常开的不带电压的进油阀打开，不带电压的出油阀依然关闭，ABS 系统没有参与控制，整个过程和常规液压制动系统相同，制动压力不断上升，如图 9-2-7 所示。

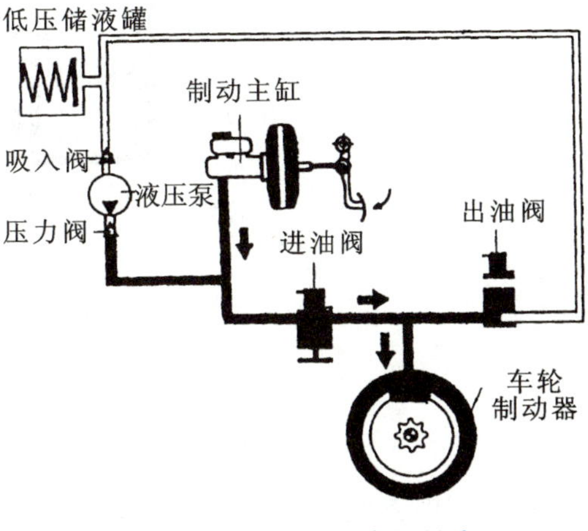

图 9-2-7　增压阶段（常规制动）

2）油压保持

当驾驶员继续踩制动踏板，油压继续升高到车轮出现抱死趋势时，ABS ECU 发出指令使进油阀通电并关闭阀门，出油阀依然不带电压仍保持关闭，系统油压保持不变，如图 9-2-8 所示。

3）油压降低

若制动压力保持不变，车轮有抱死趋势时，ABS ECU 给出油阀通电并打开出油阀，系统油压通过低压储液罐降低油压，此时进油阀继续通电保持关闭状态，有抱死趋势的车轮被释放，车轮转速开始上升。与此同时，电动液压泵开始启动，将制动液由低压储液罐送至制动主缸，如图 9-2-9 所示。

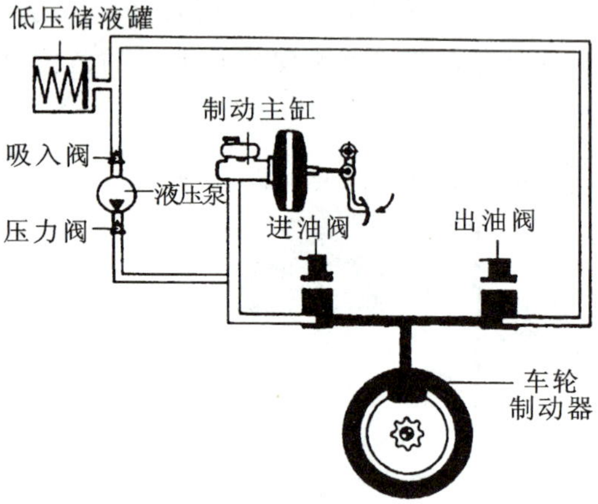

图 9-2-8　保压阶段

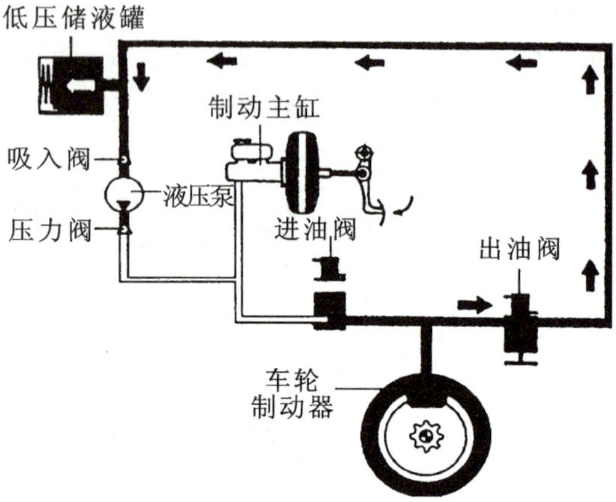

图 9-2-9　减压阶段

4）油压增加

为了使制动最优化，当车轮转速增加到一定值后，ABS ECU 给出油阀断电，关闭此阀门，进油阀同样也不带电而打开，电动液压泵继续工作，从低压储液罐中吸取制动液泵入液压制动系统，如图 9-2-10 所示。随着制动压力的增加，车轮转速又降低。这样反复循环地控制（工作频率为 5～6 次/秒），将车轮的滑移率始终控制在 20%左右。

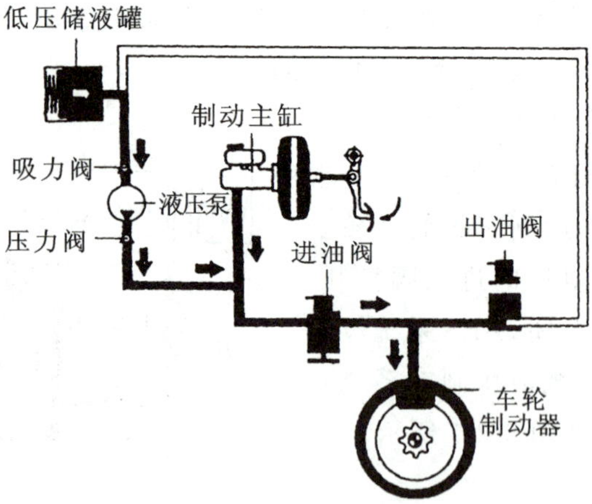

图 9-2-10　增压阶段

如果 ABS 系统出现故障，进油阀始终常开，出油阀始终常闭，使常规液压制动系统继续工作而 ABS 系统不工作，直到 ABS 系统故障排除为止。

2. ABS 系统的主要部件

1）轮速传感器

常用轮速传感器为磁感应式轮速传感器。功能为检测车轮转速，产生与轮速成正比的正弦交流信号，经整形、放大转变成数字信号送给 ECU，用于对制动压力调节器实施控制。图 9-2-11 所示为轮速传感器实物，图 9-2-12 所示为轮速传感器的安装位置，一般前轮速传感器头被固定在车轮转向架上，齿圈安装在轮毂上与车轮同步转动；后轮速传感器头被固定在后车轴支架上，齿圈安装在驱动轴上与车轮同步转动。

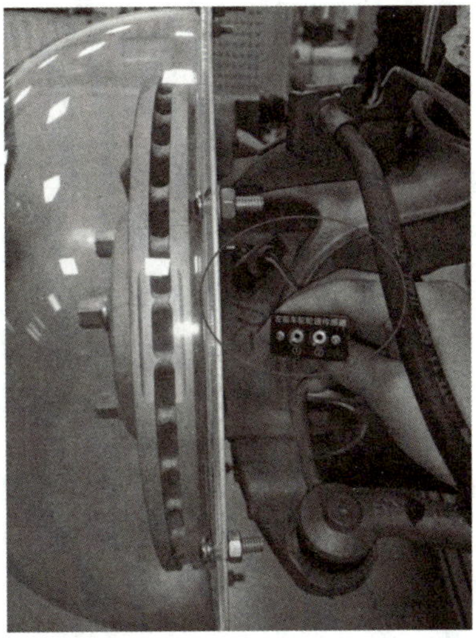

图 9-2-11 轮速传感器实物

如图 9-2-13 所示，齿圈随车轮转动时，轮齿与传感器头之间的空气隙发生变化，使磁电传感器中磁路的磁通发生变化，从而切割线圈产生交流电，交流电的频率随齿圈转速的快慢而变化。

2）ABS 控制器

国产轿车上装用的 ABS 控制器多为组合体，统称为控制模块。控制模块由液压单元和控制模块 ECU 组成。液压单元由储液器、电动回液泵和电磁阀等组成。

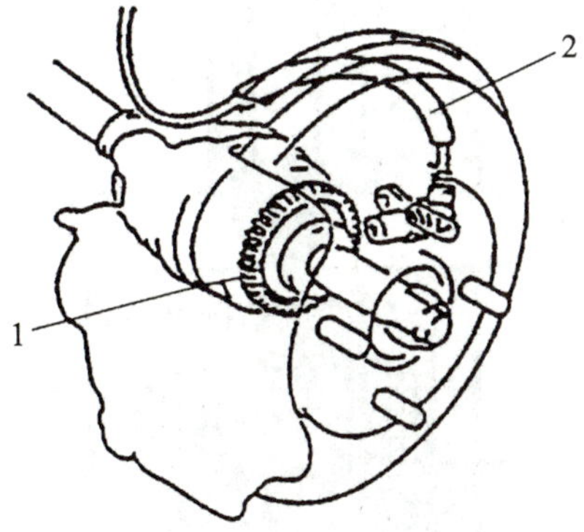

（a）前轮速传感器安装位置

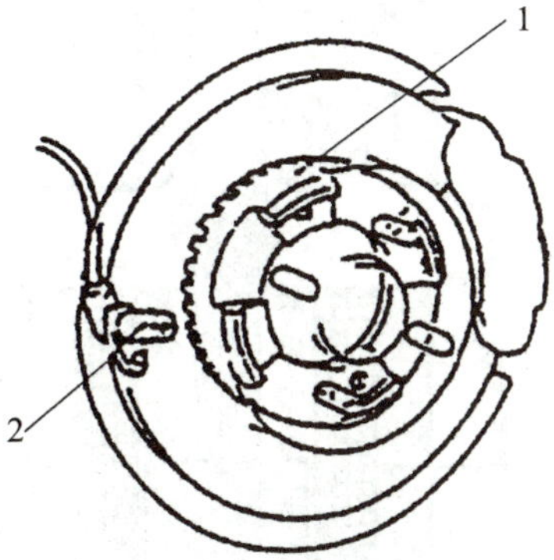

（b）后轮速传感器安装位置

图 9-2-12 轮速传感器安装位置图

1—齿圈；2—轮速传感器

电磁阀线圈设置于液压单元内部，节省连接导线。采用大功率集成电路直接驱动电磁阀及回液泵电动机，省去了电磁阀继电器。控制模块 ECU 内部设有故障存储器，随车带有故障诊断接口，借助诊断仪调取故障码可以很方便地进行故障诊断。

当点火开关接通时，ABS ECU 就开始进行自检程序，对系统进行自检，此时 ABS 警告灯点亮。如果自检以后发现 ABS 系统存在影响其正常工作的故障，则关闭 ABS 系统，恢复常规制动系统，仪表板上 ABS 警告灯一直点亮，警告驾驶员 ABS 系统存在故障。自

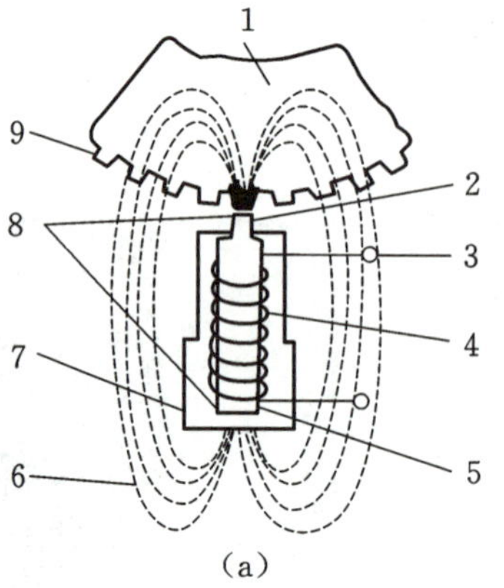

图 9-2-13 轮速传感器工作原理

1—齿圈；2—磁芯端部齿；3—感应线圈端子；4—感应线圈；5—磁芯套；6—磁力线；7—磁场；8—磁芯；9—齿顶

检结束后，ABS 警告灯就熄灭，表明系统工作正常。由于自检过程大约需要 2 s，因此在正常情况下，当点火开关接通时，ABS 警告灯点亮 2 s，然后再自动熄灭，是正常的。反之如果点火开关接通时，ABS 警告灯不亮，说明 ABS 警告灯或其线路存在故障，应对其进行检修。

每个通道采用两个二位二通电磁阀，二位二通常开电磁阀(进液阀)、二位二通常闭电磁阀(出液阀)配合工作，完成增压、保压、减压的控制过程，如图 9-2-14 所示。

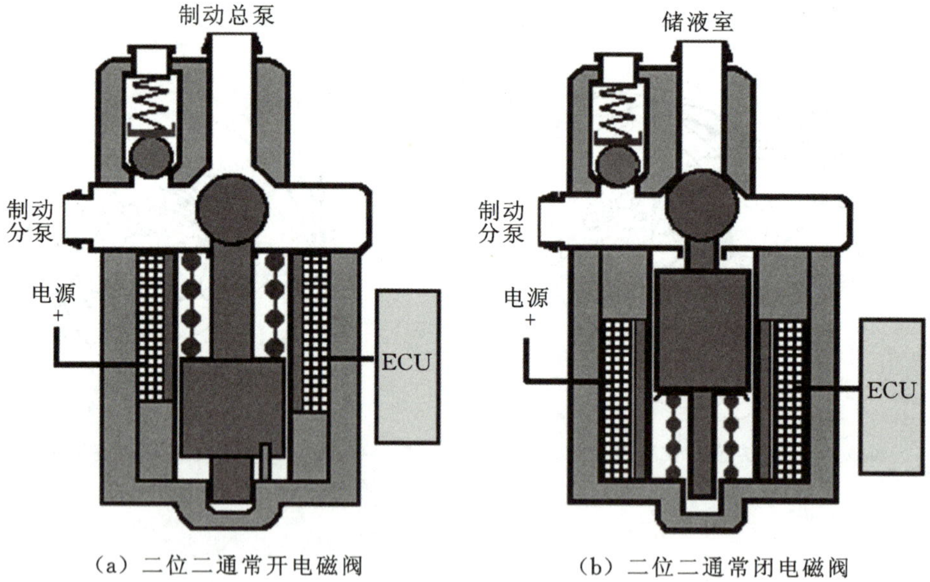

(a) 二位二通常开电磁阀　(b) 二位二通常闭电磁阀

图 9-2-14 二位二通电磁阀

四、ABS 系统电路图

以桑塔纳轿车为例，ABS 系统采用 MK20-Ⅰ型 ABS 系统，系统各部件名称及电路连接关系如图 9-2-15 所示。

图 9-2-15

任务实施

一、ABS 系统检修与故障诊断的注意事项

1. ABS 系统检修的注意事项

(1) 系统发生故障由 ABS 警告灯(K47)和制动装置警告灯(K118)指示。某些故障只能在车速超过 20 km/h 后才能被检测到。

(2) 如果 ABS 警告灯(K47)和制动装置警告灯(K118)不亮,但尽管如此,制动效果仍不理想,则可能是系统放气不干净或在常规的制动系中存在故障。

(3) 对 ABS 系统检修前,为了检查故障所在,应先用 V.A.G1552 故障诊断仪查询故障代码。

(4) 拔 ABS 系统电气插头之前,必须关闭点火开关。

(5) 开始检修前,应关闭点火开关,从蓄电池上拆下接地线。

(6) ABS 系统工作必须绝对清洁,决不要使用含矿物油的物质,例如机油或油脂。

(7) 拆卸前必须彻底清洁连接点和支承面,决不要使用像汽油、稀释剂等类似的清洁剂。

(8) 拆下的零件必须放在干净的地方,并且覆盖好。

(9) 把 ABS ECU 和液压单元分开后,必须把液压单元放在专用支架上,以免在搬运中碰坏阀体。

(10) 拆下的元件如果不能立刻完成修理工作,必须小心地盖好或者用塞子封闭。

(11) 不要使用起毛的抹布。

(12) 配件要在安装前才从包装内取出。

(13) 必须使用原装配件。

(14) 系统打开后不要使用压缩空气,也不要移动车辆。

(15) 注意不要让制动液流到线束插头内。

(16) 打开制动系统完成作业后,用专用工具 VW1238A 制动液充放机与 V.A.G1552 故障诊断仪配合使用,对系统进行放气。

(17) 在试车中,至少进行一次紧急制动。当 ABS 系统正常工作时,会在制动踏板上感到有反弹,并可感觉到车速迅速降低而且平稳。

2. ABS 系统故障诊断的注意事项

ABS 系统采用电子液压控制,因此在 ABS 系统正常工作情况下如果出现表 9-2-2 所列现象是正常的,并不是故障。

表 9-2-2 ABS 系统的正常工作情况

现象	说明
系统自检声音	启动发动机后,有时候会从发动机舱中传出类似碰击的声音,这是 ABS 系统进行自检的声音,并非不正常

续表

现象	说明
ABS 起作用时的声音	① ABS 系统液压单元内电动机的声音； ② 制动踏板震动产生的声音； ③ ABS 系统工作时，因制动而引起悬架碰击声或轮胎与地面接触发出吱嘎声。 注：ABS 系统正常工作时，轮胎仍有可能发出吱嘎声
ABS 起作用，但制动距离长	在积雪或是砂石路面上，有 ABS 系统车辆的制动距离有时候会比没有 ABS 系统车辆的制动距离长。因此须提醒驾驶员在上述路面行驶时应加倍小心

二、ABS 系统故障诊断流程

ABS 系统故障诊断流程如图 9-2-16 所示。

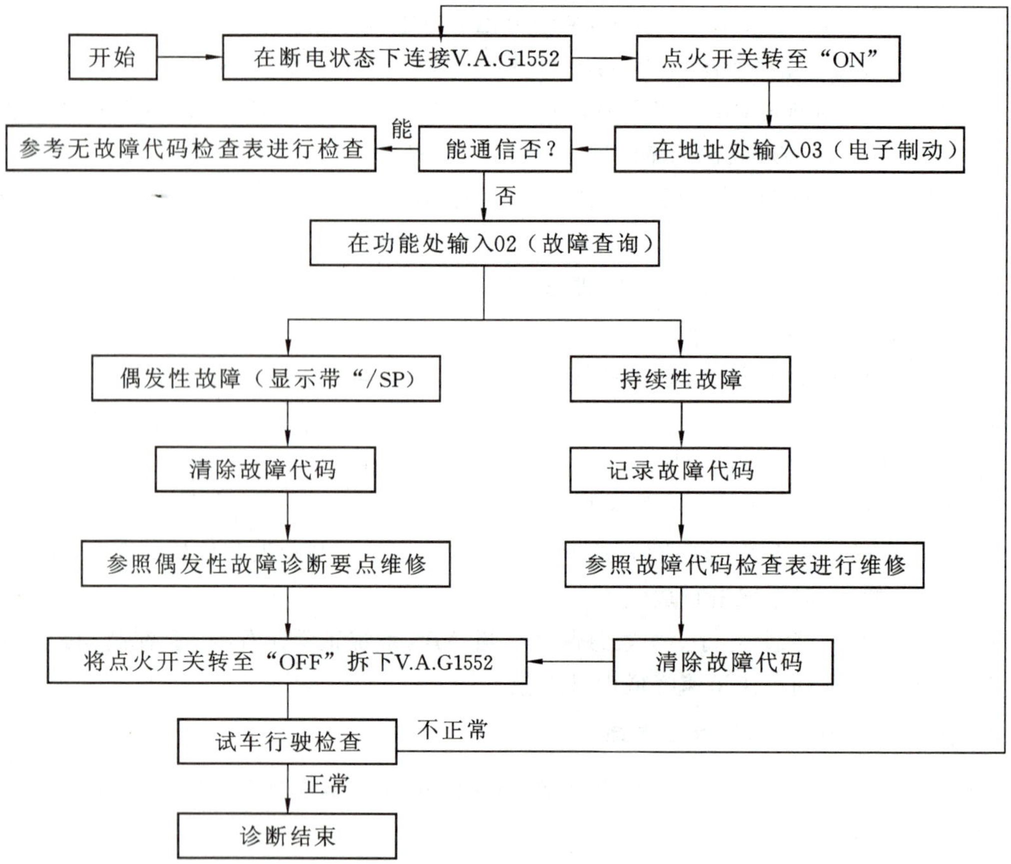

图 9-2-16　ABS 系统诊断流程图

三、ABS 系统的检测

1. ABS 系统的检测方法

ABS 系统的检测方法和标准值如表 9-2-3 和表 9-2-4 所示。

表 9-2-3　ABS 系统的检测方法和标准值(1)

检查项目	点火开关挡位	接线柱	标准值	单位
蓄电池电压(电动机)	OFF	25-8	10.1～14.5	V
蓄电池电压(电磁阀)	↑	9-24	↑	V
电源绝缘性能	↑	8-23	0.00～0.5	V
搭铁绝缘性能	↑	8-24	↑	V
电源电压	ON	8-23	10.0～14.5	V
ABS 警告灯	OFF	ECU 未接	警告灯熄	
	ON		警告灯亮	
	OFF	连接 ECU	警告灯熄	
	ON		警告灯亮约 1.7 s 后熄灭	
制动灯开关功能 踏板未踩下	ON	8-12	0.0～0.5	V
制动灯开关功能 踏板踩下	ON	8-12	10.0～14.5	V
诊断接头	OFF	诊断接头 K　13	0.0～0.5	Ω
左前轮速传感器电阻	OFF	11-4	1.0～1.3	kΩ
右前轮速传感器电阻	OFF	18-3	1.0～1.3	kΩ
左后轮速传感器电阻	OFF	2-10	1.0～1.3	kΩ
右后轮速传感器电阻	OFF	1-17	1.0～1.3	kΩ
左前轮速传感器输出电压	OFF	11-4	3.4～14.8(脉冲输出)	mV
右前轮速传感器输出电压	OFF	18-3	3.4～14.8(脉冲输出)	mV
左后轮速传感器输出电压	OFF	2-10	＞12.2	mV
右后轮速传感器输出电压	OFF	1-17	＞12.2	mV
轮速传感器输出电压比	最高峰值电压/最低峰值电压≤2			
车型识别	OFF	6-22	0.0～1.0	Ω

表 9-2-4　ABS 系统的检测方法和标准值(2)

检查项目	钥匙开关挡位	操作	标准值	备注
左前轮常开阀及常闭阀密封性	ON	踩踏板	左前轮无法转动时,踏板不下沉	常闭阀检查
	ON（两阀和泵同时通电）	踩踏板	左前轮可自由转动时,踏板不下沉	常开阀检查
右前轮常开阀及常闭阀密封性	ON	踩踏板	右前轮无法转动时,踏板不下沉	常闭阀检查
	ON（两阀和泵同时通电）	踩踏板	右前轮可自由转动时,踏板不下沉	常开阀检查
左后轮常开阀及常闭阀密封性	ON	踩踏板	左后轮无法转动时,踏板不下沉	常闭阀检查
	ON（两阀和泵同时通电）	踩踏板	左后轮可自由转动时,踏板不下沉	常开阀检查
右后轮常开阀及常闭阀密封性	ON	踩踏板	右后轮无法转动时,踏板不下沉	常闭阀检查
	ON（两阀和泵同时通电）	踩踏板	右后轮可自由转动时,踏板不下沉	常开阀检查

注:进行检查时,须有真空作用在真空助力器上。

2. 轮速传感器的检测

1）前轮速传感器的检测

（1）如图 9-2-17 所示,检查前轮速传感器与齿圈之间的间隙是否符合规定,标准值为 1.10～1.97 mm。

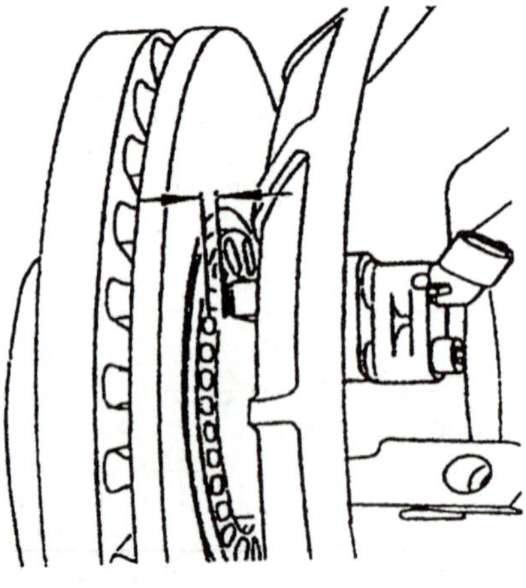

图 9-2-17　前轮速传感器间隙的检测

（2）顶起前轮,松开驻车制动。

（3）拆下 ABS 电线束,在线束插接器处测量。

（4）以 30 r/min 的转速转动前轮,用万用表或示波器测量输出电压。左前轮接线柱为 4 和 11,右前轮接线柱为 3 和 18。用万用表测量时,前轮速传感器输出电压应为 70～310 mV;用示波器测量时,输出电压应为 3.4～14.8 mV。

（5）若输出电压不符合规定时,检查传感器是否有故障;检查传感器电阻值,应为 1.0～1.3 kΩ;在齿圈上取四点检查齿圈与轮速传感器之间的间隙是否过大;检查电线束安装是否有误差。

2）后轮速传感器的检测

(1) 如图 9-2-18 所示，检查后轮速传感器与齿圈之间的间隙是否符合规定，标准值为 0.42～0.80 mm。

(2) 顶起前轮，松开驻车制动。

(3) 拆下 ABS 电线束，在线束插接器处测量。

(4) 以 30 r/min 的转速转动后轮，用万用表或示波器测量输出电压。左后轮接线柱为2 和 10，右后轮接线柱为 1 和 17。用万用表测量时，后轮速传感器输出电压应大于260 mV；用示波器测量时，输出电压应大于 12.2 mV。若输出电压不符合规定，检查传感器是否有故障；检查传感器电阻值，应为 1.0～1.3 kΩ；在齿圈上取四点检查齿圈与轮速传感器之间的间隙是否过大；检查电线束安装是否有误差。

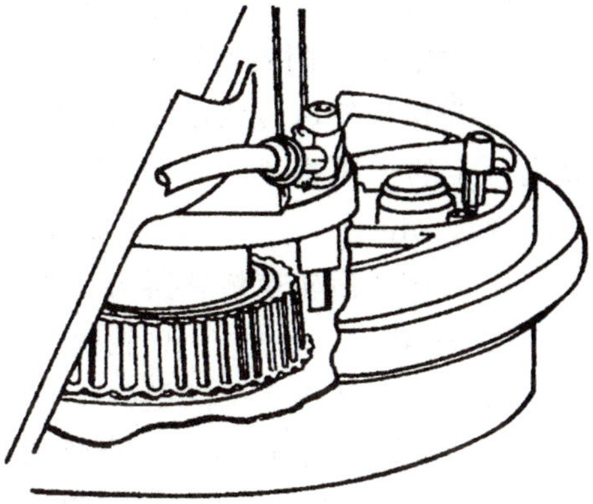

图 9-2-18 后轮速传感器间隙的检测

任务自测

一、填空题

1. 按 ECU 所依据的控制参数不同分类，ABS 系统可分为________和________。

2. ABS 系统由________、________和________组成。

3. ABS 系统按控制通道数目分类，有________、________、________和________。

4. 四通道式 ABS 系统有________个轮速传感器，在通往四个车轮制动分泵的管路中，各设一个制动压力调节器，进行________控制。

5. 以车轮滑移率为控制参数的 ABS 系统，ECU 根据________和________等信号计算车轮的滑移率，作为控制制动力的依据。

6. 在汽车 ABS 系统中，一般汽车的前轮速传感器被固定在________，转子安装在车轮________上，与车轮同步转动。而汽车的后轮速传感器则被固定在后车轴支架上，转子安装在________上，与车轮同步转动。

二、选择题

1. 当滑移率为 100%时，横向附着系数降为(　　)。

A. 100%　　B. 50%　　C. 0　　D. 都不正确

2. 轮速传感器出现故障，以下(　　)项不可能是故障原因。

A. 传感器脏污　　B. 传感器头与齿圈间隙不符要求

C. 线圈断路　　D. 制动盘磨损严重

3. 装有 ABS 系统的汽车，轮速传感器向 ECU 发出(　　)信号。

A. 电流　　B. 频率　　C. 电阻　　D. 电压

4. 下列(　　)不可能是 ABS 系统出现间歇性故障的原因。

A. 轮速传感器电气接头损坏　　B. 电磁阀电气端子损坏

C. 控制装置接头松动　　D. 轮速传感器回路断开

5. 以下关于滑移率的说法正确的是(　　)。

A. 滑移率在 15%～20%之间时,车轮与地面之间有大的附着系数

B. 车轮纯滚动时滑移率为 100%

C. 车轮纯滑动时滑移率为 0

D. 滑移率与附着系数无关

6. 为保证轮速传感器无错误信号输出,安装轮速传感器时应保证其传感器头与齿圈间留有一定的空气隙,约为(　　)。

A. 5 mm　　B. 1 mm　　C. 0.01 mm　　D. 1 μm

7. 汽车的后轮速传感器头一般固定在后车轴支架上,转子安装于(　　)。

A. 车架　　B. 轮毂　　C. 驱动轴　　D. 车轮转向架

8. 下列叙述不正确的是(　　)。

A. 制动时,转动方向盘,会感到方向盘有轻微的震动

B. 制动时,制动踏板会有轻微下沉

C. 制动时,ABS 继电器不断动作,这也是 ABS 系统起作用的正常现象

D. 装有 ABS 系统的汽车,在制动后期不会出现车轮抱死现象

三、判断题

1. 制动压力调节器的功用是接受 ECU 的指令,通过电磁阀的动作来实现车轮制动器制动压力的自动调节。(　　)

2. 汽车制动时产生侧滑及失去转向能力,与车轮和地面间的横向附着力无关。(　　)

3. 车轮抱死将导致制动时汽车稳定性变差。(　　)

4. ABS 系统主要由传感器、ECU 和执行机构组成。(　　)

5. ABS 系统有故障时,汽车仍然能保持常规制动状态。(　　)

6. ABS 系统在紧急状态下,为制动提供安全保障。(　　)

7. ABS 系统因其防止车轮抱死,所以其制动距离会比普通制动距离大。(　　)

8. 汽车在行驶过程中,如果出现前轮抱死会使汽车失去转向控制能力。(　　)

任务 9.3　驱动防滑控制系统的结构与维修

任务描述

一辆大众宝来轿车,行驶里程 32000 km,在行驶时故障指示灯亮。接车检查后需对汽车制动控制系统进行检修。

任务目标

知识目标

(1) 了解 ASR 系统与 ABS 系统的区别与控制功能。

（2）熟悉 ASR 系统的主要部件的结构与控制原理。

能力目标

（1）能根据 ASR 系统故障现象进行故障部位和原因的分析。

（2）能正确使用与维护 ASR 系统。

（3）能正确使用工具仪器检修 ASR 系统。

素质目标

（1）具有质量、安全、环保、规范、节约的意识。

（2）具有严谨的工作态度和精益求精的工匠精神。

（3）具有爱岗敬业和团队协作的精神。

（4）热爱劳动、尊重他人劳动，履行道德准则和行为规范。

知识收集

驱动防滑控制系统（ASR）也称为牵引力控制系统（TCS 或 TRC），是继防抱死制动系统（ABS）之后应用于车轮防滑的电控系统。

一、ASR 系统的基本知识

1. 滑转率

汽车在驱动过程中，驱动轮可能相对于路面发生滑转现象。滑转率是指滑转成分在车轮纵向运动中所占的比例，用 S_d 表示。其表达式为

$$S_d = \frac{v_\omega - v}{v_\omega} \times 100\%$$

式中：v_ω 是车轮圆周速度；v 是车身瞬时速度。滑转率与纵向附着系数的关系由图 9-3-1 可以看出：附着系数随路面的不同而呈大幅度的变化；在各种路面上，$S_d = 20\%$ 左右时，附着系数达到峰值；上述趋势无论制动还是驱动几乎一样。

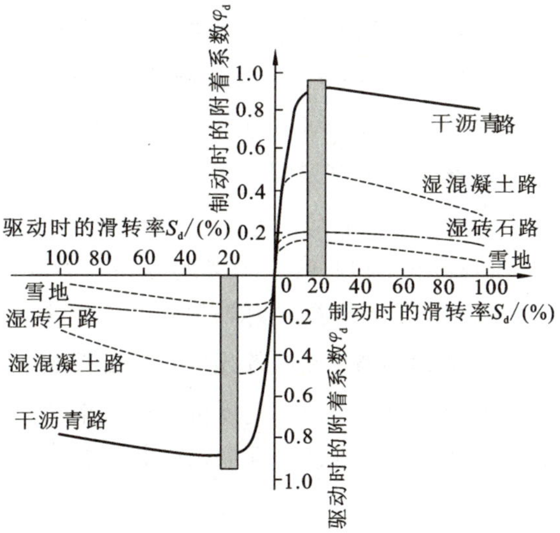

图 9-3-1 滑转率与附着系数之间的关系曲线

ASR 系统利用控制器控制车轮与路面的滑转率，防止汽车在加速过程中打滑，特别是防止汽车在非对称路面或转弯时驱动轮的空转，以保持汽车行驶方向的稳定性，操纵性和维持汽车的最佳驱动力以及提高汽车的平顺性。

2. ASR 系统与 ABS 系统的关系

ASR 系统和 ABS 系统都控制车轮与路面的附着力，因此两个系统采用的是相同的技术，它们密切相关，常结合在一起使用，共享许多电子组件和共同的系统部件来控制车轮的运动，构成行驶安全系统。

ASR 系统与 ABS 系统的不同主要如下。

(1) ABS 系统是防止制动时车轮抱死滑移，提高制动效果，确保制动安全。ASR 系统则是防止驱动车轮原地不动而不停滑转，提高汽车起步、加速及滑溜路面行驶时的牵引力，确保行驶稳定性。

(2) ABS 系统对所有车轮起作用，控制其滑移率，而 ASR 系统只对驱动车轮起制动控制作用。

(3) ABS 系统是在制动时车轮出现抱死情况下起控制作用，在车速很低(小于 8 km/h)时不起作用；而 ASR 系统则是在整个行驶过程中工作，在车轮出现滑转时起作用，当车速很高只能通过对发动机管理系统或变速箱管理系统进行干预来降低驱动力。

二、ASR 系统的常用控制方式

1. 发动机输出功率控制

在汽车起步、加速时，ASR 控制器输出控制信号，控制发动机输出功率，以抑制驱动轮滑转。常用方法有：辅助节气门控制、燃油喷射量控制和延迟点火控制。

2. 驱动轮制动控制

直接对发生空转的驱动轮加以制动，反映时间最短。普遍采用 ASR 与 ABS 组合的液压控制系统，在 ABS 系统中增加电磁阀和调节器，从而增加了驱动控制功能。

3. 同时控制发动机输出功率和驱动轮制动力

控制信号同时启动 ASR 制动压力调节器和节气门调节器，在对驱动车轮施加制动力的同时减小发动机的输出功率，以达到理想的控制效果。

4. 防滑差速锁控制

防滑差速锁能对差速器锁止装置进行控制，使锁止范围从 0～100%。当驱动轮单边滑转时，控制器输出控制信号，使差速锁和制动压力调节器动作，控制车轮的滑移率。这时非滑转车轮还有正常的驱动力，从而提高汽车在滑溜路面的起步、加速能力及行驶方向的稳定性。

5. 差速锁与发动机输出功率综合控制

差速锁制动控制与发动机输出功率综合控制相结合的控制系统，可根据发动机的状况和车轮滑转的实际情况采取相应的控制，达到最理想的控制效果。

三、ASR 系统的结构与工作原理

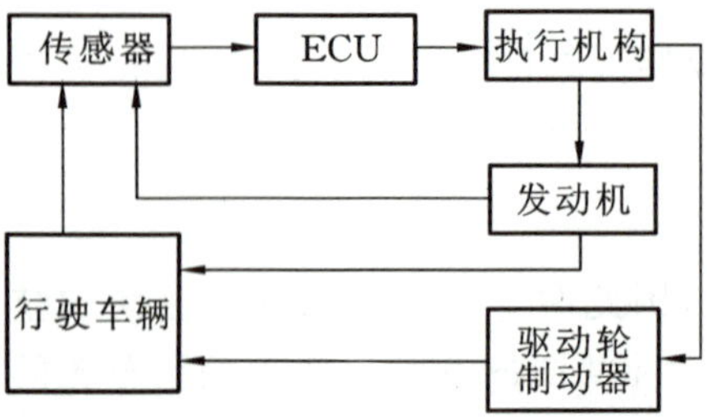

图 9-3-2　ASR 系统的基本组成

1. ASR 系统的结构

ASR 系统由 ASR ECU、制动压力调节器、节气门驱动装置、轮速传感器、节气门开度传感器、ASR 指示灯等部分组成，如图 9-3-2 所示。

轮速传感器将行驶汽车驱动车轮转速及非驱动车轮转速转变为电信号，输送给 ECU。ECU 根据轮速传感器的信号计算驱动车轮的滑转率，若滑转率超限，控制器再综合考虑节气门开度信号、发动机转速信号、转向信号等因素确定控制方式，输出控制信号，使相应的执行器动作，使驱动车轮的滑转率控制在目标范围之内。

下面以大众车系为例介绍典型ASR系统组成与工作过程。图9-3-3所示为大众车系ASR系统的结构，ASR ECU以ABS ECU为基础，两者ECU共用，四个轮速传感器共用。具有ASR功能的ABS液压单元，在原来每个制动回路配置两个ABS输入阀(图9-3-3中9、11、13、15)和输出阀(图9-3-3中10、12、14、16)的基础上，增加ASR控制阀(图9-3-3中25)和ASR高压控制阀(图9-3-3中26)。为了独立产生制动压力，在液压ECU中增加自吸式回流泵。

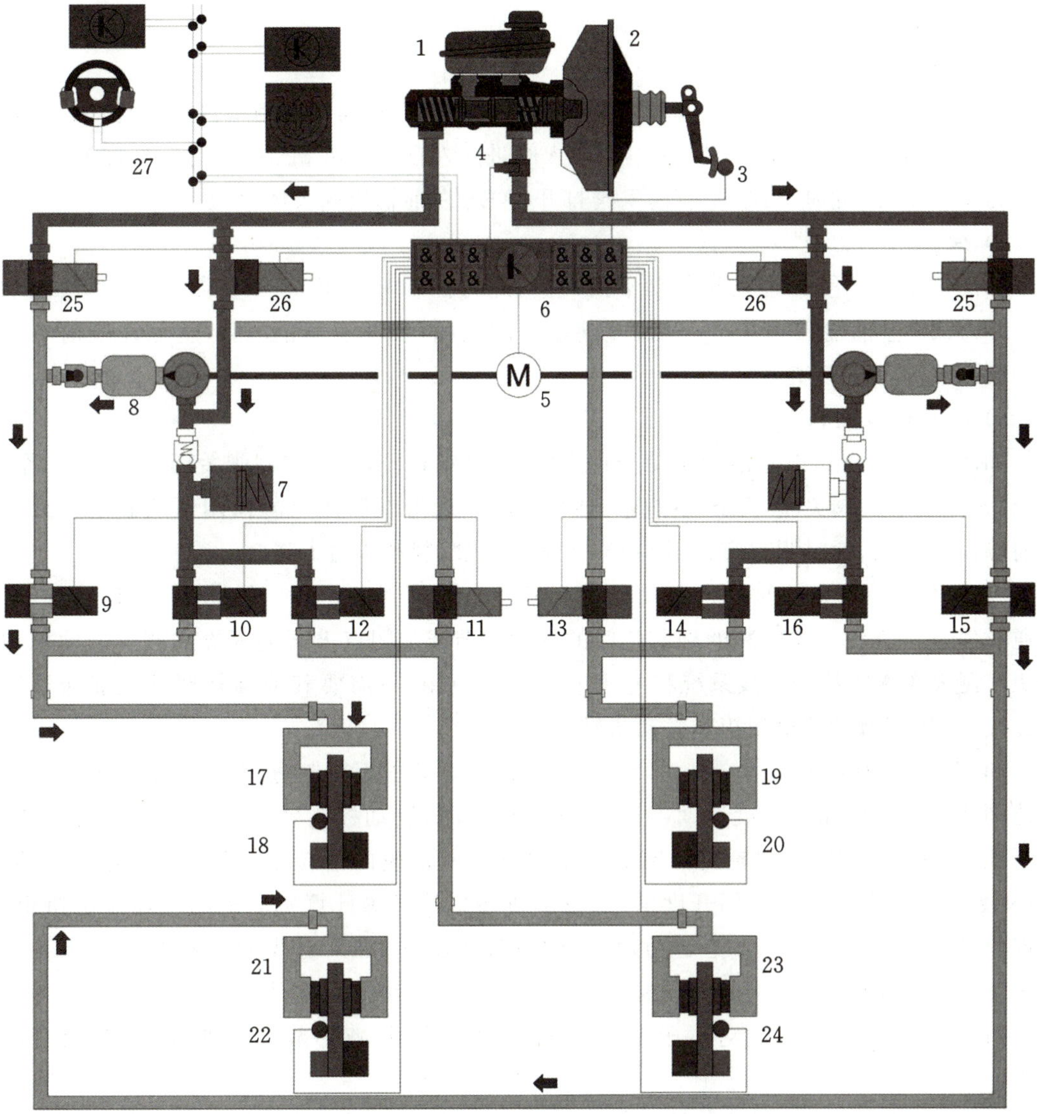

图9-3-3 大众车系ASR系统结构与液压回路

1—储液罐；2—制动助力器；3—制动踏板传感器；4—制动压力传感器；5—回流泵；6—ABS/ESP ECU；7—蓄压器；8—阻尼室；9—ABS左前输入阀；10—ABS左前输出阀；11—ABS右后输入阀；12—ABS右后输出阀；13—ABS右前输入阀；14—ABS右前输出阀；15—ABS左后输入阀；16—ABS左后输出阀；17—左前制动轮缸；18—左前轮速传感器；19—右前制动轮缸；20—右前轮速传感器；21—左后制动轮缸；22—左后轮速传感器；23—右后制动轮缸；24—右后轮速传感器；25—控制阀；26—高压控制阀；27—CAN数据总线

2. ASR 系统的工作原理

ASR ECU 根据车轮转速计算四个车轮的速度,根据软件计算驱动轮的加速度,通过从动轮的速度计算出车速,通过比较从动轮的速度识别弯道,根据车辆每一侧的驱动轮和从动轮的速度差计算驱动打滑情况。

ASR 系统根据这些信息判断出驱动轮是否出现打滑倾向,通过从发动机 ECU 读取实际发动机扭矩的信号,ASR ECU 计算出应采取的措施。

在低速范围内,ASR 系统通常通过对驱动轮制动干预进行控制。该控制与 ABS 控制类似,也分为增压、保压和减压三个阶段。

1) 增压调节过程

如图 9-3-3 所示,以左前轮制动干预为例,控制阀关闭,高压控制阀打开,回流泵工作,将总泵制动液吸出通过阻尼室、ABS 左前输入阀进入左前制动轮缸,对左前轮施加制动力,制动压力不断增加,此时 ABS 左前输入阀打开,ABS 左前输出阀关闭。

2) 保压调节过程

如图 9-3-3 所示,以左前轮制动干预为例,此时控制阀关闭,高压控制阀关闭,回流泵停止工作,ABS 左前输入阀关闭,ABS 左前输出阀关闭,制动液停止流动,施加在左前制动轮缸的制动压力保持不变。

3) 减压调节过程

如图 9-3-3 所示,以左前轮制动干预为例,控制阀打开,高压控制阀关闭,回流泵工作,此时 ABS 左前输入阀关闭,ABS 左前输出阀打开,制动液在回流泵的作用下从制动轮缸经过左前输出阀吸出,通过阻尼室、控制阀流回制动总泵,制动压力下降。

ASR 系统也可以同时进行制动干预和发动机管理系统干预。早期带 ASR 的 ABS 系统通过发动机节气门体安装的副节气门的开度调节或关闭点火开关等方式调节发动机输出扭矩。随着 CAN 数据总线系统和电子节气门的应用,不需要其他额外部件就能通过轻松的连接,直接调节发动机扭矩和发动机转速。

如图 9-3-4 所示为某大众车型 ASR 系统的发动机扭矩控制过程。ASR 系统在整个速度范围都能发挥作用。速度达到 80 km/h 及以上时,制动控制停止。通过发动机 ECU 进行干预时,ASR ECU 根据轮速传感器等信号计算驱动轮的滑转率,根据发动机 ECU 通过 CAN 数据总线共享的节气门开度信号、发动机转速信号等计算发动机的实际输出扭矩,再根据驱动轮滑转情况计算出指定的发动机扭矩,并通过 CAN 数据总线将其传送至发动机 ECU。发动机 ECU 可执行以下功能(因不同的发动机管理系统而异):

(1) 通过发动机 ECU 对电子节气门的电动机控制,减小节气门的开度,降低发动机功率。

(2) 通过发动机 ECU 对喷油装置进行控制干预,通过减少喷油脉冲降低发动机功率。

(3) 通过发动机 ECU 控制,减少点火脉冲或延迟点火,对点火装置进行控制干预,降低发动机功率。

(4) 对于带自动变速箱的车辆,ASR 系统还向变速箱控制单元传递一个抑制换挡过程的信号。

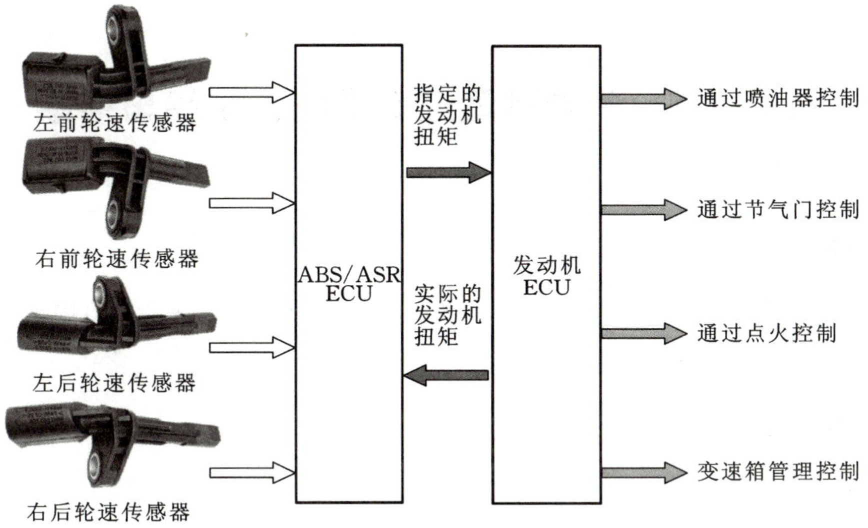

图 9-3-4　ASR 系统的发动机扭矩控制功能

任务实施

本部分将结合 ESP 系统综合讲解。

任务自测

一、填空题

1. ASR 系统利用控制器控制车轮与路面的________,防止汽车在加速过程中打滑。

2. ASR 系统的常用控制方式包括________、________、________和综合控制。

3. ASR 系统的传感器主要有________和________。

4. ASR 系统与 ABS 系统共用________、________、________。

5. ABS 系统与 ASR 系统最大的不同是 ASR 系统仅控制________,而 ABS 系统控制________。

二、判断题

1. ASR 系统的工作实质就是使发动机的输出功率减到最小。（　）

2. 对 ASR 系统而言,一旦降低了发动机功率,就不能保证汽车的通过性。（　）

3. ASR 系统的控制方式之一是通过改变副节气门的开度对发动机输出转矩进行控制。（　）

4. ASR 系统可由驾驶员通过开关选择是否允许其工作。（　）

5. ASR 系统具有自诊断功能,当自诊断系统诊断出系统有故障时,ASR 系统自动退出工作,并点亮警告灯。（　）

6. ABS 系统和 ASR 系统都是通过控制作用于被控车轮上的力矩,而将车轮的滑移率和滑转率控制在理想范围内。（　）

7. 装备 ASR 系统的汽车通常将 ASR 系统和 ABS 系统组合在一起,构成具有制动防抱死和驱动防滑转功能的防滑控制系统。（　）

任务 9.4　车身稳定控制系统的结构与维修

任务描述

一辆大众帕萨特轿车，行驶里程 45 000 km，在行驶时 ESP 故障指示灯闪亮。接车检查后需对 ESP 系统进行检修。

任务目标

知识目标

（1）了解 ESP 系统与 ABS 系统的关系。

（2）熟悉 ESP 系统的主要部件的结构与控制原理。

能力目标

（1）具有维修资料的查阅、信息获取和分析解决问题的能力。

（2）能根据 ESP 系统故障现象进行故障部位和原因的分析。

（3）能正确使用工具仪器检修 ESP 系统。

素质目标

（1）具有质量、安全、环保、规范、节约的意识。

（2）具有严谨的工作态度和精益求精的工匠精神。

（3）具有爱岗敬业和团队协作的精神。

（4）热爱劳动、尊重他人劳动，履行道德准则和行为规范。

知识收集

ESP 意思为电子稳定程序，也称为车身稳定控制系统，应用于大众、奥迪、奔驰等车型上。与此功能相似的系统在其他车型上的名称有所不同，例如丰田的 VSC（车辆稳定性控制系统）、宝马的 DSC（动态稳定控制系统）、本田的 VSA（车辆稳定辅助系统）等。

一、ESP 系统的功能

在车辆高速转弯时，由于路面较滑，或者为躲避障碍物而急转弯时，由于离心力的作用会使汽车侧滑。ESP 系统的功能是当检测到汽车没有按照驾驶员的驾驶意图行驶时，通过有选择地制动或干预发动机的工作来稳定车辆，使汽车按照驾驶员的驾驶意图行驶，改善汽车的操纵稳定性，提高汽车的行驶安全性。

ESP 系统功能

装有 ESP 系统的车辆，调节的场景为车辆转向不足与车辆转向过度。

1. 转向不足

当车辆行驶时，前轮首先达到附着极限，汽车前轮发生侧滑，后轮没有侧滑，或者虽然前、后轮都侧滑，但前轮的侧滑程度大于后轮，就会使汽车绕其垂直轴转动，相当于施加了与转动方向相反方向的力矩，从而导致汽车不能按照驾驶员的驾驶意图行驶，即不能沿驾驶员给定的转向轮偏转路线行驶，汽车将驶出转弯路面的外侧，这种情况会造成转向不足。如图 9-4-1(a)中左图、图 9-4-1(b)中左图所示。

当 ESP 系统借助传感器检测到车辆发生转向不足的情况时，通过先降低发动机输出扭矩然后对内后车轮施加制动力，使车辆受到与转弯方向相同的旋转力矩，达到修正的目的。如图 9-4-1(a)中右图、图 9-4-1(b)中右图所示。

(a) (b)

图 9-4-1 车辆转向不足

2. 转向过度

当车辆后轮首先达到附着极限，后轮发生侧滑，前轮没有侧滑，或者虽然前、后轮都侧滑，但后轮的侧滑程度大于前轮，就会使汽车绕其垂直轴转动，相当于施加了与转动方向相同方向的力矩，从而导致汽车不能按照驾驶员的驾驶意图行驶，即不能沿驾驶员给定的转向轮偏转路线行驶，汽车将驶出转弯路面的内侧，这种情况会造成转向过度。如图 9-4-2(a)中左图、图 9-4-2(b)中左图所示。

当 ESP 系统借助传感器检测到车辆发生转向过度的情况时，通过先对外前车轮施加制动力，后减小发动机转矩输出，使车辆受到与转弯方向相反的旋转力矩，达到修正的目的。如图 9-4-2(a)中右图、图 9-4-2(b)中右图所示。

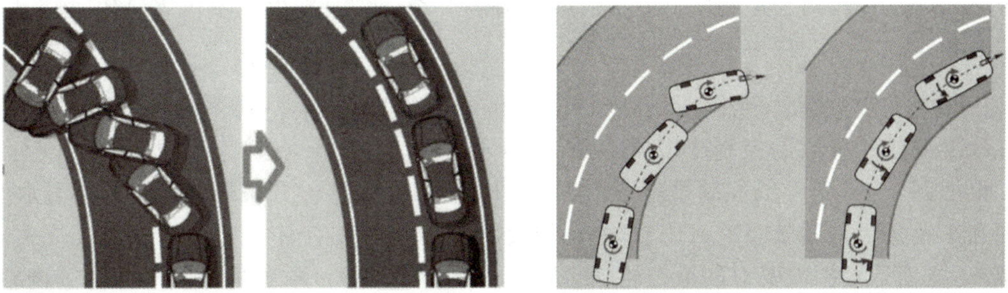

(a) (b)

图 9-4-2 车辆转向过度

二、ESP 系统的结构与工作原理

ESP 是一个主动安全系统，它是建立在 ABS\ASR 等系统之上的一个非独立的系统，集成了 ABS（防抱死制动）、EBV（电子制动力分配）、EDS（电子差速锁）、ASR（驱动防滑控制）和 MSR（发动机牵引扭矩调节）功能的车轮防滑控制系统。这些子系统既能各自独立工作，也可以联合工作。

1. ESP 系统的结构

ESP 系统包括传感器、开关、控制器、执行器等部件。以大众车系为例，ESP 系统各部件在车上的布置如图 9-4-3 所示。

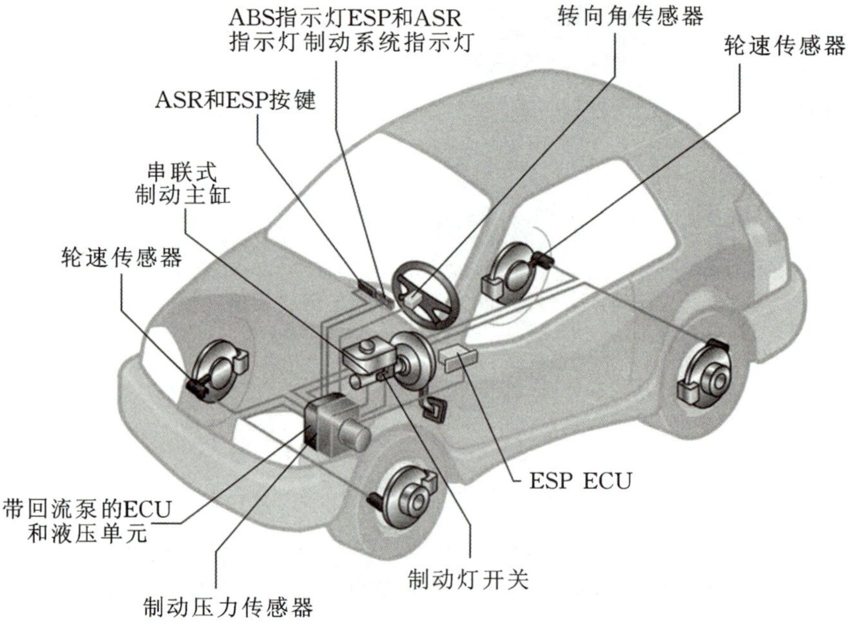

图 9-4-3　ESP 系统部件在车上的布置

ESP 系统组成部件如图 9-4-4 所示，传感器开关部分有 ASR/ESP 开关、制动灯制动踏板开关、四个轮速传感器、转向角传感器、侧向加速度传感器、横摆角传感器、制动压力传感器等；ECU 与液压单元集成于一体，执行器部分为集成在液压单元内的四个 ABS 输入阀、四个 ABS 输出阀、两个控制阀、两个高压控制阀、一个回液泵与驾驶室仪表 ABS 指示灯、制动系统指示灯、ASR/ESP 指示灯。

2. ESP 系统的控制过程

ESP 系统工作时的控制逻辑如图 9-4-5 所示。

根据图 9-4-5 所示的控制逻辑图，若 ESP ECU 根据传感器开关等输入信号对驾驶员的意图和车辆实际行驶状态进行比较，差别较大，判断出车辆处于不稳定的行驶状态则需介入干预，一方面是根据需要对四个车轮（驱动轮与非驱动车轮）可单独进行制动压力的调整；另一方面若驾驶员在非稳定的情况下进行加速，ESP 系统将通过发动机 ECU 调整节气门开度、减少喷油脉冲、减少点火脉冲或调整点火角度、抑制换挡过程来减小发动机扭矩的输出，此时，

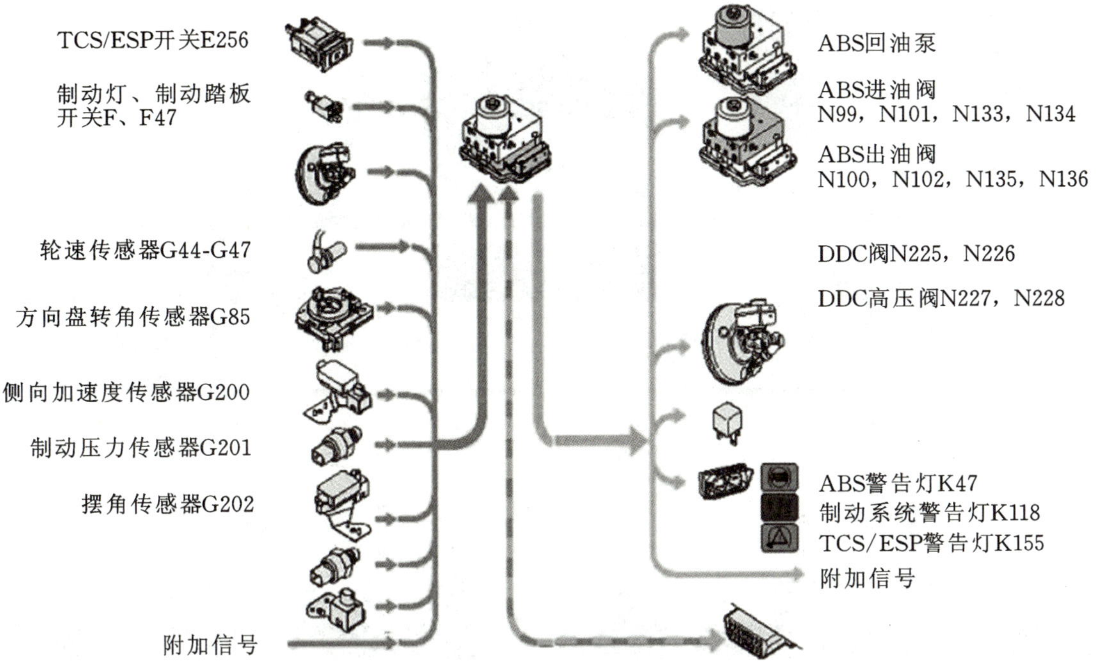

图 9-4-4　ESP 系统的结构

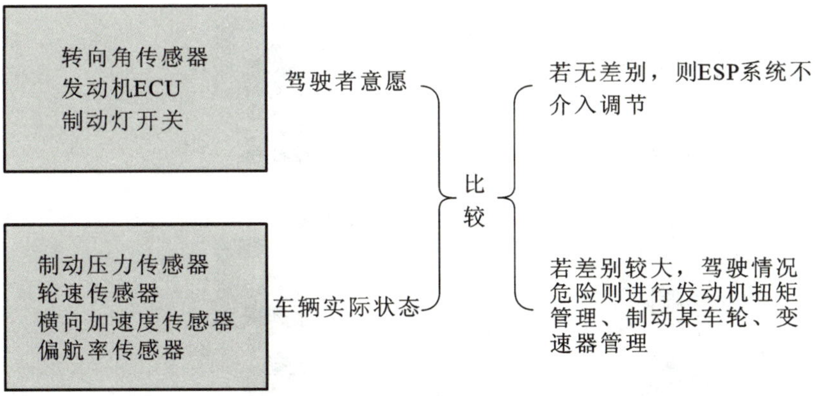

ESP 系统调节过程

图 9-4-5　ESP 系统的控制逻辑图

尽管驾驶员控制油门踏板位置的调节，但优先执行 ESP 系统的调节命令，车辆不会加速。

3. ESP 系统制动压力的调节

如图 9-4-6 所示为大众车系 ESP 系统结构与液压回路。

制动干预由液压单元进行控制。ESP 通过对相应的控制阀和高压控制阀以及相应制动通道中输入、输出阀通电来进行控制，调节共分为增压、保压和减压三个阶段。调节控制阀和高压控制阀，使之可以建立比 ASR 系统更高的制动压力。

与 ASR 系统的控制逻辑不同的是，ASR 系统调节过程中，若驾驶员踩下制动踏板则停止主动制动压力的调节，而 ESP 系统在驾驶员踩下制动踏板的情况下仍然能够提高制动压力。

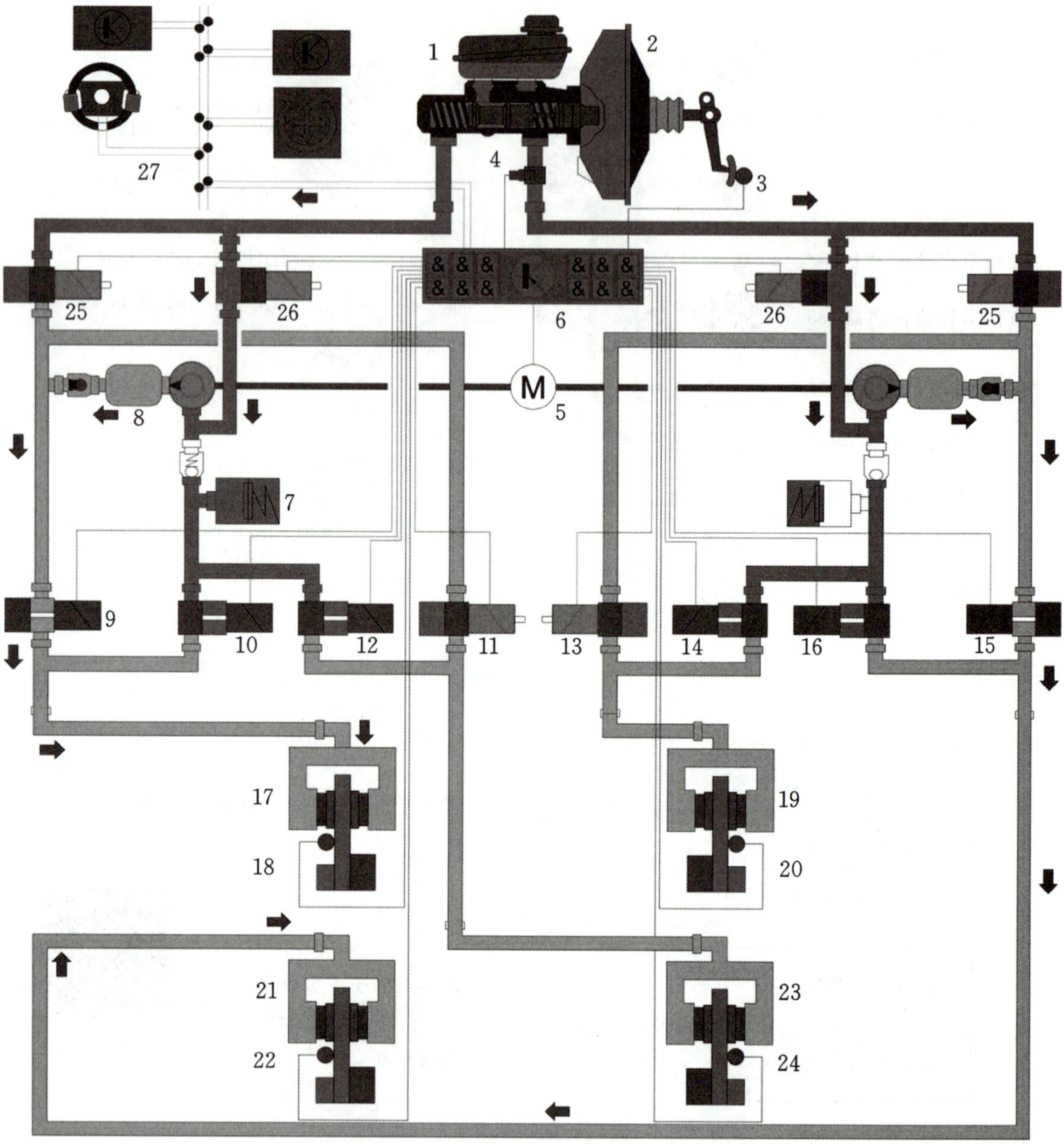

图 9-4-6 大众车系 ESP 系统结构与液压回路

1—储液罐；2—制动助力器；3—制动踏板传感器；4—制动压力传感器；5—回流泵；6—ABS/ESP ECU；7—蓄压器；8—阻尼室；9—ABS 左前输入阀；10—ABS 左前输出阀；11—ABS 右后输入阀；12—ABS 右后输出阀；13—ABS 右前输入阀；14—ABS 右前输出阀；15—ABS 左后输入阀；16—ABS 左后输出阀；17—左前制动轮缸；18—左前轮速传感器；19—右前制动轮缸；20—右前轮速传感器；21—左后制动轮缸；22—左后轮速传感器；23—右后制动轮缸；24—右后轮速传感器；25—控制阀；26—高压控制阀；27—CAN 数据总线

在整个 ESP 系统干预的过程中，系统不断地监测输入信号并对控制过程进行相应调整。一旦车辆恢复稳定，就停止 ESP 系统干预。

我们以其中一个制动回路上的车轮制动过程为例，说明液压单元是如何工作的，如图 9-4-7所示。

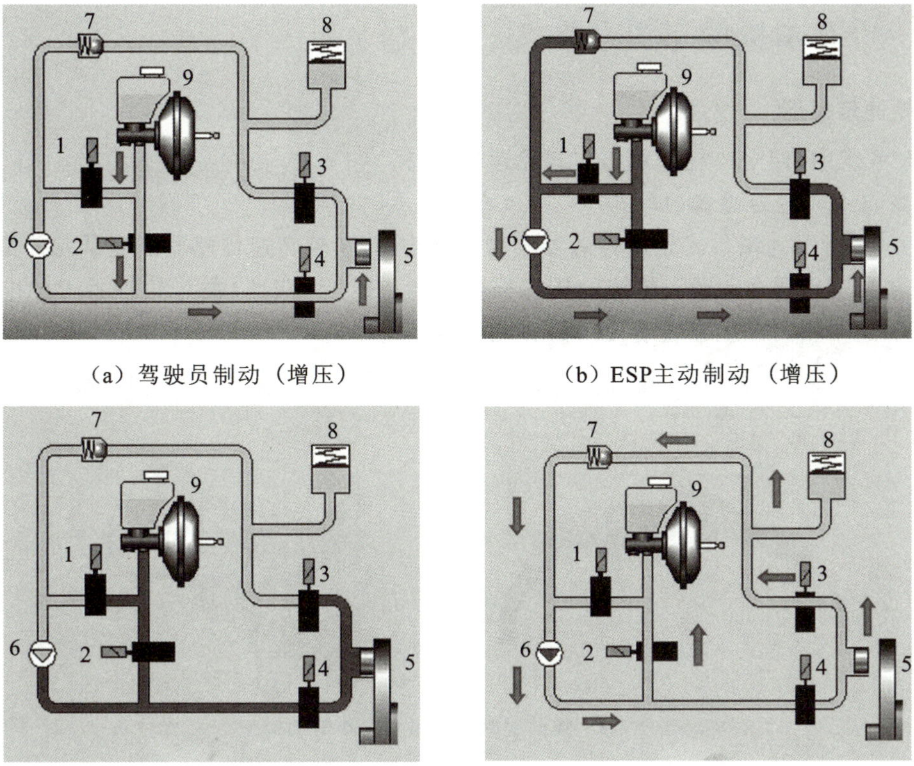

（a）驾驶员制动（增压）　（b）ESP主动制动（增压）

（c）保压　（d）减压

图 9-4-7　ESP 系统制动压力调节过程

1—高压控制阀；2—控制阀；3—ABS 输出阀；4—ABS 输入阀；5—制动轮缸（分泵）；
6—回流泵；7—阻尼室；8—蓄压器；9—制动总缸（总泵）

1）驾驶员制动

如图 9-4-7(a)所示，驾驶员制动时，踩下制动踏板，在液压单元中形成压力。控制阀打开，高压控制阀关闭，输入阀打开，输出阀关闭；制动液流向为“制动总泵—控制阀—输入阀—制动轮缸”，在车轮制动器上产生制动压力。

2）ESP“主动制动”——增压

如图 9-4-7(b)所示，在驾驶员没有踩下制动踏板的情况下，ESP 系统有针对性地对该车轮进行了制动，产生了制动压力。此时控制阀关闭，高压控制阀打开，回流泵开始工作，输入阀打开，输出阀关闭；制动液流向为“制动总泵—高压控制阀—回流泵—输入阀—制动轮缸”，在车轮制动器上产生制动压力直到所需的制动强度。

3）保压

如图 9-4-7(c)所示，此时所有阀门均关闭，制动液不进行流动，制动分泵中保持制动压力。

4）减压

如图 9-4-7(d)所示，此时控制阀打开，高压控制阀关闭，回流泵工作，输入阀关闭，输出阀打开；制动液流向为“制动轮缸—输出阀—阻尼器—回流泵—控制阀—制动总泵”，在车轮制动器制动压力减小。

三、ESP 系统的主要部件

1. 轮速传感器

ESP 系统中，四个车轮采用霍尔式轮速传感器。

1）霍尔式轮速传感器的结构

图 9-4-8 所示为霍尔式轮速传感器实物与结构图，车轮转速传感器的测量元件是霍尔传感器，它包括三个霍尔元件。传统的传感器信号盘（脉冲感知环）被车轮轴承上的电磁密封圈所取代，这个密封圈上布置有 48 对南/北磁极（多极）。

图 9-4-8　霍尔式轮速传感器实物与结构图

2）霍尔式轮速传感器的工作原理

图 9-4-9 所示为霍尔式轮速传感器工作原理图，传感器感知磁通量的变化，三个霍尔元件是错开布置的，元件之间的距离是这样选择的：当元件 C 测出的磁通量最小时，元件 A 测出的磁通量最大。传感器内部会产生一个差动信号 A-C，如图 9-4-10 轮速传感器差动信号示意图（1）所示。

霍尔式轮速传感器工作原理

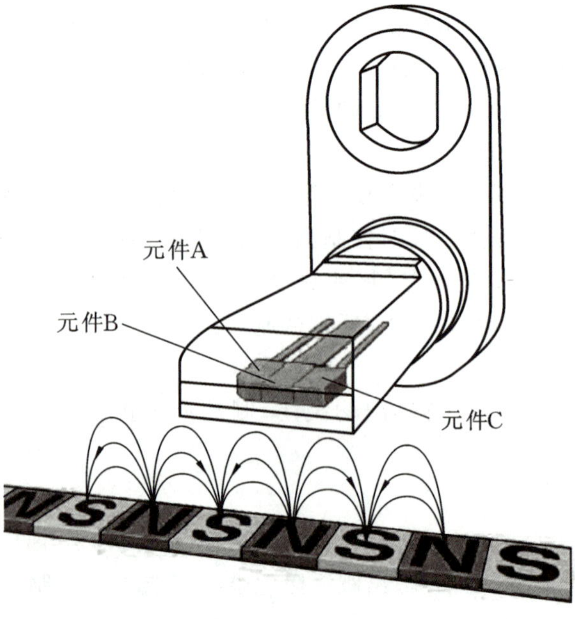

图 9-4-9　霍尔式轮速传感器工作原理图

霍尔元件B布置在A和C之间。当信号A和C以及差动信号为零时，元件B测出的磁通量最大。信号B何时达到最大值(正或负)就作为判定旋转方向的依据，如图9-4-11轮速传感器差动信号示意图(2)所示。例如，如果差动信号A-C的过零点是由信号的下降沿得到的，且信号B的最大值为负，那么就认为车轮在逆时针转动。

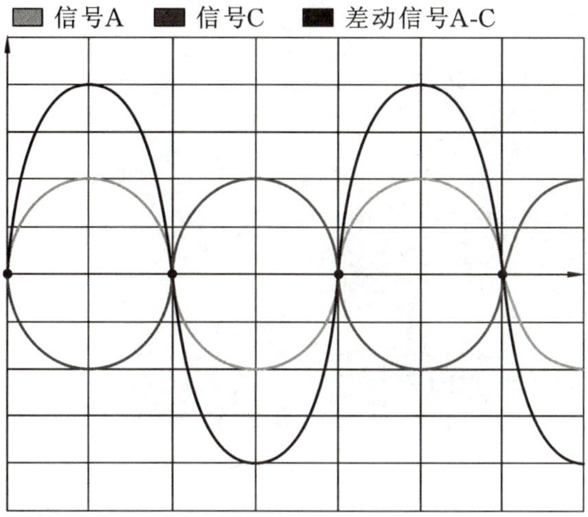

图9-4-10　轮速传感器差动信号示意图(1)

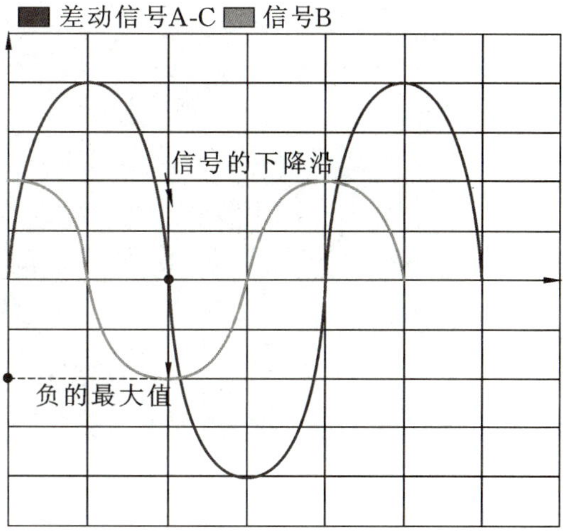

图9-4-11　轮速传感器差动信号示意图(2)

3) 霍尔式轮速传感器的电路

图9-4-12所示为轮速传感器电路原理图，轮速传感器通过一个电流接口与ESP ECU相连，ECU内装有一个低电阻值的测量电阻R。轮速传感器有两个电插头，它与测量电阻一起构成一个分压器。插头1和2之间的电压就是蓄电池电压U_B。传感器信号在测量电阻R上会产生一个电压降U_S，这个信号电压由ECU来进行分析。

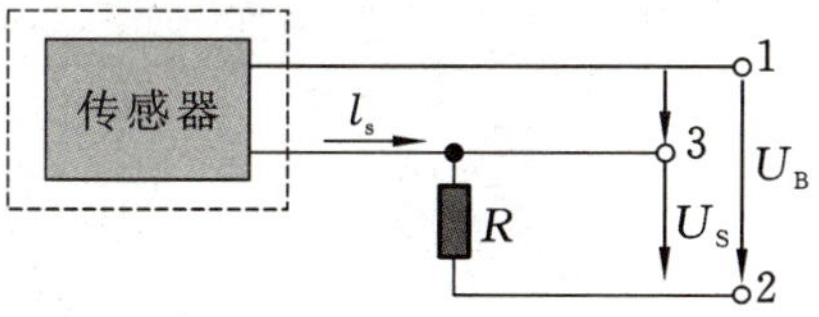

图9-4-12　轮速传感器电路原理图

如图9-4-13所示，轮速传感器信号是脉冲宽度调制PWM信号。通过单位时间内的脉冲个数计算转速，通过脉冲宽度编制成的数码信息包括旋转方向、间隙尺寸、车辆静止状态识别、安装位置。正确的间隙尺寸对系统功能是非常重要的，间隙的尺寸由系统自诊断来测量并分析。

2. 转向角传感器

1) 转向角传感器的功能与结构

如图9-4-14所示，转向角传感器一般安装于转向柱上，转向灯开关和方向盘之间。其功能为检测方向盘转角信号输送给ESP ECU，测量的角度为±540°，对应方向盘转3圈(或±720°，对应方向盘转2圈)，测量精度为1.5°。

转向角传感器由光电耦合元件、开孔槽板等组成。光电耦合元件为发光二极管和光敏晶体管。开孔槽板置于发光二极管和光敏晶体管之间，开孔槽板有许多小孔也称为编码盘。

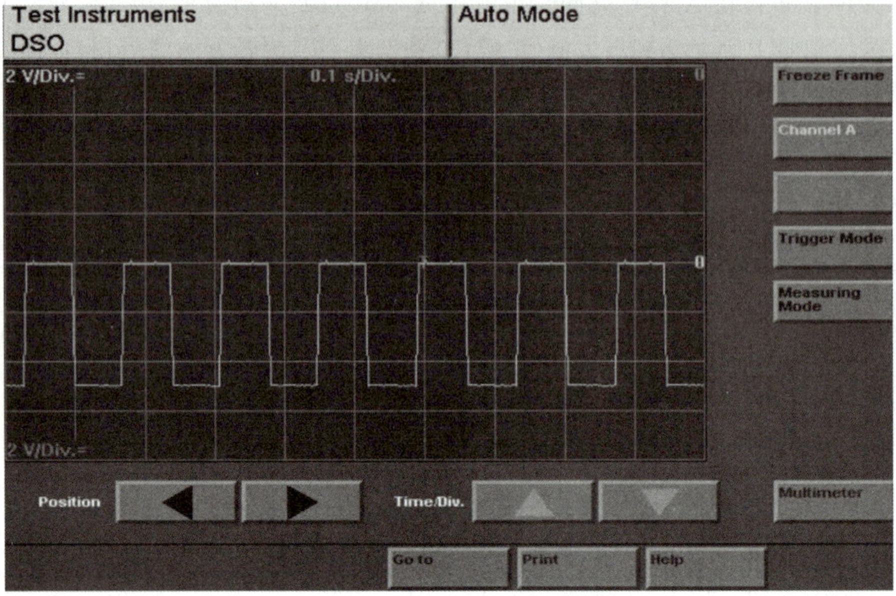

图 9-4-13　轮速传感器波形

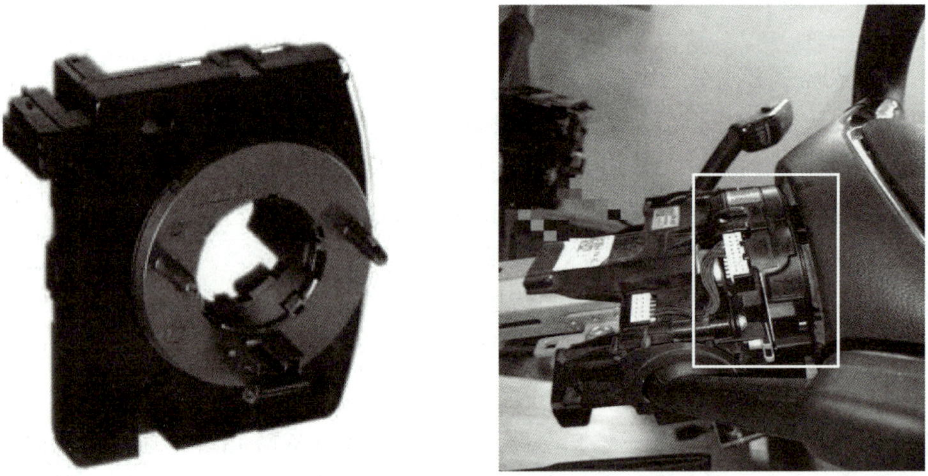

图 9-4-14　转向角传感器实物及安装位置

2）转向角传感器的工作原理

转向角传感器利用光栅原理测量角度。如图 9-4-15(a)所示，传感器由光源（发光二极管）、光学传感器（光电二极管）、编码盘（开孔槽板）、整圈计数器等构成。

图 9-4-15(b)(c)(d)所示为转向角传感器的简化工作原理图，编码盘（开孔槽板）内外两侧简化为具有规则孔隙的板 1 和具有不规则孔隙的板 2，光源（发光二极管）夹在两板之间，当转动方向盘时，板 1、2 同时移动，则在光学传感器（光电二极管）4 上产生规则的电压信号，在光学传感器（光电二极管）5 上产生不规则的电压信号。比较两个信号，ESP ECU 可以计算出模板移动的距离即方向盘转动的角度，由不规则信号确定运动的起始点。

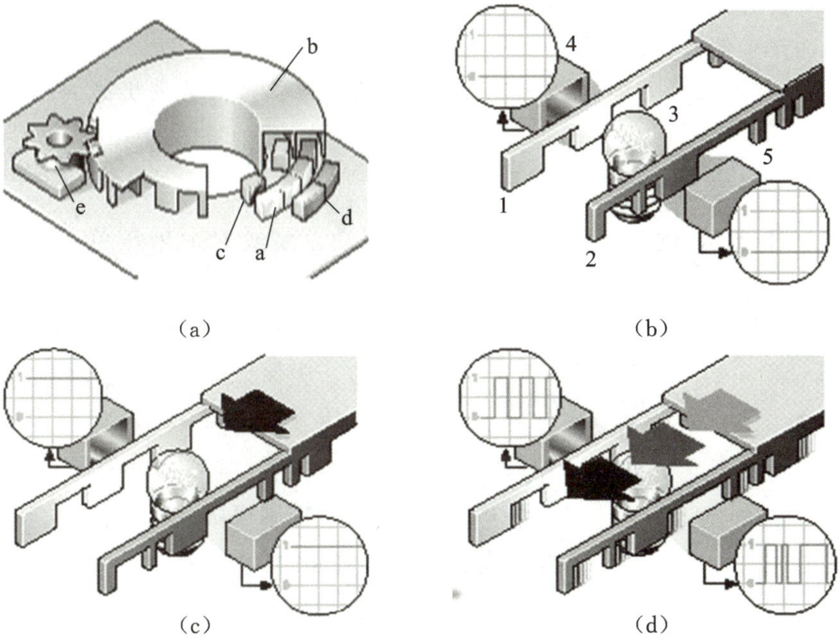

图 9-4-15 转向角传感器的工作原理图

a—光源(发光二极管);b—编码盘(开孔槽板);c/d—光电二极管;e—整圈计数器

3) 转向角传感器的电路

图 9-4-16 所示为某车型转向角传感器的电路连接示意图,转向角传感器直接将信号输送至转向柱控制单元,并传输至车辆 CAN 总线,与其他控制单元共享转向传感器的信号,若此信号失效,由于 ESP ECU 检测不到驾驶员的意图,则 ESP 系统功能失效。

图 9-4-16

3. 侧向加速度传感器与横摆率传感器

如图 9-4-17 所示,侧向加速度传感器与横摆率传感器组合在一起也称组合传感器,一般安装在副驾驶员座位下的壳体内,此组合传感器尽量安装在车辆的中心附近。带有电子机械驻车制动功能的车辆,侧向加速度传感器与横摆率传感器组合在一起,再与电子机械驻车制动控制单元一起安装于中控台下。

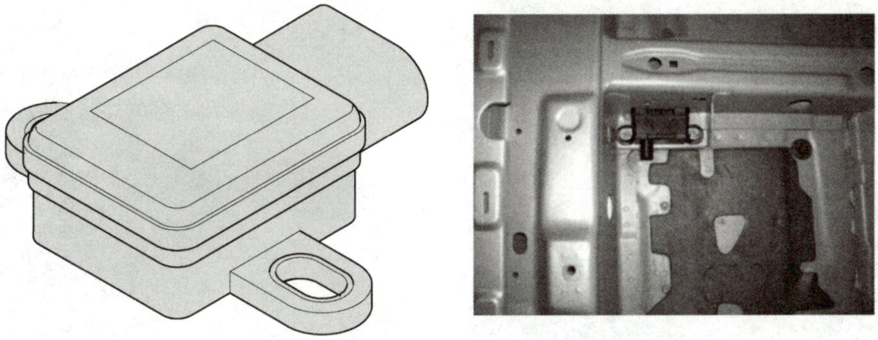

图 9-4-17 组合传感器实物及安装位置

通过组合传感器检测车辆实际的行驶状态,侧向加速度传感器的功能是检测车辆是否受到侧向力而产生偏转,通过侧向力的大小判断偏转的程度。横摆率传感器的功能是检测车辆是否受到沿垂直轴方向的转矩,并测量转动速率。当传感器失效时,ESP 系统功能失效。

4. 制动压力传感器

如图 9-4-18 所示,制动压力传感器安装在制动总泵或 ESP 液压单元内,功能是测量制动系统压力,ESP ECU 依据制动压力计算作用在车轮上的制动力及整车受到的纵向力。为保证安全,有些 ESP 系统采用两个制动压力传感器。当传感器失效时,ESP 系统功能失效,但 ABS 系统功能仍然有效。

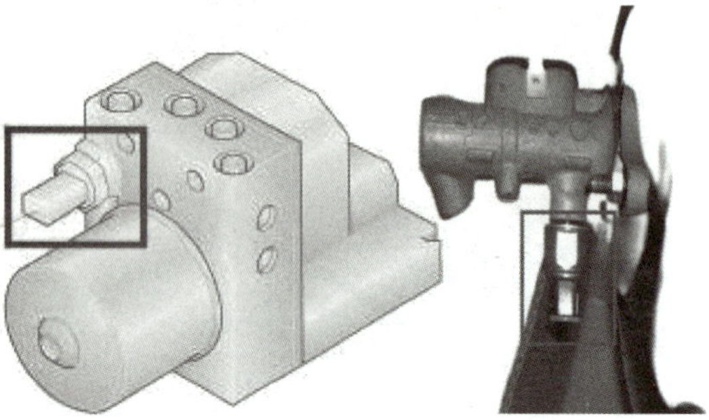

图 9-4-18　制动压力传感器实物及安装位置

5. 控制模块

ESP 系统各通道由输入阀、输出阀、控制阀、高压控制阀、回液泵构成液压单元。如图 9-4-19 所示,液压单元与 ESP ECU 集成为一体称为 ESP 系统控制模块,外部侧面为 ABS/ESP ECU 插接部分。控制模块外部有一个输油管和一个回油管与制动总泵相连接,四个制动液油管分别与四个车轮制动器的制动分泵相连接。

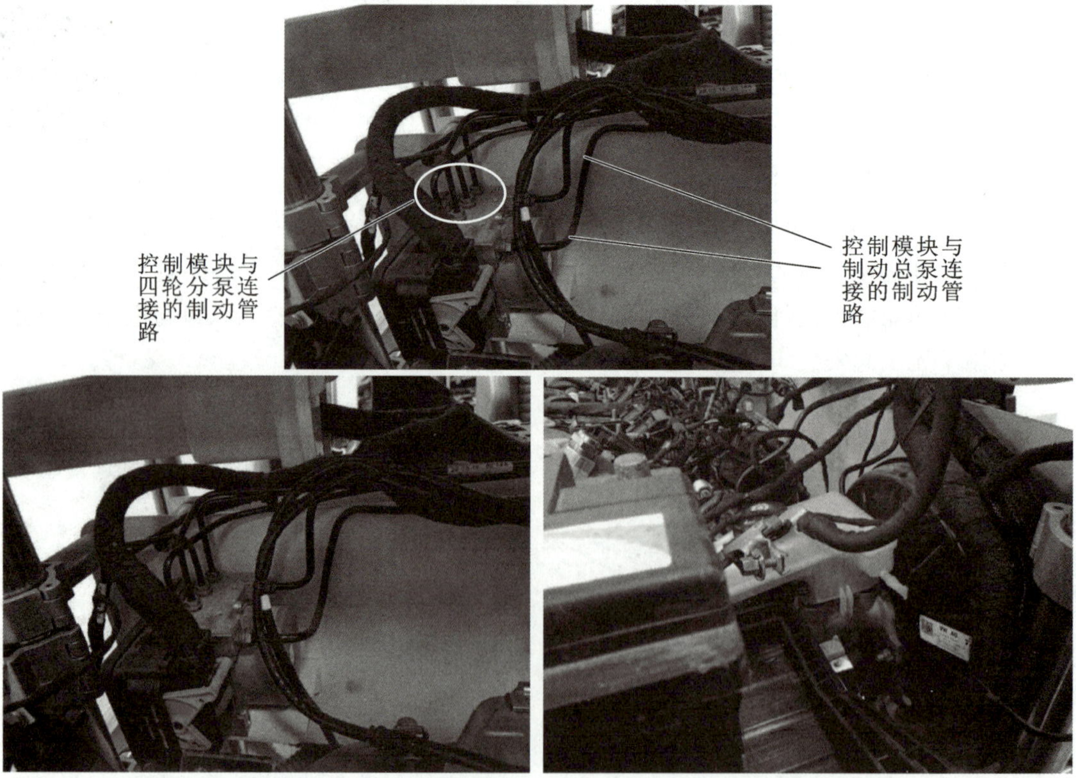

图 9-4-19　ABS/ESP 系统控制模块在车上的位置与连接

ESP 系统控制模块由液压泵电动机、液压阀、制动压力传感器等组成，如图 9-4-20 所示。

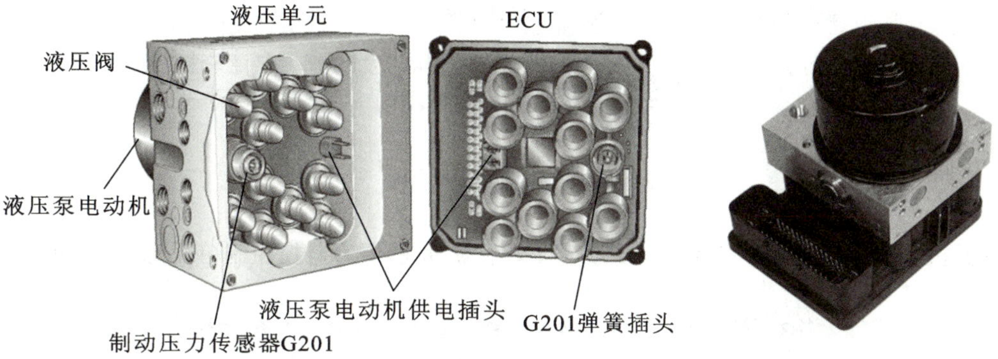

图 9-4-20 典型 ESP 系统控制模块结构及实物

如图 9-4-21 所示为典型大众 ESP 系统传感器、开关、执行部件与 ECU 电路连接示意图。

图 9-4-21

任务实施

一、ESP 系统故障原因分析

故障现象如“任务描述”所述，可能的故障范围包括传感器故障、执行器故障、ECU 故障。

二、ESP 系统故障诊断步骤

1. ESP 系统故障诊断过程

连接故障诊断仪读取数据。

(1) 如图 9-4-22 所示，读取 01 发动机电控系统，显示故障码“53271015(U1017)”，文字为“ABS 制动器控制单元请读取故障代码，当前不能测试”。

01 - 发动机电控系统 (KWP2000 / TP20 / 06J906027ED / 3915 / H07)

事件代码	SAE 代码	事件文字
53271 015	U1017	ABS制动器控制单元 请读取故障代码，当前不能测试

图 9-4-22 故障码读取(1)

(2) 如图 9-4-23 所示，读取 02 变速箱电控系统，显示故障码“06279000(P1887)”，文字为“制动器控制单元发出的车轮转速车速信号不可信信号，tbd”。

(3) 如图 9-4-24 所示，读取 03 制动电子装置，显示故障码“00283003”，文字为“左前轮转速

02 - 变速箱电控系统 (KWP2000 / TP20 / 0AM300061A / 4511 / 043)

事件代码	SAE 代码	事件文字
06279 000	P1887	制动器控制单元发出的车轮转速车速信号 不可信信号, tbd

图 9-4-23 故障码读取(2)

传感器机械故障”;显示故障码“01325004”,文字为“轮胎压力监控控制单元无信号/通信”。

03 - 制动电子装置 (KWP2000 / TP20 / 561907379D / 0114 / H26)

事件代码	SAE 代码	事件文字
00283 003		左前轮转速传感器 机械故障
01325 004		轮胎压力监控控制单元 无信号/通信

图 9-4-24 故障码读取(3)

(4) 如图 9-4-25 所示,车辆行驶时,读取 03 制动电子装置,测量值中:1.1(左前轮)为 0 km/h,1.2 为 9 km/h,1.3 为 9 km/h,1.4 为 9 km/h。

03 - 制动电子装置 (KWP2000 / TP20 / 561907379D / 0114 / H26)

名称列	数值
1.1	0 km/h
1.2	9 km/h
1.3	9 km/h
1.4	9 km/h

图 9-4-25 ESP 系统数据读取

2. ESP 系统故障诊断结果分析

根据以上测量结果分析,由于所有故障码均与左前轮的转速信号相关,测量值显示左前轮无转速信号。可能的故障原因:传感器与信号盘间隙不正常、传感器损坏、信号盘损坏、线路故障、ECU 故障。

依据由简单到复杂的思想，依次先检查传感器插头是否连接牢固，传感器与信号盘以及它们之间的间隙是否正常，检查传感器与 ESP ECU 的连接是否可靠，最终确定故障。

3. ESP 系统故障修复

图 9-4-26 左前轮速传感器与信号盘磨损

将车辆举升，检查左前轮时发现轴承处有黑色塑料丝，如图 9-4-26 所示。在拆卸传感器后发现传感器与信号盘有明显磨损痕迹。检查为轴承松旷。通过检查发现的问题，可以确定是传感器与信号盘间隙不正常导致不能产生转速信号。根据维修手册更换轴承，故障排除。

任务自测

一、填空题

1. ESP 的含义是________。

2. ESP 制动压力调节器工作时可分为________、________、________三个过程。

3. 装有 ESP 系统的车辆，调节的场景为________与________。

4. ESP 是一个主动安全系统，它是建立 ABS、ASR 等系统之上的一个非独立的系统，集成了 ________、________、________、________ 和________功能的车轮防滑控制系统。

二、选择题

1. 若车辆处于转向不足的状态，ESP 系统通过对(　　)车轮施加制动力来调节车辆的状态。

A. 左前　　B. 左后　　C. 内后　　D. 外前

2. (　　)不属于 ESP 系统的元件。

A. 轮速传感器　　B. 方向盘转角传感器

C. 侧向加速度传感器　　D. 燃油压力传感器

3. ESP 系统制动干预时由(　　)进行控制。

A. 轮速传感器　　B. 制动单元

C. 侧向加速度传感器　　D. 制动压力传感器

4. ESP 系统在进行制动干预时，高压控制阀在下列哪种状态下打开(　　)。

A. 驾驶员制动　　B. 增压　　C. 保压　　D. 减压

三、判断题

1. ESP 系统是与 ABS 系统和 ASR 系统一起的系统，可以认为 ESP 系统是 ABS 系统和 ASR 系统功能的结合。(　　)

2. ASR 系统调节过程中，若驾驶员踩下制动踏板则停止主动制动压力的调节，而 ESP 系统在驾驶员踩下制动踏板的情况下仍然能够提高制动压力。(　　)

3. 转向角传感器由光电耦合元件、开孔槽板等组成。 ( )

4. 侧向加速度传感器与横摆率传感器组合在一起也称组合传感器。组合传感器要尽量远离车辆的中心安装。 ( )

5. 当制动压力传感器失效时，ESP 系统功能失效，但 ABS 系统功能仍然有效。 ( )

6. ESP 系统将通过调整节气门开度、增大喷油脉冲、减少点火脉冲或调整点火角度、抑制换挡过程来减小发动机转矩的输出。 ( )

任务 9.5 电控悬架系统的结构与维修

任务描述

一辆轿车安装电控悬架系统，行驶中悬架指示灯闪亮，且车身高度控制不起作用。经初步检查，是车身高度传感器故障或排气阀故障，需对电控悬架系统进行检修。

任务目标

知识目标

(1) 熟悉电控悬架系统的结构、分类与功能。

(2) 掌握电控悬架系统主要部件的结构与控制原理。

能力目标

(1) 能够根据电控悬架系统故障现象进行故障原因分析。

(2) 能够掌握电控悬架系统的基本检查与调整。

(3) 能够正确检测电控悬架系统的各种传感器、执行器，会排除故障使系统恢复正常。

素质目标

(1) 具有质量、安全、环保、规范、节约的意识。

(2) 具有严谨的工作态度和精益求精的工匠精神。

(3) 具有爱岗敬业和团队协作的精神。

(4) 热爱劳动、尊重他人劳动，履行道德准则和行为规范。

知识收集

汽车的操控性和舒适性越来越受到人们的重视，车辆悬架系统在汽车的操控性和舒适性方面起着至关重要的作用。悬架是车身与车轮之间的一切传力连接装置的总称。它的作用是把路面作用于车轮上的垂直反力(支承力)、纵向反力(牵引力和制动力)和侧向反力以及这些反力所产生的力矩都传递到车身上，以保证汽车的正常行驶。采用电控悬架系统不仅可以提高汽车的操纵稳定性，而且能够实现整车高度的自动调节，大大提高了车辆的乘坐舒适性。

一、电控悬架系统概述

1. 电控悬架系统的主要功能

电控悬架系统(EMS)是以 ECU 为控制核心,根据车身高度、转向盘转角、车速和制动等信号,经过运算分析后输出控制信号,控制各种电磁阀和步进电动机,对汽车悬架参数,如弹簧刚度、减振器阻尼系数、倾斜刚度和车身高度进行控制,从而提高汽车的乘坐舒适性和操纵稳定性的悬架系统。其基本功能如下。

1) 车身高度调整

无论车辆的负载多少,都可以保持汽车高度一定,车身保持水平,从而使前大灯光束方向保持不变;当汽车在不良路面上行驶时,可以使车身高度升高,防止车桥与路面相碰;当汽车高速行驶时,又可以使车身高度降低,以便减少空气阻力,提高操纵稳定性。

2) 减振器阻尼力控制

通过对减振器阻尼系数的调整,防止汽车起步或急加速时车尾后坐;防止紧急制动时车头下沉;防止汽车急转弯时车身横向摇动;防止汽车换挡时车身纵向摇动等,提高行驶平顺性和操纵稳定性。

3) 弹簧刚度控制

与减振器一样,在各种工况下,通过对弹簧刚度的调整,来改善汽车的乘坐舒适性与操纵稳定性。

2. 奥迪 A8 电控悬架系统功能简介

奥迪 A8 标准底盘(自适应悬架)可以手动或自动设置“自动”、“舒适”、“动态”、“提升”四种基本模式,具备“转弯、制动、起步”、“休眠”、“使用千斤顶”、“应急运行状态”等特殊模式下的悬架刚度、阻尼力调节功能。功能简介如表 9-5-1 所示。

表 9-5-1 奥迪 A8 电控悬架系统功能简介

序号	模式	功能简介
1	自动	基本底盘高度,以舒适性为主并配有与之相适应的减振特性。在车速超过 120 km/h 的 30 s 后,底盘会下沉 25 mm(高速公路底盘下沉)。底盘下沉可以改善空气动力学性能并降低燃油消耗。当车速低于 70 km/h 的时间达 120 s 或车速低于 35 km/h 时,底盘会自动恢复到基本高度
2	舒适	底盘高度与“自动”模式是一样的,但在车速较低时减振要弱一些,因此与自动模式相比,此模式舒适性更好一些。这时不会出现所谓的“高速公路底盘下沉”
3	动态	与“自动”模式相比,底盘下沉 20 mm,并且自动调整到“动态”模式的减振特性,在车速持续超过 120 km/h 的 30 s 后,底盘会再下沉 5 mm(高速公路底盘下沉)。当车速低于 70 km/h 的时间达到 120 s 或车速低于 35 km/h 时,底盘会自动恢复到“动态”模式高度

续表

序号	模式	功能简介
4	提升	与“自动”模式相比，底盘提升了 25 mm，以舒适为主。只有当车速低于 80 km/h 时才能选择这个模式。当车速超过 100 km/h 时会自动脱离此模式，这时车会回到先前选择的模式，即使车速又降到 80 km/h 以下，也不会再自动回到“提升”模式
5	转弯、制动、起步	在汽车转弯、制动、起步工况下，通过调节减振器的阻尼力使车辆保持平稳
6	休眠	进入“行驶后”模式 60 s 后若仍无输入信号，系统就进入节能的“休眠”模式。系统在 2.5 h 和 10 h 后会短时脱离“休眠”模式，以便再次检查高度状态。当前状态与规定值的高度差（如因空气悬架内空气冷却而产生的）由蓄压器进行补偿
7	使用千斤顶（维修模式）	这种模式不会被自动识别出来。如果要进入“使用千斤顶”模式，必须先关闭自适应空气悬架。点火开关“ON”→按压 CAR→出现“自适应空气悬架”→按压 SETUP→出现“自适应空气悬架”→将旋转/按压控制钮旋转到“使用千斤顶”模式并选择“ON”来打开这个模式。之后，方可举升车辆。 有两种方法可以关闭这种模式，即按照上述步骤操作，在最后一步选择“OFF”，或以超过 15 km/h 的车速行车
8	应急运行	如果识别出系统部件故障或信号故障，根据故障的严重程度，会启动一个“应急运行”模式。故障码会存入故障存储器，组合仪表上的报警灯会点亮。当悬架的调节功能完全失效时，该系统就会被中断供电，于是悬架就呈“硬”状态。“应急运行”模式是为了保证行驶稳定性，这样可避免悬架过“软”

3. 电控悬架系统的种类

（1）按传力介质的不同，电控悬架可分为气压式和油压式两种。现代轿车电控悬架系统广泛采用电控空气悬架系统。

（2）按控制理论不同，电控悬架可分为半主动式、主动式两大类。其中，半主动式又分为有级半主动式（阻尼力有级可调）和无级半主动式（阻尼力连续可调）两种。主动式悬架根据频带和能量消耗的不同分为全主动式和慢全主动式；根据驱动机构和介质的不同可分为电磁阀驱动的油气主动式悬架和由步进电动机驱动的空气主动式悬架。

如图 9-5-1(a)所示，主动式悬架是一种能供给和控制动力源（油压、空气压）的装置。根据各种传感器检测到的汽车载荷、路面状况、行驶速度、启动、制动、转向等状况的变化，自动调整悬架的刚度、阻尼力以及车身高度等。它能显著提高汽车的操纵稳定性和乘坐舒适性。

如图 9-5-1(b)所示，无级半主动式悬架可以根据路面的行驶状态和车身的响应对悬架阻尼力进行控制，并在几毫秒内由最小到最大，使车身的振动响应始终被控制在某个范围内。但在转向、起步、制动等工况时不能对阻尼力实施有效的控制。它比全主动式悬架优越的地方是不需要外加动力源，消耗的能量很小，成本较低。

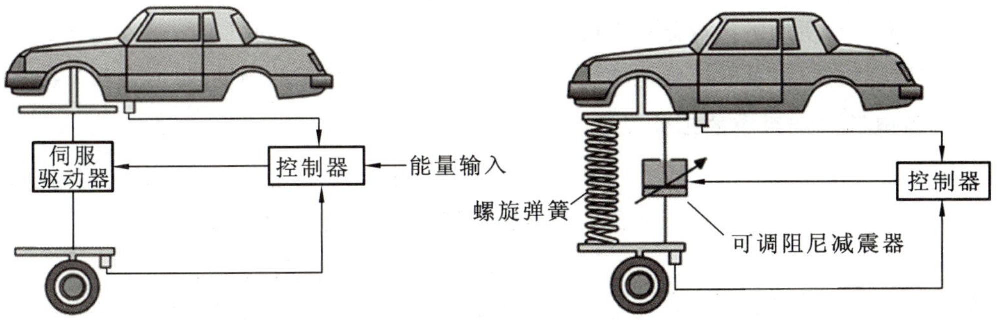

（a）主动式悬架　　（b）半主动式悬架

图 9-5-1　电控悬架的分类

二、电控悬架系统的结构与工作原理

1. 电控悬架系统的结构

电控悬架系统一般由传感器、ECU、执行器等三部分组成，如图 9-5-2 所示。

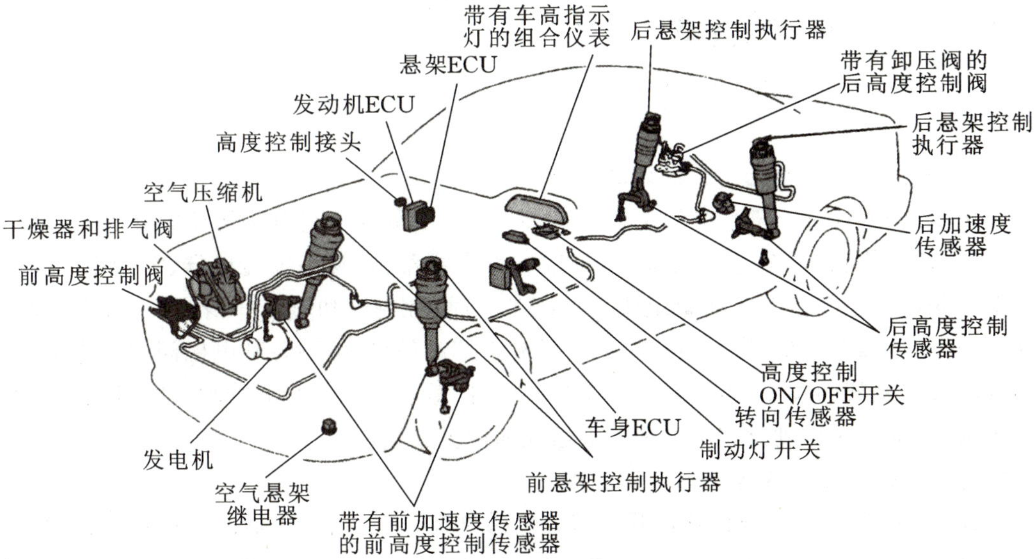

图 9-5-2　丰田 LS400 轿车电控悬架系统的组成

1）传感器

传感器的作用是将汽车行驶的速度、启动、加速度、转向、制动和路面状况、汽车振动状况、车身高度等信号输送给悬架 ECU。汽车悬架系统所用的传感器主要有车身加速度传感器、车身高度传感器、车速传感器、方向盘转角传感器、节气门位置传感器等。

2）ECU

悬架 ECU 接收各种传感器的输入信号并进行运算，然后给执行器输出控制悬架的刚度、阻尼力和车身高度的信号。同时，悬架 ECU 还监测各传感器的信号是否正常，若发现故障，则存储故障码和相关参数，并点亮故障指示灯。

3）执行器

电控悬架通常所用的执行器有电磁阀、步进电动机和气泵电动机等。当执行器接收到悬架 ECU 的控制信号后，及时准确地动作，从而按照要求调节悬架的刚度、阻尼力和车身高度。

2. 典型电控悬架系统的工作原理

电控悬架系统的基本工作原理如图 9-5-3 所示。传感器收集信息送到 ECU，执行元件根据 ECU 的控制指令产生动作，电控悬架系统提供适当的阻尼或弹簧刚度。

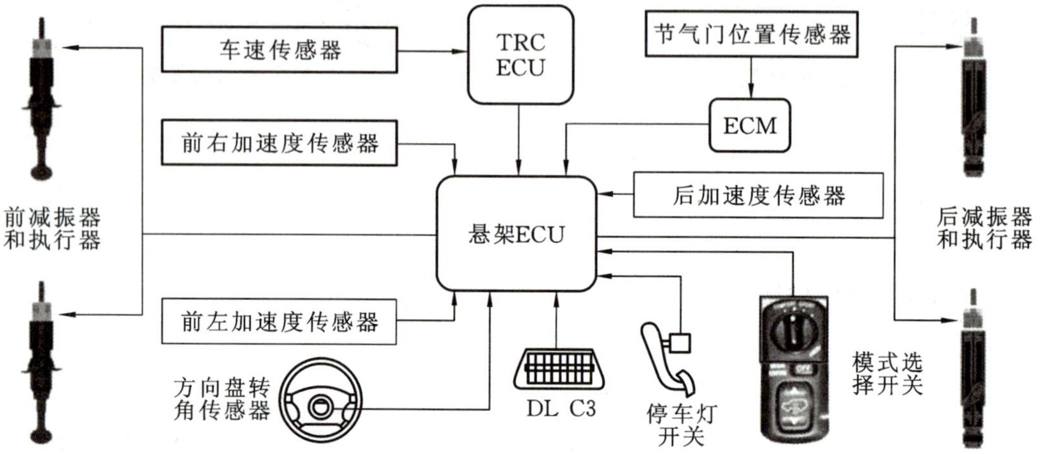

图 9-5-3　电控悬架系统的工作原理

1）丰田 LS400 电控悬架系统的工作原理

丰田 LS400 电控悬架系统的工作原理如图 9-5-4 所示。它由悬架控制开关、制动灯开关、节气门位置传感器、车速传感器、方向盘转角传感器、车身高度传感器、悬架 ECU、高度控制电磁阀以及空气悬架等装置组成。系统工作时，控制模块根据车身高度、方向盘转角、车速、制动等传感器的信号，经过运算分析后输出控制信号，控制各种电磁阀和步进电动机，以便及时改变悬架的刚度、阻尼系数和车身高度，以适应各种复杂的行驶工况对悬架特性的不同要求，保证汽车行驶过程中的乘坐舒适性和操纵稳定性。

2）奥迪 A8 电控悬架系统的工作原理

奥迪 A8 电控悬架系统传感器开关部分包括模式开关、四个车辆前后桥水平传感器、压缩机温度传感器、压力传感器、车门发动机舱/行李舱接触开关等。执行器部分包括空气供给总成内的排气阀、集成在电磁阀体内的四个减震支柱阀和一个蓄压气阀、分别集成在四个减震支柱内的四个减震器调节阀、自适应空气悬架压缩机继电器等。

奥迪 A8 电控悬架系统的气动调节过程为：点火开关“ON”或前车门打开、行李厢盖打开时，系统休眠模式唤醒，开始工作。前后桥车身水平高度传感器持续检测车身高度（车桥与车架之间的距离）变化。当乘员上下车或车速改变或驾驶员指令改变车身高度时，水平高度传感器 G76、G77、G78、G289 检测到变化并将信息送到 ECU，ECU 对当前高度进行判断并发出调节指令。通过启动空气压缩机（通过 J403），或打开排气电磁阀 N111，或同时控制四个减震器调节阀（N148、N149、N150、N151）和一个自适应空气悬架排气阀 N111 的打开或关闭，维持所需高度，如图 9-5-5 所示。

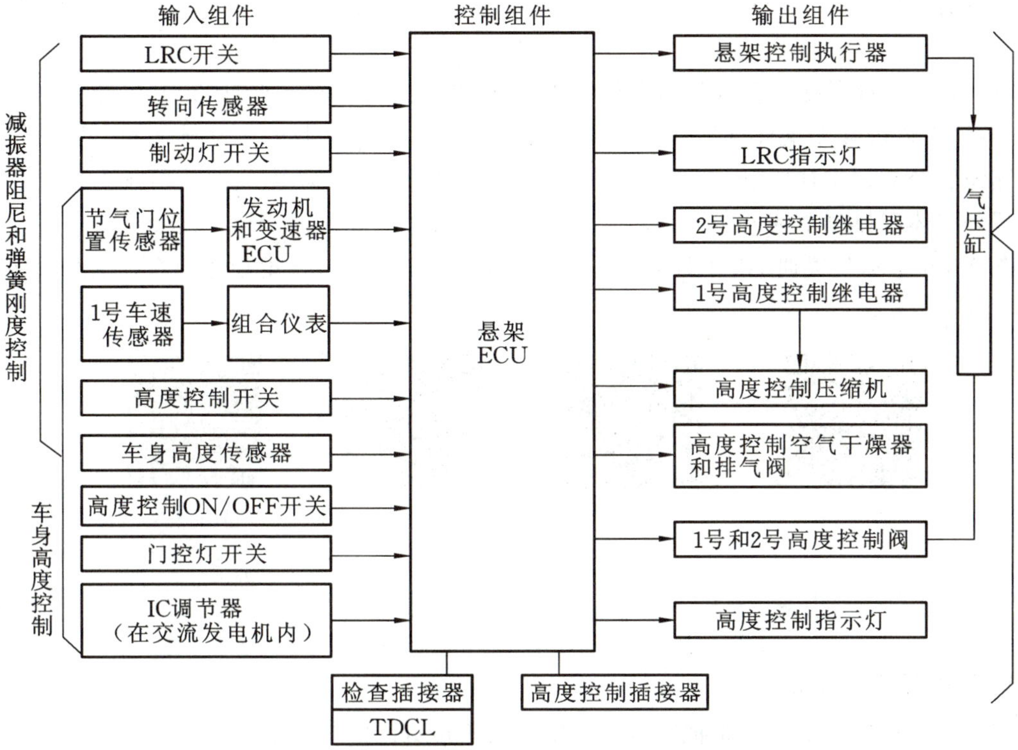

图 9-5-4 丰田 LS400 电控空气悬架系统结构组成与工作原理图

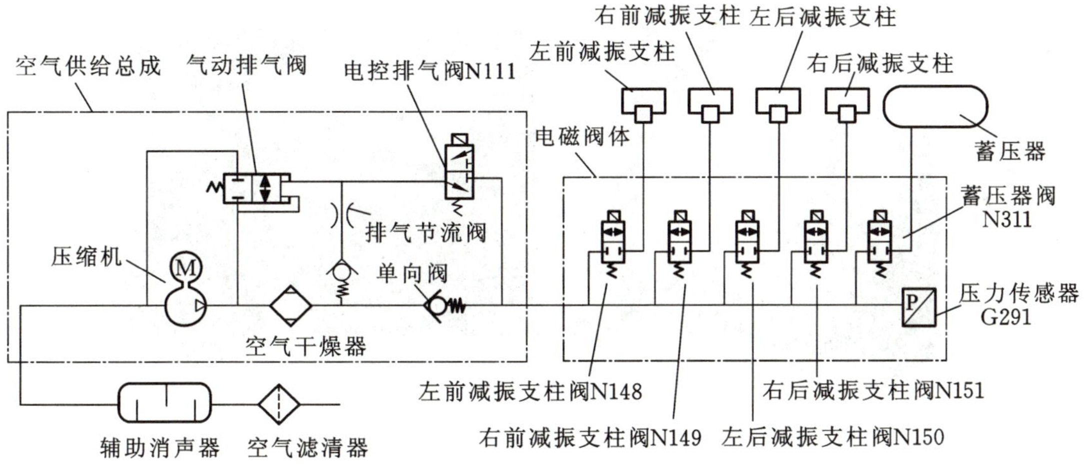

图 9-5-5 奥迪 A8 电控空气悬架气动控制系统

(1) 建立气压。空气压缩机运转，空气由空气滤清器、辅助消声器吸入，经空气干燥器、单向阀、减振器支柱阀（通电接通）、蓄压器阀（通电接通）分别进入减振支柱空气弹簧和蓄压器。此时，电控排气阀断电，压力传感器 G291 随时监控系统气压。当达到规定高度时，减振支柱电磁阀断电关闭。达到规定气压时，蓄压器阀断电关闭，压缩机停转。蓄压器与空气弹簧之间的压力差至少为 0.3 MPa。

(2) 抬高车身高度。若需要抬高车身高度，蓄压器阀通电打开，相应减振器支柱阀通电打开，蓄压器对减振支柱空气弹簧充气，抬高车身。达到规定高度后，两阀断电关闭，停止充气。

(3) 降低车身高度。若需要降低车身高度，相关减振支柱阀通电打开，电控排气阀通电打开，压缩气体由减振支柱空气弹簧经减振支柱阀、电控排气阀打开气动排气阀。压缩气体由空气弹簧经减振支柱阀、电控排气阀、气动排气阀、辅助消声器、空气滤清器排入大气。同时有部分气体经排气节流阀、单向阀、空气干燥器进入气动排气阀，干燥剂被还原。

图 9-5-6 所示为奥迪 A8 电控悬架系统电路原理图。奥迪 A8 电控悬架系统电路图如图 9-5-7～图 9-5-9 所示。

图 9-5-6　图 9-5-7　图 9-5-8　图 9-5-9

三、电控悬架系统的主要部件

1. 车身高度传感器

车身高度传感器的作用是把车身与车桥之间的相对位置变化量转化为电信号送给悬架 ECU，车身高度传感器的一端与车桥连接，另一端在悬架系统上，如图 9-5-10 所示。

图 9-5-10　车身高度传感器实物与安装位置

现在应用最多的是光电式车身高度传感器，其工作原理如图 9-5-11 所示。在传感器内部有一个传感器轴，轴外端安装的连接杆与悬架臂相连接，轴上固定一个开有一定数量窄槽的遮光盘，遮光盘两侧对称安装有四组二极管和光敏三极管，组成四对信号发生器。

2. 方向盘转角传感器

方转向盘转角传感器安装在转向轴上，检测方向盘的转角信号，包括方向盘位置和方向盘转向速度。大多采用光电式方向盘转角传感器，结构与原理见前述内容。方向盘转角传感器信号通过 CAN 网络由电控转向系统 ECU 共享。

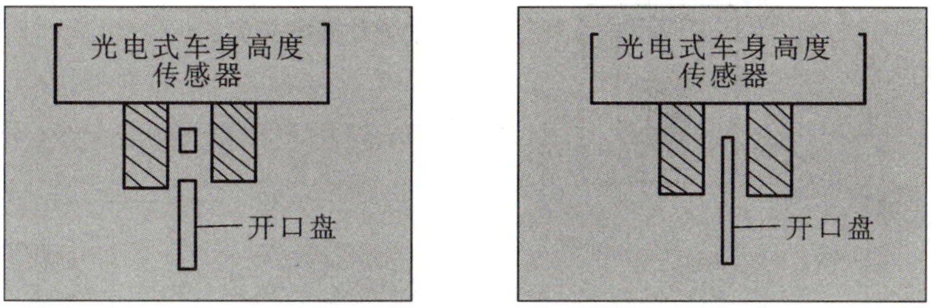

图 9-5-11　光电式车身高度传感器的工作原理

3. 车速传感器

悬架 ECU 可通过 CAN 网络由其他 ECU 传输车速信号。车速传感器一般位于变速器输出轴上，如图 9-5-12 所示。

4. 其他输入信号

1）加速信号

车身加速度传感器用来检测车辆垂直方向的加速度即振动情况。如图 9-5-13 所示，加速传感器原理为：把压电陶瓷盘的挤压变形转变成电信号检测车辆竖向加速度，将此信号输送给悬架 ECU，用来判断当时的路面变化情况，以此作为控制减震器阻尼状态的信号之一。

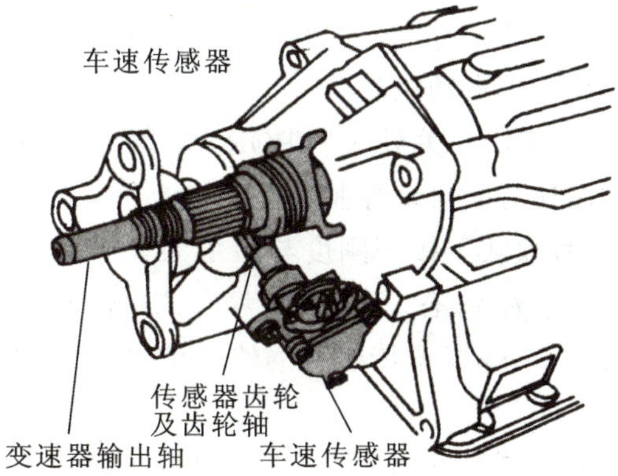

图 9-5-12　车速传感器的安装位置

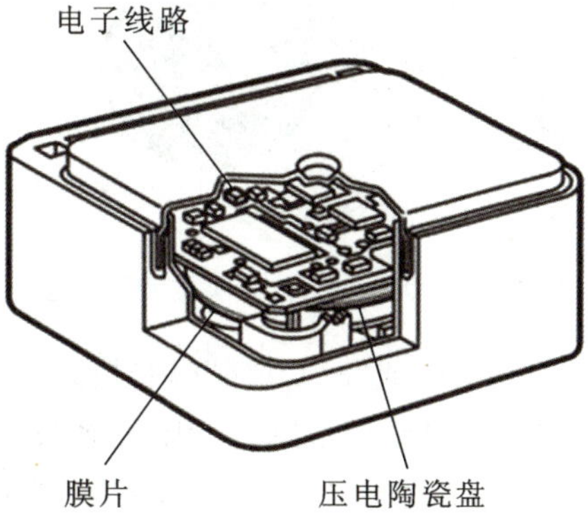

图 9-5-13　加速度传感器

2）车门信号

悬架 ECU 利用车门信号实现系统的一些控制功能，如在车门打开时，防止排气或保持目前行驶高度等，当车门关闭时，恢复到正常工作状态。

3）制动信号

当汽车制动时，制动开关给悬架 ECU 一个制动信号，悬架 ECU 收到制动信号后，控制执行器将悬架由“软”转换到“硬”的状态，防止汽车点头（翘尾）。

4）悬架控制开关信号

悬架控制开关包括悬架刚度和阻尼选择（LRC）开关、车高控制开关和锁止开关（高度控制 ON/OFF）。前两个开关一般安装在驾驶室内变速器控制杆旁边（图 9-5-14），锁止开关一般安装在行李厢（图 9-5-15）。

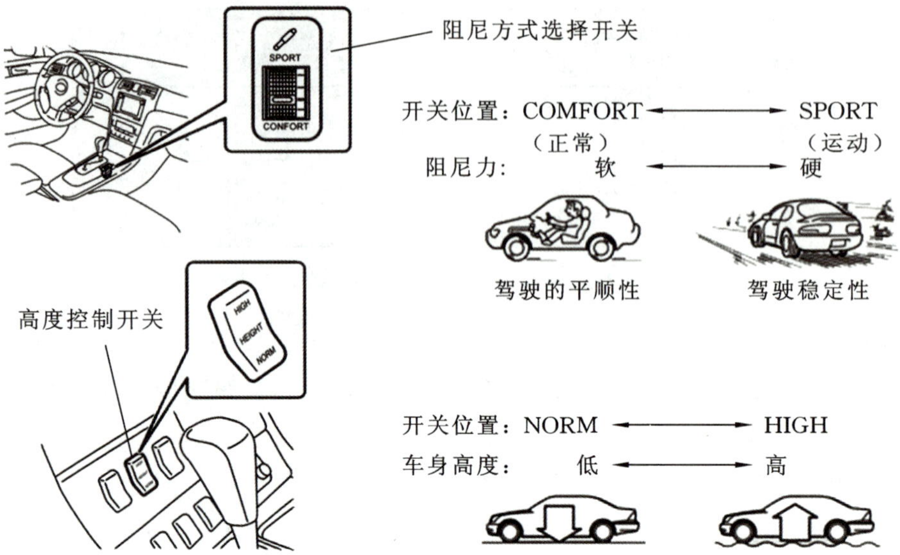

图 9-5-14 LRC 开关和车高控制开关

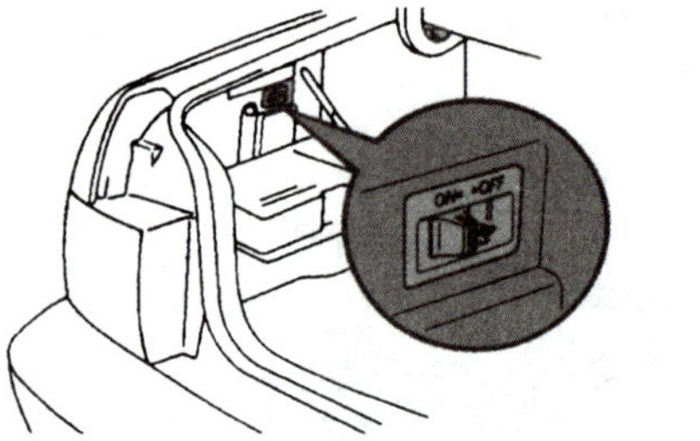

图 9-5-15 LS400 轿车锁止开关的安装位置

(1) 悬架刚度和阻尼选择(LRC)开关。LRC 开关用于选择悬架的刚度和阻尼力参数，它有两个挡位。

① 当 LRC 开关处于"NORM"(软)挡位时，系统进入"常规行驶自动控制"；

② 当 LRC 开关处于"SPORT"(硬)挡位时，系统进入"高速行驶自动控制"。

每一种模式下按照刚度与阻尼的大小依次又有低、中、高三种状态。当通过悬架控制开关选定"NORM"(软)或"SPORT"(硬)模式后，就由悬架 ECU 根据传感器的输入信号在低、中、高三种状态间自动调节刚度和阻尼系数。

(2) 高度控制开关。高度控制开关也有两种控制模式，即"NORM"和"HIGH"。按照车身的高度从低到高的顺序，每一种模式又有低、中、高三种状态。

① 在"NORM"模式，车身高度常处于"低"状态，系统对车身高度进行"常规值自动控制"；

② 在"HIGH"模式，车身高度常处于"高"状态，系统对车身高度进行"高值自动控制"。

(3) 高度控制 ON/OFF 开关。高度控制 ON/OFF 开关一般装在行李厢内。当高度控制 ON/OFF 开关位于"ON"时，系统按照驾驶员通过高度控制开关选定的模式进行车身高度控制；当锁止开关位于"OFF"时，系统不进行车身高度的调节。注意：顶升或举升汽车时，如果高度控制 ON/OFF 开关不在"OFF"位置，可能会损坏空气悬架系统。所以举升汽车前，必须将高度控制 ON/OFF 开关置于"OFF"位置。

5. 悬架 ECU

悬架 ECU 根据各种传感器和悬架控制开关的输入信号控制空气压缩机和所有电磁阀的工作，从而实现控制减振器的阻尼力、悬架的刚度和车身高度。悬架 ECU 内包含系统自测试和通信软件。根据车型和所采用系统的不同，悬架 ECU 既可以是单独的模块，也可以是与其他系统模块集成的模块，它们的控制策略是一样的。

悬架 ECU 通常且有以下控制策略。

1）高度控制策略

(1) 正常策略。悬架 ECU 根据高度传感器等输入元件的信号控制车身高度。对一些特殊情况，悬架 ECU 可能使用其他系统的输入。

(2) 故障策略。当悬架 ECU 检测到系统有故障时，悬架 ECU 将接通悬架故障指示灯，并在一个点火周期内停止所有的高度调整。

2）行驶平顺性控制策略

(1) 正常策略。悬架 ECU 根据各种不同输入元件的信号控制减振器阻尼由软到硬和从硬到软的变换。

(2) 故障策略。当悬架 ECU 探测到系统有故障时，悬架 ECU 给减振器执行器断电，并且使悬架故障指示灯点亮，使悬架处在硬模式下。

悬架 ECU 具有故障自诊断功能。工作中一旦发现电控系统出现故障，悬架 ECU 就将故障以代码的形式存在存储器中，并点亮故障指示灯向驾驶员报警。

悬架 ECU 还具有失效保护功能，当系统出现故障时，悬架 ECU 将暂停对悬架的控制。

6. 空气悬架

空气悬架由空气弹簧、减振器、空气管路和执行器等组成，如图 9-5-16 所示。通过空气弹簧可实现悬架刚度的调节，通过减振器可实现悬架阻尼的调节。

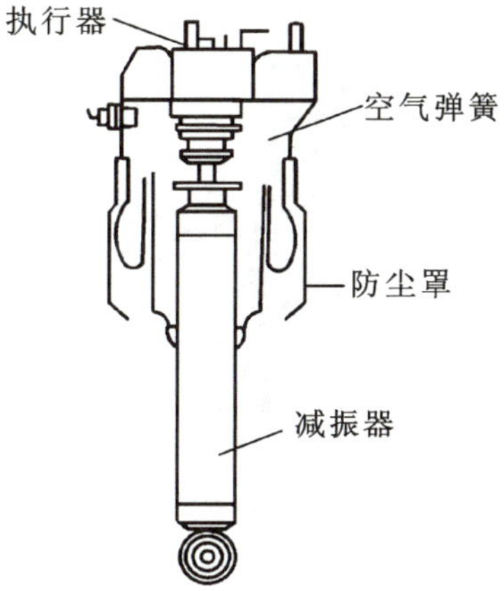

图 9-5-16　空气悬架的组成

1）空气弹簧

空气弹簧是利用空气被压缩时产生的弹性来工作的，如图 9-5-17 所示。空气弹簧安装于阻尼调节减振器的上端，与阻尼调节减振器一起构成悬架支柱，上端与车架连接，下端装在悬架摆臂上。

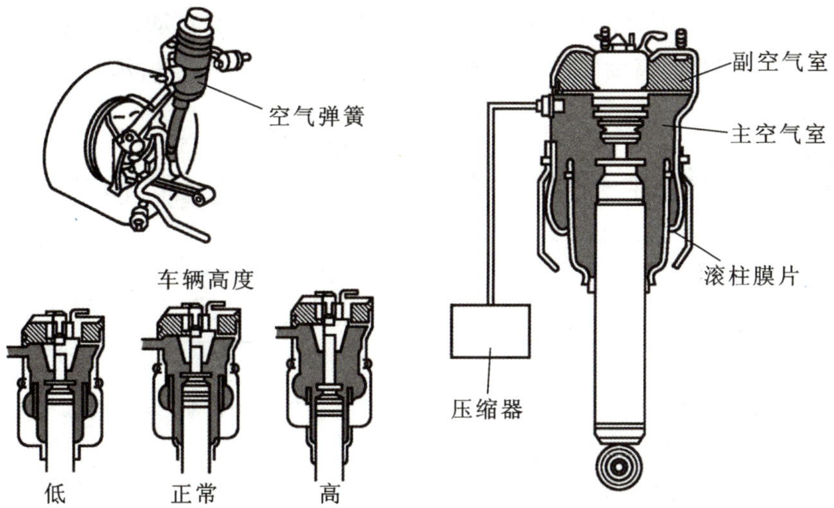

图 9-5-17　空气弹簧的结构和工作原理

2）减振器

电控空气悬架系统阻尼力的调节是通过改变减振器阻尼孔截面积的大小来实现的。减振器阻尼调节杆与回转阀连接，回转阀上有三个孔，悬架 ECU 通过控制执行器驱动阻尼调节杆转动，就可使回转阀转动，从而控制三个阻尼孔的开闭，改变减振器内油路流通的截面积，实现对减振器阻尼力高、中、低三种状态的调节。图 9-5-18 所示为减振器的结构。

3）悬架控制执行器

悬架控制执行器位于各减振器的顶部，通过输出轴转动减振器回转阀来改变减振器的阻尼力。回转阀（输出轴）旋转角度是由悬架 ECU 的信号控制的，悬架控制执行器的结构如图 9-5-19 所示。

图 9-5-18　减振器的结构

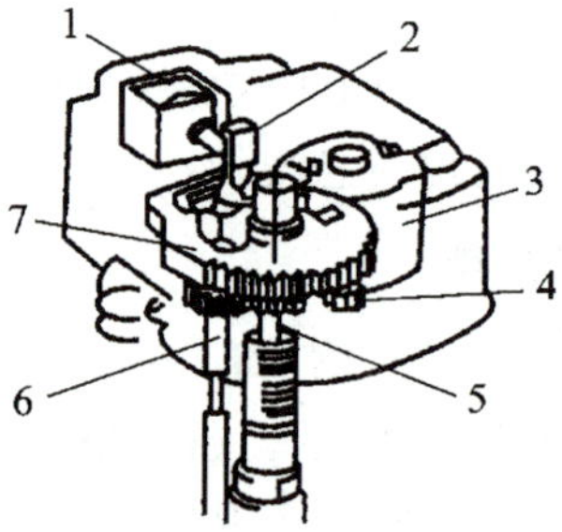

图 9-5-19　悬架控制执行器的结构

1—电磁线圈；2—制动杆；3—步进电动机；4—小齿轮；5—阻尼调节杆；6—刚度调节杆；7—扇形齿轮

7. 车身高度调节装置

车身高度调节装置能够根据车内乘坐人员或车辆载重情况自动对车身高度做出调整，以保持汽车行驶所需要的高度和汽车行驶姿态的稳定，如图 9-5-20 所示。

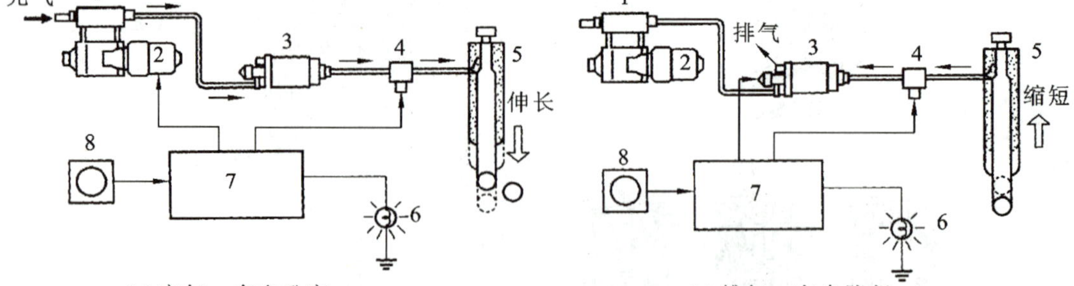

(a) 充气：车身升高　　(b) 排气：车身降低

图 9-5-20　车身高度调节装置

1—空气压缩机；2—电动机；3—排气电磁阀；4—高度控制电磁阀；5—空气悬架；6—指示灯；7—悬架 ECU；8—车身高度传感器

车身高度调节装置由空气压缩机、电动机、高度控制电磁阀、排气电磁阀、车身高度传感器等组成。悬架 ECU 根据车身高度传感器送来的信号和驾驶员设定的悬架控制模式，控制电磁阀的动作，以控制车身高度，其工作过程如下。

(1) 升高车身高度。当需要升高车身高度时，电动机带动压缩机工作，压缩空气通过空气干燥器后，由高度控制电磁阀进入空气悬架的主气室，使车身高度增加。

(2) 维持车身高度。当车身达到规定的高度，高度控制电磁阀断电关闭，空气悬架主气室的空气量保持不变，车身高度维持不变。

(3) 降低车身高度。当需要降低车身高度时，高度控制电磁阀和排气电磁阀同时通电打开，空气悬架主气室的空气通过电磁阀、空气管路、排气阀排出，车身高度下降。

1）空气压缩机

空气压缩机是一个由电动机驱动的单缸装置，如图 9-5-21 所示，由悬架 ECU 控制的继电器供电，提供空气悬架系统所需的压缩空气。当系统压力超过安全工作压力时，内部减压阀(或称放气阀)提供排气通道。有的压缩机电路上装有热过载断路器，可探测电动机内部的温度，当电动机过热时，就会关闭压缩机，待压缩机冷却后再恢复正常工作。

2）排气电磁阀

排气电磁阀一般装在压缩机缸盖上，与压缩机共用一个线束连接器，如图 9-5-22 所示。在排气过程中，排气电磁阀使空气从空气弹簧中排出。

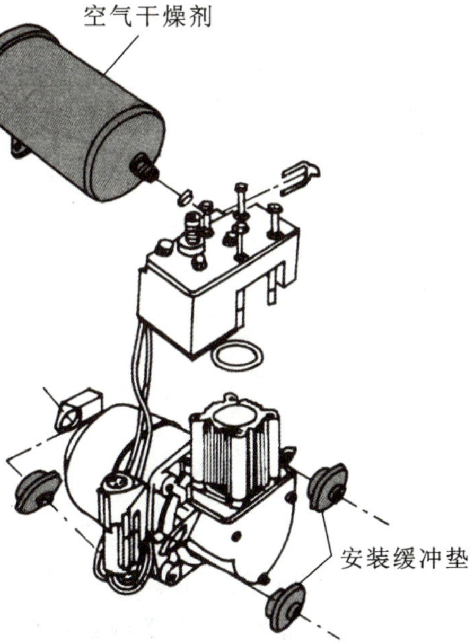

图 9-5-21　空气压缩机

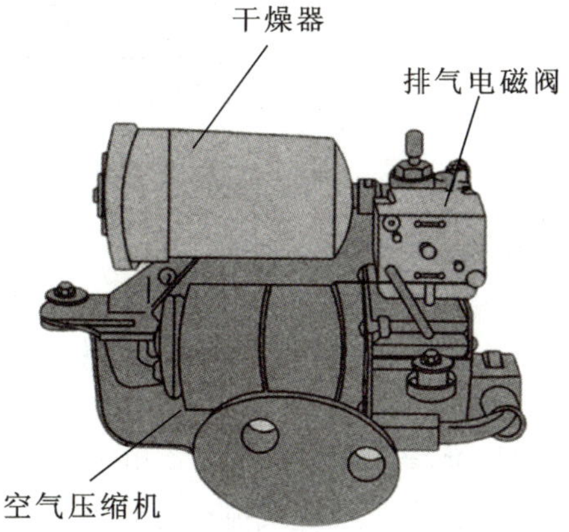

图 9-5-22　排气电磁阀

3）高度控制电磁阀

高度控制电磁阀也称为空气电磁阀，安装在空气管路中，用于控制进出空气弹簧和减振器的空气流量，如图 9-5-23 所示。高度控制电磁阀常闭，不通电时，由弹簧力挡住进气通道；通电时，电磁线圈克服弹簧力，电磁阀打开，使空气流过。

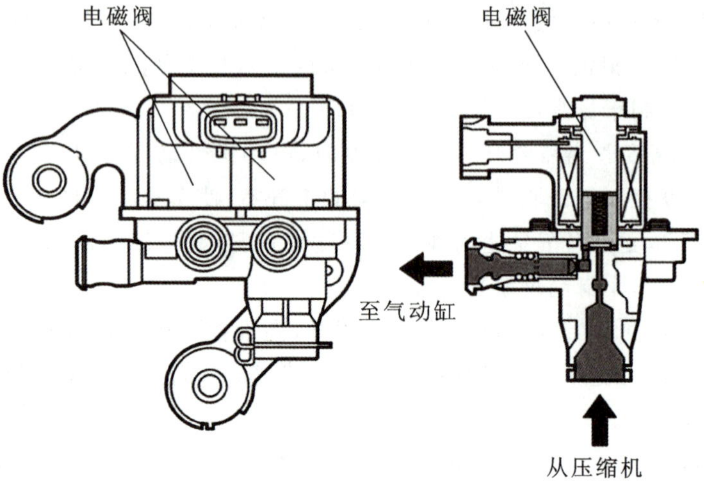

图 9-5-23　高度控制电磁阀

8. 指示灯

电控悬架指示灯在仪表板上,用于指示系统工作是否正常,如图 9-5-24 所示。

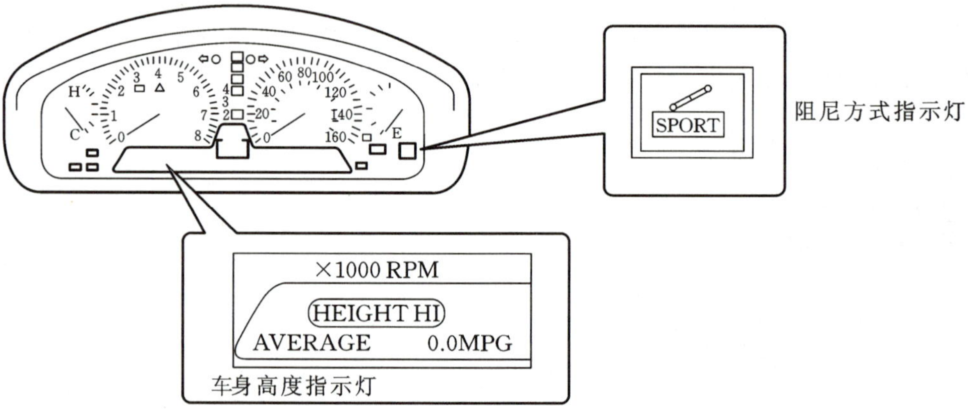

图 9-5-24　电控悬架指示灯

任务实施

一、技术要求及注意事项

(1) 维修过程中若断开蓄电池,将会丢失悬架 ECU 中存储的信息。

(2) 在吊起、支起或拖动汽车之前,应该将悬架控制开关置于“OFF”位置或断开蓄电池负极。

(3) 当点火开关在打开状态下,不要拆卸或安装悬架 ECU 及其电子插头。

(4) 如果汽车生产厂的维修手册没有指明,就不要将系统的任何电路或元件加电压或接地。

(5) 如果汽车装有安全气囊系统,在维修电控悬架前,应先将安全气囊系统断开;否则可能造成人身伤害或财产损失。

(6) 在控制系统的检测中,必须用生产厂在维修手册中提到的检测工具,否则可能损坏控制系统的零部件。

二、电控悬架系统故障诊断

1. 检测和调整

1）汽车高度的检查和调整

(1) 汽车高度的检查步骤如下，如图 9-5-25 所示。

① 将高度控制开关转到"NORM"位置。

② 使汽车上下跳振几次，以使悬架处于稳定状态。

③ 朝前和朝后推动汽车，以使轮胎处于稳定状态。

④ 将换挡杆放在"N"挡，放置车轮挡块，然后松开驻车制动器。

⑤ 启动发动机，将高度控制开关转到"HIGH"位置，在汽车高度升高的状态下等待1 min后，将高度控制开关转到"NORM"位置以使汽车下降。在这种状态下等待 50 s 后，再重复一次上述操作。

⑥ 测量汽车高度，前部应该是(249±10)mm，后部应该是(231.5±10)mm，左右误差应该在 10 mm 以下，汽车前部高度与后部高度之差应该在(17.5±15)mm 之内。

(2) 汽车高度的调整步骤如下，如图 9-5-25 所示。

① 拧松高度控制传感器连接杆上的两个锁紧螺母。

② 转动高度控制传感器连接杆的螺栓以调节长度(高度控制传感器连接杆每转一圈能使汽车高度改变大约 4 mm)。

③ 检查高度控制传感器连接杆的尺寸是否小于极限值，即前部为 8 mm，后部为 11 mm。

④ 暂时拧紧两个锁紧螺母。

⑤ 再检查一次汽车高度。

⑥ 拧紧锁紧螺母。

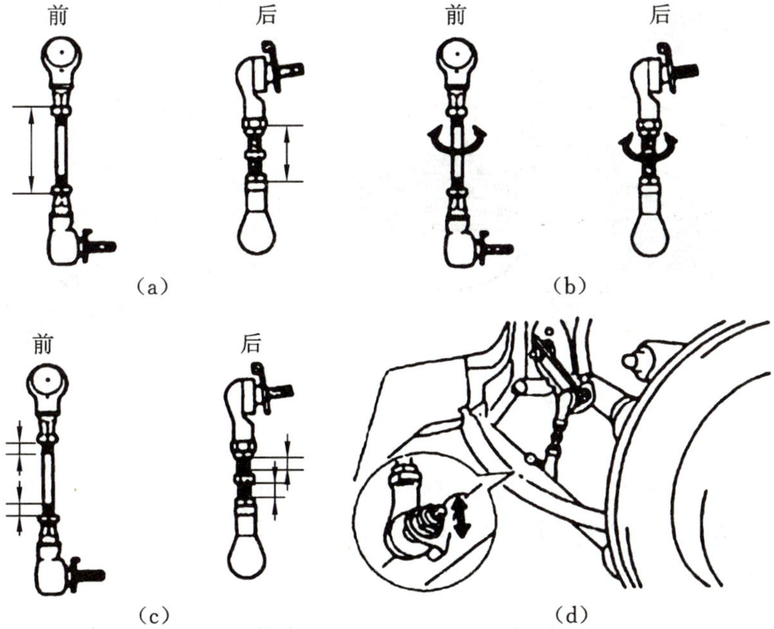

图 9-5-25 汽车高度的检查和调整

2）汽车高度调整功能的检查

汽车高度调整功能的检查如图 9-5-26 所示，步骤如下。

（1）检查轮胎充气是否正确。

（2）检查汽车高度。

（3）启动发动机，将高度控制开关从“NORM”位置转换到“HIGH”位置，检查完成高度调整所需的时间和汽车高度的变化量。从操作高度控制开关到压缩机启动需要约 2 s，从压缩机启动到完成高度调整约需 20～40 s。汽车高度的变化量约为 10～30 mm。

（4）在汽车处于“HIGH”高度调整的状态下，启动发动机并将高度控制开关从“HIGH”位置切换到“NORM”位置。检查完成高度调整所需的时间和汽车高度变化量，从操作高度控制开关到压缩机启动需要约 2 s，从压缩机启动到完成高度调整约需 20～40 s。汽车高度的变化量约为 10～30 mm。

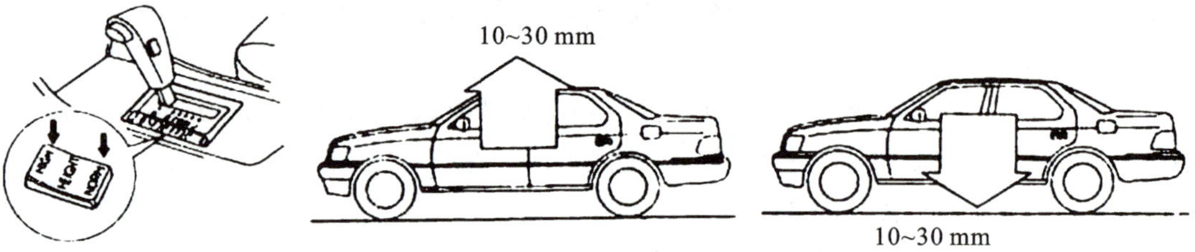

图 9-5-26　汽车高度调整功能的检查

3）溢流阀的检查

使压缩机工作，检查溢流阀动作，如图 9-5-27 所示，具体步骤如下。

（1）将点火开关转到“ON”位置，并将高度控制连接器的端子 1 与端子 7 连接，以迫使压缩机工作。

（2）等压缩机工作一段时间后，检查溢流阀是否放气。

（3）将点火开关转到“OFF”位置。

（4）清除故障代码。

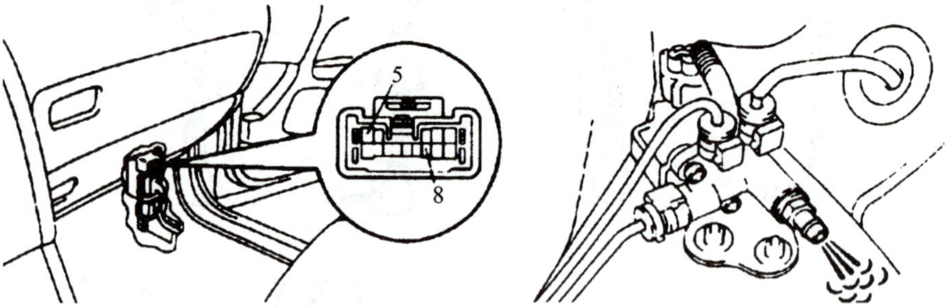

图 9-5-27　溢流阀的检查

4）漏气检查

将高度控制开关转到“HIGH”位置，使汽车高度上升；关闭发动机；在空气软管和软管接头处涂肥皂水检查是否漏气，如图 9-5-28 所示。

2. 自诊断系统

当电控悬架系统出现故障时，悬架 ECU 将使“NORM”指示灯每秒闪烁一次报警，这时

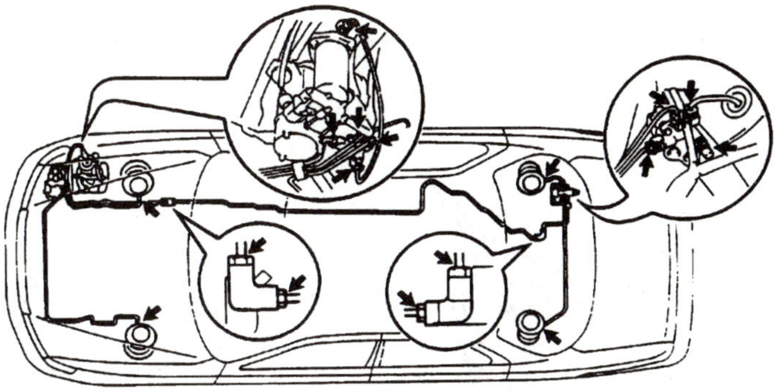

图 9-5-28 漏气检查

可通过专用故障诊断仪器进行检查，如图 9-5-29 所示。也可用跨接法进行检测，如图 9-5-30 所示。

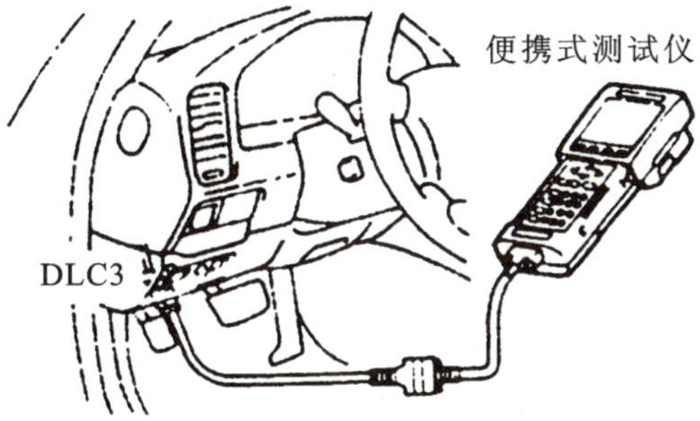

图 9-5-29 专用故障诊断仪器检查

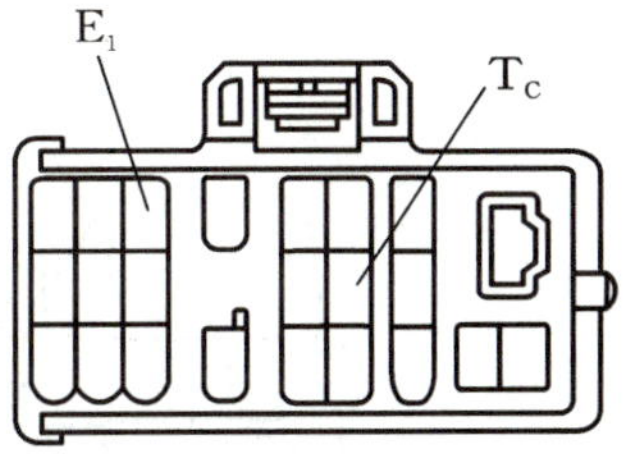

图 9-5-30 跨接法读取故障码

当系统故障排除后，应该将故障码清除。

3. 传感器的检测

电控悬架系统各传感器的检测如表 9-5-2 所示。

表 9-5-2 电控悬架系统各传感器的检测

<table>
<tr><th>传感器</th><th>图示</th><th>步骤</th><th>记录</th></tr>
<tr><td>前车身
高度
传感器</td><td>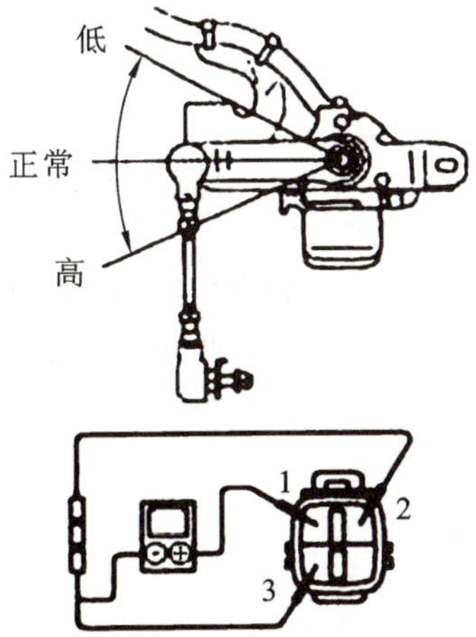
</td><td>（1）将端子 2 与正极相连，端子 3 与负极相连；
（2）将控制杆缓慢上下移动，同时检测端子 1 与 3 之间电压
<table><tr><th>位置</th><th>电压</th></tr><tr><td>高</td><td>6.2～11.2 V</td></tr><tr><td>正常</td><td>6.2 V</td></tr><tr><td>低</td><td>1～6.2 V</td></tr></table></td><td></td></tr>
</table>

续表

<table>
<tr><th>传感器</th><th>图示</th><th>步骤</th><th>记录</th></tr>
<tr><td>后车身高度传感器</td><td>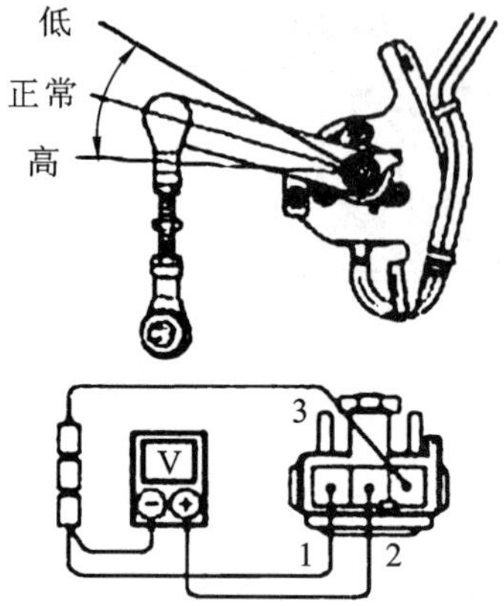
</td><td>(1) 将端子 3 与正极相连，端子 1 与负极相连；
(2) 将控制杆缓慢上下移动，同时检测端子 2 与 3 之间电压
<table><tr><th>位置</th><th>电压</th></tr><tr><td>高</td><td>6.2～11.2 V</td></tr><tr><td>正常</td><td>6.2 V</td></tr><tr><td>低</td><td>1～6.2 V</td></tr></table></td><td></td></tr>
<tr><td>前加速度传感器</td><td>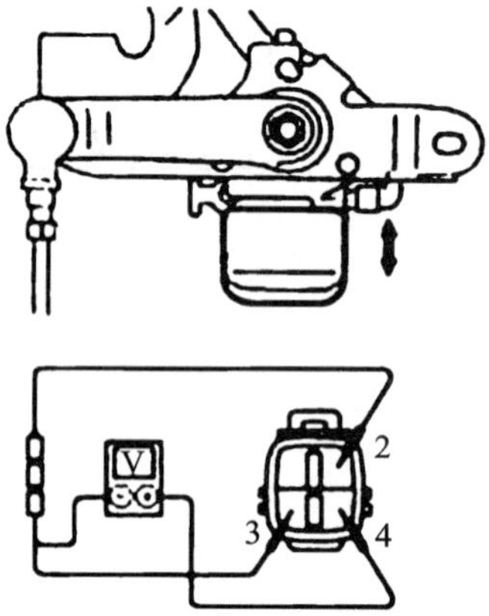
</td><td>(1) 将端子 2 与正极相连，端子 3 与负极相连；
(2) 使传感器上下振动，同时检测端子 4 与 3 之间电压；
(3) 正常：静止时 6.2 V，振动时 1～11.2 V</td><td></td></tr>
<tr><td>后加速度传感器</td><td>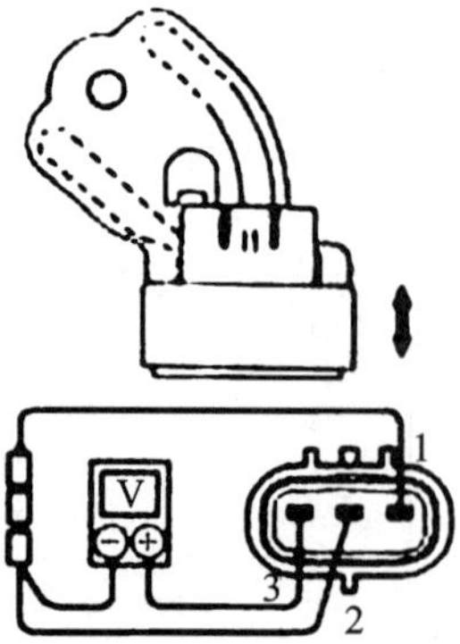
</td><td>(1) 将端子 1 与正极相连，端子 2 与负极相连；
(2) 使传感器上下振动，同时检测端子 2 与 3 之间电压；
(3) 正常：静止时 6. 2 V，振动时 1～11.2 V</td><td></td></tr>
</table>

续表

传感器	图示	步骤	记录
方向盘转角传感器	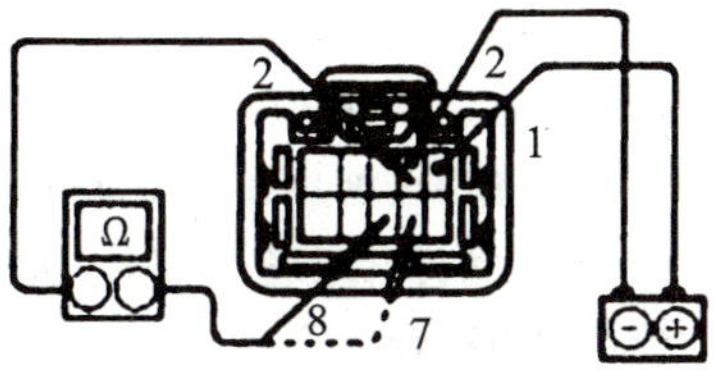	（1）将端子 1 与正极相连，端子 2 与负极相连； （2）分别检测端子 7、8 与端子 2 之间的电阻； （3）正常：0～∞之间变化	
高度控制开关	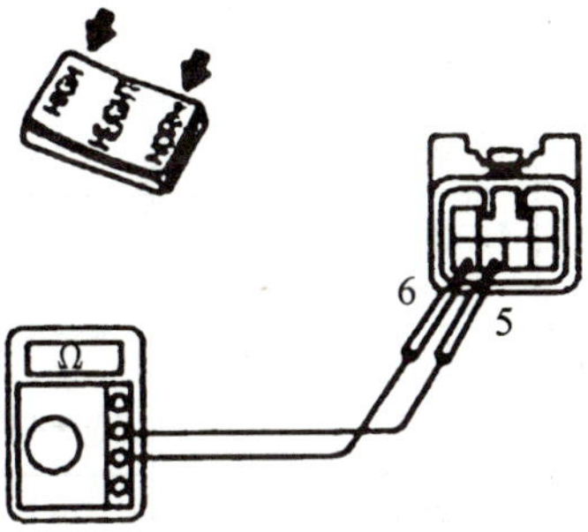	（1）断开高度控制开关连接器； （2）将高度控制开关分别按在“NORM”和“HIGH”位置，检测端子 5、6 之间电阻； （3）正常：“NORM”为 ∞（开路），“HIGH”为 0（断开）	

4. 悬架控制执行器的检修

悬架控制执行器的检查如表 9-5-3 所示。

表 9-5-3　悬架控制执行器的检查

<table>
<tr><th>检查内容</th><th>图示</th><th>步骤</th><th>记录</th></tr>
<tr><td>悬架控制执行器运行检查</td><td>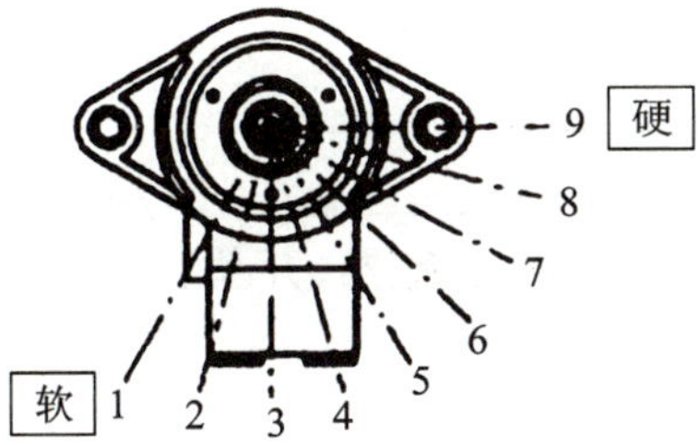</td><td>（1）拆出执行器和执行器盖；
（2）将点火开关转至“ON”位置；
（3）连接 TDCL 的端子 TD 和 E1；
（4）高度控制开关每向“HIGH”推动一次，则执行器应向“硬”进一步</td><td></td></tr>
<tr><td>悬架控制执行器电阻检查</td><td>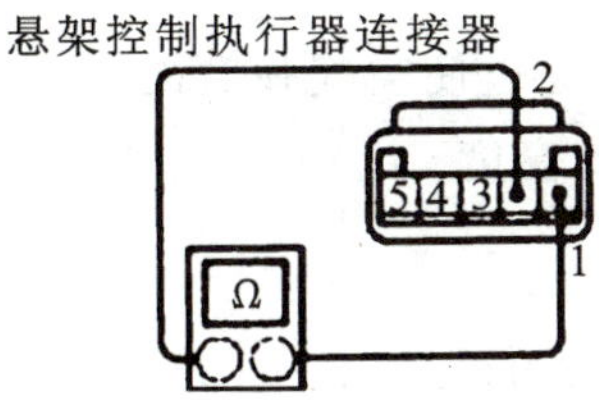</td><td>测量悬架控制执行器连接器端子之间电阻，应符合以下标准<table><tr><th>端子</th><th>电阻</th></tr><tr><td>1—2</td><td>14.7～15.6 Ω</td></tr><tr><td>1—4</td><td>14.7～15.6 Ω</td></tr><tr><td>1—5</td><td>14.7～15.6 Ω</td></tr></table></td><td></td></tr>
</table>

续表

<table>
<tr><th>检查内容</th><th>图示</th><th>步骤</th><th>记录</th></tr>
<tr><td>悬架控制
执行器
工作检查</td><td>悬架控制执行器连接器
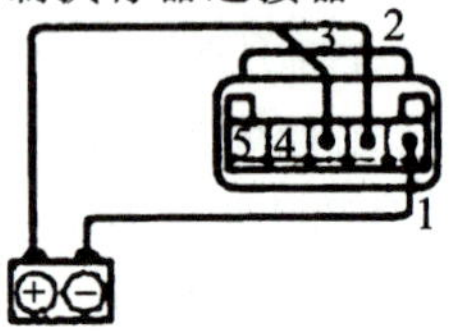</td><td>(1) 用螺丝刀将悬架控制执行器输出轴调至“软”位置；
(2) 将蓄电池电压如下表施加到悬架控制执行器各端子时，执行器运动应符合要求
<table>
<tr><th>蓄电池＋</th><th>蓄电池－</th><th>位置</th></tr>
<tr><td>2 和 3</td><td>1</td><td>1→2</td></tr>
<tr><td>3 和 4</td><td>1</td><td>2→3</td></tr>
<tr><td>4 和 5</td><td>1</td><td>3→4</td></tr>
<tr><td>5 和 2</td><td>1</td><td>4→5</td></tr>
<tr><td>2 和 3</td><td>1</td><td>5→6</td></tr>
<tr><td>3 和 4</td><td>1</td><td>6→7</td></tr>
<tr><td>4 和 5</td><td>1</td><td>7→8</td></tr>
<tr><td>5 和 2</td><td>1</td><td>8→9</td></tr>
</table></td><td></td></tr>
</table>

任务自测

一、填空题

1. 电控悬架系统的基本功能有________、________、________。

2. 电控悬架系统按传力介质不同可分为________和________。

3. 电控悬架系统主要由感应汽车运行状况的各种传感器、开关、________和________组成。

4. 电控悬架系统应用的传感器有________、________、________、________等。

5. 电控悬架系统根据刚度和阻尼系数是否可调，可分为________和________。

6. 电控悬架系统的高度控制开关有两种模式，其中“NORM”模式着重于________，“SPORT”模式着重于________。

7. 空气弹簧主要由________和________组成，通过使空气弹簧的________改变，空气弹簧的刚度发生变化；通过增减________，可调节汽车高度。

二、选择题

1. 装有电控悬架系统的汽车，在水平路面上高速行驶时(　　)。

A. 车身会变高，弹簧会变软　　B. 车身会变低，弹簧会变软

C. 车身会变高，弹簧会变硬　　D. 车身会变低，弹簧会变硬

2. 装有电控悬架系统的汽车，在凹凸不平的路面上高速行驶时，会自动提高汽车的(　　)。

A. 制动性能　　B. 通过性能　　C. 加速性能　　D. 经济性能

3. 一般情况下，装在变速器上，通过蜗杆蜗轮机构与变速器的输出轴相连的车速传感器是(　　)。

A. 舌簧开关式　　B. 光电式

C. 磁阻元件式和磁脉冲式　　D. 以上都正确

4. 装有电控悬架系统的汽车，防止纵向仰头及横向倾斜，保持前照灯光轴(　　)，以自动提高汽车的安全性能。

A. 不变　　B. 随时变化　　C. 视需要变化　　D. 以上都不对

5. 以下(　　)不是汽车电控悬架系统用到的传感器。

A. 车身加速度传感器　　B. 车身高度传感器

C. 温度传感器　　D. 车速传感器

6. 下列关于汽车电控悬架系统 ECU 对行车过程实施控制的叙述正确的是(　　)。

A. 防止汽车下坐控制，需将弹簧刚度和减振阻尼力调节为"中等"状态

B. 为抑制汽车制动时栽头，需将弹簧刚度和减振阻尼力调节为"中等"状态

C. 将弹簧刚度度和阻尼力变成"中等"或"坚硬"状态，可有效抑制汽车的上下跳震

D. 以上都不对

参考文献 CANKAOWENXIAN

[1] 姚焕新,娄学辉.汽车发动机电控系统检测与维修[M].2 版.哈尔滨:哈尔滨工业大学出版社,2017.
[2] 许冀阳.汽车发动机电控系统原理与故障诊断[M].北京:北京理工大学出版社,2017.
[3] 杨智勇,刘波.新迈腾汽车维修与保养速查手册[M].北京:化学工业出版社,2019.
[4] 李春明.汽车底盘电控技术[M].4 版.北京:机械工业出版社,2023.
[5] 杨智勇,刘波. 捷达轿车维修手册[M]. 北京:化学工业出版社,2013.
[6] 李巍. 奥迪维修手册[M]. 北京:化学工业出版社,2013.
[7] 吕秋霞.汽车发动机电控系统检修[M].北京:人民交通出版社,2007.
[8] 张立新,刘培军.桑塔纳 2000 系列轿车维修手册[M].沈阳:辽宁科学技术出版社,2000.
[9] 廖发良.汽车电控系统的结构与检修[M].3 版.北京:电子工业出版社,2016.
[10] 凌永成,于京诺.汽车电子控制技术[M].北京:北京大学出版社,2011.
[11] 张西振.汽车发动机电控技术[M].3 版.北京:机械工业出版社,2019.
[12] 刘晓岩.汽车电子控制技术[M].北京:化学工业出版社,2009.
[13] 付百学.汽车电子控制技术[M].北京:机械工业出版社,2010.
[14] 罗念宁,张京明.汽车诊断与检测技术[M].北京:北京大学出版社,2009.
[15] 周晓飞.汽车维修技师工作手册[M].北京:化学工业出版社,2012.
[16] 母忠林.柴油机维修典型案例[M].北京:化学工业出版社,2011.
[17] 杨智勇.汽车发动机电控技术[M].北京:人民邮电出版社,2011.
[18] 吴际璋,王林超.当代汽车电控系统结构原理与检测[M].2 版.北京:人民交通出版社,2009.
[19] 赵振宁,张云峰.电控发动机原理与检修[M].北京:北京理工大学出版社,2008.
[20] 王新,李晶华. 汽车底盘电控系统检测与维修[M].北京:机械工业出版社,2023.
[21] 谭本忠.最新电控柴油发动机维修[M].北京:化学工业出版社,2012.
[22] 高维,强爱民.现代汽车故障诊断与检测技术项目化教程[M].青岛:中国海洋大学出版社,2011.
[23] 罗灯明.发动机电控系统故障诊断实训[M].北京:高等教育出版社,2007.